U0447997

经济学的观念

13位经济学巨匠和他们改变世界的思想

[英]乔纳森·康林
(Jonathan Conlin)
—— 主编

陈锐珊 —— 译

中国友谊出版公司

图书在版编目（CIP）数据

经济学的观念：13位经济学巨匠和他们改变世界的思想 /（英）乔纳森·康林（Jonathan Conlin）编著；陈锐珊译. —北京：中国友谊出版公司，2025.6.
ISBN 978-7-5057-6038-7

Ⅰ. K815.31；F091

中国国家版本馆CIP数据核字第20241CB468号

著作权合同登记　图字：01-2025-1745

Great Economic Thinkers: An Introduction – From Adam Smith to Amartya Sen, edited by Jonathan Conlin was first published by REAKTION BOOKS, London, UK, 2018.
Copyright © The Authors 2018
Rights arranged through Big Apple Agency, Inc.

书名	经济学的观念：13位经济学巨匠和他们改变世界的思想
作者	[英]乔纳森·康林（Jonathan Conlin）
译者	陈锐珊
出版	中国友谊出版公司
策划	杭州蓝狮子文化创意股份有限公司
发行	杭州飞阅图书有限公司
经销	新华书店
制版	杭州真凯文化艺术有限公司
印刷	杭州钱江彩色印务有限公司
规格	710毫米×1000毫米　16开 25印张　330千字
版次	2025年6月第1版
印次	2025年6月第1次印刷
书号	ISBN 978-7-5057-6038-7
定价	78.00元
地址	北京市朝阳区西坝河南里17号楼
邮编	100028
电话	(010)64678009

Great Economic Thinkers

目　录

引　言 / 1

第一章　　亚当·斯密 / 1

第二章　　大卫·李嘉图 / 25

第三章　　约翰·斯图尔特·穆勒 / 45

第四章　　卡尔·马克思 / 67

第五章　　阿尔弗雷德·马歇尔 / 91

第六章　　约瑟夫·熊彼特 / 113

第七章　　约翰·梅纳德·凯恩斯 / 139

第八章　　弗里德里希·哈耶克 / 165

第九章　　米尔顿·弗里德曼 / 187

第十章　　小约翰·福布斯·纳什 / 213

第十一章　丹尼尔·卡尼曼 / 233

第十二章　阿马蒂亚·森 / 255

第十三章　约瑟夫·斯蒂格利茨／281

参考文献／303

延伸阅读／363

编著者名录／375

致　谢／379

引言

德马里斯·科夫曼

每当谈及伟大的经济思想家们,甚至在如本书的作者们一样勾勒他们的生平和成就时,我们无疑是在强调这些经济学家的论著对于制定经济政策所具有重要的指导意义。除米尔顿·弗里德曼(Milton Friedman)和小约翰·福布斯·纳什(John Forbes Nash, Jr.[文中简称约翰·纳什])外,本书的传主们或许都秉持着同一种观点——凯恩斯对这个观点的描述如下:

> 经济学家和政治哲学家的理论,无论对错,其影响力远超我们的想象。实际上,这些理论几乎左右着整个世界的发展。自称不受任何"主义"影响的实干家往往是某些已故经济学家的奴隶。过时的学术涂鸦人在空气中低语,掌权的疯子附耳倾听,并提炼出属于自己的狂热。[1]

本书所讨论的经济学家远不是什么平庸的"学术涂鸦人"。他们不仅深刻地影响了人们对市场干预与监管、税收、贸易和货币政策的看法,而且他们的理论已经成为人们谈论经济和社会生活的基础和框架——劳动分工、比较优势、剩余价值、边际效用、税收国家、总需求、理性选择理论、货币数量论、纳什均衡、认知偏差与前景理论、社会选择理论和信息不对称,这是其中一些最具影响力的理论。那么,经济学家和历史学家又将如何评价这些创造者及其著作?本书第六章的传主约瑟夫·熊彼特(Joseph Schumpeter)将会给出一个答案。

约瑟夫·熊彼特对"经济思想史"和"经济分析史"的区分是一个常被忽略却十分有益的指导。根据熊彼特的概述,经济思想史主要关注经济理论的内容而非形式结构,以及经济思想与历史背景的关系和经济思想与施加影响的知识分子之间的关系。经济分析史主要关注学科的内在史、理论的公理结构,以及特定理论表述的演变和发展。两者可能导致对经济学领域的科学革命形成完全不同的理解。经济思想史研究常常将理论置于特定的"历史背景"中,充分考虑多种并不总是相互一致的影响因素。在这种方法下,研究者多少会荒谬地假定理论发展具有基本的连续性,并将发展的断裂归因于外部历史因素,而不是内部动态的变化。

相反,经济分析史通常承认特定研究线的连续性,但往往忽略了不同研究线和知识传统之间的不连续性。换句话说,经济学通常被视为一个相对自主的学科,而断裂——例如,托马斯·塞缪尔·库恩(Thomas Sammual Kuhn)[2]提出的"科学革命"——则被视为导致学科研究方向改变的范式转换的产物。具体而言,范式转换标志着社会结构规范被取代的转折点,改变了理论的关注重点和解释范畴。建立经济学研究新方法的呼声越来越高,这种现象表明,在经历制度变化(特指数学建模的情况)后,适用于特定时期的经济规范可能会忽视另一时期的核心因果关系和相互依赖性。

今天从事经济文献历史演变研究的经济学家更可能接触到经济思想史,而不是经济分析史。也就是说,他们会更常看到对过去理论(常常被描述为当前某一经济理论流派的先驱)的描述性叙述,而较少看到对其逻辑(形式)结构的分析性叙述。这种倾向强化了一种辉格(Whig)①式经济思想演变,天真地相信经济学将会不断进步,从而造成历史意识的丧失,形成一种科学进步将导致经济学"历史终结"的目的论观点,这就是过去四十年这门学科的发展情况。"有效市场假说"的拥护者认为他们可以"说了算",因此他们不认为有必要关注过去的理论或思想。

越来越多的人认识到,新经济思维需要以全面的历史理解为基础。然而,要全面理解历史并充分发挥其价值,我们需要深入研究过去理论的分析结构——过去理论在逻辑上往往与当前理论一样严谨。只有通过这种方式,我们才能够正确地比较各种理论框架,而经济学家也才能够从过去和现在的各种经

---

① 这里主要指狭义的辉格史观,即英国政治史领域中以辉格党为主角的一种特殊的历史叙事方式,认为辉格党是英国历史进程中的主要进步力量,在辉格党带领下,英国不断进步到当代社会。辉格史观即一种简单化的进步史观。——译者注,如无特殊说明,后文注释均为译者注

济理论中获得适用于特定历史背景的知识。

本书的亮点在于，它集结了不同经济学家和历史学家的文章，呈现了经济思想史和经济分析史两种方法的融合，有助于丰富读者对经济文献的连续性和不连续性的理解。每篇文章所描绘的思想家都拥有共同的智识兴趣，可以为读者提供真正独到的见解，回应他们所处年代的特定问题。

亚当·斯密（Adam Smith）之前的先驱

为古典经济思想史确定一个具体的起点多少有些主观武断，因为许多经济思想的源头都要追溯到古代。往近一点说，在文艺复兴和宗教改革时期的欧洲，"君主镜鉴"文学流派盛行，朝臣们普遍致力于向君主提供政策建议和政治忠告。受马基雅维利（Machiavelli）在1532年发表的《君主论》（The Prince）的启发，"君主镜鉴"体裁——或劝导君主效仿先贤，或告诫君主施行恶政的下场——在16世纪逐渐演变为一种相对直言不讳的辩论性写作。尤其在英格兰，这种传统与"转型规划"共荣发展，一批受过良好教育的新晋下议院议员向君主提出一系列可能有利可图的提案，包括渔业、排干沼泽、土地银行以及新殖民地。①

鼓励贸易和改革税收体制的提案频繁出现，它们往往论述充分且注重公共利益。少数提案者坚信英格兰应该保持贸易顺差，以维持国家繁荣并确保国王金库充裕，这部分人通常被称为重商主义者。这些辩论性著述出现的背景：一是英国股份公司的兴起，尤其以东印度公司为代表；二是军事革命带来的财政需求，尤其在军队规模不断扩张、战场开销不断增加的情况下。保障领土和宗教安全离不开财富，包括支付雇佣军的费用和与其他列强作战所需的资金，以及确保英国船只能够在全球安全航行的能力。

---

① 16世纪，英国开始从农业经济向工商业经济转型，同时英国议会也发生了重大变化，随着封建贵族的没落和乡绅的兴起，上院开始衰落，下院开始崛起。

托马斯·孟(Thomas Mun)发表于1621年的《论英国与东印度公司的贸易》(*A Discourse of Trade from England Unto the East Indies*)以及创作于17世纪20年代的《英国得自对外贸易的财富》①(*England's Treasure by Foreign Trade*)是詹姆斯一世时期重商主义的典型代表著作,前者包含了托马斯·孟向詹姆斯一世提交的针对后来被称为"三十年战争"(1618—1648)的战争引发的经济衰退的一般性建议,以及他为自己担任董事的东印度公司进行的辩护。他坚定地主张实现贸易顺差,并对重商的荷兰人表示了极大的钦佩。1664年,他的著作《英国得自对外贸易的财富》首次印刷出版并引发了新一轮的辩论(17世纪20年代的版本主要以手稿形式在宫廷流传)。约赛亚·柴尔德(Josiah Child)爵士发表于1668年的《关于贸易和货币利益的简要观察》(*Trade and the Interest of Money*)和《贸易新论》(*A New Discourse of Trade*)与托马斯·孟的思想一脉相承。

虽然柴尔德是贸易保护主义的拥护者(和航海条例的捍卫者),但是他并不同意托马斯·孟反对贵金属出口的观点,甚至提倡一种通常与亚当·斯密联系在一起的有限自由贸易理念。后期重商主义作家查尔斯·达维南特(Charles Davenant)——曾先后担任皇家税务专员和海关监察长——同样主张追求贸易顺差,但其早期作品更关注不断增长的国债的可持续性,例如,发表于1698年的《论英国的公共收入与贸易》(*Two Discourses on the Public Revenues and Trade of England*)。在发表于1699年的《论如何使人民在贸易顺差中获益》(*An Essay on the probable means of making the people gainers in the balance of Trade*)一文中,达维南特甚至提出了一种类似于大卫·李嘉图(David Ricardo)比较优势理论的观点。总的来说,与早期重商主义作家不同,达维南特认为"贸易本质上是自由的,遵循自己的路线,掌握着自己的进程。"[3]

---

① 《英国得自对外贸易的财富》一般被认为写于1630年,但包括本章作者在内的部分学者认为此书,或至少是此书的主要部分写于17世纪20年代。

另外两位英国学者也值得一提。首先是威廉·配第(William Petty),这位雄心勃勃的"规划家"曾代表查理二世在爱尔兰进行土地测量,同时在商业和学术领域均有所涉猎,被视为政治经济学的奠基人之一。在法国卡昂接受耶稣会士医学培训后,配第成为托马斯·霍布斯(Thomas Hobbes)的私人秘书。在经济学学术领域,他将弗朗西斯·培根(Francis Bacon)的经验主义与霍布斯的理性主义相结合,为自己的"政治算术"注入了严谨的形式化和坚实的证据基础。他的主要著作至今仍具有阅读的价值,包括发表于1662年的《赋税论》(*Treatise of Taxes and Contributions*)、1665年的《献给英明人士》(*Verbum Sapienti*)和1682年的《货币略论》(*Quantulumcunque concerning Money*)。配第提出的国民收入推算为后来格雷戈里·金(Gregory King)的深入研究提供了启示。他的有关补偿性税收、货币流通和速度、市场利率和经济政策的观点,不仅启发了亚当·斯密和马克思,还受到了凯恩斯的赞赏。配第的价值理论奠定了国民核算体系的基础,后来由弗朗斯瓦·魁奈(François Quesnay)在法国正式发展完善。他的《赋税论》为杜尔哥(Turgot)和斯密的著作提供了结构和内容的范本。配第的知名度相对一般,部分原因在于其作品的多样性和研究范畴的挑战性(涵盖历史人口学、地理学、经济学、经济政策、政治哲学等不同领域),而不是他思想的质量(不高)。

其次是大卫·休谟(David Hume),他在当时的学术界独树一帜,并且挑战了常规的现代学科分类。他在《政治论丛》(*Political Writings*)中提出的货币理论尤为重要,不仅阐释了约翰·洛克的(John Locke)货币数量论,还建立了价格-铸币流动机制,同时为温和的通货膨胀货币政策提供了强有力论据。休谟是亚当·斯密的朋友和遗作管理人,而且与法国重要的重农学派成员保持联系和交流。

和威廉·配第一样,重农学派创始人弗朗斯瓦·魁奈也是医学背景出身,曾在法国宫廷担任医生。他在发表于1758年的《经济表》(*Tableau Économique*)

中建立了首个正式的宏观经济模型,将经济分为农业和制造业两个领域。魁奈及其追随者认为,一个国家的财富主要来源于土地的"纯产品"。根据他们的模型,制造业只是将原材料转化为产品,并没有增加价值。基于这一观点,重农学派提出了两大主要政策目标:一是消除农产品内部贸易壁垒;二是放弃法国过去采用的直接(针对土地)和间接(针对商品)混合税收模式——因为大部分税款为国王带来了巨大收益——改为只对土地单独征税,即所谓的"单一税"(L'impôt Unique)。他们致力于废除中世纪的法规和特权,例如,农民劳役制度(当时法国修筑道路等基础设施的工作由农民承担)。此外,他们对垄断企业和特许贸易公司的抨击也备受自由放任主义经济学家的赞许。

亚当·斯密很钦佩魁奈,但还未等他的《国富论》(*The Wealth of Nations*)出版问世,魁奈就于1774年去世了。至于另一位重农学派成员杜尔哥,虽然他更为人所知的是他作为法国财政部部长的经历,但其发表于1766年的《关于财富的形成和分配的考察》(*Reflections on the Causes and Distribution of Wealth*)在很多重要方面都延续了魁奈的模型。19世纪的政治经济学界广泛认可杜尔哥对经济主体的划分,即农民、手工业者和食利者。此外,他对洛克自然法的信奉受到了休谟和斯密等英国经济学家的赞赏。杜尔哥十分关心如何最有效地实现"谷物"贸易(农产品市场)的监管(或去监管),这也是18世纪晚期法国、英国、意大利和普鲁士作家普遍关切的问题。杜尔哥因推行"单一税制"而招致反对者的敌视,最终导致政治上的失败。然而,本书读者需要了解的是《关于财富的形成和分配的考察》与《国富论》在结构上非常相似。

描摹13位伟大的经济思想家

任何一份关于亚当·斯密及其追随者的影响概述都无法全方位呈现欧洲启蒙运动时期的经济著作全貌。本书必然要略去普鲁士和瑞典的经济学家、那不勒斯启蒙运动的一众作家及其先驱安东尼奥·塞拉(Antonio Serra),以及与奥地利大公约瑟夫二世宫廷相关联的人员。这些学者固然重要，但其影响力远不如本书所收录的经济学家。

从斯密时代到斯蒂格利茨时代的经济学家众多，仅从中选取13位实属不易。从近50位诺贝尔经济学奖得主中挑选6位代表（将构成本书后半部分），这同样困难。将这13位经济学家称为伟大的经济思想家并不是因为他们的激进计划或新颖观点，而是因为他们对现代经济思想的贡献程度，这一点想必大多数读者也认同。然而，有些读者可能会对此提出疑问：如果本书是讨论大多数人接触到的经济学，为什么没有保罗·萨缪尔森（Paul Samuelson）[①]？如果将纳什列为影响主流经济学发展的数学家，为什么没有包括一般均衡理论的创始人莱昂·瓦尔拉斯（Léon Walras）？如果是基于宏观经济政策制定的重点，难道创建了大多数本科生耳熟能详的IS-LM模型的约翰·希克斯（John Hicks）不应该包括在内吗？对此，我们能给出的最佳辩护是：虽然入选的13位经济学家不一定是最伟大的经济思想家，但他们的思想可能代表着最伟大的经济学理念或流派。

在本书第一章，乔纳森·康林（Jonathan Conlin）简要阐述了对亚当·斯密的思想产生影响的各种智识因素。他将亚当·斯密的经济著作和道德哲学论著——《道德情操论》（*The Theory of Moral Sentiments*）——置于18世纪启蒙运动时代的主要框架中进行讨论。康林将经济思想史与经济分析史相结合，向读者阐明斯密如何构建了与当代微观经济理论的假设不尽相同的现代微观经济学框架。斯密关于经济生活的理想与经济人的观点相去甚远。

在第二章，海伦·保罗（Helen Paul）探讨了李嘉图如何在亚当·斯密分工

[①] 美国著名经济学家，1970年诺贝尔经济学奖得主，美国麻省理工学院经济学教授。萨缪尔森创立了新古典综合学派，实现了经济学发展史上的第三次大综合。他于1948年出版了《经济学》。此后，《经济学》就逐渐取代马歇尔的《经济学原理》（*Principles of Economics*），成为第三部里程碑式的经济学教科书。该书每隔3年修订出版一次。该书成为有史以来生命期最长、发行量最大的一本经济学教科书。

理论的基础上发展出比较优势理论。海伦认为,这一理论在概念上对现代经济学做出了重要贡献。李嘉图的方法论的贡献包括建立了"谷物模型"——源于他与托马斯·罗伯特·马尔萨斯(Thomas Robert Malthus)关于英国农业生产是否能够维持其人口体系的讨论——他运用这一模型对(英国的)谷物法提出了批判。海伦向读者揭示,由于皮耶罗·斯拉法(Piero Sraffa)对李嘉图作品和信件的编辑出版,李嘉图得以重新确立其后世的声誉。等价理论是李嘉图在现代经济学中的另一重要贡献。罗伯特·J.巴罗(Robert J. Barro)将李嘉图视为弗里德曼货币主义的先驱,而这种归因源自李嘉图一句不经意的评论——李嘉图曾指出,无论是立即增税支持战争,还是长期增税支持政府筹借战争经费,纳税人对此都无所谓,因为他们会设想未来税收的增加,并据此减少自己的消费。达维南特早在(李嘉图说出这段话的)一个多世纪前就提出过相似的观点,他预测称,未来会有很多关于议会主导王室财政能否增强公共财政廉洁性的"可信承诺"的辩论。但是,李嘉图却未必会认可巴罗的货币主义、罗伯特·卢卡斯(Robert Lucas)的卢卡斯批判,以及芬恩·E.基德兰德(Finn E. Kydland)和爱德华·C.普雷斯科特(Edward C. Prescott)的"货币政策时间不一致性"中关于经济主体会预期经济规划者的行为并阻挠这一过程的观点。正如海伦所述,李嘉图的自由主义观点并非基于单一的关注点,而是受到多种因素的影响和塑造。

在第三章,约瑟夫·珀斯基(Joseph Persky)主要讲述了工业革命带来的结构性经济变革如何塑造了约翰·斯图尔特·穆勒(John Stuart Mill)的经济著作。工业革命使当时的经济和社会生活与前一个世纪的形成了明显的断裂,而穆勒正是在这样的时代背景下进行思考和写作的。珀斯基认为,穆勒是经济学作家中蒙尘的明珠,他常被视为马尔萨斯、李嘉图和亚当·斯密思想的因袭者。珀斯基希望重塑穆勒的声誉,他阐述了穆勒关于财产和国家再分配能力的信念、积累与经济增长的理论,以及对后资本主义公有制社会的愿景,这些共同构成了一个连贯的经济纲领和"进步的政治经济学"。

在第四章,保罗·普鲁(Paul Prew)承担了介绍卡尔·马克思(Karl Marx)的艰巨任务。他一方面想要揭开马克思的神秘面纱,另一方面想为已经熟悉马克思经济学的读者提供一些新视角。本章第一部分着重介绍马克思的历史主义方法,并将其置于马克思在德国所受的大学教育及其人类学立场的背景下。也就是说,普鲁根据马克思的解释策略①对资本主义社会生产资料的"异化"理论进行阐释;他认为马克思有关商品交换和积累的概念是其剩余价值理论的基础。根据普鲁的叙述,《共产党宣言》(Communist Manifesto)是马克思在 1848 年革命期间匆匆写成的。虽然普鲁对马克思文化遗产的描述已经超出传略的范围,但是他希望提醒读者,可以从多种不同角度来探讨这个问题。

在第五章,卡蒂亚·卡尔达里(Katia Caldari)笔下的传主是阿尔弗雷德·马歇尔(Alfred Marshall)。根据卡尔达里的叙述,马歇尔的首要目标是理解并解决贫困问题,同时关注工人的住房和居住环境条件,这与他的数理经济学紧密相关。卡尔达里描述了马歇尔如何谨慎地创立了剑桥大学的经济学学科,并对剑桥大学道德科学荣誉学位考试(The Moral Science Tripos)进行改革。她认为,与他的很多追随者相比,马歇尔始终保持着谦逊的态度,从未过于强调他的数学推理,只是将公式、表格和图表等辅助材料融入他的主要作品之中。卡尔达里还指出,马歇尔对现代经济学影响最长远的贡献似乎主要在于他留给后人的分析工具,特别是需求和供给曲线、边际效用递减、局部均衡以及供求弹性。这些构成了新古典微观经济学的基本面。如果读者能够更加重视马歇尔在 19 世纪晚期对英国社会的广泛评论——正如卡尔达里所指出的,这些评论不仅敏锐而且充满矛盾——而不仅仅关注他那些众所周知的经济学概念,那么卡尔达

---

① 这里不是指马克思的某个具体被称为"解释策略"的策略,而是泛指马克思用来理解和分析资本主义社会的各种方法和理论框架。具体来说,作者保罗·普鲁在第四章阐释资本主义社会生产资料的劳动"异化"理论时,具体运用到阶级分析、商品拜物教等策略。

里也就如愿以偿了。

在第六章,马里奥·格拉萨·莫拉(Mário Graça Moura)着墨介绍将创新和企业家精神视为资本主义引擎并开创了经济分析学科的约瑟夫·熊彼特。在熊彼特的理论体系中,对经济分析的全面探索需要通达四个子领域:经济史、统计学、经济理论和经济社会学。在熊彼特看来,创新是内在的,是经济体系应对外部冲击的必要手段。他的观点至今仍然具有重要影响力,激发了比尔·贾纳韦(Bill Janeway)和玛丽安娜·马祖卡托(Mariana Mazzucato)等经济学者致力于探索国家在促进创新方面的作用。莫拉认为熊彼特的经济周期理论是对前人理论的重大发展,这些前人包括克里门特·朱格拉(Clément Juglar)、让·莱斯居(Jean Lescure)、艾伯特·阿夫塔里昂(Albert Aftalion)、阿瑟·塞西尔·庇古(Arthur Cecil Pigou)等不在本书收录范围内的经济学家。他对熊彼特的社会经济理论进行了深入探讨,并指出其与马克思的经济决定论有明显不同,后者认为社会阶级由个体与生产要素的关系决定。熊彼特的理论不如凯恩斯或马克思的那样广为人知,主要是因为他的理论框架不符合现代大学所设定的学科分类标准,反而更接近法国年鉴学派史学家布罗代尔(Braudel)的思维方式。

维多利亚·贝特曼(Victoria Bateman)在第七章介绍约翰·梅纳德·凯恩斯(John Maynard Keynes)时指出,尽管凯恩斯在思想和实践方面取得了巨大成就,但她的这位研究对象却受到了自由市场资本主义者和马克思派社会主义者的严厉批评。凯恩斯的目标是拯救而非废除资本主义,因为他认为欧洲在两次世界大战之间出现的极权主义制度是不可接受的替代方案。尽管凯恩斯在经济学上做出了许多贡献,但维多利亚着重介绍了凯恩斯革命对宏观经济政策制定的影响。她强调凯恩斯的主要贡献在于,他认识到当经济因物价和工资黏性而无法自行复苏时,政府可以采取干预措施来刺激总需求。维多利亚表示,这些机制仍然是当前的争论焦点,因为一些继承凯恩斯思想的学者更倾向于将风险和不确定性视为解释经济体系促进市场恢复均衡状态的原因。尽管新兴凯恩斯主义者(New Keynesian)、新凯恩斯主义者(Neo-Keynesians)和后凯恩斯主义者(Post-Keynesians)的区别对于这些理论的实践者非常重要,但大多数主流经济学家并不特别关注这些区别或其中的微妙之处。更主要的分歧还在于凯恩斯与古典自由主义者和货币主义者观点的不同。

在第八章中,斯科特·谢尔(Scott Scheall)向读者介绍了凯恩斯的劲敌弗里德里希·哈耶克(Friedrich Hayek)。与本书后五章介绍的经济思想家一样,哈耶克因在经济学领域的杰出贡献而获得了诺贝尔经济学奖(1974年)。他与奥地利学派经济学密切相关,同时是古典自由主义的主要倡导者。他沉迷于心理学和经济学的交叉领域——与本书介绍的大多数经济学家并无二致——并从中发展出了他的个人主义方法论。哈耶克和凯恩斯都希望理解经济周期的非均衡机制,但随着时间的推移,前者却成了均衡理论的主要批评者。哈耶克是第一个认识到凯恩斯的政策可能导致通货膨胀的人,并且坚决反对任何形式的经济计划。不过,其主要关注点在于从社会层面理解知识的获取和协调,以及认识经济学作为一门学科的局限性——他认为经济学无法充分指导政策制定。谢尔认为,哈耶克的怀疑精神和对多领域的开放态度成就了他的伟大。

维多利亚·贝特曼在第九章再次登场,介绍了因货币理论而获得1976年诺贝尔经济学奖的米尔顿·弗里德曼。弗里德曼因坚定地捍卫自由市场资本主义并强烈反对各种凯恩斯主义而闻名于业内外。维多利亚首先强调了弗里德曼的方法论与以往经济学家之间的明显断裂——之前的经济学家将经济学视为一种道德科学,而弗里德曼则希望将其重新定义为一门与物理学/化学一样的实证科学。虽然弗里德曼试图将经济简化为一系列数学模型,但他也清楚地认识到经济现象的复杂性可能会让他无功而返。弗里德曼的经济方法论根植于一种信念,即市场存在一种无法被完全理解的神秘规律,并且这个规律将永远起主导作用。在实证研究中,他利用宏观经济政策制定中不可避免的"滞后效应"来论证,政府采取干预措施稳定经济的做法可能徒劳无功,甚至可能导致通货膨胀。在20世纪70年代的高通胀背景下,弗里德曼的货币主义观点备受推崇。但正如维多利亚所述,弗里德曼对凯恩斯的批评比许多后来的主流新古典经济学家更为敏锐。弗里德曼关于市场自我平衡的主张仍然是其理论标志。

在第十章中,卡伦·霍恩(Karen Horn)的艰巨任务是向读者介绍小约翰·福布斯·纳什。与本书其他思想家不同,在1994年获得诺贝尔经济学奖的纳什在经济学上的成就属于无心插柳柳成荫,是他将其博弈论理论应用到同源领域时所产生的结果。纳什的主要贡献是建立了多人非合作博弈、非零和博弈理论。他的论文导师阿尔弗雷德·塔克(Alfred Tucker)将其推广为囚徒困境——其解决方案被称为纳什均衡。卡伦指出了这一理论的局限性,但她也承认,这一理论为经济学家带来了突破性的工具和视角,可以用以解释市场失灵和经济主体(家庭和企业)在理性追求自身效用最大化时可能遇到的次优结果。她还指出,纳什的非合作博弈激发了人们对经济学策略思维的兴趣。卡伦对纳什的疾病及其最终获得认可的描述令人动容。大多数读者对纳什的了解可能只是通过罗素·克劳(Russell Crowe)在《美丽心灵》(A Beautiful Mind)中的著名演绎。

我们如何理解模型在经济学领域的运用?英国统计学家乔治·博克斯(George Box)曾说过一句非常有名的话:"所有模型都是错误的,但有一些是有用的。"托勒密的地心说(即地球居于中心,太阳和其他行星围绕地球转动)之所以长期受到支持,是因为它为维护罗马教会礼仪日历的人员带来了实用性。而哥白尼革命始于对更好的日期计算方法的追求。可以说,所谓"现实主义"在主流经济学中并不一定是关键。与立体实景模型不同,评判模型的标准在于其对经济现象的充分预测能力,而非对现实的描述的丰富程度。纳什对非合作博弈的简洁描述正是其为经济学家带来的实用价值。如果认为某个模型不

"真实",其实是指它忽略了一些重要因素。

在第十一章,米歇尔·巴德利(Michelle Baddeley)介绍了2002年诺贝尔经济学奖得主丹尼尔·卡尼曼(Daniel Kahneman)。卡尼曼的获奖理由是,把心理学研究的成果与经济学融合到了一起,特别是有关在不确定状态下人们如何作出判断和决策方面的研究。简言之,他认识到经济学在某些重要方面存在遗漏。米歇尔生动地讲述了卡尼曼的个人背景,这名立陶宛犹太人在德国占领下的法国度过了少年时期,后来又在以色列度过了青年和成年时期。她还概述了卡尼曼与其珍视的合作伙伴阿莫斯·特沃斯基(Amos Tversky)如何通过对认知偏差和启发法的研究建立了行为经济学,并由此产生了卡尼曼的前景理论。米歇尔强调卡尼曼在晚期研究中试图扩展和丰富不同类型的效用理论,而不仅仅局限于预期效用(或卡尼曼所称的"获得效用")这一经济学核心概念的范畴。她指出,"经验效用"和"记忆效用"存在相当大的差异,这有助于丰富行为经济学的概念,如双曲贴现。此外,米歇尔还描述了卡尼曼在实验经济学领域的贡献及其跨学科影响。

乔纳森·康林,即第一章的作者,在第十二章概述了因福利主义经济学思想而获得1998年诺贝尔经济学奖的阿马蒂亚·森(Amartya Sen)的经历和思想。康林认为,阿马蒂亚·森对福利供给和饥荒预防经济学的兴趣源自其童年经历的1943年孟加拉大饥荒。阿马蒂亚·森将这场夺走超两百万孟加拉人生命的饥荒归因为"交换权利的失败",并将焦点从农业经济学对饥荒原因的传统叙述转移到交换关系上。但正如康林所述,阿马蒂亚·森的声望建立在更广泛的基础上,因为他对社会选择理论的贡献既具有方法论意义,也具有实质性意义。阿马蒂亚·森的能力方法将个体的能动性置于重要位置,并将讨论焦点从平等转向公平,因此被视为他最重要的成就。康林总结道,阿马蒂亚·森的经济思想既是对行动的号召,也是对弗里德曼所排斥的规范经济学的回归。

在第十三章,伊曼纽尔·贝尼古(Emmanuelle Bénicourt)以批判的眼光审视了约瑟夫·斯蒂格利茨（Joseph Stiglitz），为本书画上了句号。她特别强调斯蒂格利茨不屈不挠的行动主义及其对传统主流经济学的意识形态包袱的反对。贝尼古指出，斯蒂格利茨获得的科学声誉，包括他2001年获得的诺贝尔经济学奖，主要是基于他在微观理论方面的贡献，尤其是他与乔治·阿克洛夫（George Akerlof）和迈克尔·斯宾塞（Michael Spence）关于不对称信息导致市场失灵的合作研究。她进一步表示，尽管斯蒂格利茨具有破旧立新的倾向，但与维多利亚笔下的凯恩斯一样，他无意推翻资本主义秩序，而是致力于改革和纠正资本主义经济体系中的过度现象。斯蒂格利茨通常被视为反对新自由主义的主流经济学家，但贝尼古并不认可这一观点，因为斯蒂格利茨使用的许多模型都过于程序化且"不切实际"。然而，与本书的大多数贡献者一样，斯蒂格利茨确实对新自由主义持激烈批评态度。

在这层意义上，弗里德曼对"规范经济学"的排斥在经济思想史上仅仅是一个插曲。在2007—2012年的大衰退以及21世纪初不平等问题不断加剧之后，如果说经济学正在经历一次"道德转向"，想必本书写到的大多数经济学家都不会对此感到意外。从上文提到的重商主义作家到斯蒂格利茨本人，大多数经济学家关注的都是经济政策制定，即确保资本主义体系适合或有利于人类福祉的过程。希望本书能帮助读者了解，这种立场在经济学主流中已经走了多远。如果读者在掩卷之时也对这些伟大经济思想的精妙与丰富心生赞叹，那我们可谓大功告成，一举两得。

第一章　亚当·斯密

乔纳森·康林

1778年1月的一个清晨，亚当·斯密从爱丁堡坎农格特街区的住所出发，沿着皇家英里大道徒步走到了位于交易广场的海关大楼。这是他担任海关专员的第一周。走进大楼，他迎面看到一块巨大的告示板，上面赫然列出了他未来需要查缉并销毁的走私物品清单。几个世纪以来，商贾们为了应对国外对手的竞争，成功游说各国统治者实施了对外进口商品的限制。在他们看来，如果没有这些进口禁令、进口关税和"奖励金"（国家补贴），他国的经济将会繁荣发展，而本国的经济将会极大受损。海关专员的职责不仅包括征收关税，还包括追诉试图违反禁令者。

自由市场经济学之父亚当·斯密从事海关工作的经历确实有些匪夷所思。斯密反对一切限制工人自由流动的保护性关税、行会和体系。他认为，如果消除这些壁垒，市场将通过"看不见的手"引导个体将劳动力和资本投入自己最擅长的领域，从而提高质量、促进创新、降低价格、提高生活水平。决定个体如何投资时间、精力和财富的权力是对自然自由的专制侵犯，而且没有人相信统治者能够明智地行使这种权力。

如果要证明贸易限制的无效性，亚当·斯密又何须费力寻找证据。那天早晨站在海关大楼内，他将目光从告示板上移开，环顾了一圈自己的衣橱。随后，他给国会议员兼贸易大臣威廉·伊登（William Eden）写信坦言："我几乎所有的领带、袖扣、拉夫领和手帕都不符合大不列颠的穿戴或使用标准。"他续写道，"我想以身作则，于是把它们都烧了。"他最后调侃称，"你和太太也最好别检查自己的衣物或家具，免得陷入同样的尴尬。"[1]

尽管写信的本意是幽默挖苦，但斯密不禁反思并总结了教训：贸易限制根本无法达到预期效果，即阻止外国商品进入本国市场，尤其是价格更低或品质更好的商品。禁止进口的物品仍然在未经海关征税的情况下由走私者非法运入国内。不但如此，走私者因需要隐蔽行事而产生的额外成本最终会体现在商品价格上，这意味着斯密只能以更高的价格购入法国拉夫领。

斯密认为当时的走私者其实是被不完善的法规定罪的商人。因此，对这位新上任的海关专员而言，起诉走私者显然是一项不太愉快的职责。一项旨在推动英国羊毛生产的法规竟将羊毛出口定为死罪。斯密愤然指出："这些法令堪比《德拉古法典》，像是以血为墨书写而成的。"[2] 保护主义将国际贸易描绘为一种以邻为壑的游戏，鼓励欧洲国家对全球广泛地区提出排他性主张，为东印度公司等缺乏竞争力的垄断贸易公司提供剥削和掠夺的机会。

建立在保护主义关税之上的帝国体系带来了数不尽的暴力、奴役和破坏。这种体系表明"商人和制造商有着卑鄙的贪婪之心和垄断一切的态度，他们既不是也不应该是人类的统治者"。[3] 作为坚定的反帝国主义者，斯密将英法七年战争（1756—1763）等冲突视为给贪婪商人的又一种"奖励金"。1776 年，正值美国独立战争爆发之际，斯密甚至力劝英国政府放弃对北美殖民地的控制，不要再度引发战端。需要注意的是，这场冲突源于英国议会颁布的《茶税法》——意在通过向北美殖民地征收进口茶税，帮助陷入严重危机的东印度公司起死回生。这场冲突导致波士顿的英国海关税官被涂上柏油并粘满了羽毛①，处境相当悲惨。

1776 年，亚当·斯密的《国富论》出版。这部作品分为两卷，虽然在 17 世纪和 18 世纪初，威廉·配第、约翰·洛克等英国作家曾就贸易政策、税收、货币等问题发表过一些小册子或论文，但斯密的同代人很快意识到，《国富论》的出版标志着一种新体裁的诞生。苏格兰历史学家威廉·罗伯逊（William Robertson）在贺信中写道："你已经将政治学中最复杂、最重要的一部分系统化，形成了一套标准且连贯的体系。"他预言这部作品"将推动政治政策和金融领域的几项重要条款发生彻底改变"。[4]

---

① 涂柏油、粘羽毛是古代欧洲的一种私刑处罚方式，受刑人全身被涂上灼热的柏油，再粘满羽毛，是一种严厉的惩罚和羞辱对方的行为。

在斯密时代,尽管"经济学"(economics)或"经济学家"(economist)等词汇尚未出现,但"经营管理"(oeconomy)①这一概念已经存在——这个词的希腊语词根是"oikos",意为家庭。这个概念常用来描述家庭的高效管理和节俭运作,同时也隐喻着对整个自然界的管理。"自然的经营管理"(oeconomy of nature)②涵盖了包罗万象、令人敬畏的现象,彰显了造物主对人类的无尽关爱与智慧。探索资源分配(如人类劳动、煤炭、小麦)以及人类的互动模式是为了深入洞察造物主的本质和创造计划。

在19世纪,"经济学"逐渐发展为一门独立学科,设立了专门的教授职位和学术协会,并形成了自己的专业术语。经济学是一门科学,不过它是一门社会科学,而不是自然科学。租金和效用等概念是经济学的关注核心。这些概念是人类思维的产物,而非存在于自然界的客观实体。经济学实践者将斯密的《国富论》奉为该学科的奠基之作,尽管很少有人研读过整部著作。[5]同样地,20世纪的经济学家也将斯密视为新古典主义自由市场经济学之父,特别是芝加哥学派的米尔顿·弗里德曼和乔治·斯蒂格勒(George Stigler)。

他们声称,斯密准确地将市场描述为一个"道德虚无区",即所有主体的经济行为都在追求自身利益的最大化,而"看不见的手"则证明了国家的职能应仅局限在国防和维护法治上。[6]国家超出这一职能范围的干预只会破坏利己个体之间的互动,从而阻碍经济增长。个体的自利行为揭示了一种至高无上的智慧:不是造物主的智慧,而是"市场"的智慧——后者所体现的智慧

---

① 早在16世纪初期,英文里的oeconomy是用来表示"经营家产的艺术",它源自希腊文的oikos(家庭)一词。后来,oeconomy延伸出两个不同的涵义:一个是"透过政治来管理社区或国家所有的资源,以达到有规划的生产目标";另一个是"上帝对于自然界所施行的管理"。

② 1658年,肯纳尔姆·迪格比爵士(Sir Kenelm Digby)为促使自然科学发展能与宗教信仰融合,首先使用oeconomy of nature,成为第一个把大自然(nature)一词与经营管理(oeconomy)结合的人。从此以后,直到18世纪,这个词便与上述各种涵义结合,用来指"在整个地球上所有生命所组成宏伟庞大的有机组织的管理经营"。

同样值得人类的尊崇。甚至可以说，"市场"仿佛是一个完全独立于日常生活管理规则和约定之外的领域。任何反感或不接受这种差异的人都被视为过于幼稚和理想化。就如同奥利弗·斯通（Oliver Stone）在 1987 年执导的电影《华尔街》（Wall Street）中所展现的，反英雄人物戈登·盖柯（Gordon Gekko）在残酷地击败竞争对手后，冷冰冰地宣称："在商言商。生意场上没朋友，想交朋友就去养条狗。"

然而，这种有关斯密理论的解读——杰瑞·埃文斯基（Jerry Evensky）所称的"芝加哥斯密"——开始在 20 世纪 90 年代出现裂痕。[7]人们重新审视《国富论》和斯密的第一部作品《道德情操论》之间的关系。关注人类情感并以同情心为立论基础的《道德情操论》与强调经济利益和市场机制的《国富论》似乎毫不相干。芝加哥学派经济学家雅各布·维纳（Jacob Viner）在 1926 年辩称，试图解决所谓的"斯密悖论"可能会削弱人们对这两部作品的整体理解——许多人同意这一观点，尽管当时普遍认为《国富论》是一部更加成熟的作品。[8]但最近的学术研究对这种普遍共识提出了挑战，认为《道德情操论》和《国富论》是相辅相成、相互补充的两部作品。斯密的人类行为模型是建立在社会本能和习俗的网络之上，而不是"建立在个人自利的花岗岩之上"（正如斯蒂格勒所述）。[9]

柯科迪海关

哲学家并非与生俱来，而是后天养成的。至少斯密对此深信不疑。他指出，尽管一个哲学家和一个"普通搬运工"可能表现出"最不相似的气质"，但这种个性、收入和才能上的差异"更多是由于习惯、风俗和教育的影响，而不是天生决定。"[10]一个人成为哲学家还是搬运工并不是由于他们天生的非凡智力或强壮体魄。有观点认为：无论是斯密时代还是当今时代，决定孩子未来收入的主要因素是其父母的收入，而非孩子自身的智力或"天赋"。

我们很难承认这一点。对效用理论的追求让我们更愿意相信哲学家和搬运工天生"适合"他们在社会中的角色。但斯密认为,习惯、风俗和教育似乎比"天性"更能决定一个人的命运。运气也起了一定作用。无论是从封建牧场向集约化农业的转变,还是从家庭手工业到工厂生产的转变,柯科迪,1723年斯密出生的这座福思湾边的小镇都能给这个敏锐的年轻人带来很多启示。

今天,柯科迪拥有5.1万居民①,以油布生产为主要支柱产业。1644年,查理一世将柯科迪设为皇家自治市,使其摆脱了当地的邓弗姆林修道院封建地主的控制,并确立了行政独立地位。但在苏格兰其他地方,中世纪的封建土地所有制体系依然存在,尤其是在高地的宗族中。宗族社会的组织形式不是建立在法律契约上,而是建立在个人对宗族首领的忠诚度上。1745年,无数的农民和牧羊人追随宗族领袖参加了战斗,但结局却令人扼腕。这些宗族联合起来支持英国王位的觊觎者、詹姆斯二世党人美王子查理(Bonnie Prince Charlie),结果在卡洛登战役中被乔治二世的职业军队击溃。

在摆脱封建束缚后,柯科迪的经济呈现多样化发展趋势,除了传统的畜牧业、林业和农业,还出现了原始工业化(农民在农闲时间将亚麻织成亚麻布)、工业化(铁匠铺、造船厂)以及本地和国际贸易。斯密的父亲是柯科迪的海关官员,观察城市经济活动是他的职责所在,可以说,他的父亲完全处于近水楼台先得月的有利位置。斯密的父亲曾担任第三任劳登伯爵的秘书,显然是伯爵的支持帮助他谋得了海关官员的职位。伯爵的庇护将父子俩与苏格兰地主贵族阶层紧密地联系在一起。曾经,也是在这些贵族阶层的支持下,苏格兰与英格兰在1707年实现了最终合并,大不列颠联合王国由此建立。当英格兰的社会精英还在用苏格兰裙和吟游诗人来浪漫化即将消逝的苏格兰宗族时,斯密已经认识到,"苏格兰和英格兰的联合为这个国家带来了无限的好处。"[11]

除了贵族庇护等"风俗习惯",教育对斯密的成长同样功不可没。1723年,

---

① 据2022年柯科迪人口普查统计数据。

柯科迪市议会建造了一座两间教室的学校。遍布苏格兰的教区学校体系和优质大学反映了人们对教育的普遍重视。为了让孩子们接受学校教育，几乎所有苏格兰父母都心甘情愿地做出了经济和其他方面的牺牲——包括放弃让孩子参与到劳动中，即使这种劳动力本身也是一种宝贵的资源。在学校里，斯密不仅学会了阅读、写作和算术，还学了一些拉丁文和希腊文。

一本现存的18世纪版本的《手册》(*Encheiridion*)上记录着斯密的名字。这本书由1世纪希腊哲学家爱比克泰德(Epictetus)的学生编撰，教导我们不要幻想能够掌控自己的身体、财产或其他外部事物，我们其实只能掌控自己的内在状态。当我们能够有意识地抑制那些可能束缚自己的欲望，同时学会控制自己的情绪时，我们才能获得真正的平静和自由。斯多葛学派的哲学家以及其他伟大的古代哲学家是斯密一生中的精神知己。

1737年，斯密进入了格拉斯哥大学。他的道德哲学教授、阿尔斯特长老会教徒弗朗西斯·哈奇森(Francis Hutcheson)对他产生了深远影响。哈奇森同时是苏格兰长老会内部"新光"(New Light)①运动的一员，该运动旨在缓和苏格兰长老会对人性的严苛看法，即苏格兰长老会完全承袭的加尔文主义人性观。在哈奇森讲座的激励下，斯密将人性视为值得研究的重点，将其视为具有独立结构的实体，而不是注定陷入罪恶混乱的存在。人性是一个由"活力""感官"和"欲望"构成的网络，并具有一种"奇妙的自然感染力"，它激发个体愿意与其他同胞分享自己的情感。

完成牛津学业后②，斯密返回柯科迪，在附近的爱丁堡举办了一系列深受好评的修辞学讲座——讲座只面向那些定期捐款者。这类知识性消遣以及哈

---

① 新光运动起源于18世纪初期的新教教会内部的一次神学分裂，特别是在加尔文主义教派中，这场分裂主要围绕着宗教复兴和信仰转变的性质展开。新光派支持大觉醒(Great Awakening)期间的宗教复兴和情感体验，而旧光派(Old Lights)则对这种复兴持怀疑态度，认为它威胁到了教会的传统权威。

② 1940年，亚当·斯密获得了奖学金，进入牛津大学学习。

奇森在格拉斯哥大学的改革（用英语而非传统的拉丁语授课）迎合了精英阶层和中产阶级对哲学探讨的新爱好。过去被视为危险异端或单调乏味的思辨①，如今成为一众男女在茶话会和咖啡馆里进行得体交谈时的话题。1751年，斯密被任命为格拉斯哥大学教授。他延续了哈奇森的事业，成功说服了一些贵族将孩子送入大学。大学不再仅限于培养法律或教会事业的从业者。

情感的互相交换

亚当·斯密的《道德情操论》于1759年出版。该书试图对人类的各种情感进行分类，并确定人类如何判断不同行为和个体是否值得奖赏与惩罚的机制。斯密认为，决定奖赏与惩罚的机制在于观察人们的行为，这是由"自然"确立的先天本能所决定，而不是遵守上帝向先知"启示"的特定神圣诫命，就像摩西所领受的《十诫》一样。斯密并不急于探究"自然"是否反映了造物主的意志。由于其密友大卫·休谟曾公开挑战宗教并因此遭受迫害，所以斯密在这一问题上会更加谨慎。

斯密的伦理学建立在同情的基础上，这种"感染力"是哈奇森曾经指出但未给予足够重视的要素。今天，同情通常被视为一种情感，是对他人苦难的悲伤回应。但斯密认为，同情不是一种情感，而是人类感知所有情感的方式。共情的情感分享会带来快乐，即使情感本身可能是负面或悲伤的。但这种情感分享的愿望明显存在困难，因为一个人永远无法完全感受到另一个人的情感"强度"。因此，我们从孩童时期就知道如何将自己的情感强度"调节"到一个他人能够理解或"共感"的程度，斯密解释道。

情感的类型不同，调节的程度也不同，这种方式有助于维持社会秩序。例

---

① "思辨"是指进行智力或哲学讨论的行为，通常涉及对各种主题的猜测或理论推理。这个短语暗示，在过去，这种推测性的讨论要么被认为是危险的异端（与正统的信仰或教义相反），要么被视为无聊之举。

如，欲望和饥饿等来自身体的情感很难和他人分享。由于别人很难在这类情感上和他人产生"共感"，因此我们也很少将之表达出来。根据斯密对人类社会的描述，人与人之间的情感唤起和情感回应是持续不断的。这种互动就好比是情感的交易市场，但斯密更喜欢用音乐来进行比喻：尽管演奏者和观众永远无法完全达到统一的"音调"，但是"他们可以实现和谐共鸣，这已经足够满足需求。"[12]

斯密不仅研究对他人的判断机制，还研究对自己的判断机制。他认为，人人都在寻求自我认可，而对自我认可的爱即对美德的爱。[13]这是他的一项大胆论断。1714年，荷兰裔英国哲学家伯纳德·曼德维尔（Bernard Mandeville）发表了《蜜蜂的寓言》（The Fable of the Bees）。他认为，人类一切慈爱仁义的行为都是出于自私的动机，而奢侈虚荣（而非勤俭节约）的心理则不断鼓励消费，从而刺激经济增长并造福整个社会。他的论点可以简洁地概括为"私恶即公利"。这一观点激起了当时社会的强烈震动，也是哲学思辨失控必然导致堕落的例证。

《蜜蜂的寓言》在社会上引起的负面反响让哈奇森等人更加坚定自己的坚持，即人类可以是乐善好施的，而且这种慈善之举并非某种间接推动自身利益的方式。人类可以独立于自己的利益行事，即无私地行事。哈奇森在1728年发表的《论激情和感情的本性与表现》（An Essay on the Nature and Conduct of the Passions and Affections, with Illustrations on the Moral Sense）一文中提出，人类拥有一种"道德感"，我们可以通过它判断"自己和他人的善行或恶行"。[14]斯密在《道德情操论》中暗示，哈奇森和曼德维尔对待人类的态度都是严苛的，因为他们认为人类只能遵循纯粹无私的动机。斯密指出，"仁慈可能是上帝唯一的行为准则……祂不需要任何外在的东西。"但是，

对于人类这样不完美的存在来说，其生存之路往往需要依赖各种

外在条件的支撑,而其行为则常常受到多种不同的动机所驱使。我们的本性本应在我们的行为中被频繁地体现,然而,如果我们的情感无论何时都无法展现出美德,或者无法赢得他人的尊重和称赞,那么人类的处境(将会)变得格外艰难。[15]

曼德维尔将追求赞扬和追求值得赞扬视为两种恶行,但斯密认为他忽略了两者之间的重要区别。斯密承认,个体的行为通常会同时受这两种动机的驱使,即这两种动机是"互相交织在一起的"。然而,他认为效仿曼德维尔把"每一项应该归因于追求值得赞扬的行为……都归因于追求赞扬"是不明智的。[16] "想要做值得敬佩和高尚的事情,让自己成为受人尊敬和认可的人,这并不等同于虚荣。"[17]我们都会谴责那些追求赞扬却没有做出值得赞扬的行为的人(因为我们无法与其产生共鸣)。

斯密承认,每个人都有一部分渴望被他人赞扬、避免被他人谴责的心理。他将这部分心理称为"外在之人"。只有"软弱、虚荣和轻浮"的个体才会完全依赖"外在之人"的看法。这是因为每个人从孩童时期就意识到,世界的混乱无序常常导致个体受到不应得的赞扬或谴责。因此,我们会将自己置于"高等法庭"之前,(我们内心深处的)法官会超越表面现象,判断我们是否应该受到赞扬或谴责,以及我们是否真正值得这些赞扬或谴责:"我们……在内心深处塑造了一个法官,由其判断我们的行为以及周围相关群体的行为……这个法官十分坦率公正……可以不偏不倚地对待我们自身及受我们行为影响的人。"[18]斯密将这个法官称为"内心之人"或"公正的旁观者"。

斯密的法国之行

1764—1766 年,斯密以巴克卢公爵儿子的家庭教师的身份到法国考察了 2 年,这是他唯一的国外旅行经历。朋友休谟当时还是英国驻巴黎大使馆的秘书,在他的引荐下,斯密活跃在不同的文化沙龙中,结识了很多启蒙运动时期的伟大哲学家。历史的纽带、战争的交替,以及相互间文学与时尚的吸引力,促进了英法两国重要思想家之间的密切交流,同时也推动了斯密的著作迅速被翻译成法语。著名法国哲学家伏尔泰(Voltaire)曾写道:"法国就没有这样出类拔萃的人物,这实在是遗憾。"尽管我们不清楚斯密在这趟旅行中是否见过哲学家让-雅克·卢梭(Jean-Jacques Rousseau),但他对卢梭发表于 1755 年的《论人类不平等的起源与基础》(*Discourse on Inequality*)却丝毫不陌生。

卢梭将农业视为社会的第一阶段,并设想第一个产权所有者在曾经的公共土地上竖起篱笆的情景。他说:"有一个人围起一块土地,稍作思考后宣称这块土地'是我的',要命的是人们竟然轻易相信了这个主张。这个人才是真正的公民社会创始人。"[19]

> 只要(人们)适应个人劳作,并且只从事那些不需要多人协作的技艺,他们就能过着自由、健康、真诚和幸福的生活……然而,一旦某个人需要另一个人伸出援手,一旦人们发现一个人可以拥有两份粮食的好处,平等就此土崩瓦解,取而代之的则是私有制。从此,劳动成为必需,而广袤的森林则变成了需要人们播撒辛勤汗水才能欣欣向荣的田野。这片土地从此诞生了奴隶,苦难在这里萌芽,随着庄稼一道在这田野里生长。[20]

斯密并不认同这种观点。作为智人物种,人类脱离社会是难以想象的。他认为,将人类走入社会的行为描述为"开始相互观察,并渴望被他人观察"的说法极具误导性:如果没有相互尊重和共情的情感分享,自我和人类意识都无从谈起。即使有人能够在孤立的环境中存活至成年(例如,被困在传说中的荒岛上),这个不幸的个体也无法构想自我。[21] 另外,斯密纠正道,农业并非社会的第一阶段,而是第三阶段。"狩猎时代"(狩猎采集)和"游牧时代"(游牧畜牧业)都先于农业时代。直到曾经的游牧部落定居下来并由部落领袖将土地分配给主要的追随者后,土地才被视为私人财产。

如果没有人类进入社会状态前的"自然状态",那么重建原始人类在进入社会时所经历的思维过程就毫无意义。许多政治思想家试图通过研究统治者和被统治者在人类历史上某一特定阶段达成的"原始契约"来解释政府和主权的本质,但斯密颠覆了这种解释。与用某些人类进入社会状态前的权利("自然权利")换取统治者提供的保护(比如法律和秩序体系)不同,人类从未处于一个"自然"与"文明"分隔开的临界点上。无论是关于自然权利或不可剥夺权利的表达方式,还是统治者和被统治者在契约中达成的共识概念,斯密都未予以重视,这导致他与当时的政治思潮渐行渐远。

在法国凡尔赛宫,斯密遇到了法国国王路易十五的医生弗朗斯瓦·魁奈。魁奈早在18世纪50年代初就开始撰写有关谷物贸易的文章,而斯密应该也看过他为狄德罗(Diderot)和达朗贝尔(D'Alembert)编辑的著名的百科全书中关于"农民"和"谷物"的条目。魁奈认为农业是国家财富的唯一来源。农业产出的增值能够超过投入,而贸易和制造业则只能获得与投入相等的回报。魁奈创制了一张"经济表",据说可以全面反映法国经济的情况,展示资本在农业、制造业和贸易领域之间的流动。这标志着经济建模的开端。二人相遇时,魁奈已经进一步完善了这张图表,并准备出版自己的论文集《重农主义》(*Physiocratie*)。这本书的标题也为魁奈及其追随者带来一个更为广为人知的称谓:重农主义者。

斯密十分钦佩魁奈:如果《国富论》出版的时候魁奈仍旧健在,斯密必定会将此书献给他。斯密对魁奈钦佩之情也反映在这本著作中:他对不同经济领域的相对生产力进行了探讨,并指出农业最具生产力,而国际套息交易最不具生产力。但是,重农学派过于依赖其简洁模型的现象也让斯密在钦佩之余产生了几分担忧。无论新政策(包括谷物贸易自由化)的目的是如何出于善意且富有哲理,其实施手段仍旧带有专制色彩。正如他在 1790 年版本的《道德情操论》中所指出,"醉心于体系的人……似乎想象自己拥有一双翻云覆雨手,可以轻易地将一个庞大社会的不同成员安排得井井有条,如同在国际象棋盘上摆放棋子一样简单",但实际情况是,"在人类社会这个巨大棋盘上,每个个体都有自己的行动原则"。[22] 1789 年法国大革命加速了法国君主制的终结,在这个残酷的转折点上,普通民众对实施谷物贸易自由化政策产生了普遍的误解,还以为他们的王室"父亲"是为了让新一代的谷物投机者①赚取更多的利润才放弃对他们的保护。[23]

《国富论》

18 世纪 70 年代,斯密经常漫步于柯科迪海滩,偶尔也会前往伦敦小住数日。正是这段时间,他有机会进一步验证和发展自己在《国富论》中提出的观点。与《道德情操论》不同,这部科学专著的结构十分清晰,包括开篇的"引言和计划"以及详尽的脚注和附录。《国富论》的正文分为五篇,斯密首先通过著名的制针业案例开始关于分工问题的论述:

> 制针业作为微小制造业,其分工机制引发了人们的关注。接下来,我们将以此为例进行分析。一个人如果没有接受过这种职业(制针已经因为分工而成为一个专门的职业)技能的培训,又不懂得操作相关的机械(这种机械的发明大概也与分工有关),那么即使他倾尽全力,恐怕一天也难造 1 枚针,更别提 20 枚了。但是,按现行的生产

---

① 谷物投机者会通过研究市场趋势、供需情况、天气预报等因素来做出交易决策,他们通常不是实际的农业生产者或消费者。

模式,制针不仅形成了专业化生产,还派生出许多部门,而这些部门中的大多数工作也同样是专门的职业。一个人抽铁丝,一个人拉直,一个人切节,一个人削针尖,一个人磨圆另一端以便装上针头。仅装针头一项就包括两三道工序:装针头,把针涂白。甚至连外包装都成为专门的工序。如此一来,制针的流程就包含了大约18项操作。通过这种劳动分工,10个工人"一天能生产4 800枚针"。[24]

尽管这段阐述十分出名,但斯密本人并不觉得这一特定观察有多新奇。他指出,这类促进生产力的现象"经常会引起别人的注意"。这种潜力的释放并非因为人类的智慧,而是因为人类某种"互通有无、以物易物和互相交易的倾向"。[25]这种交易本能是人类独有的,它反映了一个事实:与其他动物不同,离开人类社会的相互帮助,个体是无法生存的。但是,每个人也都清楚,如果"他能朝于己有利的方向唤起别人自爱的心理",那么他更有可能获得别人的帮助。"我们期望的晚餐并非来自屠夫、酿酒师或是面包师的恩惠,而是来自他们对自身利益的特别关注。"[26]这也是"芝加哥斯密"支持者最喜欢援引的一句话。

然而,专业化的实现程度取决于针的销售市场的规模。斯密指出,在"偏远地区"(地理上被孤立,且居民点被山脉、沙漠或海洋等物理障碍隔开的地区),每个人必须成为自家的屠夫、酿酒师和面包师,因为小规模社区无法维持全职的屠夫、酿酒师或面包师。物物交易经济是另一个妨碍专业化的问题:无法确定始终可以找到愿意交易的人。例如,屠夫宰了一头牛,有大量多余的肉,而面包师想要这些肉。但屠夫此时不需要面包,而面包却是面包师唯一能提供的东西。屠夫可能在下周需要面包,但由于没有冰箱保存,到时候肉早已变质了。他们"对彼此都不那么有用"。[27]

于是就有了货币。货币作为一种"经济工具",其核心职能是价值储藏。

斯密将货币价值称为"交换价值",以区别于"使用价值"。[28]交换价值反映了"商品的真实价格",也就是所谓的"自然价格",等于"拥有者"能够购买或支配的劳动量。因此,劳动是衡量所有商品交换价值的真正标准。然而,由于不同劳动所需的"难度"和"创造性"难以衡量,因此很难准确地估计每种商品的交换价值。[29]在"原始社会状态"下,劳动的"全部生产物"归劳动者所有,但在产生了"土地私有和资本积累"以后,土地所有者和投资于制造业的资本——斯密所使用的术语"资财"(stock)——在支付了工资、原材料成本和管理费用后,会保留一部分利润作为自己的收益。[30]

"市场上的讨价还价"确定了一个"粗略"估价,虽然这一估价与自然价格并不一致,但斯密认为它会逐渐向自然价格靠拢。这种引力是通过"有效需求"的自我调整机制实现的,即"愿意支付商品自然价格的买家需求"。[31]如果商品供应低于这一需求,买家之间的竞争会导致商品的价格上涨。这将刺激更多的生产者投入商品的生产(包括工人自身,因为"对劳动力的需求……必然会调节生产力的产出"),[32]从而促使价格逐渐回落至自然水平。如果商品供应超过这一需求,那么生产者将会减少劳动力和资本的投入,从而导致生产下降。这种情况会持续至供应减少并再次推动价格上涨。

价格、工资、利润和租金都存在一种自然利率,也就是当代经济学所说的"实际"利率。这一利率的变化取决于国家经济是"处于进步、稳定或衰退状态",以及当前的法律和制度环境,就像斯密对中国和荷兰的比较所揭示的情况一样。[33]尽管斯密提出了后来经济学家所称的一般均衡理论,即通过市场的自由交换实现国民净收入的最大化,但自大卫·李嘉图以来,经济学家开始批评斯密的租金概念和工资理论存在模糊和不完善之处。[34]詹姆斯·托宾(James Tobin)在斯密逝世200周年纪念日上指出,斯密的均衡理论存在许多缺陷。这一理论设想了一个理想化的市场情景,即市场开放后会形成价格,然后达到完全出清。但实际上,市场在出清之前(但市场永远不能完全出清)会不断形成所谓的"即期价格"。[35]

此外,斯密也没有考虑货币和储蓄对市场均衡的影响。货币供应量的变化或人们对储蓄的偏好可能会导致名义价格偏离由投入劳动量决定的实际价格。正如约翰·梅纳德·凯恩斯在20世纪30年代所指出的,名义价格和工资具有"粘性",并且无法恢复到原来的水平。

但不要忘了,《国富论》是第一部尝试探索经济学概念的著作,是基于斯密对当时经济运作情况的观察和分析创作的,而这种经济运作方式与后来经济学家所熟悉的体系并不相同。例如,对斯密未能考虑经济周期的批评或许过于严厉,因为目前尚不清楚19世纪之前是否存在这种经济周期。[36]不过有一点很明确,斯密认为土地所有权的出现(被卢梭视为万恶之源)以及剩余"资财"(资本)是劳动分工释放经济增长潜力的必要条件。

《国富论》第二篇更详细地探讨了资本的概念,将其区分为固定资本、流通资本和人力资本。斯密将纸币比喻为"空中的公路",为资本流动带来了便利性。但正是因为纸币超发带来的危险,他引用代达罗斯(Dedalus)和伊卡洛斯(Icarus)的故事,将"纸币"恰当地比喻为"代达罗斯的双翼"①。[37]在1844年《银行特许法》(Bank Charter Act)颁布之前,英国面临的一个严峻挑战是私人银行的纸币发行权。斯密在论述中表明自己是实际票据的忠实拥护者,他认为真实汇票不同于那些商人之间相互签发和再次签发的汇票。前者是针对实际商品和服务签发的借据,在18世纪的经济活动中广泛流通;后者则不涉及任何潜在的商品或服务交换,更像是一种借贷循环。[38]

---

① 伊卡洛斯是希腊神话中代达罗斯的儿子,他们父子被克里特岛的国王米诺斯关在代达罗斯建造的巧妙迷宫里。为逃出迷宫,代达罗斯用羽毛和蜜蜡为伊卡洛斯制造了一双翅膀。飞出迷宫时,代达罗斯嘱咐伊卡洛斯,不可飞得太低,因为翅膀碰到海水会湿透;也不可飞得太高,因为太阳的热量会把蜡融化。父亲出于谨慎的教诲没能阻止年轻人冒险,伊卡洛斯往高处飞去,太阳融化了蜜蜡,他从空中栽了下来。这个比喻警示着过度发行纸币会导致经济灾难,就像伊卡洛斯飞得太高一样,最终导致坠落和失败。

斯密通过引用1772年艾尔银行(Ayr Bank)①破产事件作为警示案例,说明了当银行误认为其职责是"增加国家资本"而不是"提高资本的活力和创造力"时所带来的危害。斯密主张国家限制纸币发行,尽管他承认国家干预个体自由选择接受纸币的行为是"对自然自由的明显侵犯"。但在银行业领域,放任"少数个体"行使自由权可能"危及整个社会的安全",因此国家的干预限制是必要的。[39]

斯密在第三篇"论各国财富增长的不同途径"中采用了历史性视角。他以社会经济发展的历程为线索,描述了不同时代的经济形态:从狩猎时代过渡到游牧时代,再到农业时代和工业时代。只有当农业产生了足够的剩余资本,并投资于制造业所提供的"便利"和"奢侈品"时,制造业和城市才能实现发展和壮大。[40]但斯密指出,"现代欧洲国家"的社会经济发展并没有按照这种顺序进行。这种失序的根源在于,罗马帝国崩溃后兴起的封建制度出现了激励倒错的情况。首先,封建领主对佃农实施压迫,剥夺了他们的生计保障,导致他们不愿改良土地。其次,由于对粮食流动实施了限制,有能力生产剩余粮食的人无法进行交易。因此,更具进取心的人自然会逃往城市,人为地推动了制造业和对外贸易的发展。

发展失序带来的重要结果是,封建领主们可以接触到城市制造业和对外贸易带来的奢侈品——如果按照自然秩序发展,这种情况是不可能发生的。封建领主无法将佃农交纳的租金用于其他用途,因而养了一群随从。虽然这些随从在无力支付租金的时候可以定期获得租金豁免和免费食物,但这种仰赖封建领主"美意"的恩惠并无法为他们带来安全感,而且他们的财产和生命都在封建领主的支配之下。[41]当这些随从的领主与邻近领主交战时,他们也需要投身战场,甚至付出自己的生命。

---

① 又名道格拉斯·赫仑公司(Douglas Heron and Company)。

斯密将封建领主描述为"人类的主宰",指出他们普遍奉行"不必与他人分享,一切尽归己有"的"卑鄙格言"。当对外贸易和制造业开始向封建领主提供奢侈品时,情况开始发生变化。斯密对封建领主所达成的交易嗤之以鼻:"或许是为了一对钻石扣,或许是为了某些轻浮无用之物……为了满足最为幼稚、卑鄙、肮脏的虚荣心,他们逐渐出卖他们的全部权力和权威。"[42]这种影响波及到随从们身上——他们失去了工作。封建领主为了增加租金收入,答应给予佃农更长期、更稳定的租约;而佃农为了支付更高的租金,开始通过投资改良土地来提高产量。

没有了甘愿为封建领主赴汤蹈火的卑躬随从,封建领主破坏"司法正常运行"并参与毫无意义的暴力争斗的能力被削弱。"城市和乡村都设立了正常的政府。没有谁能扰乱都市的政治,也没有谁能扰乱乡村的政治。"尽管封建领主对随从的优待减少了(大厅①不再供应免费饭菜),但现在民众可以沐浴在安全与宁静之中了,生活质量也有所提升。两个"根本无意为公众服务"的阶级推动了这场"革命"。[43]

斯密在第四篇抨击了贸易保护主义政策,即统治者为了维持与贸易伙伴之间的贸易顺差而实施的进出口限制。例如,为了防止黄金因购买瓷器而外流,统治者向本国瓷器制造商提供补贴,同时通过实施高额进口关税遏制瓷器的进口。贸易公司的垄断地位导致其他企业无法与原本已经处于各种限制之下的殖民地进行贸易。这些限制政策势必会激发贸易伙伴采取相应的限制措施,最终导致贸易战升级为真正的战争。

贸易从促进国际和平与理解的正当角色沦为冲突的根源,不过是统治者盲目追求贸易顺差所带来的结果:

---

① 中世纪官殿、城堡或大庄园的主要房间,或16世纪和17世纪初乡村别墅的主要房间。

> 没有什么……比整个贸易顺差理论更荒谬的了,进出口限制以及几乎所有商业条例都是基于这一理论而制定的。据此理论,当两地通商时,如果贸易额平衡,则两地各无得失;如果贸易额略有偏倚,就必然一方受损、另一方得利……但这两种设想都是错误的。虽然奖励金与独占权是为本国利益而设立,但由奖励金及独占权所促成的贸易却往往对本国不利……反之,在两地之间自由、自然、有序进行的贸易对双方都是有利的,尽管双方的利益并不总是相等的。

> 这些限制伤害的恰恰是本应受益的国家,因为政府假定这些限制是在引导资本投资的流动,而不是让一只"看不见的手"将资本引向生产率最高的经济领域。

> 因此,每个个体会尽其所能地投资和支持国内产业,并努力确保这些产业的生产物能够实现最大的价值;每个个体必定会努力促进社会的年收入达到最大化。事实上,许多个体并没有明确考虑促进公共利益,也未意识到自身行为对社会利益的影响程度……通过追求个人利益,他们往往比有意识促进社会利益的情况下更有效地促进了整个社会的利益。[44]

"看不见的手"一词在《国富论》和《道德情操论》中分别只出现过一次,而且两次都是说"一只"看不见的手,而不是特指"那只"看不见的手。尽管如此,"芝加哥斯密"的支持者仍将其视为斯密思想的核心。艾玛·罗斯柴尔德(Emma Rothschild)提出一个耐人寻味的说法,即斯密可能有意赋予"看不见的手"双重含义。一方面,这只手"具有讽刺意味",因为它似乎在暗示着全知全能的上帝的存在。另一方面,这只手"一点也不讽刺",因为它暗示着不用刻意设计也能实现秩序，即社会可以自发地繁荣，而无需依赖全能君主的管理。从这个角度看，这只手是一种具有说服力的手段，是"某种巧妙构思"。[45] 与效用理论类似，"看不见的手"在制定令人满意的经济或政治体系模型时非常有效，但它并没有引起人们对驱动人类行为的真正动机和本能的关注。

罗斯柴尔德认为，相信"看不见的手的理论"所面临的风险在于，人们可能会和重农学派一样，因过于迷恋令人满意的模型所呈现的表面效果而忽略了其中所隐含的讽刺意味。如果财产权确立、劳动分工和自由贸易促进了经济的增长，同时使个人摆脱了束缚和不安全感，那么这一切应归功于财富增长，而斯密解释称，"看不见的手"无法完全理解由本能和欲望交织而成的复杂网络。以斯密自己的比喻来说，就好比我们看时钟的指针移动，总是将指针的动作归因于一种意图（为了显示正确的时间），而不是归因于促使指针移动的实际机制（弹簧和齿轮的相互作用）。[46]

除了"互通有无、以物易物和互相交易的倾向"之外，我们还应该关注另一个推动进步的"活力"，即斯密在《道德情操论》中探讨的"改善个人处境"的愿望。斯密认为，对"富人和权贵"的崇拜倾向会导致我们放弃触手可及的快乐，并且不惜付出大量的"辛劳和焦虑"去追求一种不会增加幸福感的状态。这是因为幸福感并不源于拥有物质财富，而是源于"被爱"。但斯密总结道，"天性很可能以这种方式来欺骗我们"，因为"正是这种蒙骗不断地唤起和保持人类勤劳的动机，将广袤的森林变成了欣欣向荣的田野"。[47] 斯密由此认识到商业活动催生了一个消费社会，其中经济的增长在某种程度上取决于不断创造的新需求。人们越来越多地追求"无用轻浮之物"，而这种追求行为也会带来新的焦虑。

斯密在《国富论》最后一篇探讨了税收和国家职能。他看到"财富增长"所带来的另一个不良后果：大多数非农业工人被迫进行重复的机械化劳作。劳动分工会导致工人与工作之间的"异化"或"隔阂"，这一观念构成了卡尔·马克思批判资本主义的核心之一。马克思在《1844年经济学哲学手稿》(*Economic and Philosophic Manuscripts of* 1844)中指出,由于工人并不拥有自己生产的东西,而且实际上是"被迫"进行生产,所以他们会将自己的劳动成果视为"敌对和异化的东西"。[48]斯密写道:"一个人一生都在进行简单的操作……没有机会发挥自己的聪明才智去解决问题,于是不再需要努力,慢慢变成了一个愚钝无知的人。"[49]"灵巧"似乎导致了"畸形"。

斯密针对劳动异化问题的解决方案是提倡国家资助的教育。他建议政府在每个教区设立学校,并负担一部分教师的工资,其余部分由学费支付。[50]因此,声称斯密主张一种最弱意义上的国家①的观点是不准确的:除了国防和维护法治外,国家还有重要的监管职能(包括我们常常看到的银行监管)和教育职能。然而,教育并没有完全解决劳动异化的问题。帕特里夏·韦尔哈恩(Patricia Werhane)认为,斯密的用词掩盖了工人的劳动("灵巧")与生产力之间的重要区别。尽管前者代表了工人不可剥夺的财产,但随着劳动分工的专业化,后者成为工人能够根据自身可获得的最佳条件进行交易的商品。因此,如果这种商品在其他领域中的价值高于工人所在的领域,工人就可以自由地更换工作。[51]斯密对行会的厌恶源于其对行业间流动性的限制。

智慧、情感与行动

斯密晚年饱受不明肠道疾病的困扰,不得已放下了与法律和政府草案相关的工作,而将全部心力投入《道德情操论》的修改与完善之中。在新版《道德情操论》的第六部分,斯密通过对"谨慎"的强调,试图弥合《国富论》和《道德情操论》之间的割裂。根据他的定义,谨慎是"关心个人的健康、财富、地位和名

---

① minimal state,美国政治学家罗伯特·诺齐克(1938—2002)提出的理论,即一种仅限于防止暴力、偷窃、欺骗和强制履行契约等较有限功能的国家。

誉"。[52]谨慎的人并非通过投机来改善个人处境,而是在自己选择的职业中培养"真正的知识和技能",并以"勤奋和努力"的态度去实践。然而,谨慎的美德只能带来某种"冷静的尊重",而非"热情的爱戴"。[53]

只有跳出谨慎的范畴,我们才能了解斯密所描述的"有智慧、有德行的人"。有智慧、有德行的人不仅能关注自己的幸福,也能关照他人的福祉。与安于一隅的谨慎者不同,宽宏大度的人积极追求他人的赞扬,由此也渴望他人的关注。这将驱使他追求值得赞扬的事情,继而获得热烈的尊重。为了赢得这种尊重,个体必须控制那些偶尔在极度紧张时刻爆发的情绪(如恐惧和愤怒),以及那些不断诱导我们的欲望(如对快乐和赞美的渴望)。他必须遵循公正的旁观者的引导。

我们都清楚,斯密非但没有主张"自私",反而更像否定了我们真正的"自我"。我们化身为演员,试图在社交互动中模仿其他人的情感状态,随着时间的推移,这种表演变得越来越娴熟,越来越具有说服力。这正是卢梭批评商业社会的原因,即商业社会建立在伪装(演戏)的基础上。[54]但根据斯密的描述,有智慧、有德行的人似乎能够逃离这个充满假象的表演环境,找到自己真实的位置——他们体现了"卓越的谨慎"。

和谨慎的人一样,"卓越的谨慎"也表现出"明智和审慎的行为",但"其目标更加伟大高尚,并不局限于关心个体的健康、财富、地位和名誉"。它汇聚了勇气、仁慈和克己。斯密写道:"这是最优秀的头脑与最优秀的心灵的结合,是最完美的智慧与最完美的美德的结合。"[55]从某种意义上说,人类是否能够获得"卓越的谨慎"并非最重要的问题。更为关键的是,人类的天性赋予了他们一种本能,使他们意识到这种谨慎的卓越性,并激励着他们朝着这个目标努力。

德国哲学家伊曼努尔·康德(Immanuel Kant)在其发表于1784年的著名论文《什么是启蒙?》(*What is Enlightenment?*)中提出,启蒙是"人类脱离自己所加之于自己的不成熟状态"的过程,即自主权取代了对牧师、统治者或"规则和公式"的依赖。斯密对本能和意外后果作用的强调，以及对效用导向模型持的怀疑，似乎与"启蒙"思想家的特征相悖。他认为，"财富增长"无法完全由个人或政府控制或主导。我们经常在无意之中为公共利益做出贡献。

然而，斯密并未将这种现象视为焦虑或失望的根源，而是将其视为自然仁慈的体现。出于对人类福祉的关切，自然在宇宙秩序中设置了失效安全机制，赋予了人类一种克服固有缺陷的韧性。我们未能建立一个基于"卓越的谨慎"的社会，也不意味着我们注定会陷入混乱。另一种更为冷静、更功利的谨慎已准备好履行相似的功能：

> 人只能在社会中才能生存，天性使他能够适应身处的环境。人类社会的所有成员都需要相互帮助，也随时可能互相伤害。当必要的帮助是出于爱、感激、友谊和尊重而相互给予时，社会就会繁荣昌盛、幸福美满。爱和情感将所有社会成员愉快地联系在一起，仿佛生活在一个互相协作的共同中心。然而，即使必要的帮助并非出于这种慷慨和无私的动机，即使不同社会成员之间没有相互的爱和感情，社会也不一定会瓦解，尽管可能不那么幸福美满。社会可以像商人一样因为效用而存在，无需依赖相互的爱和情感；即使社会成员之间没有相互义务或感激之情，社会仍然可以通过协定价值进行有偿互助来维持运转。[56]

在斯密于1790年去世后的2个世纪里，人们普遍认为他的思想旨在鼓励那些只关心系统"效用"的商人进行"唯利是图的交换"。随着对《道德情操论》的重新审视，人们开始意识到，斯密实际上认为理性世界并非最优选。通过斯密的智慧、情感与行动，我们可以重新将自己引向一个"共同中心"。

第二章　大卫·李嘉图

海伦·保罗

在经济学学科尚处摇篮期的年代，大卫·李嘉图便以政治经济学家的身份开始他的写作生涯了。1772 年，李嘉图出生在伦敦一个塞法迪犹太家庭；在他出生后的 1776 年，亚当·斯密的《国富论》正式出版。经济学脱离政治学和哲学等母学科的影响经历了漫长的发展历程。当好友托马斯·罗伯特·马尔萨斯在东印度学院①——不是严格意义上的大学——获得英国首个政治经济学教授职位时，李嘉图已步入不惑之年。[1]李嘉图本人并未担任过类似的职务。他曾是一名成功的股票经纪人，在提早退休后进入政界，专心致力于学术研究，著有代表作《政治经济学及赋税原理》(On the Principles of Political Economy and Taxation)。[2]这部系统全面的经济学著作是对《国富论》的回应。丹尼斯·P. 奥布赖恩(Denis P. O'Brien)将这两部作品称为"古典经济学的两大重要来源"，被"约翰·斯图尔特·穆勒等后来的经济学家进一步吸收、融合和发展。"[3]

李嘉图不仅积极推动经济思想的传播与讨论，还关心新一代政治经济学家的职业发展。这些经济学家后来都成了知名大学的首席教授。他在股票市场上的成功、卓越的社交能力、善于交际的性格、积极参与议会的态度，以及著作《政治经济学与赋税原理》等，都是他成为当时最杰出的经济学家的原因。后来，李嘉图的名字逐渐成为自由贸易的代名词。二战后，自由贸易被视为解决各种问题的灵丹妙药，李嘉图则成为新成立的大型国际贸易集团的象征性领袖。至于李嘉图本人是否认同这种观点和趋势，则是另一回事。[4]

大学经济学本科生通常都是从比较优势理论和李嘉图等价理论等概念开始认识李嘉图。经济思想史学者可能还会关注李嘉图的价值理论贡献以及科学方法论。本章将主要回顾李嘉图的生平及其所处时代，并简要介绍这些重要概念。

---

① 东印度学院成立于 1805 年，于 1858 年关闭，是附属于英国东印度公司的学校。

重要理念

亚当·斯密主张劳动专业化。[5]分工有助于提高社会总体产出。斯密还主张,在道德底线的约束下,自利行为会产生良好的经济结果,[6]因此不需要政府的过度干预。李嘉图将相同的条件应用于国际贸易,但他的研究对象是国家,而不是屠夫和面包师等个体劳动者。李嘉图认为:"在商业完全自由的制度下,各国都必然把它的资本和劳动力用在最有利于本国的用途上。这种个体利益的追求很好地和整体的普遍幸福结合在一起。"[7]斯密已经指出,如果其他国家能够以更低的成本生产某种商品,那么英国就应该从其他国家进口该商品。[8]这就是绝对优势原则。

李嘉图运用基本算术的例子来说明他的比较优势理论。[9]简单地说,假设世界仅由葡萄牙和英国两个国家组成,[10]所生产的商品只有布和酒,其生产成本以劳动小时计算。英国生产 1 单位布需要 100 小时,生产 1 单位酒需要 120 小时;相比之下,葡萄牙分别仅需 90 小时和 80 小时。显然,葡萄牙的生产效率更高。李嘉图深刻地洞察到了贸易的好处。英国用 100 小时生产 1 单位布,但在同一时间段内无法生产 1 单位的酒。葡萄牙用 80 小时生产 1 单位的酒,但在同一时间段内无法生产 1 单位的布。如果英国专门生产布,葡萄牙专门生产酒,那么两国建立贸易将可以为彼此带来更好的结果。在没有贸易的情况下,英国生产 1 单位的布和酒需要 220 小时,葡萄牙则需要 170 小时。假设生产总量是每种商品 2 单位。但是,英国可以在 220 小时内生产 2.2 单位的布,葡萄牙可以在 170 小时内生产超过 2 单位的酒。这时两种商品的生产总量都增加了,因此两国的收益也增加了。根据李嘉图的模型假设,即使一个国家在某种产品生产上拥有绝对优势,贸易仍然是有益的。这一结论虽有悖常理,却十分有力。[11]大多数学生对课堂上的这个例子应该印象深刻。

购买本国商品并非总是有利的,同理,减税也可能并非良策。如果经济开始滑坡(生产减少、消费减少),政府可能会试图刺激经济。[12]其中一种策略是通过减税来鼓励消费者增加对商品和服务的支出。理想情况下,消费增加和经济增长可以形成良性循环。但李嘉图指出,纳税人可能会怀疑今天的减税是否意味着明天的增税。[13]他们可能会选择储蓄而不是支出。如此一来,预期的经济增长将不会出现,政府也不得不提高税收。

和比较优势理论一样,李嘉图等价理论挑战了公众和政策制定者可能持有的常规假设。该模型包含的许多假设在实践中可能不成立。尽管该理论以李嘉图的名字命名,但他本人对其实证有效性表示怀疑——直到多年后,该理论才获得真正的实证检验。[14]然而,政策制定者仍应意识到公众对未来税收上涨的合理预测能力。

1820年,李嘉图在英国下议院关于谷物法的演讲再次展现了他擅于发掘简洁而有力的经济洞察的能力。[15]谷物法旨在通过限制谷物的进口来保护国内谷物生产者。容易混淆的是,"谷物"一词在李嘉图时代是指特定地区的主要谷物作物,英格兰通常是小麦,苏格兰则是燕麦。李嘉图意识到过度依赖外国玉米(一种主食)可能使国家在战时变得脆弱。他认为这一论点"有一定的合理性"。[16]但是他也辩称,如果一个国家向英国出售多余的粮食,那么可以推断该国种植粮食是专门为了满足英国市场需求。他指出:"一旦与我们发生战争,这个国家将因失去与英国的贸易关系而面临经济困境。"[17]而且,他也不确定英国会依赖单一国家还是多个国家的粮食供应。李嘉图总是能够透过显而易见的表面现象,考虑到问题更深层次、更细微的方面。这并不是说他的论点总是站得住脚,而是表明他将经济视为一个相互作用的整体系统,并拥有以系统性思维进行思考的能力。

另一个与李嘉图有关的概念是"李嘉图租金"。这里的租金不同于一般意义上租户支付给地主的金额或租户同意支付的合同租金。李嘉图认为,"地租是土地产出的一部分,是土地使用者为使用土地原有的、不可摧毁的生产力而向地主支付的费用。"[18]他对比了相邻两个同样大小的农场,其中一个通过排水、篱笆等措施进行了改良,而另一个则保持着原样。相较于未经改良的第二个农场,租户通常会为经过改良的第一个农场支付更高的费用,尽管这两种支付通常都被称为"租金"。根据李嘉图的定义,只有属于"土地原始的、不可摧毁的生产力"的部分才是租金。针对改良所收取的额外费用实际上是对投入的资本的补偿,比如围篱笆、挖排水沟、施肥等。

由于经济学本科教学内容更多地关注其他经济学理论,所以李嘉图租金在本科阶段并不常被提及。比较优势理论仍被视为李嘉图在经济学领域的主要直接贡献。但尽管如此,李嘉图的思想仍为其他经济学者提供了丰富的思想资源或启发,他的社交能力也促使经济思想家们聚集一堂,探讨彼此的研究。

黎明和清晨

雅各布·H.霍兰德(Jacob H. Hollander)在1910年对李嘉图时代做出概括:"对于历史经济学家而言,这是工业革命的50年;对于政治历史学家而言,这是拿破仑影响的半个世纪;对于经济思想史学家而言,这是古典政治经济学的黎明和清晨。"[19]在这段"黎明和清晨"时期,虽然有通才能与李嘉图进行交流,但真正的专家仍寥寥无几。拥有庞大师资队伍和学生群体的大学经济系在当时尚未出现。[20]自学成才者依然有机会创作关于经济学主题的小册子,这些小册子在出版后也有可能成为重要的文字资料。然而,我们很难确切地了解有多少人曾经翻阅过李嘉图的著作,更不用说他们对这些著作的领悟是否达到可以进行批判性分析的层次。对于所有出版的作品,存在着各种不同的解读和理解。拥有一本书并不等同于真正地阅读过它;有些作品可能只被随意地翻阅几页,并没有被完整通读;即使进行了全文阅读,也并不意味着能够完全领会其中的要义。李嘉图的写作风格或许也起不到帮助作用。

李嘉图和亚当·斯密都是那个"破晓"时代的经济学巨擘。斯密是一位享有盛誉的教授,威望非凡,李嘉图在股市上的卓越表现也为他的各种经济洞察增添了不少信服力。学术的经济学正处于萌芽阶段,李嘉图在当时面临的竞争远远少于现在。在爱丁堡,杜格尔德·斯图尔特(Dugald Stewart)自1799年起就开始主持有关政治经济学的讲座,其演讲主要聚焦于《国富论》。而在英格兰,政治经济学直到1805年才正式成为独立学科并开始进行教学。位于海利伯里的东印度学院一经成立就迎来了马尔萨斯担任首位"通史、政治、商业和金融教授"。[21]东印度学院的主要任务是为东印度公司的员工提供实践培训,而不是深入研究学术的经济学中更为微妙的议题。直到1816年,剑桥大学才开始开设政治经济学讲座;[22]1年后,李嘉图的杰作《政治经济学与赋税原理》出版。

特里·皮奇(Terry Peach)简要总结了后来学者对李嘉图以及"李嘉图主义"思想的学术观点。[23]皮奇指出,不同的学者对李嘉图的作品有着不同的理解和解读,例如,卡尔·马克思和约翰·梅纳德·凯恩斯等后来的作家。与其他以"主义"结尾的思想流派一样,李嘉图的本意与围绕他的思想形成的学派之间总是存在差异。皮奇还指出了"对李嘉图的作品进行解读和批评的学者们所表现出的古怪之处、特殊癖好、探讨的奇特议题,以及由此导致的李嘉图经济学与李嘉图本人思想之间的混淆"。[24]他也把这种混淆部分归咎于李嘉图本人的写作风格。李嘉图几乎是自学成才,此前一直从事经济工作,所以他的文笔略显不清晰也是情有可原的。与同时代的诸多同侪相比,李嘉图并没有接受过古典教育的熏陶。例如,好友马尔萨斯就曾接受过一段有点非常规却十分优质的教育。[25]李嘉图就没有这种教育背景优势,然而,他的确拥有丰富的金融实践经验。除了涉猎化学与矿物学之外,他在25岁左右便决定开始学习数学。[26]但这些学科对他的文笔提升并无多大裨益。

约翰·斯图尔特·穆勒的父亲詹姆斯·穆勒(James Mill)曾建议李嘉图打磨自己的写作风格。詹姆斯·穆勒给李嘉图写信道:"你已经是政治经济学上最杰出的思想家,我相信你也可以成为最杰出的作家。"[27]他要求李嘉图进行一项"学校式练习",即通过写信的方式逐步展示自己的理论运作方式。他强调,李嘉图在每个步骤之后都必须自问"接下来会发生什么"。有趣的是,李嘉图在解释比较优势理论和李嘉图等价理论时都将焦点集中在这一问题上:接下来会发生什么?如果政府减税,接下来会发生什么?公众可能预期未来会出现增税,于是会推迟消费。如果一个国家集中生产酒,另一个国家集中生产布,接下来会发生什么?如果模型的假设成立,商品的总产量将会增加。除非英国人愿意以布为酒,而葡萄牙人愿意以酒为衣,否则两国通商将是接下来的必然趋势。就像进行一项简单的学校式练习一样,李嘉图借助数值示例①来阐明比较优势理论。如果我们假设李嘉图在建模时的假设是有效的,那么这些数值将可以"证明"他的理论是正确的。这种基于数据的验证与关注经济应该如何运作的规范性理论②形成了明显对比。[28]

暂且不论李嘉图的假设是否成立,他以经济模型作为理论构建基础的习惯使他成为现代意义上的经济学家。但这种习惯也导致他陷入如今所谓的"李嘉图恶习"(Ricardian Vice)③。奥布赖恩写道,李嘉图"会将假设作为前提并由此推导出结论,但他从不去验证这些结论。这种范式自此成为纯粹理论家的研究方法"。[29]奥布赖恩同时指出:"或许李嘉图体系不是第一个,但确实是首个全面成功的经济建模范例。该体系的核心是探索总体经济关系的'谷物模型'。"[30]

无论谷物模型是否真正属于李嘉图体系的一部分,李嘉图一直担心英国限制谷物进口的措施将会引发饥荒。他认为,英国试图依靠自产谷物的政策将会

---

① 用于解释或说明某个概念、原理或方法的具体数字实例。
② 旨在对事件进行道德判断的理论,重点是保护他们认为是道德上好的东西,或者防止恶化的变化。
③ "李嘉图恶习"最早由熊彼特提出,是指李嘉图习惯将高度抽象的经济模型直接应用于错综复杂的现实世界的倾向。

导致经济停滞,这意味英国要在相对贫瘠的土地上种植谷物,而投入这些土地的资本和劳动力其实可以投到其他更具盈利性的领域。[31]

谷物法的支持者们坚信,只要他们排斥外国谷物进口,英国就会得到更大的利益。至少,地主阶层可以通过减少竞争来保护自己的玉米生产。孤立保护主义的论调推高了英国国内的玉米价格,这对穷人和新兴工业区的城市消费者都造成了影响。李嘉图和马尔萨斯经常就谷物价格及其对其他经济领域的影响相互通信。[32]他们之间的分歧促使李嘉图不断完善自己的论点,但两位学者从未让这种思想论争影响彼此的友情。

凯恩斯认为,李嘉图和马尔萨斯之间的书信往来是"政治经济学发展史上最重要的书面交流"。[33]值得一提的是,英籍意大利经济学家皮耶罗·斯拉法正是在凯恩斯的鼓励下着手编辑李嘉图的著作①,而且凯恩斯还提供了"积极的支持,尤其在寻找未公开发表的资料方面"。[34]斯拉法发现,李嘉图与四位通信对象常年保持着密切的联系。除了马尔萨斯之外,另外三位分别是詹姆斯·穆勒、约翰·拉姆齐·麦卡洛克(John Ramsay McCulloch)和哈奇斯·特劳尔(Hutches Trower)。他们都直接或间接地推动或普及了李嘉图的思想。詹姆斯·穆勒的儿子约翰·斯图尔特·穆勒,15岁时曾受邀到李嘉图的乡间庄园做客,二人当时围绕经济学的话题进行了详细的交流。[35]当然,约翰·斯图尔特·穆勒后来也成了下一代经济学家中的关键人物。麦卡洛克在《爱丁堡评论》(*Edinburgh Review*)上对李嘉图的《政治经济学与赋税原理》进行了评述。斯拉法认为这对于"确立李嘉图的声誉以及推广他的理论起到了决定性作用"。[36]李嘉图去世后,麦卡洛克还出版了一套李嘉图作品集和一本李嘉图传略。[37]麦卡洛克解释自己的出版动机是"因为对李嘉图著作的高度推崇,同时也因为这些著作越发少见"。[38]除了李嘉图的其他著作和一些公开演讲外,《政治经济学

---

① 即《李嘉图著作与通信集》。

与赋税原理》也收录其中。了解李嘉图的著作为何既备受推崇又相对少见将是一个有趣的课题。或许，这个谜团永远无法解开。但无论如何，《政治经济学与赋税原理》至今依然是在版书目。

闪族血统①

埃里克·罗尔(Eric Roll)将李嘉图视为"当之无愧的古典政治经济学杰出代表"。[39]但罗尔也特别强调，一些对李嘉图的评价带有反犹主义倾向。美国经济学家凯里(Carey)曾将李嘉图描绘为具有"犹太人狡诈"的特点，并为其贴上"不通文学的犹太股票经纪人"的标签。[40]本书第五章的传主阿尔弗雷德·马歇尔也曾表示，"李嘉图思想的优缺点都可以追溯到他的闪族血统：他的思想和任何一个英国经济学家都不一样"。[41]诚然，李嘉图是一名拥有犹太血统的英国人。他突破常规的思维能力或许部分源于他独特的成长环境和多元的宗教传统信仰。

李嘉图对经济学的理解根植于他在股票市场的实践经验，这一经历是许多同时代经济学家所不具备的。和马歇尔等"英国"经济学家不同，李嘉图对犹太人国际贸易和亲属网络的了解赋予了他开阔的国际主义视野。李嘉图善于交际，好友马尔萨斯也同样是著名的政治经济学家。他们共同关注的是全社会的生活水平，而不仅仅是地主阶层的利益。他们在学术界的社交圈中还有著名的哲学家和社会改革家杰里米·边沁(Jeremy Bentham)、作家玛利亚·埃奇沃思(Maria Edgeworth)，以及其他如今知名度相对较低的政治经济学家。[42]

大卫·李嘉图的父亲亚伯拉罕·李嘉图(Abraham Ricardo)曾在阿姆斯特丹担任股票经纪人。李嘉图家族祖上原是居住在葡萄牙的犹太人，为躲避迫害

---

① 闪族是指属于闪米特人种族的人，其后裔分布在包括犹太人在内的多个族群中。犹太人是闪族的一个分支，起源于古代以色列，拥有独特的宗教、文化和历史传统，与其他闪米特人群体有着密切的历史和文化联系。

而移居荷兰。李嘉图本人在成长期间曾在阿姆斯特丹度过两年。[43] 1773年，李嘉图的父亲获得了伦敦犹太社区仅有的12个经纪人牌照之一，由此成为一名合法的经纪人。亚伯拉罕的身影常出现在皇家交易所东南角的"犹太人步行街"(Jews' Walk)上。他家里的格局"一半是住所，一半是记账房"。[44]此外，亚伯拉罕还是塞法迪犹太社区的财务代理人，[45]其业务范围逐渐从商品交易拓展至汇票和公共证券交易。1792年，亚伯拉罕将办公地址迁往著名的葛瑞威咖啡馆(Garraway's Coffee-house)。[46]

李嘉图的父亲为人虔诚且严厉。李嘉图本人除了宗教方面的学习外，并未接受过多少正统教育。他在14岁时就跟随父亲进入了股票市场，在伦敦证券交易所担任办事员和信使。1792年，他们举家搬迁至伦敦东部的弓街。在那里，李嘉图认识了一名贵格会①外科医生的女儿普里西拉·安·威尔金森(Priscilla Ann Wilkinson)。两人不顾双方父母的反对，很快走进婚姻殿堂。李嘉图的母亲从此与他断绝了一切联系，父亲也剥夺了他的继承权。[47]他的家人还举行了一场逝者追思仪式，宣告李嘉图已经与他们断绝了关系。[48]

亚伯拉罕·吉兰(Abraham Gilam)提出，乔治时代见证了"英国犹太上层社会在世俗化的同时失去了犹太身份认同"。[49]他列举了许多杰出人物，包括现在英国国家档案馆的第一位档案保管员弗朗西斯·帕尔格雷夫爵士(Francis Palgrave)，其原名是弗朗西斯·科恩(Francis Cohen)。吉兰还指出："大卫·李嘉图和激进政治家拉尔夫·伯纳尔(Ralph Bernal)也可归入此列。犹太人明显意识到社会不会接纳他们……放弃犹太教信仰成为社会阶层、地位和权力跃升的必要条件。"[50]

这种情况或许适用于大多数犹太人，但对李嘉图来说未必如此。他可能真

---

① 贵格会又称公谊会，是致力于和平原则的基督教派系，约于1650年由乔治·福克斯创立，其信仰的核心是"内心之光"这一教义，即感受基督对灵魂的直接指引；这种信仰使教徒们摒弃了正式的宗教礼仪和一切固有的礼拜形式。

诚地改宗,也可能是出于对普里西拉的爱情(两种动机并不矛盾)。但贵格会信仰并不适合那些追求社会地位的人群。和犹太人一样,贵格会信徒也饱受歧视和法律限制的困扰。[51]英国议会分别在 1833 年、1837 年和 1838 年通过了三项单独的法案,逐步解放了贵格会信徒。[52]当李嘉图和普里西拉相遇时,彼此都是外来宗教团体的成员。[53]此外,李嘉图十分清楚自己婚后将会被父亲剥夺继承权。虽然他决定继续从事与父亲相同的职业,但鉴于犹太亲属网络在这个领域的重要性,被剥夺继承权显然不利于李嘉图的发展。李嘉图本可以仿效弗朗西斯·科恩将自己的名字英式化,可他并没有这样做。因此,吉兰的评价也许过于苛刻了。

当李嘉图在 1819 年进入英国议会时,他必须以"真正基督徒"的身份进行宣誓。[54]根据威廉·威尔伯福斯(William Wilberforce)的说法,他"已经不再是一个犹太人了",[55]或者更准确地说,他已不再是严守教规的正统派犹太人了。尽管李嘉图的真实宗教情感仍然成谜,但多元的宗教信仰可能促使他对传统智慧提出质疑。他的犹太教背景让他有机会接触国际金融市场。

但反过来,李嘉图也成为反犹主义的众矢之的。金融、金融恐慌与反犹主义之间的联系十分紧密。在一场关于金条的议会辩论中,一位议员曾发问:"有什么安全措施可以让外国犹太人……不要将挤兑英格兰银行视为有利可图的投机行为?"[56]不朽的滑铁卢神话是一则关于内幕交易的反犹传说,它与大卫·李嘉图以及罗斯柴尔德家族①紧密相关。传说中,滑铁卢战役(1815 年 6 月 18 日)结果的第一知情者是某位著名的犹太人,此人据此在股市上收获了丰厚的利润。布莱恩·卡思卡特(Brian Cathcart)指出,此人通常被认为是内森·梅耶·罗斯柴尔德(Nathan Meyer Rothschild)。卡思卡特详细描述了这则

---

① 梅耶·阿姆斯洛·罗斯柴尔德(Mayer Amschel Rothschild,犹太血脉)创立的一个欧洲金融家族。

神话的起源和被添油加醋的过程。[57]比如,传闻罗斯柴尔德家族设立了一套骑士接力系统,以便将战场消息传递过英吉利海峡。然而,罗斯柴尔德家族的档案并没有任何相关记载。[58]卡思卡特有力地证明了滑铁卢神话是为了抹黑罗斯柴尔德家族而捏造的。后来,这则虚假的传说还被纳粹和其他有心人用来攻击犹太人。

在另一个传说版本中,李嘉图在得知所谓的好消息后立即抛售了英国的证券。他的行为让市场观察者相信滑铁卢战役英国已经失败,从而导致伦敦市场的股票价格下跌。随后,李嘉图再以较低价格购入股票。[59]如果这一传说属实,那么李嘉图在股市上的最伟大成就便是利用内幕消息从一场导致数千人死亡的战役中获利。在现代市场观察者看来,这就好比猎牙者通过滑铁卢牙齿①发财致富。[60]然而,没有证据表明关于滑铁卢神话的任何内容是真实的。李嘉图的财富其实是来自另一个可能相关的来源。他曾承包部分国债并为英国政府提供支持。[61]因此,他实际是在为战争做贡献,而且如果英国战败,他可能会损失大笔财富。英国在滑铁卢战役的胜利确实为李嘉图带来了巨额财富,但这要归功于他长期持有政府债券。英国在滑铁卢战役中获胜的消息并非由传说中的信鸽带到伦敦,而是由亨利·珀西(Henry Percy)少校亲自传达。珀西公开亮相,乘坐的马车还露出了被英军夺取的法国鹰旗。[62]这个场面一经街头曝光,任何内幕交易的流言都不攻自破。

迎来新事业

李嘉图凭借英国在滑铁卢战役的胜利获得的财富告别了股票市场。他在格洛斯特郡购置了一处宏伟的庄园——盖特康比公园(Gatcombe Park),如今

---

① 这是一种讽刺和黑色幽默。"滑铁卢牙齿"代表着死亡和战争的残酷,这些牙齿是从滑铁卢战役的死者身上取下来的,经过清洁和加工后,被用来制作假牙。

已成为英国王室的安妮公主的寓所。[63]此外,他还在时髦的伦敦格罗夫纳广场购置了另一处房产。[64]李嘉图对当时的政治经济学产生了浓厚兴趣。约瑟夫·熊彼特后来解释说:"1799年,李嘉图在一处疗养胜地度假期间开始阅读《国富论》,并从中获得了启示。"[65]根据雅各布·H.霍兰德的描述,李嘉图发表于1810年的首部著作《黄金高价是银行纸币贬值的证明》(*The High Price of Bullion, a Proof of the Depreciation of Bank Notes*)是一本"匆忙构思和书成的四十来页的小册子"。[66]李嘉图最著名的作品《政治经济学与赋税原理》于1817年出版。

在《政治经济学与赋税原理》中,李嘉图从价值讨论入手,分别探讨了租金、价格、工资、利润、外贸以及各种不同的税收。李嘉图认为,经济是一种在地主、资本所有者和劳动者之间分配"土地产出"的体系。他写道:"政治经济学研究的主要问题是分配的规律和法则。"[67]他在序言中感谢了亚当·斯密和好友马尔萨斯为他带来了启发。[68]此外,他还对另一位法国古典经济学家让-巴蒂斯特·萨伊(Jean-Baptiste Say)——如今因萨伊定律而闻名——表达了感谢,他们之间的书信交流同样对他产生了影响。[69]《政治经济学与赋税原理》成为古典经济学的重要奠基之作。

与许多同时代的经济学家和追随者一样,李嘉图很关注商品价值的本质(不仅仅由商品的市场价格决定)。法国重农主义者弗朗斯瓦·魁奈在1758年出版的《经济表》,[70]被视为"最早将科学方法严谨地应用于经济现象的例子之一"。[71]魁奈的理论从土地和农业劳动者出发,将其他行业的从业者都归为无生产力者。商人、工匠和制造商被视为无生产力者,他们并未创造价值,只是将农业所创造的价值转化为其他形式。价值的根源牵涉到各种社会问题。如果土地被视为真正的价值来源,那么商业领域显然对社会资源的需求就相对较少。亚当·斯密和李嘉图对价值理论的分析都是以劳动力为切入点,而非土地。[72]《政治经济学与赋税原理》第一章开篇就明确指出:"商品的价值或它所能交换的任何其他商品的数量,取决于生产该商品所需的相对劳动量,而不取决于支付这一劳动的报酬多寡。"[73]

到了李嘉图时代,工业化进程削弱了农业的绝对地位。大量人口开始从事制造业,以及相关的销售、运输和金融等服务行业。李嘉图本人就是金融业从业人员。他在城市中长大,接触到的是城市化和工业化带来的经济活动,而不是农业和土地所有权的影响。因此,他可能不会认同魁奈以土地为基础的经济观点。

G. S. L. 塔克(G. S. L. Tucker)指出,自19世纪末以来,人们普遍认为李嘉图对马克思的劳动价值论观点产生了影响。[74]然而,李嘉图对马克思的真正影响尚存在争议。乔治·斯蒂格勒认为,李嘉图本人并没有提出劳动价值理论。斯蒂格勒对李嘉图价值理论的不同解读进行了总结概述,[75]但目前对于李嘉图的真实意图尚无定论。类似地,弗里德里希·哈耶克创造了"李嘉图效应"一词来描述工资上涨如何促使资本家用资本代替劳动力。但是,尼古拉斯·卡尔多(Nicholas Kaldor)和马克·布劳格(Mark Blaug)等学者则认为李嘉图从未描写过这种效应。[76]可以说,人们对李嘉图的学术遗产尚有诸多争议。

实质重于形式

1823年,国会议员托马斯·阿特伍德(Thomas Attwood)在李嘉图面前宣称,马尔萨斯"无疑是这个国家或整个欧洲在政治经济学领域的最高权威"。[77]根据马尔萨斯最著名的理论,长远来看,人口的增长速度会超过食物供应的增长速度。短期的改善只会导致更多的人口出生和更多需要供养的人口,最终将不可避免地引发饥荒。[78]这就是马尔萨斯陷阱。马尔萨斯很容易被想象为一个毫无幽默感的悲观主义者,尤其当他写下这样的文字:"巨大且不可避免的饥荒在我们身后亦步亦趋,它的一记重拳将会均衡人口的数量。"[79]托马斯·卡莱尔(Thomas Carlyle)认为经济学是一门"阴郁的科学",很多人误以为这一著名的批判是针对马尔萨斯的人口论。[80]但其实,马尔萨斯也展现出了高度的人文关怀和智慧。他的文笔风趣幽默,能够创作出令人难忘、引人深思的文章,比如:"已经隐退的市井之士,整个上午都埋首于自家小花园的忙碌之中,也许他的思维范围未曾超越或延伸到花园之外,但他或许能和哲学家一样长寿。"[81]

在马尔萨斯的著作中,我们能嗅到一位聪慧且幽默的人的关切,他的例证源自他身边的农场和乡村。马尔萨斯呼吁消除各种阻碍自由劳动市场的障碍,特别是贫困人口必须在其所在教区获得居住身份才能获得贫困救助的规定。[82]马尔萨斯并不是传说中令人生畏的贵族,而是一位激进的批评家。他谴责富人为了维持给工人的低工资而互相勾结。他对市场运作方式的讨论并不空洞抽象,而是源自对穷人苦难的深切同情。他与好友李嘉图对许多相同的社会问题充满了关注和担忧。

李嘉图与马尔萨斯的书信几乎占据了由斯拉法编辑的十一卷本《李嘉图著作与通信集》中的一整卷。这彰显了两位学者之间的深厚友谊。他们频繁会面,开展了很多深入的讨论。1814年8月,李嘉图致信马尔萨斯,希望能够在盖特康比公园的"荫凉林中讨论那些重要的问题"。[83]两位学者的妻子们也经常往来交流。[84]

次年,李嘉图在给马尔萨斯的另一封信中感慨道,他所认识的"政治经济学家"实在太少了,他甚至不清楚自己的作品是否有人阅读。[85]李嘉图也毫不掩饰地谈论了自己作为一名作家的不足之处:"我这蹩脚的文字驾驭能力真让我感到难堪。"[86]

文学品位会随着时间而改变。但不得不说,李嘉图的句子确实很冗长。例如:

没有某种武器,就不能捕猎海狸和野鹿,所以这些野物的价值不仅要由捕猎所需的时间和劳动决定,而且也要由制造那些协助猎人去进行捕猎工作的资本物(武器)所需的时间决定。[87]

马尔萨斯的文笔更生动,因此他可能更受普通读者的广泛欢迎。但是,李嘉图是更杰出的经济学家。

李嘉图的后世声誉

1983 年,一项名为"已故经济学家的半衰期"的研究见报,该研究调查了经济学家在学术期刊文章中的被引频率。结果显示,李嘉图在所有期刊中排名第 14,在经济学期刊中排名第 9。在 1900 年之前去世的作者中,李嘉图排名第 6,而马尔萨斯排名第 9。当然,亚当·斯密和卡尔·马克思的被引频率都高于李嘉图。[88]也许,围绕李嘉图真实意图的争议提高了他的被引频率。

李嘉图仍然备受经济思想史研究者的关注,但他的影响力已经跨越了经济领域的界限。在李嘉图诞辰 200 周年之际,英国皇家经济学会举办了一场纪念展览,时任伦敦市长、政治经济学俱乐部(由李嘉图和马尔萨斯于 1821 年创立)的司库以及一大群观众都前来观展。展品包括一件"银质大花瓶",由伦敦证券交易所在 1807 年赠送给李嘉图,以表彰他为证券交易所争取战时公债合同所做的贡献。[89]此外,展览还展出了李嘉图与马尔萨斯等人的通信原件。据称,为期 10 天的展览吸引了"大批观众,尤其是附近证券交易所的从业人员"。[90]这倒也合情合理,因为李嘉图是最早的证券交易所从业人员出身的政治经济学家之一。[91]

随着斯拉法编辑的多卷本评述版《李嘉图著作与通信集》出版,李嘉图的后世声誉也得到极大提升。[92]几乎没有未发表的信件能逃过斯拉法的搜罗之网。有一封确认被完整刊登在《经济杂志》(*Economic Journal*)上的信件。[93]在这封信中,李嘉图回答了来自西布罗姆维奇的弗朗西斯·芬奇(Francis Finch)提出的未知问题。为了填补文献空白,主要学术期刊总是乐于发表任何信件,无论内容多么晦涩或枯燥——李嘉图的学术地位由此可见一斑。寻找这类手稿为 S. G. 切克兰（S. G. Checkland）带来了一种"浪漫气息，而这种浪漫气息在李嘉图的生平却几乎不可觅"。[94]

关于李嘉图"缺乏浪漫"的分析未免有些苛刻。他与马尔萨斯的书信往来闪烁着人文关怀与善良。实际上，正是对浪漫的追求导致了李嘉图与原生家庭和信仰的决裂，尽管我们不能忽略其他因素的影响。李嘉图与普里西拉的家庭生活似乎也相当幸福，他们的子女逐渐融入了地主阶层。他们的儿子成为泰特伯里的一名治安官，曾于 1828 年判处贝蒂·贾奇（Betty Judge）"恶意毁坏萝卜"的罪名：这确实是一种违反土地秩序的罪行。[95]大卫·李嘉图在 1823 年去世，年仅 51 岁。很遗憾，他没有太多时间享受在花园边修剪树篱的乐趣。

李嘉图的朴素建模方法以及随之产生的李嘉图恶习，与他在人际交往中展现的绮丽风采，二者交相辉映。詹姆斯·穆勒曾劝告李嘉图要多做研究少社交。[96]他希望李嘉图可以抵制"最无聊轻浮的社交拜访"。李嘉图自己也说过，盖特康比公园"总是挤满客人"，有一次他和妻子竟然招待了 49 人参加舞会和晚宴。[97]那场舞会一直持续到凌晨 4 点，而李嘉图那天只睡了 4 小时，所以詹姆斯·穆勒的劝告也不无道理。然而，他的社交能力使他得以与当时的伟大思想家以及少数活跃的政治经济学家进行交流。玉米价格的变化和保护主义的影响都是实实在在的问题，无法通过简单的智力练习或抽象思考来解决。马尔萨斯关于"饥荒的一记重拳将会均衡人口的数量"的前景预测一直困扰着李嘉图和马尔萨斯。

虽然李嘉图最终以地主的身份谢幕人生舞台，但其生命起点却是一个饱受迫害的犹太移民家庭。这种人生经历或许影响了他的经济思想，也培养了他对社会边缘群体的同情心。他妻子的贵格会信仰可能也对他有所影响。李嘉图在证券市场的从业经历有助他理解经济主体在宏观经济中的行为方式。英国在滑铁卢战役的胜利带给他的财富让他早早荣休，继而有机会培养对政治经济学的爱好,并且最终在亚当·斯密的《国富论》的激发下坚定地转变了职业。就像《国富论》一样,《政治经济学与赋税原理》也试图描述整个经济生态。李嘉图在论及谷物或价值理论时常常运用冗长的句子,从而引发现代学者们关于李嘉图真实意图的争论。优雅简洁的比较优势理论和李嘉图等价理论仍是当代大学生的学习重点。在李嘉图去世后的很长一段时间里,他的思想和理念成为国际贸易利益的象征,他的名字也成为反对狭隘保护主义的代名词。尽管现代贸易集团与李嘉图的学说并非完全契合,但其成立初衷也是为了避免战火,推动经济蓬勃增长与相互合作。李嘉图主张合作,在创建学术社群的过程中也积极践行这一信条。与当时的诸多知识分子一样,李嘉图非常清楚地意识到,一旦战争取代了和平的经济竞争,那将是人类无法承受之重。

第二章 约翰·斯图尔特·穆勒

约瑟夫·珀斯基

约翰·斯图尔特·穆勒不仅仅是一位哲学家。与马克思一样,他致力于分析、提倡并预测新兴资本主义经济的全面重建。他认为自己所处的19世纪中叶是一个转折时期。他的经济学理论是建立在改良主义政治经济学基础上,糅合了斯密、边沁、李嘉图、马尔萨斯及其父亲詹姆斯·穆勒作品中的一系列经典理论。[1]约翰·斯图尔特·穆勒认为工业革命开启了令人振奋的、充满着大量的发展机会的新时代。他预测,工业革命带来的快速资本积累将会使经济达到一种静止状态。这种状态并非是停滞不前的负面情况,而是一种值得积极追求的目标。在这种状态下,工人合作将成为主导形式。这种静止状态将推翻资本家的主导地位,而工人所有制企业也将取代国有化和国家计划。在这个新体制下,国家将为了共同利益而征收地租税和遗产税,教育将得到普及,妇女将成为平等的参与者,少数族裔将有机会获得发展机会,福利救济将更加体现同情心和慷慨。

然而,经济学界通常对穆勒不屑一顾,将他视为后李嘉图时代不具有主要地位的经济学家,认为他只是自由放任主义和古典学派中一个肤浅的百科全书式人物。斯密提出了看不见的手,马尔萨斯提出了人口过剩的警示,李嘉图提出了比较优势理论,而穆勒作为经济学家却没有为经济学带来典型且核心的贡献。虽然穆勒明显是自由主义和功利主义的支持者,但哲学家和经济学家普遍认为,这些思想归根结底是属于哲学范畴的,跟经济学沾不上边。本文旨在澄清经济学界对穆勒在经济学领域的贡献的误解。穆勒作为哲学家的成就固然可圈可点,但其经济学的研究方法同样十分全面,不仅考虑了历史理论层面,还探讨了经济行为的社会心理学层面。尽管穆勒接受了大部分古典生产理论,但他坚持认为,分配法则相对于生产法则更容易接受人为干预和调整,这一观点开辟了新研究思路。最重要的是,我们应该认识到穆勒建立了一个进步的政治经济学理论,这个严肃的激进理论和改革方案预示了资本主义向合作经济的转变。[2]

生平简介

根据约翰·斯图尔特·穆勒的自述,他的童年生活虽然丰富多彩,却缺少爱的温暖。他的童年故事曾被反复诉说。[3]然而,如果我们认为穆勒不仅是(甚至主要是)一位哲学家,更是一位致力于社会改革和社会重建的激进经济学家,他的成长故事就值得再次叙述。正如历史学家布鲁斯·马兹利什(Bruce Mazlish)在40多年前所指出:"与其父亲的作品一样,穆勒的经济著作也带有心理学层面的考量。尽管没有十足把握,我们仍可以试着理解这些心理信息背后的含义。"[4]这种心理学层面的考量在穆勒激进的经济学中尤为显著,明显区别于其父亲的古典自由主义观点。

约翰·斯图尔特·穆勒出生于1806年,父亲是詹姆斯·穆勒,母亲是哈丽雅特·伯罗(Harriet Burrow)。他在家里排行老大,底下还有8个弟弟妹妹。尽管家庭人丁兴旺足见父母的房事频繁,但他们在其他方面却几乎毫无共鸣或相似之处。穆勒在自传中描述了自己的困惑:他的父亲坚定地信奉马尔萨斯主义,却还是在家庭条件有限的情况下选择不断地生儿育女。[5]更能说明问题的是,在一篇未公开发表的早期文章中,穆勒猜测他的父母缺乏"相似的智力、品位或追求"作为建立关系的基础。[6]根据穆勒的叙述,父母之间并未流露出爱的情感。在自传的最终版本中,穆勒推测父亲"有着比表面更丰富的情感以及更强大的情感能力。他和大多数英国人一样羞于表露情感,并且会通过回避表达来抑制自己的情感"。[7]在早期的初稿中,穆勒还进一步将这一性格归因于父母"不合适的婚姻"。[8]他在这篇文章的第一个注释中写道,"如果能处于柔情蜜意的氛围中,他(詹姆斯·穆勒)本应是温柔深情之人"。穆勒进一步控诉道:

> 在英国难得一见的是,一位真正深情体贴的母亲不仅可以让丈夫

蜕变一新，还可以将孩子培养为懂得爱与被爱的人。可惜，我的母亲虽怀有至善之心，却只知日复一日地为丈夫子女操劳。她竭尽所能地付出，丈夫子女也对她喜爱有加，因为她对他们的关爱无微不至。但很遗憾，我的母亲缺乏让自身获得被爱、被尊重，甚至被服从的特质。[9]

穆勒在自传中几乎将这些材料都删掉了，这并不奇怪。但令人惊讶的是，在这本精彩的回忆录中，他几乎完全对母亲避而不谈。[10]

也许詹姆斯并未流露出父爱的深情，但他对儿子的教育和学业却非常关心和投入。众所周知，詹姆斯为儿子制订了一套严格的家庭教育计划。穆勒3岁左右就要开始学习希腊语，但他本人对自己开始接受教育的时间并没有清晰的记忆。穆勒8岁开始学习拉丁文，2年后已经读完柏拉图的前6篇对话录。这些学习活动都是在"他（詹姆斯·穆勒）写作的同一房间和同一桌子上"进行的。[11] 除了学习希腊语和拉丁语之外，穆勒还陆续学习算术和历史，包括休谟和爱德华·吉本（Edward Gibbon）的作品。詹姆斯还鼓励儿子用英语写诗。他自己对约翰·弥尔顿（John Milton）和罗伯特·彭斯（Robert Burns）的评价很高，但对莎士比亚的评价却一般，且对19世纪的诗歌毫无兴趣。穆勒小时候还要阅读化学方面的书籍。

从12岁开始，穆勒的家庭学习开始加入一门逻辑学。他在自传中写道，逻辑是"自己所具备的一切思维能力"的基石。他认为逻辑学比数学更重要，因为数学研究更多地依赖于论证的严谨性，而不是逻辑学所要求的缜密"推理"。穆勒深受柏拉图的影响，并且完全认同苏格拉底式探究法①。他和父亲都相

---

① 苏格拉底采用的一种探究和教学方法，通过一系列的提问引出被认为是所有理性存在都隐含知晓的事物的明确而一致的表达。

信,没有其他作者能够像柏拉图一样如此深刻地塑造他们的"心灵修养"。[12]在14岁时,穆勒的家庭学习迎来了一个重要的转折点,他开始精读李嘉图和斯密的作品。这意味着,穆勒结束了在父亲严格指导下接受的正规教育,开始独立探索自己的兴趣领域。

穆勒坚信,父亲对他的教育实践表明,许多孩子在少年时期就有能力接受一定程度的高等教育。他强调自己并非"天生聪颖过人",也不具备"非常准确而持久的记忆",更不是"精力充沛之人";相反,他认为"自己在这些方面的天赋均属平庸,而且自己所做之事,任何一个拥有普通智力和健康体魄的男孩或女孩都能胜任"。[13]同样重要的是,穆勒确信父亲并不是对他进行死记硬背的"填鸭式教育",而是始终着重培养他的独立思考能力。关于从小所接受的教育,穆勒用一句格言进行总结:"如果一个学生从未被要求挑战自己的极限,那他也永远无法充分发挥自己的潜力。"[14]同时,他坚信这个过程培养了他一种"既不卑躬屈膝又不骄傲自满的心态"。[15]然而,他也略带感伤地指出,父亲的教育计划实际上剥夺了他与其他同龄孩子交流或参与体育活动的机会。

穆勒认为,他对逻辑和推理的兴趣以及他的许多道德理解都源于他的父亲。或许更根本的是,他的父亲"压根不相信这个充满邪恶的世界竟然是由一个拥有无限力量、至善至美和不偏不倚的造物主所创造"。[16]因此,詹姆斯·穆勒成为一位古典主义者,他认同斯多葛学派对个人行为的严格约束,同时主张运用伊壁鸠鲁的思想(以功利主义的方式)来促进公共利益。穆勒还指出,他的父亲在某种程度上有些愤世嫉俗,对快乐的回报持较低评价。一定程度上,他们父子二人拥有很多相似的特质。但不同的是,尽管他的父亲是一个悲观主义者,穆勒却有着强烈的浪漫主义倾向。

在父亲的引荐下,穆勒结识了两位对他的思想产生深远影响的朋友:大卫·李嘉图和杰里米·边沁,前者是对经济学理论进行形式化的重要人物,后者是在功利主义思想的发展过程中做出了广泛且富有创新贡献的主要人物。大约在这个时候，穆勒与边沁的兄弟一同在法国游历了1年，这段时光激发了他对这个国度的终生热爱。在法国逗留期间，穆勒与法国经济学家让-巴蒂斯特·萨伊一起度过了一段时间。萨伊提出了著名的萨伊定律（供给能够创造自己的需求），这一定律的概念可以追溯到穆勒的父亲。在萨伊家中，穆勒还与亨利·德·圣西门（Henri de Saint-Simon）有过短暂的会面。圣西门不仅认为社会应该由有才华的人统治，而非公侯子爵，还认为人类历史是一个有规律的发展过程。19世纪30年代，圣西门学派强烈影响了穆勒的世界观。

受过广泛教育的穆勒开始探索自己的职业发展可能性，尽管这一过程仍受到父亲的牢牢掌控。起初，他跟随颇有声望的功利主义者约翰·奥斯汀（John Austin）学习法律。然而，在1823年，詹姆斯为自己年仅17岁的儿子穆勒谋得了一份"在东印度公司担任印度通信审查员，并直接向他汇报的工作"。[17]穆勒认为选择这份工作是明智的，因为工作相对闲适，给了他足够的时间进行个人研究。他坦言自己并不介意放弃法律工作带来的经济回报。他曾提到，唯一遗憾是在东印度公司的职位让他失去了竞选政治职务的资格。

这一时期，穆勒积极参与被他称为"青年时代的宣传事业"（Youthful Propagandism）的活动。他为新创办的《威斯敏斯特评论》（*Westminster Review*）撰写文章，并参与激进运动的辩论社团。他甚至尝试参与了一些直接行动，并曾因派发老激进分子弗朗西斯·普莱斯（Francis Place）撰写的节育宣传资料而短暂入狱。[18]穆勒在自传中回顾道，自己在1821年年底就已经明确了"一个真正称得上人生目标的东西，即成为世界改革者。我对于个人幸福的理解与这一目标完全契合"。[19]

迈入20岁的年轻穆勒依旧与父亲保持着独特且亲密的家庭教育和工作关系。他深感父亲生活在压抑之中，而母亲更是让他深感失望——据他形容，母亲是个缺乏温情与爱的人。穆勒一心致力于改变世界的宏伟目标。也难怪,他会在这种情景下暴发严重的抑郁症。他在一篇著名的叙述文中写道:

> 我陷入了一种神经麻木的境地,犹如众人偶尔所经历的:对于任何乐趣或愉悦的刺激都不为所动;曾经让我欢喜的事物变得索然无味,我对它们漠不关心……在这种情绪的笼罩下,我开始直面自己:"假如你所追求的目标全部实现,也就是说,你所梦寐以求的制度和思想改革此刻全部实现,那会给你带来巨大的快乐与幸福吗?"一股无法抑制的自我意识清晰地回答:"不会!"这一刻,我的心沉入谷底:我整个生命所依赖的基石都垮塌了。我所有的幸福都寄托在对这个目标的不懈追求上。然而,这目标已不再吸引我,至于实现目标的手段又有何意义?我似乎没有什么活下去的理由了。

改变世界的计划不复存在,他"如梦初醒"。[20]

据穆勒自述,他在面对这些心理问题时并未向父亲寻求帮助,因为他觉得父亲无法理解。后来,他偶然间翻阅到马蒙泰尔(Marmontel)在《回忆录》(*Mémoires*)中述说自己在父亲去世后承担作为成年人的责任的文字段落,内心情感深受触动,随后逐渐走出阴霾。可以推断出,穆勒的抑郁情绪与他对父亲的矛盾情感,以及自身难以承担作为改革者的成年人责任有关。[21]他通过阅读浪漫主义诗人的作品——尤其是华兹华斯(Wordsworth)的——来获得情感上的安慰,这本身就是一种反叛行为。但就这一章的讨论而言,穆勒对新思想的探索与他大量阅读奥古斯特·孔德(Auguste Comte)和圣西门学派的著作息息相关。穆勒欣赏他们对"自由主义普遍观点的批判,同时清楚地意识到旧政治经济学并不经久,以及其局限性。这些学说将私人财产和继承视为不可动摇的现实,将生产和交换的自由视为社会改进的最终解决方案。"[22]尽管穆勒从未全盘接受圣西门学派的"体系",但这些思想确实引导他踏上了崭新的道路,而这条道路直到25年后才完全清晰。

穆勒新思想的核心在于个体为实现有意义的自主权所付出的努力。[23]这种努力在穆勒的哲学和心理学理论中占据了核心地位。[24]这不仅是他在《论自由》(On Liberty)一书中的核心,也是他发展改良主义政治经济学的核心。

我们已经回顾了穆勒的自传以及影响其思想的因素。接下来,我们有必要深入了解那段被穆勒称为一生中最宝贵的友谊。1830年,哈丽雅特·泰勒(Harriet Taylor)认识了24岁的穆勒,并与他结下了亲密的情谊;1851年,泰勒成为穆勒的妻子。现代研究常将泰勒视为穆勒有关社会改良的论述的重要参与者。[25]在他们从相识到结婚的20多年里,穆勒和泰勒之间的关系可谓友达以上,恋人未满。在这段岁月中,他们共同探讨了很多话题,包括女权主义、诗歌以及政治经济学等。[26]

可想而知,穆勒自然会受到泰勒的影响,而穆勒本人也坦率地承认了这一点。虽然他表示泰勒对于自己首部引起认真关注的重要著作《逻辑体系》(A System of Logic)影响不大,但他特别强调自己在经济学领域的成就离不开泰勒的功劳。在《政治经济学原理》(Principles of Political Economy)的几本赠阅本献词中,穆勒称泰勒为"作者所认识的最有资格提出或理解社会改良思想的人",并坦言这本书的许多观点"源自她的启发"。[27]穆勒高度称赞泰勒为《政治经济学原理》注入了一种"从未将现代社会的绝对安排视为终极目标的基调。"[28]这一理念成为这部著作的根本核心,强调了"财富生产规律与财富分配方式之间的区别。前者是真正的自然规律,取决于物的属性;后者受制于一定的条件,取决于人的意志"。[29]除了这一主要观点外,穆勒还特别强调自己在泰勒的启发下增加了《论劳动阶级可能的未来》这一章节①。正如后文所述,穆勒

---

① 欧洲1848年革命后,穆勒在其《政治经济学原理》第三版中增加了一章《论劳动阶级可能的未来》。

在这一章中对改良主义政治经济学进行了最充分的阐释。

以弗里德里希·哈耶克为首的传统经济学家将哈丽雅特·泰勒及其对穆勒的影响视为一桩悲剧。但不争的事实是,泰勒几乎完美地从灵魂危机中解救了穆勒。当穆勒在为改革的意义与目标苦苦挣扎时,他结识了泰勒,一位美丽而坚定的激进女性主义者。她给予他鼓励和指引,帮助他建设改良主义政治经济学,赋予他反叛的力量,让他的思想拥有了新的维度。穆勒对自主权的关注不再仅局限于对童年家庭的冷漠和父亲过度热衷的教育方式的怨言,而是将这份关注扩展到整个"劳动阶级"。穆勒支持工人以一种理性和自信的态度,通过合作的方式来取代资本主义工厂的严苛纪律。

穆勒的《政治经济学原理》7次改版,却旨趣不变。与《逻辑体系》一样,《政治经济学原理》广受好评。这本著作迅速成为政治经济学的权威教材,在牛津大学和剑桥大学更是备受推崇。[30]某种程度上,这或许反映了读者或教授可以轻松地将关注点聚焦在著作的正统部分(如捍卫自由放任主义)或更激进的部分(如倡导工人合作)。

穆勒一生中最著名且影响深远的两部作品均创作于晚年。发表于1859年的《论自由》提出了关于现代公民和个人自由的基本辩护,而发表于1861年的文章《功利主义》(*Utilitarianism*)则把对历史和正义的理解置于激进的功利主义框架下,这与穆勒在政治经济学领域的成就一脉相承。泰勒离世后,穆勒告别东印度公司,踏上政治征程,并于1865—1868年间担任威斯敏斯特议员。然而,他因为坚定支持妇女选举权而遭遇广泛的反对,但穆勒对这一反应并不陌生,因为他的政治改良主义一直备受新闻界和公众人士的批评。[31]果不其然,穆勒依旧坚定地推动改革。例如,他积极参与当时的土地改革运动。在这个过程中,穆勒非常依赖他的继女海伦·泰勒(Helen Taylor)的支持。海伦承袭了母亲的遗志,一生都在不断地追求左翼政治的理想。[32]

竞争原则与私有财产

穆勒从古典经济学家斯密、李嘉图、马尔萨斯及其父亲的著作中汲取了丰富的思想资源，编织出他的反叛的、激进的改良主义政治经济学。他继承了这些经济学家对竞争作用的理解。即使在探讨最激进的工人合作理论时，穆勒也强调了去中心化的合作体系必须坚持竞争原则。他深刻认识到，这一立场与当时社会主义意识形态有着明显的分歧。[33]

穆勒如是写道：

> 因此，我和社会主义作家一致认为工业运作模式会随着社会进步而朝着某种（合作的）方向发展；我们一致认为现在是启动这种转变的时机，并应通过一切公正有效的手段对这种转变予以支持和鼓励。然而，尽管我在实际目标方面与社会主义者持相同立场，但我却无法赞同社会主义学说中最明显且最激烈的部分，即对竞争原则的反对。[34]

与古典经济学家一样，穆勒也认为工业革命带来的巨大物质进步主要源于习俗、贵族特权和皇室垄断的放宽所带来的创造性和建设性竞争。亚当·斯密提出的"明显且简单的自然自由体系"是穆勒政治经济学理论的基础。事实上，穆勒对现代经济中私有财产的主要担忧和最有力的控诉恰恰是，尽管私有财产在自由竞争的经济中出现，但它往往不是单纯由个人通过个人努力所创造的。相反，即使在竞争日益激烈的情况下，私有财产通常反映了过去的压迫性影响、继承制度的力量以及彻底的欺诈。

穆勒陷入沉思，在一个更加理想的世界里，即"一个不受任何先前所有权束缚的社会"，合理拥有私有财产需要具备哪些条件？穆勒设想了一个场景，

"一群殖民者第一次来到一片无人居住的土地；除了他们共同拥有的东西之外，他们没有带来其他财产"。如果这些殖民者选择采用私有财产制度，那么在这种情况下，"私有财产制度将不会伴随着任何阻碍旧社会原则有效运作的初始不平等和不公正"。穆勒还设想了一种初始的平等主义情景，其中每个人在"生产工具"的分配上都享有平等权利。他甚至提出"对自然造成的损害进行补偿，同时在分配中特别照顾社会弱势群体，以此来调节、平衡并确保每个人都能在分配上处于同等地位"。[35] 穆勒明确表示，在理想的私有财产制度中，继承制度将受到大幅限制，因为私有财产的原则并未保证个人可以"轻易继承他人的劳动和节约成果或坐享其成"。继承制度所产生的财产转移并不是"私有财产制度的核心要素"，即"在对私有财产制度进行辩护时，人们通常认为它是保障个人享有自己劳动和节约成果的制度"。[36]

穆勒深知，这种理想的私有财产制度与19世纪的现实世界形成了鲜明对比：

> 现代欧洲社会制度的初始财产分配并非基于工业发展带来的公正划分或劳动所得，而是源自征服和暴力。尽管多个世纪以来工业一直在改变劳动方式，但现今的社会体系仍然保留了征服和暴力产生的痕迹。财产法从未与私有财产的正当性所依据的原则相一致。

穆勒用一种马克思风格的文字强调道，这些财产法"将某些原本不属于私人财产的事物划定为财产，同时将限定产权财产确立为不受限制的绝对财产。这些法律并没有公平地保持人与人之间的平衡，而是通过给一些人制造障碍并使其他人获利；它们故意推动不平等，阻碍了所有人平等竞争的机会"。[37]

理想的私有财产制度与当时的实际制度存在巨大差距。但从历史角度看，穆勒认为财产的"保障提升"可以推动"生产和资本积累的显著增长。劳动和节俭的动机在于人们有望享受他们所付出的劳动和节俭所带来的成果"。财产安全性的增强、竞争自由程度的提高和科学理解的突破，共同构成了历史上"文明国家"实现物质繁荣的基础。[38]

积累理论

穆勒沿用了亚当·斯密关于积累理论的基本理念。斯密区分了生产性劳动和非生产性劳动。[39] 从根本上说，穆勒和斯密都把生产性劳动定义为创造可积累的物质财富。国家物质财富储备的扩大是生产活动的核心。[40] 每年资本家都会向工人提前提供食物、衣服、原材料和工具等物资，作为他们雇佣工人进行生产的资本投入。这些用于雇佣生产性劳动的资本库存是可以扩张的。简单来说，工人的产出超过了他们的消费。穆勒在这一点上非常明确：

> 利润的产生源于劳动所生产的超过维持劳动所需的部分……假如资本家向一群劳动者提供食物、衣服、原材料和工具等，条件是资本家可以获得劳动者所生产的一切，那么劳动者除了再生产他们自己的生活必需品和工具外，还有剩余的一部分时间为资本家工作。由此可见，利润的产生不是源于交换过程，而是源于劳动的生产力。[41]

如果资本家没有将这个过程创造的盈余悉数用于消费，而是选择将其中的一部分用于投资，那么他就为积累机制注入了动力。

穆勒对19世纪上半叶资本迅速增长的经典理论进行了具体阐述。现代制度及科学在生产过程的创新和大量应用推动了生产力的提高，而生产力的增强又推动了资本主义经济的发展。这就是所谓的"发展状态"。

此外，和李嘉图一样，穆勒也对马尔萨斯人口增长理论所描绘的破坏性影响怀有担忧。根据马尔萨斯的理论，随着资本积累带动工资上涨，即便是微小的涨幅也可能迅速刺激人口激增。这种人口膨胀必然会给自然资源带来巨大的压力，推高租金和食品价格，同时挤压利润空间。李嘉图预测经济最终将走向负面的"静止状态"。他认为，只有通过自由贸易，充分利用德国和美国产量巨大的谷物生产，才能暂时延缓这一结局。

穆勒自然是自由贸易的支持者。但他在经典的人口增长论述中看到了更深层次的含义。他追问，劳动阶级要如何应对李嘉图令人沮丧的预测？他们究竟要怎样才能把历史掌握在自己手中？这个问题实际上融合了穆勒对根本性改革的承诺与对古典经济学的理解。对这些问题的思考促使穆勒为劳动阶级制定了激进的纲领，其中包括两个核心要点：一是实现对人口增长的控制，二是将资本主义工厂制度转变为由工人控制的合作制度。这个时刻是历史创造的。在1850年之前的一个世纪里，社会进步主要由资本家的积累和科学洞察的成功发展所推动。现在，穆勒希望劳动阶级能够有效地主导这个新经济。

首先要有意识地减缓劳动力增长速度，以打破维持工人的收入处于最低生活工资附近的马尔萨斯机制。这个问题对于劳动阶级的未来至关重要。如果工人能够控制自己的生育率，即减缓劳动力的增长速度，那么在资本积累迅速的经济环境中，工资水平将会迅速提高。如果人口能够稳定下来，那么将会有"更多的资本以工资的形式分配给同样数量的劳动者"。[42]

穆勒认为前景并不黯淡。随着工人阶级教育水平的提高和工业经验的积累，他们会形成一个纪律严明的阶层，能够在追求目标时表现出自我约束的能力。尽管略显犹豫，穆勒仍怀揣着乐观的态度。他明确指出："只有人口增长同时受到公正制度的约束，以及远见卓识的指导，科学发现者通过智慧和勇气对自然力量的征服才能成为全人类的共同财富，并成为改善和提升人类整体命运的工具。"[43]

应当指出，控制人口增长不仅有助于提高工人的工资，还有望改善妇女的境况。在那个时候,妇女常常受传统观念和大家庭的束缚,被迫过着养儿育女的、局限的家庭生活。尽管总体而言,穆勒不赞成已婚妇女外出工作,但他确实期待有一天已婚妇女能够积极参与社区的政治和社交活动。[44]其实,穆勒曾批评过自己的父亲詹姆斯,他作为一位坚定的马尔萨斯主义者,却养育了一个庞大的家庭,导致母亲别无选择,只能忍受繁重的家务劳动。

穆勒希望,如果工人能够控制人口增长,他们的工资就会上涨。然而,身为李嘉图的坚定追随者,他认为工资的上涨将导致利润下降,这是他关于工人阶级自治的第二个重要观点的关键所在。此前,李嘉图也曾预计利润会下降,但那是由地租上涨驱动所造成的情形。如前所述,穆勒认为,如果工人阶级不能控制其人口增长,将会导致利润的下降。[45]反之,如果他们能够控制人口增长,将带来一种不同的结果。他尤其推断出,利润率的下降会导致资本家越发不愿意进行积极的投资和管理。这一转变将为工人合作社的发展奠定基础。

穆勒指出,"每个国家和时代都存在着一种特定的利润率,即足以激励当地人进行储蓄,并将其投资于生产性活动的最低利润率"。[46]这并非遥不可及的理论。事实上,穆勒认为:

> 当一个国家长期拥有高产出和高净收入,因而人们拥有足够的资金用于储蓄;当资本积累机制已经存在很长时间,因而每年都会有大量的资本增加……那么这个国家的特点之一就是其利润率通常会非常接近最低值,几乎就是一个手掌的宽度;这表明该国处于停滞状态的边缘。[47]

我们将在下一节详细探讨这一激进的预测,但在此必须指出,穆勒十分清楚利润下降可能会受"抵消因素"的影响,甚至会被减缓或阻碍。[48]尽管这些因素在一定程度上给改革的未来蒙上了一层阴影,但也突显了穆勒作为研究资本主义积累过程的学者的敏锐。

第一个抵消因素是在"过度交易"和"投机买卖"期间不可避免的资本破坏。穆勒在这里借鉴了西斯蒙第(Sismondi)的研究成果,勾勒了一幅预示20世纪宏观经济学核心议题的商业危机景象。[49]在经济崩溃之前,大量资本被过度投资于机器和固定资产,结果"已经不再对工资或利润产生任何影响……企业被迫停业或亏损经营,工人被迫下岗,各阶层的人都因失去收入而不得不依靠储蓄来维持生计。经济危机过后,人们发现自己或多或少都陷入了贫困状态"。[50]

穆勒认为,尽管周期性循环减缓了利润下降的速度,但资本持续增长的趋势表明,资本周期性破坏并非最主要的抵消因素。在他看来,更重要的抵消因素是生产技术的进步。他指出,工资商品的降价将推动实际工资的上涨,尽管与此同时也会提升实际利润。

穆勒提出的另一个抵消因素是"从外国获取廉价商品的新能力"。[51]他再次强调,国际贸易的主要影响是降低了国内工人购买生活必需品的成本。

穆勒还非常有先见之明地提出了最后一个抵消因素,即"资本外流"。他认为资本外流是"英国多年来成功遏制利润下降的主要原因之一"。[52]据他预测,大部分资本将会流向殖民地和贸易伙伴的农业和基础设施建设。因此,资本外流会抑制本土的工资上涨,尽管也可能同时降低进口商品的价格。

穆勒对抵消因素的探讨堪称政治经济学的一次壮举。他在19世纪中叶的著作中透过时代的种种迹象,揭示了资本主义未来的发展趋势。他将现代经济的主要现象进行汇总概括,包括宏观经济周期、生产力持续增长、贸易扩张,以及对外投资趋势。然而,这并非他的最终结论。他坦言,这些抵消因素仍不足以解决问题;利润的下降将持续到最低有效点;经济将逐渐趋向静止状态。事实上,"财富的增长终将见顶,而进步状态的尽头是静止状态……财富的任何增长都只是对静止状态的延迟,而每一次进步都是朝着静止状态的逼近"。[53]

资本主义的终结

在穆勒之前,杰出的古典经济学家们都曾预测过经济会达到静止状态。然而,穆勒指出,这些经济学家们对静止状态并不持乐观态度。例如,亚当·斯密将进步状态视为对大多数人最有利的情形。事实上,早期的政治经济学家们都将静止状态视为停滞甚至衰退的象征。但穆勒对静止状态的理解与之截然不同。或许是对父亲的悲观主义的反抗,穆勒将静止状态视为潜在的解放机会,而不是简单的停滞。在哈丽雅特·泰勒的鼓励和共同努力下,穆勒在《论劳动阶级可能的未来》一章中描绘了一个崭新的世界,其中劳动阶级将有机会决定自己的前程。

穆勒对19世纪的资本主义进行了强有力的批评:

> 坦率地说,我无法认同那些将人类的正常状态定义为挣扎向前的理想生活观;我也无法认同当前的社会生活方式——相互踩蹋、压迫、推挤和践踏——被视为人类最理想的处境,或者不过是工业进步的某个阶段中的不安表现。[54]

虽然穆勒承认进步状态可能是"必要的",而且比无休止的小打小闹更为可取,但他仍希望看到一种后资本主义的经济形态。

这个愿景的核心在于劳动者管理型企业和合作的扩张。资本主义的特征是生产积累与雇佣关系。根据穆勒的预测,积累过程将会随着利润率下降至最低水平而发生变化——我们在前文已经对此进行了详细介绍。然而,穆勒更为激进的建议是针对生产本身的。或许,要理解新出现的资本主义雇佣关系的性质并不容易,因为这一关系是在工业革命之后才逐渐确立起来的。在工业革命之前,工人们曾经是奴隶、农奴或仆人,之后也曾经是农民和佃农。而我们所熟悉的现代雇佣关系相对来说并不常见，更像是个案而非常态。穆勒所描绘的静止状态并不是指经济回归到小规模生产的情景，而是指合作生产进一步发展的前景。

这一论述核心竟出人意料地具有说服力。基于规范性的合作生产明显吸引了穆勒和泰勒的注意力。穆勒通过巧妙的实证分析，不仅让合作生产看起来具有吸引力，而且证明其是经济演进和工业历史发展的必然结果。工人阶级的变革呼之欲出。世界正在发生变化。"工人阶级已经开始主动关注自身利益，不断强调雇主的利益与自己的利益存在着根本性的不一致，彼此间甚至是相互对立的。"[55]这种变革的根源何在？

这个问题的答案早已明了：当工人阶级掌握了阅读的能力，能够自由地接触报纸和政治刊物时；当持有异见的传教士能够深入其中，引导他们接受与上层所信奉和支持的信条不同的观点，触动他们的认知和情感；当他们聚集在一起，在同一屋檐下从事社会化生产时；当铁路的便利促进了他们的流动性，使他们能够轻而易举地改变工作时；当他们被鼓励通过选举权来追求政治参与时。[56]

穆勒进一步明确了经济和社会演变的结论："在人类进步的当前阶段，随着平等意识逐渐在较贫困阶层中普及……我们不应指望将人类永久划分为两个世袭的阶层——雇主和雇员——的格局能永远持续。"[57]工人最终必须成为所有者，这样他们才会对工作尽心尽责，并能够在工作中不断成长。

这种变革应该如何实现？穆勒支持爱尔兰和其他欠发达经济体推广自耕农制度，但他意识到，这一主张可能会被误解为支持农业和工业回归小规模生产。事实上，他认为这种想法是不切实际且具有破坏性的。"一旦一个国家开始采用大规模生产制度，无论是在工业制造业还是农业领域，都很难再回到过去采用小规模生产的状态。"[58]此外,小规模生产不可避免地与父权统治紧密相连。从更广泛的角度来看,穆勒认为,"社会的进步不仅在于使个人能够独立,更重要的是使他们能够在不依赖他人的情况下相互合作或为彼此工作"。[59]

教育极大地提升了劳动阶级的理性决策能力,并且这一过程仍将继续。"大众正在自发地接受教育。"[60]穆勒认为这些发展趋势指明了工业组织将会经历重大改革。鉴于工人阶级的新智慧,穆勒认为"他们不会永远满足于只为工资而劳动的状态"。[61]因此,穆勒预见了两种可能的结果,要么是"劳动者与资本家的某种联合",要么"最终是劳动者之间的某种联合"。[62]

与资本家分享利润的理念在英国政治经济学中早就存在。因在可编程计算机领域的开创性工作而闻名的英国数学家查尔斯·巴贝奇(Charles Babbage),早在其所处的时代就开始倡导这一理念。[63]继穆勒之后,这一概念在19世纪晚期得到了威廉·斯坦利·杰文斯(William Stanley Jevons)和阿尔弗雷德·马歇尔等著名经济学家的认可。利润分享的吸引力在于它能够解决工人的不满,而无需进行重大的结构性变革。[64]

但穆勒猜想,工人阶级并不会单单满足于利润分享。随着智力和教育水平的提高,他们对自身能力的认识也随之增强,并将倡导全面的合作制度。正如穆勒所言:

> 然而,如果人类持续进步,最终必然会占据主导地位的联合形式将不会是以资本家为首、工人无话语权的形式,而是劳动者之间的平等合作。在这种形式下,劳动者将共同拥有生产所需的资本,并通过由其选举和罢免的管理人员来管理生产活动。[65]

穆勒从不主张通过征收私有财产来筹集资金,而是认为工人的储蓄和贷款可以成为合作企业资本的可能来源。特别是在经济陷入静止状态后,人们应该能够以合理的条件轻松获得贷款。在资本主义快速积累的历史时期之后，随着利润逐渐降至最低点，许多富裕的储蓄者会认为自己失去了进行投资和经营企业的理由。在这种情况下，他们会希望可以将资金转移到劳动者管理型企业中。

马克思认为资本主义向社会主义的过渡将伴随着生产的集中化和集约化，因为资本会为了维持利润而试图对抗利润率下降的趋势。相比之下，穆勒则认为资本主义向社会主义的过渡会更平和，因为资本家最终会意识到这种趋势的不可避免性，并相对宽容地接受自己作为小食利者的角色。[66]

穆勒的乐观部分源于他充分相信劳动者管理型企业会比传统企业更高效。他将这些潜在的收益首先归因于合作组织会让"纯粹分销者阶层"大幅减少。穆勒甚至认为，这类中间商阶层的增长已经从生产者本身转移了大量的生产成果，"远远超过资本家的收益"。他认为，在罗奇代尔消费合作社①的带领下，生产合作企业会显著减少对这种基本没有价值的活动的兴趣。更重要的是，穆勒认为合作企业将激发工人参与的动力。在传统企业中，工人常常避免付出过多的努力，但在合作组织中，他们的"原则和利益……是尽最大的努力，而不是干最少的活"。[67]这种态度的转变带来了更高的效率和生产力，使合作企业在与传统企业的竞争中具有显著优势。而且，态度上的根本变化代表了"社会的道德革命"和"人类生活的转变"，并最终将"每个人的日常工作变成培养社会同情心和实践智慧的学校"。[68]

穆勒认为资本所有者最终会接受"有限期年金"制度，从而推动社会朝着更加公正的方向扎实迈进：

> 以这样或那样的形式，现有的资本积累可能会公正、自然地转化

---

① 罗奇代尔消费合作社现在世界上公认的第一个最成功的合作社，是1844年在英国的罗奇代尔镇由28个失业纺织工人自发成立的"公正先驱者消费合作社"。

为所有参与生产性就业的人的共同财产；如果成功实现这种转化（当然，前提是男女平等地享有合作企业的权利并参与管理），那么这种情况下的工业事务安排将是当前可预见的最接近社会公正、对普遍利益最有利的方式。[69]

穆勒的经济学地位

穆勒对经济学的贡献远不止他的改良主义政治经济学。他对供给和需求理论做出了重大改进。事实上，熊彼特认为，被誉为现代微观经济学基础的马歇尔供求曲线分析其实只是对穆勒著作的精确概括。[70] 穆勒通过描述国际贸易均衡的本质，深刻拓展了李嘉图的对外贸易理论。19 世纪晚期的早期新古典主义经济学家 F. Y. 埃奇沃思（F. Y. Edgeworth）将穆勒在《政治经济学原理》中关于对外贸易的讨论描述为"伟大的篇章"，而现代经济学家约翰·奇普曼（John Chipman）则将穆勒的国际价值规律称为"人类智慧的伟大成就之一"。[71] 此外，穆勒还在货币和金融恐慌方面进行了重要研究。托马斯·索厄尔（Thomas Sowell）认为，穆勒是"第一个直接探讨货币需求超出交易需求可能性"的古典经济学家，而宏观经济学家布拉德福德·德龙（J. Bradford Delong）则认为，穆勒是第一个对金融恐慌进行连贯解释的学者。[72] 穆勒还研究了种族、奴隶制和租佃方面的经济学，并把对个人自由的捍卫观念扩展到新大陆上对非洲奴隶和佃户的待遇。[73] 穆勒还有着大量关于公共财政的著作。[74]

由于篇幅所限，本章并未探讨以上这些重要的经济主题，更未涉及穆勒在许多其他诸多领域的贡献。我们把讨论的重点放在《政治经济学原理》的第四卷《社会进步对生产和分配的影响》。私以为，这一卷是穆勒经济学著作中最精彩、最重要的部分。他对扩大穷人公共教育、严格限制继承权和对地价增加征税的充分论述，以及他对合作生产的支持，都无异于一场经济领域的彻底革新。

不难理解,弗里德里希·哈耶克等右翼评论家为何会批评穆勒的改良主义政治经济学只是简单附和哈丽雅特·泰勒的乌托邦式社会主义,而没有进行严肃的论证。[75]但本章所持立场与之截然不同:受泰勒思想的启发,穆勒为合作经济构建了一个令人信服的论据。这一论据基于积累过程、工资上涨和利润下降的古典逻辑,朝着令人振奋的新方向发展。穆勒还能对他父亲的正统思想做出什么更具说服力的思想反叛呢?

那么,左翼评论家又会对穆勒提出什么样的批评呢?有些讽刺的是,穆勒被左翼指责过于温和、柔软,甚至有些天真。然而,如今人们认为他的温和态度其实是对革命和国有化的抵制。资本家几乎不会自愿放弃他们的权力;合作企业也普遍难以管理;纪律和指导、中心化和国家规划等手段仍旧是不可或缺的。情况或许真是如此。相比之下,穆勒的改良主义政治经济学仍然我们是最有希望的前景方向。

第四章 卡尔·马克思

保罗·普鲁

单单提及"马克思"的名字就会引发不同的情感与评价,有敬佩者,有质疑者。马克思开创了一个多元又历久弥新的思想流派。他是一位不容忽视的伟大思想家,曾高调宣称自己"不是马克思主义者"。[1]毫无疑问,自马克思于19世纪执笔创作以来,他的思想便激起了汹涌的思潮。但是,有关其思想的意义与价值至今仍备受争议、难以定论。卡尔·马克思与他的老朋友兼搭档弗里德里希·恩格斯(Friedrich Engels)共同创作了多达五十卷的作品集。任何对马克思思想的简要介绍都难免会有所删减和突出,这是为了在概述中保持简明扼要而做出的权衡与取舍。本章将简要概述马克思的思想,并为熟悉此领域的读者提供一些有趣的见解。

在马克思的青年时期,德意志邦联的政治氛围相当压抑。哪怕是参加自由言论集会等表达不同意见的行为也可能被逮捕和监控。[2]显然,政府对异见的打压和监视塑造了马克思对受压迫者的同情心。截至1835年进入波恩大学时,他已经有意加入政治讨论团体。马克思虽然在学业上表现出色,但也存在一些不良行为,这迫使他的父亲将他转学到柏林的另一所大学。在那里,马克思与未来的妻子燕妮·冯·威斯特法伦(Jenny von Westphalen)宣布订婚。[3]他为妻子写的情诗至今仍保存在各种档案收藏中,尽管这些情诗的质量表明他致力于政治经济学研究而不是从事文学创作是明智的决定。

在柏林大学求学期间,马克思专注于哲学领域,并对黑格尔(Hegel)的思想产生了浓厚的兴趣。尽管马克思对黑格尔思想中的宗教元素持否定态度,但他确实吸收了黑格尔的辩证法,"反其道而行之"①,并重新应用于政治经济学领域。在黑格尔的哲学中,辩证法是关于思想如何转化为现实的哲学理解。[4]马克思认为,黑格尔尝试通过对抽象概念的反复推演来揭示具体事物的本质。[5]

---

① 马克思的辩证法是唯物主义的,强调物质基础对意识和观念的决定作用,而黑格尔的辩证法则是唯心主义的,强调观念和精神对现实世界的塑造和指导。

对马克思而言,辩证法不仅是一种哲学方法,更是研究社会的有效工具。学者必须深入探索研究对象,以揭示待理解关系的"内在联系"。[6]

马克思在《政治经济学批判大纲(草稿)》(*Grundrisse der Kritik der Politischen Ökonomie*,简称 *Grundrisse*)——《资本论》(*Capital*)的第一手稿——中勾勒出他的辩证方法,即"政治经济学的方法"。[7]他认为,17世纪的政治经济学家错误地从人口、国家、阶级等广泛的抽象概念出发进行研究。[8]正确的方法是从更具体、更简单的概念开始,然后逐渐推进到更普遍的抽象概念。最后再从整体出发,将这些一般抽象概念视为由具体关系构成的网络,而不仅仅是抽象概念的简单组合。

马克思认为,任何分析都必须始终将抽象概念置于其特定的历史时刻中。例如,虽然货币和劳动力等概念在各个历史时期都存在,但它们在不同时期的具体表现方式是不同的,因此我们不能将现代社会的观念直接套用到早期社会的分析中。早期社会虽然也有货币,但是它的作用是有限的,并没有"渗透到所有的经济关系"中。[9]货币在资本主导的社会中扮演着特定的角色,这与早期社会的情况有所不同。因此,我们必须根据占据社会主导地位的生产方式来理解其运行机制。比如,在定居的农业社会中,其他形式的生产(比如工业)通常受农业支配;而在资本主义社会,农业则反过来必须顺应资本的需求。[10]

在1841年完成博士论文后,马克思继续潜心研究,但由于当时的政治氛围,他意识到在德国的大学谋求教授职位已经成为一种奢望。他的同僚布鲁诺·鲍尔(Bruno Bauer)因观点不合而被波恩大学解雇。[11]在1842—1843年担任《莱茵报》(*Rheinische Zeitung*)编辑期间,马克思曾撰文讨论公众是否有权利收集柴火,以及栽种酿酒葡萄的酿酒者所面临的困境。[12]他之所以越来越关注工人阶级的疾苦,一定程度上是因为恩格斯在《莱茵报》上发表的文章中详尽描述了工人阶级的艰辛生活。这一切最终凝聚在恩格斯于1845年出版的著作《英国工人阶级状况》中(*The Condition of the Working Class in England*)。恩格斯在书中描绘了曼彻斯特贫民窟的可怕景象：

> 街道通常没有铺砌，崎岖不平，污秽不堪，遍地是烂菜叶子和动物粪便。没有下水道和排水沟，只有肮脏的死水坑。此外，整个街区的建筑杂乱无章，通风不畅。加之众多居民挤居在狭小的空间里，可想而知在这些工人区的空气是何等的糟糕。[13]

《莱茵报》被勒令停刊后，马克思便移居巴黎，并筹划创办新的报刊。[14]但新的报刊仅发行了第一期即遭取缔，而马克思以及其他参与出版的人也都受到政府的通缉。[15]他利用巴黎更为激进的氛围，深入研究政治经济学。1844年，恩格斯发表了另一篇让马克思深受启发的论文《政治经济学批判大纲》(Political Economy Critical Outline)。[16]同年晚些时候，二人终于顺利会面。

马克思致力于以坚实的科学理论和经验为基础，阐明两个本质相互关联的现实：① 在资本主义商品生产体系下，工人受到剥削，无法完全发展为全面的人类；② 这种剥削状态只是人类发展的一部分，整个社会有可能建立一个让个体实现自由、创造性和社会自我的环境。马克思将他的哲学和政治经济学研究相结合，着手比较当时的资本主义社会与人类的核心本质，即类存在物。

类存在物的概念展示了马克思如何将抽象概念置于历史背景下加以阐释。1844年夏天，马克思在法国撰写了一份手稿，系统整理了他对"资本主义社会经济结构"的思考。在《1844年经济学哲学手稿》中，马克思概述了他关于异化劳动的思想，这些思想最终被写入《资本论》的《商品的拜物教性质及其秘密》一章。照这样看，马克思关于类存在物和雇佣劳动异化的概念反映了他如何将早期的研究和笔记融入他更为成熟、准备出版的作品中。因此，我们应该以整体的方式来理解马克思的思想发展，而不是简单将其分为"早期"和"成熟"两个阶段。[18]

在《1844年经济学哲学手稿》中，马克思将类存在物——人类的本质——描述为在社会环境中"作用于客观世界"的"有意识的生命活动"。[19]类存在物理论为马克思对公社制度和人类社会的研究提供了基础，尤其是他所称之为"原始共产主义"的社会。[20]尽管马克思在1844年的手稿中并未系统地论述类存在物与原始共产主义之间的关系，但恩格斯在未完成的作品《自然辩证法》(*Dialectics of Nature*)中对人类物种的进化起源的讨论明显与马克思的类存在物概念不谋而合。根据恩格斯的描述，人类物种的进化发展是在社会背景下人类与自然的相互作用。恩格斯强调了手、脑和喉的协同发展在这一过程中的重要性，这一观点与马克思强调劳动、意识和社会活动在自然代谢中的核心地位相呼应。[21]

因此，历史上特定的类存在物是从早期公社制度的演化中产生的，而这种社会体制其实存在于"所有文明国家的历史早期阶段"中。[22]类存在物是人类物种进化的结果，源于人类运用手与自然进行创造性思维和互动，以满足不同社会环境需求的过程。人类行为背后的根本动机并非根植于原始的生物本能——"虚构的原始状态"，而是根植于历史上和人类学上早期原始人类社会的具体环境。[23]

在资本主义社会私有财产关系的历史特定背景下，马克思将类存在物的概念与劳动异化进行了对比。马克思的劳动异化理论主要包括：① 劳动产品与劳动者相异化；② 劳动行为与劳动者相异化；③ 人类的本质与人相异化；④ 人与人相异化。[24]和《资本论》一样，马克思关于劳动异化的分析也是以商品（工人劳动的对象）为切入点。

> 这一事实简单地表明，劳动所生产的对象——劳动产品——与劳动者本身是彼此对立的，是一种独立于劳动者之外的力量。劳动产品是劳动在某种物品中的体现，已经以物质的形式存在：它是劳动的对

象化。在这些经济条件下,劳动的实现似乎是工人自身实现的丧失;对象化意味着劳动者失去对对象的控制并受对象奴役;占有意味着异化、疏离。[25]

工人的劳动产品是他们付出劳动的结果,是他们劳动的具体体现。

当劳动的对象成为商品且不再属于工人时,它不再直接为工人提供生计所需,而代表着工人因为他人的利益而变得贫弱。对于工人来说,劳动的对象不再直接生产"生活资料",因为劳动的对象不再是自然界的资源。恰恰相反,劳动的对象实则体现了工人境况的恶化。"劳动生产了美,却让工人变得畸形……劳动生产了智慧,却给工人带来愚钝和痴呆。"[26]

在《资本论》中,马克思对"商品的拜物教性质及其秘密"的探讨进一步突出了商品作为劳动产物的作用。但是,市场上的商品掩盖了劳动的真实情况。工人付出的劳动被视为产品的固有属性。产品的质量似乎不是从工人的劳动中产生的,而是神秘地作为产品自身所固有的属性出现。生产者与使用者之间的社会关系被商品形式所掩盖。"尽管人与人之间存在着明确的社会关系,但在使用者眼里,这种关系却被呈现为物与物之间的虚幻关系形式。"[27]在商品经济中,生产过程不是为了满足需求而进行的社会生产,而是变成商品之间的交换关系。个体劳动的社会性以及劳动在产品中的体现都被"商品的神秘属性"所掩盖。[28]

以买笔为例,购买者通常只会考虑笔的质量是否能够满足写信的需求。购买者并不会考虑生产这支笔的工人所付出的劳动,以及生产这支笔所需的劳动时间。他们所关注的仅仅是这支笔的"神秘属性",即它的书写效果如何。购买者并不认为这支笔代表了某人的劳动,因为这种交易并不构成社会关系。购买者只是在市场上用工资交换商品,这是物与物——钱与笔——之间的交换关系。

在探讨完产品异化后，马克思将焦点转向生产行为的异化现象。在雇佣劳动制度下，劳动的对象成为异化的体现，而劳动行为本身也是异化的。在类存在物的集体劳动中，劳动可能是积极向上的，但在雇佣劳动制度下，劳动成为苦差，是一种强制的、不愉快的、破坏性的异化活动。生产行为不再是直接满足需求的手段，而是沦为了一种次要的工具，与劳动者的自我实现脱节。而在工作之外，他们参与的活动唤醒了他们的人性和基本的生物需求，比如"吃、喝、繁衍"。[29]

马克思继而论述了类存在物的异化问题。在他看来，人类与自然界的互动关系是人类存在的核心。这种关系不仅出于便利，更是出于生存所需。人类必须与自然界交换物质才能维系生命；但与其他动物不同的是，人类对自然的利用不限于满足基本生存需求。

> 动物只会根据其所属物种的标准和需求制造物品，而人类则能够根据不同物种的标准进行生产，并将这些内在的标准应用到任何物品上。因此，人类在制造物品的过程中还能够考虑美的法则。[30]

通过与自然界的互动进行生产，人类展现了区别于其他生物的类存在物本质。在资本主义社会中，异化生产剥夺了人们对劳动的自觉性和自由支配，让劳动沦为单纯的谋生手段，从而剥夺了人的类存在物本质。人与自然界的直接关联被切断了，人的类存在物特性进一步遭到剥夺。

最后，马克思探讨了人与人之间的异化现象。生产行为的异化不仅导致了人与产品之间的异化，也带来了人与生产者之间的异化。人与人之间的异化是产品异化、生产异化和类存在物本质异化的必然结果。由于商品导致人类劳动的真实本质变得隐晦，人与人之间、人与类存在物的本质——自由、自觉和社会生产——也产生了疏离。被异化的商品生产关系取代了自由生产活动的社会关系。"因此,在异化的劳动关系中,每个人都按照自己作为劳动者的标准和关系来看待对方。"[31]人们不再为了满足社会需要而进行集体生产,而是沦为雇佣劳工,仅仅为了维持自身生存而劳动。结果,人们相互孤立,彼此的社会关系变得模糊。他们作为异化的劳动者相互对立,而不是作为自由、创造性和社会性的生产者相互交流。

马克思关于异化的思想主要针对资本主义社会的商品生产分析,并不适用于其他社会形态。正如前文所述,马克思将异化现象置于特定的历史语境中加以阐释。他总结道:"在政治经济学中,异化劳动(或称异化生活)的概念正是源于私有财产的运行。"[32]异化劳动是一个与资本主义社会特定关系紧密相关的概念,不应与所有劳动中普遍存在的困扰或单调乏味相混淆。马克思的这一区分启示我们,同样的劳动活动(比如缝纫或木工),何以在白天工作时令人憎恶,而在夜间余暇时却使人获得满足?原因在于,前者是被剥夺了人性,沦为单纯谋生的手段;后者则体现了人的类存在物本质,实现了生命的自我价值。

《1844年经济学哲学手稿》在20世纪初出版后,异化概念吸引了广泛且持续的关注。许多重要文献专门探讨了这一概念。[33]一些著作聚焦于当代社会中的异化问题,例如,阿尔·吉尼(Al Gini)于2000年出版的《我的工作,我的自我》(*My Job, My Self*)。吉尼直接将生产行为的异化与工人的心理健康和工作满意度联系起来,指出人们越难在工作中发挥智力时,越难感到幸福。异化概念的历史特殊性使我们能对这一问题进行实质性的研究,也推动了该概念适应更当代的生产关系。

马克思以"产品和活动属于谁"的问题作为异化现象分析的总结。他在商品分析中指出了答案:"如果劳动产品不属于工人,并作为一种异己的力量同工人相对立,那么这只能是由于产品属于工人之外的他人。"[35]马克思在商品中找到了资本家和工人之间的关系。在《1844年经济学哲学手稿》中,马克思将这种关系描述为资本家通过占有工人的劳动产品来实现主动的异化。当工人主动异化自己的直接生存资料并把自己的劳动产品让给了资本家时,他们得到的工资只是一种生活资料。在《资本论》中,马克思更加直接地讨论了价值问题。《1844年经济学哲学手稿》描述了由于"获得生活资料"而产生的异化,《资本论》则是通过对价值和工作日的讨论,进一步揭示了资本家和工人的关系。[36]

《资本论》第一卷于1867年出版,这是马克思毕生的心血,也是他数十年专注研究的结晶。大多数思想家的出版作品都是经过精心编辑的文本或文章,但马克思出版的作品中有很大一部分是未完成的手稿和笔记。他是一位认真细致的研究者,为《资本论》的完成付出了多年的心血。他将1850—1853年间的笔记整合到《政治经济学批判大纲(草稿)》中,并在1857—1858年间起草了一份仅供"自我澄清"的手稿。[37]尽管马克思在前期进行了大量的编辑和准备工作,他仍在《资本论》的第二版中加入了修订和澄清,并提出了进一步的修改建议。然而,由于健康状况的恶化,他未能完成进一步的修订。[38]马克思于1883年3月14日去世,当时他还未完成《资本论》第一卷的修改,也没有看到第二卷和第三卷付印。最终,《资本论》这部开创性的著作由他的好友恩格斯完成编辑和整理。[39]

《资本论》

在《资本论》中,马克思以商品作为切入点展开论述,因为商品体现了资本主义社会中所有重要的关系,如价值、剥削、交换、积累和世界市场等。马克思从亚当·斯密和大卫·李嘉图的理论中汲取,并试图澄清的价值概念,成为他在《资本论》中讨论商品的切入点。与斯密和李嘉图一样,马克思将价值分为使用价值和交换价值。使用价值是物品对消费者的实用性,是物品本身所固有的属性。[40]物品的使用价值即满足需求的能力,可以简单如用棍子在地上划痕,也可以复杂如用计算机计算卫星轨道。交换价值则与使用价值无关，但有一个例外情况是，如果一个物品完全没有使用价值，那么它在交易市场中也就没有任何价值。[41] 人们几乎没有动机去交换那些对他们无用或不能满足需求的物品。

在探讨交换价值之前，马克思努力阐明了所有商品的共同要素，以确保它们具备通约性（在市场上可交换）。

> 于是：首先，给定商品的有效交换价值表达了某种相同的东西；其次，交换价值通常只是商品所包含却又不同于商品本身的属性的外在表现形式……除了它们所共有的属性外，没有其他因素；所有商品都归结为同一种劳动，即抽象的人类劳动。[42]

正如前述马克思所言，劳动体现在商品中，而人类的劳动力凝聚成商品的价值。[43] 再次回到抽象概念的历史特殊性，马克思指出，声称存在两种类型的价值——使用价值和交换价值——的主张在某些情况下是不准确的。"商品既包含使用价值（商品的实际用途），又包含价值。"[44] 仅当商品进入交换关系时，其交换价值的形式才能显现。马克思的分析核心正是围绕这一论点展开的。无论是对自由、自觉、富有生产力的社会存在物的概念化，还是对资产阶级商品生产中固有的剥削关系进行分析，他都将劳动明确置于中心位置。劳动创造价值，而商品所共有的源自劳动的价值属性使它们具备通约性。

在《资本论》的正文中，马克思对重商主义者和"自由贸易无赖"进行了猛烈抨击，指责他们只关注市场中无关联商品之间的相对价值（交换价值），而忽略了除此之外的所有价值概念。[45] "因此，在他们看来，商品的价值和价值量只存在于由交换关系引起的表现中，也就是只存在于每日行情表中。"[46] 马克思指出，他们对价值本质的无知使其无从确立价值的通用衡量标准,进而无法判定商品在市场上的相对价值水平。李嘉图在探讨这一问题时,通过批判使用谷物而非货币作为价值尺度的做法,但他最终得出结论:"尽管我们尚未见过这种(作为通用衡量标准的)商品,但我们可以假设它的存在并进行探讨。"[47]

根据政治经济学的辩证方法,马克思的分析从最基本的概念——商品,逐渐过渡到更抽象的层面——商品流通。马克思从商品掩盖了价值来源和价值关系的情况入手,揭示了商品生产中利润的实际源泉。为此,他将关注焦点放在市场上的商品流通。他用 C-M-C 公式来描述第一次流通,其中 C 代表商品(commodity),M 代表货币(money)。在这种流通方式中,某人先用商品交换货币,然后再用货币购买另一种商品。当此人消费了商品后,流通过程结束。[48] 举例来说,某人通过出售一件陶器获得货币,再用货币购买面包。当他吃掉面包后,流通过程即告终。

马克思更关注的是 M-C-M 流通方式,即用货币购买商品,再将商品交换为货币。这种流通方式最初看似毫无意义,因为货币的交换并没有产生实际的增值或利润。[49] 为了符合资本主义社会的目标,马克思稍作修改,将公式调整为 M-C-M′,其中 M′代表 M 加上 M 的附加值。M 的附加值被称为"剩余价值"。[50] 资本家的终极追求在于不断将剩余价值重新投资,持续循环以创造更多的财富。他们的至高目标是追求永无止境的财富积累。

> 积累啊,积累啊! 这就是摩西和先知们! ……为积累而积累,为生产而生产——古典经济学用这个公式表达了资产阶级时期的历史使命,它对财富分娩的痛苦从来不迷惑。[51]

资本主义社会的特征是资本的循环积累,这一动机主宰着每个资本家的行为。一切考量因素都必须服从资本积累的动机。"因此,绝不能把使用价值视为资本家的真正目标。"[52]资本家并不关心其产品的效用（或无效用），只关心其能否通过交换来实现进一步的增值和资本累积。

揭开资本主义社会神秘面纱的下一步是确定促成资本积累的剩余价值的来源，即 M-C-M′ 的转化。回归对价值和劳动的讨论，马克思重新聚焦于工人在生产过程中所提供的劳动。他首先批判了那些被他称之为"庸俗经济学家"的人。[53]这些经济学家声称，利润源自资本家在生产成本之上的高价出售行为。这种观点认为，工人无法以高于成本的价格出售他们的劳动力（不像企业主），因此他们无法用其劳动力获利。[54]亚当·斯密则认为，劳动在生产过程中创造价值，但在资本主义社会，绝大多数劳动者处于被雇佣状态，为资本家工作并创造剩余价值，而资本家作为生产资料的所有者，为雇佣劳动提供必需的生产条件。利润是企业主从工人工资中扣除的价值份额，用以弥补其为工人提供生产资料的成本。[55]利润实际上是工人为获得工作机会而向企业主支付的费用。这两种阐述都将企业主的行为视为产生利润的原因，但马克思认为这些解释并不充分。因此，他开始探索生产过程如何产生利润的问题。

马克思认为，工作日是资本家获取利润和剩余价值的关键手段。确保商品生产体系运转的前提条件是存在"自由"劳动力。所谓自由，一指个体无所束缚（非奴隶身份），二指个体无自有生产资料（如土地、机器等），仅凭出卖劳动力谋生。由于缺乏维系生存所需资本，这些自由劳动者不得不将其唯一的商品——劳动力出卖给资本家。资本家购买的不是确定数量的劳动，而是一定期限内的劳动能力，即工作日。因此，资本家不是购买了工人所消耗的、特定的劳动量，而是基本垄断了劳动者一整天的工作时间，导致其劳动量与价值创造之间存在差额。[56]

在工作日内所创造的总价值可分为两个部分。首先是维持工人及其家庭生活所需的价值总量。与任何其他商品一样，产品的价值等于其生产所需的劳动量。因此，工人出售的劳动力价值就等于工人及其家庭再生产所需的劳动时间。[57]工作日中用来生产满足工人及其家庭基本生存需要的价值的那部分时间,被称为"必要劳动时间"。[58]

在完成必要劳动时间之后,工人仍会继续创造更多的价值,但这些价值并不归他们所有,而是归资本家所有。工人"创造剩余价值,这种魅力之于资本家就如同从虚无中创造事物"。[59]工作日被分为必要劳动时间和剩余劳动时间,同理,工作日也被划分为必要价值和剩余价值。马克思通过分析劳动过程中剩余价值的产生,揭示了商品生产体系内在的剥削本质。从工人的劳动中榨取价值并不只是关于工作条件是否合理的定性问题,而是关于价值从何而来的实证问题。"因此,剩余价值率准确地反映了资本对劳动力的剥削程度,或者说是资本家对劳动者的剥削程度。"[60]无论工人处于何种背景下,无论是被优待还是被虐待,他们都无法摆脱与自己劳动产品相异化和被剥削的命运,因为工人出售劳动力是资本家获利的根源。

如前所述,资本家的目标是积累财富。工作日则是个体企业主试图扩大资本规模的手段之一。由于工作日被分为必要劳动时间和剩余劳动时间,资本家自然希望尽可能多地从工人身上榨取剩余劳动。[61]这一目标或许可通过"延长工作日、加强劳动强度"来实现。[62]尽可能地延长工作日可以使工人生产的剩余价值超过其再生产成本,这符合资本家的利益。[63]

但在盲目而不可遏制的狂热中,资本对剩余劳动的豺狼般的饥渴欲望,不仅超越了工作日的道德规范的底线,甚至超越了肉体的极限。它侵占了工人身体生长、发育和保持健康所需的时间;夺走了工人呼吸新鲜空气和阳光所需的时间;对工人的进餐时间分秒必计,竭力将其融入生产过程,以致食物如生产资料般供给给工人,如同为锅炉补充燃料、为机器涂上润滑剂;将工人身心复苏、体力修复所需的充沛睡眠无情地压缩为有机体精疲力尽时所必需的数小时昏睡。[64]

基于个人利益,资本家必然会极力延长工作日时长,即使这意味着严重透支和损害工人的身心健康。只有通过工人阶级与资本家阶级之间的广泛斗争,并通过立法,明确规定工作日长度的合理上限,工作日的时间才能有效缩短。[65]

虽然马克思在阐述剩余价值理论时多以制造业为案例背景,但在当代社会,延长工作日时间的现象,同样可见于白领职业和办公室工作中。作家吉尔·安德烈斯基·弗雷泽(Jill Andresky Fraser)指出,科技的进步不仅进一步削弱了员工对生产活动的控制,也进一步侵蚀了个人的社交生活。资本家对劳动时间剥削程度的期望不断提高,同时科技也"渗透"到员工的私人时间,导致工作时间不断延长。[66]资本家期望员工在个人时间里继续处理工作,随时回复电子邮件、接听工作电话。[67]弗雷泽认为,为了提高产出,雇主有意侵占员工的午餐时间。雇主通过这些手段延长工作时间,目的是从工人身上榨取更多的剩余价值。与此同时,白领阶层的工资停滞不前,还要因担心失业而不得不在工作中提高生产率并增加工作强度。[68]这些趋势也与前文讨论的异化问题相关。由于资本家控制了员工的时间,员工失去了与家人朋友的宝贵交流。[69]劳动时间的延长和工作强度的提高导致工人与生产行为之间、工人与工人之间,以及工人与类存在物本质之间的异化趋势不断加剧。

通向《共产党宣言》

对马克思而言,工人的全面异化和商品生产中的固有剥削并非仅仅是学术或哲学问题。正如他在《关于费尔巴哈的提纲》(*Theses on Feuerbach*)第十一条中所指出:"哲学家们只是用不同的方式解释世界,问题在于改变世界。"[70] 1846 年,马克思开始组织并参与共产主义通讯委员会和共产主义者同盟等各种政治组织。[71] 1847 年,当共产主义者同盟第二次代表大会结束时,马克思和恩格斯被选为起草宣言的代表。[72]编写于《资本论》之前的《共产党宣言》,汇集了共产主义者同盟的目标,并概括了马克思在当时的思想精髓。

在《共产党宣言》中,马克思和恩格斯勾勒了资本主义社会自毁未来的轨迹。资本积累的逻辑要求资本家必须不断革新生产方式。"不断扩大产品销路的需要,驱使资产阶级奔走于全球各地。"[73]资本积累不断增长,经济中的资本总量也在不断增加。马克思将资本主义社会中资本的持续扩张称为资本的集中化。积累加速进行,但资本积累的扩张也导致资本集中到少数人手中。[74]"一个资本家打倒许多资本家。"

> 资本所以能在这里,在一个人手中膨胀成很大的量,是因为它在那里,在许多人手中丧失了。这是不同于积累和积聚的本来意义的集中。[75]

大资本家打倒小资本家,财富集中在少数人手里,这就是集中化。

随着工人阶级与资本家精英之间的矛盾不断加剧,以及资本不断走向集中化,资本主义社会被推向了公开的阶级斗争的边缘。在《共产党宣言》中,马克思和恩格斯以铿锵有力的呼声总结道:"让统治阶级在共产主义革命面前发抖吧。无产者在这个革命中失去的只是锁链,他们获得的将是整个世界。全世界无产者,联合起来!"[76]在《资本论》中,马克思这样主张:

> 随着那些掠夺和垄断这一转化过程的全部利益的资本巨头不断减少,贫困、压迫、奴役、退化和剥削的程度不断加深,而日益壮大的、由资本主义生产过程本身机制所训练、联合和组织起来的工人阶级的反抗也不断增长……生产资料的集中化和劳动的社会化,达到了同它们的资本主义外壳不能相容的地步。这个外壳就要炸毁了。资本主

义私有制的丧钟就要响了。剥夺者就要被剥夺了。[77]

和其他思想一样，马克思的分析在他的作品中不断出现，每一次重复都变得更加完善，并融入他更广泛的概念体系中。

尽管《共产党宣言》的主题根植于马克思的早期工作，又在后来的出版物中反复出现，但它是一部在特定历史时刻，发表具体政治立场的政论作品。在评价其优缺点时，马克思和恩格斯认为，《共产党宣言》在理论原则上基本正确，但在历史分析方面欠缺一定深度。[78]

《共产党宣言》简化了阶级关系和政府在革命中的作用。[79]其目的在于唤起欧洲被剥削阶级的行动，而不像《资本论》那样对资产阶级社会进行系统研究。1848年出版的《共产党宣言》完美地契合了当时的历史环境。欧洲即将爆发一场反对统治精英阶层的公开冲突。在之后发生的反抗活动中，马克思被驱逐出比利时，随后前往科隆。[80]在科隆，他创办了《新莱茵报》(Neue Rheinische Zeitung)，报道欧洲各地正在爆发的革命活动。[81]政府开始向报社施压。最终，马克思再次被驱逐到法国。[82]不久，他被迫离开法国前往伦敦。[83]

在伦敦期间，马克思对最近在欧洲发生的革命活动进行了深刻反思，并开始为创作《资本论》展开必要的研究。在《路易·波拿马的雾月十八日》(Eighteenth Brumaire of Louis Bonaparte)中，他运用历史分析方法，探讨了法国革命失败的原因。马克思首先阐述了社会变革和人类能动性的条件性。

人们自己创造自己的历史，但是他们并不是随心所欲地创造，并不是在他们自己选定的条件下创造，而是在直接碰到的、既定的、从过去承继下来的条件下创造。一切已死的先辈们的传统，像梦魇一样纠缠着活人的头脑。[84]

马克思指出,法国革命和反革命事件根源于拥有土地的富裕阶层(地主贵族)和拥有资本的富裕阶层(资产阶级)之间的物质阶级的利益冲突。这两个阶层之间的意识形态差异也源于其阶级差异。

在不同的财产形式上,在社会生存条件上,耸立着由各种不同的、表现独特的情感、幻想、思想方式和人生观构成的整个上层建筑。整个阶级在其物质条件和相应的社会关系的基础上创造和构成这一切。[85]

法国1848年革命的失败主要源于资产阶级与工人阶级、地主贵族之间的对立。资产阶级和地主贵族这两个富裕阶层之间的冲突导致拿破仑三世与农民结盟,最终使他巩固了法国皇帝的权力。

马克思对法国革命的分析强调了工人起义和向共产主义过渡的历史偶然性。后者取决于工人阶级是否获得政治权力。[86]但正如法国1848年革命所表明的,这个过程并非必然。如果工人阶级取得成功,共产主义社会的目标是消除私有制。在这个社会中,劳动不再是孤立的异化行为,而是一种共同参与的社会活动。《共产党宣言》提出了开始这一过程的若干措施:"1. 剥夺地产,把地租用于国家支出。2. 征收高额累进税。3. 废除继承权。4. 没收一切流亡分子和叛乱分子的财产。5. 通过拥有国家资本和独享垄断权的国家银行,把信贷集中在国家手里。6. 把全部运输业集中在国家的手里。7. 按照总的计划增加国家工厂和生产工具,开垦荒地和改良土壤。8. 实行普遍劳动义务制,成立产业军,特别是在农业方面。9. 把农业和工业结合起来,促使城乡对立逐步消灭。10. 对所有儿童实行公共的和免费的教育。取消现在这种形式的儿童的工厂劳动。把教育同物质生产结合起来,等等。"随着工人阶级不断深化改革,并逐步消除一个阶级对另一个阶级的统治,政治权力将逐渐分散。[87]

然而，共产主义并不在于简单地消灭私有制，而在于实现人的类存在物本质。如果仅仅是消除私有财产，但社会关系的改变也只是将社会集体变为私有财产的拥有者，那么共产主义就只能算是一种粗糙的实现。如果工人仍以雇佣劳动形式工作，但工资由整个社会集体支付，这种情况与私有财产的关系并没有本质上的区别。[88]要实现真正完善的共产主义，人们就必须能够追求和实现自己的类存在物本质。

在共产主义社会高级阶段，在迫使个人奴隶般地服从分工的情形已经消失，从而脑力劳动和体力劳动的对立也随之消失之后；在劳动已经不仅仅是谋生的手段，而且本身成了生活的第一需要之后；在随着个人的全面发展，他们的生产力也增长起来，而集体财富的一切源泉都充分涌流之后——只有在那个时候，才能完全超出资产阶级权利的狭隘眼界，社会才能在自己的旗帜上写上：各尽所能，按需分配！[89]

一旦度过了初级阶段，共产主义就可以超越异化劳动，人们可以从事既肯定类存在物本质又满足整体需求的活动。但是，这个过程并不能一蹴而就。

要扬弃私有财产的思想，有思想上的共产主义就完全够了。而要扬弃现实的私有财产，则必须有现实的共产主义行动。历史将会带来这种共产主义行动，而我们在思想中已经认识到的那正在进行自我扬弃的运动，在现实中将经历一个极其艰难而漫长的过程。[90]

在法国1848年革命之后，以及居住在伦敦期间，马克思专注于其重要著作《资本论》的创作。但在准备出版的过程中，马克思遭遇了严重的经济困难。

虽然他尝试通过在报纸上发表文章和短文来维持生计,但仍要严重依赖恩格斯的经济支持。尽管他的收入似乎足以满足基本的生活需要,但马克思仍然试图维持中产阶级的生活方式。[91]此外,困扰马克思及其家人的健康问题也拖慢了《资本论》的出版进程。马克思患有肝病,而他的妻子燕妮也因天花一度病重。燕妮最终康复了,但马克思的健康情况依旧堪虞,不得不依赖妻子替自己誊写潦草的笔记并处理其他事务。[92]

尽管向报纸投稿为马克思带来的稿酬收入很有帮助,但他对这项工作并不以为意。[93]1850—1851年间,他花了大量时间在大英博物馆研究经济史。[94]然而,他常常受到自己对立的性格和批判性思维的干扰,倾向于深入钻研他认为与研究相关的各种内容。他还投入了国际工人协会(第一国际)的相关工作,这极大地占用了《资本论》的写作时间。[95]虽然马克思并非第一国际的唯一创始人,但他仍受托起草了《国际工人协会成立宣言》和《国际工人协会共同章程》。[96]虽然马克思在1858年完成了《政治经济学批判大纲(草稿)》,即《资本论》的第一手稿,但在研究政治经济学时又被转移了注意力。《资本论》第一卷的最终修订直到1867年8月才完成。[97]

思想遗产

《资本论》的影响无可争辩。马克思的著作已经成为当代经济学界对全球经济进行分析的重要组成部分。[98]埃及经济学家萨米尔·阿明(Samir Amin)在《全球化时代的资本主义》(*Capitalism in the Age of Globalization*)一书中重新审视了马克思的理论,强调了资本逻辑在推动全球经济两极分化方面的核心作用。萨米尔认为,仅仅依靠政府及世界银行和国际货币基金组织等国际机构的改革并不足以解决这种两极分化问题,因为这些改革措施与资本主义经济体系的根本目标相矛盾。正如马克思所指出的,资本主义的基本逻辑是通过积累工人创造的剩余价值来维护少数人的利益,因此任何对经济体系的改革都不会改变这种基本的经济秩序。[99]

与之相反,约瑟夫·斯蒂格利茨提及马克思的思想只是为了否定苏联经济模式的失败。他认为,全球危机的根源并不是资本主义经济体系的基本逻辑,而是各国政策的差异导致了全球不平等的加剧。[100]斯蒂格利茨指出,"华盛顿共识"①的一整套政策的实施直接导致了全球减贫治理的失败。[101]马克思和萨米尔都认为,不断加剧的不平等和贫困是资本主义基本逻辑的结果;无论工人的工资水平如何,随着资本的积累和集中,他们的处境都会逐渐恶化。萨米尔还认为,国家机构的作用是促进资本的积累,由此导致了斯蒂格利茨提到的不平等和贫困。

有趣的是,近来有关马克思的学术研究已经扩展到环境领域。马克思对自然的分析根植于人类与自然相互作用的必要前提。劳动被视为一种"永恒的自然需要",没有劳动,就无法实现人与自然的物质交流,因此也就无法维持生活。[102]马克思在《1844年经济学哲学手稿》中强调,与自然的互动是人类生存以及类存在物充分发展的必要条件:"劳动首先是人和自然之间的过程……是引起、调整和控制人和自然之间的物质变换的过程。"[103]马克思把这种必要的关系理解为人与自然之间的"新陈代谢"。

资本主义的积累逻辑造成了对自然资源和劳动力的双重剥削:"此外,资本主义农业的任何进步,都不仅是掠夺劳动者的技巧的进步,而且是掠夺土地的技巧的进步;在一定时期内提高土地肥力的任何进步,同时也是破坏土地肥力持久源泉的进步。"[104]资本主义农业的发展干扰了环境的自然代谢过程。人口在城市的集中导致他们远离生产食物的田地,引发了诸多生态问题。"例如,在伦敦,他们竟然认为花费巨资将450万人的排泄物排入泰晤士河是最佳

---

① 华盛顿共识(Washington Consensus)出现于1989年,是一整套针对拉美国家和东欧转轨国家的新自由主义政治经济理论。

的处置方式。"[105]城乡分割造成了自然代谢过程中的"断裂"。[106]

当代学者在进行环境研究时常会融入马克思的分析。在《生态裂痕：资本主义对地球发动的战争》(The Ecological Rift: Capitalism's War on the Earth)一书中，约翰·贝拉米·福斯特(John Bellamy Foster)、布雷特·克拉克(Brett Clark)和理查德·约克(Richard York)明确采用了马克思的新陈代谢断裂理论，并将其运用到当今环境问题的研究中。[107]另外，尼古拉斯·乔治斯库-罗根(Nicholas Georgescu-Roegen)也将熵定律(代表系统中不可用的能量)与经济学联系起来，对未来世代的前景做出了严峻的预测。根据熵定律，物质与能量只能沿着一个方向转换，即从可利用到不可利用，从有效到无效，从有秩序到无秩序。例如，煤的燃烧产生蒸汽能量，但同时也会产生大量的热量，其中一部分热量会散失到周围环境中，无法再进行有效的能量转化。"我尝试阐述的论点是，经济过程的基本性质是熵增的，并且熵定律主宰着这一过程及其演变"，乔治斯库-罗根写道。[108]由于科技的不断进步，我们的社会已经从过去依赖随手可得的太阳能转向了更为有限的地球矿产资源。乔治斯库-罗根指出，随着技术越来越广泛地应用于消耗地球的物质资源，我们的文明也会逐渐走向终结。[109]此后，其他学者也将熵定律和马克思的观点结合起来，对资本主义对环境的影响进行了批判性评价。[110]

鉴于马克思的整体思维方法及其讨论的议题范围之广，不难理解他为什么可以持续地激发新一代学者探索新的研究途径。他的著作引发了许多思想流派，包括依附理论①、法兰克福学派、结构主义马克思主义、列宁主义及世界体系分析视角等。他的思想也被运用到了性别和种族研究中，其中最著名的当属

---

① 一种理解全球经济发展不平衡的理论。依据其理论，外围资本主义的不发达状态主要是由受影响国家在世界经济中的边缘地位造成的，该理论强调全球政治和经济秩序施加的限制。依附理论由阿根廷经济学家和政治家劳尔·普雷维什(Raúl Prebisch)于20世纪50年代首次提出，在20世纪60年代和70年代逐渐受到重视。

美国黑人社会学家 W. E. B. 杜波依斯（W. E. B. Du Bois）的贡献。马克思理论在当下环境议题上的应用足见其方法与洞见的灵活性。很少有经济学家能像卡尔·马克思一样拥有如此广泛而深远的影响，但值得注意的是，马克思还有许多未竟的事业。《资本论》第三卷第五十二章《阶级》就是最典型的例子。虽然这一章节的内容与马克思的思想最密切相关，但所占篇幅却不到一页，而章节结语"手稿至此中断"更是增添了神秘色彩。[111]

第五章 阿尔弗雷德·马歇尔

卡蒂亚·卡尔达里

阿尔弗雷德·马歇尔于1842年7月26日在伦敦出生,父亲是威廉·马歇尔(William Marshall),母亲是丽贝卡·奥利弗(Rebecca Oliver)。家里兄弟姐妹有五人,马歇尔排行第二。据记载,成年后的他"个头不高、体态纤弱,蓄着一脸浓密的胡须,留着一头长长的头发;神态拘谨,性格敏感,面色苍白而不健康,双眼异常敏锐而警觉"。马歇尔的性格无疑受到了父亲的影响。[1]威廉·马歇尔是英格兰银行的一名职员,属于典型的维多利亚时代中期的家长,为人极其严厉且对纪律一丝不苟,但是丽贝卡"不变的温柔"稍微柔化了丈夫的刚性。[2]马歇尔在9岁时入读以古典研究著称的英国圣公会学校——麦钱特泰勒斯学校(Merchant Taylor's School)。1861年,他拒绝了牛津大学的奖学金,决定前往剑桥学习数学。1865年1月,他参加了剑桥大学道德科学荣誉学位考试,包括欧几里得几何学、应用数学和理论物理学。

马歇尔毕业后即获聘于布里斯托尔的克利夫顿学院,担任一名临时数学教师。1868年,他回到剑桥,成为一名道德科学的讲师。除了对数学的追求外,他对哲学也充满浓厚兴趣,积极参与剑桥哲学学会、改革俱乐部和格罗特俱乐部的活动。[3]

那些年里,马歇尔开始步入他所谓的"经济学学徒"生涯,深入研究了斯密、李嘉图、穆勒等多位思想家的作品,同时还涉猎了德国经济学家约翰·海因里希·冯·杜能(Johann Heinrich von Thünen)和威廉·罗雪尔(Wilhelm Röcher)的著作。他对这些著作进行了详尽的注释,注释常以图表或方程的形式呈现,他尤其关注价值、货币、劳动和资本等核心概念。[4]

但是,马歇尔对哲学的兴趣不仅仅停留在数学和经济学领域,他在1900年写给剑桥大学心理哲学和逻辑学教授詹姆斯·沃德(James Ward)的信中表示,至少在1871年之前,"心理科学"曾是他的"精神家园":

> 那时,我渐渐认识到经济学研究对于改善人类福祉的重要性。约

在1871—1872年之间，我告诉自己是时候做出生涯抉择了：是追随心理学，还是投身经济学。那一年，我犹豫不决。我虽然更享受着追逐心理学的乐趣，但是经济发展的现实紧迫性也逐渐显现，而这种紧迫性并非只与财富的增长有关，更与人们生活质量的提升息息相关。因此，我最终决定投身经济学的研究。[5]

在维多利亚时代的英国，贫困、健康、住房及劳动条件无疑是最迫切的社会问题。这些问题成为政界精英、知识分子和经济学家的探讨热点。[6]这些讨论催生了一种温和的社会主义形式，它不像费边主义者、工会、友谊社以及合作社等机构一样——马歇尔一直与这些机构保持联系及合作，有时也会产生摩擦与矛盾——主张完全废除资本主义制度。

马歇尔在其经济学家生涯的开端便致力于理解和解决贫困问题，这成为他一生思考与著述的核心议题。正如他在1893年向英国皇家老年贫民委员会（British Royal Commission on the Aged Poor）所强调的："在过去的25年间，我一直专注于贫困问题的研究……无一篇研究不关乎此。"[7]对他而言，贫困的最大危害在于大量人群被困于"身体瘦弱、意志薄弱，缺乏进取心、勇气和希望，甚至几乎没有自尊心的状态，同时被穷困的生活逼迫着接受工资低于乡村同等工作所得的工作"。[8]于是，隐藏在每个人身上的宝贵潜能被忽视和浪费，这对国家而言是一种最严重的损失。

马歇尔非常反对通过慈善或自动救济来解决贫困问题的观点。1905—1909年，他不断向慈善组织会社（Charity Organization Society，COS）的领袖兼评论编辑及（英国）皇家济贫法及救济事业委员会（Royal Commission on the Poor Laws and Relief of Distress）的成员海伦·博赞基特（Helen Bosanquet）解释："贫困、痛苦、疾病和死亡所造成的伤害并不像表面上那么严重，除非它们会导致生命和品格的衰弱。真正的慈善不是单纯地减少贫困，而是帮助人们提升自身的力量和能力。"[9]马歇尔认为唯一有效的救济方法是遵循穆勒对于"人类行为学"或性格科学的研究精神,提升人们的品德,这就意味着需要普遍提高生活质量和劳动条件,以及广泛普及教育。穷人可以通过教育提升自己的品德(并成长为一名"绅士"和骑士),同时改善自己的工作和社会处境。[10]非熟练劳动者可以通过教育成长为熟练劳动者,从而提升劳动效率。马歇尔认为"教育—高技能水平—高劳动生产率"的关系对国家经济进步至关重要。正因如此,他常强调"一个国家将当前的资源配置用于培育下一代是最有价值的投资"。[11]他是现代人力资本理念的先驱,主张"将个体视为智力资本,并致力于提高其生产力"。[12]

影响个体品德的其他重要因素也值得重视,尤其是良好的生活环境(包括宽敞整洁的住房、绿色的环境、清洁的空气)以及合乎需要的劳动条件。1873年,马歇尔在剑桥改革俱乐部的演讲中强调:"当我们将某人归类为工人阶级时,我们通常关注的是工作对他产生的影响,而不是他对工作产生的影响。这难道不是不对的吗?"此外,他还指出,"体力劳动越辛苦,精神状态越低下。"[13]根据马歇尔的观点,工作不是一种"赎罪的手段",而是一种促进个体品格提升和社会进步的重要途径。[14]他非常关注工作的类型和条件,并发现那些能够提升员工文化水平、责任感和开阔思维(而不是狭隘思想)的工作可以让员工成长为"绅士"。相比之下,那些需要长时间从事重体力、无技能、重复性的工作,以及在不健康的环境中从事劳累和限制智力发展的工作则会对工人的性格造成负面影响。

毫无疑问,马歇尔对这些议题的关注不仅体现了瑞塔·图尔伯格(Rita Tullberg)所说的马歇尔的"社会主义倾向",还体现了他与合作社运动、慈善组织会社、基督教社会主义者和工会的紧密联系。[15]尽管体面的中产阶级极力回避这一标签,但马歇尔却毫不掩饰地将自己称为"社会主义者",一个"致力于推动社会民生改善的社会主义者"。[16]他在1919年出版的《工业与贸易》(*Industry and Trade*)一书的序言中写道,"我仍然坚信'社会主义'所涉及的理念是最重要的研究课题,或许不是全球首要议题,但却是我最重要的课题"。[17]

在剑桥大学圣约翰学院教授道德科学的同时,马歇尔也在剑桥大学纽纳姆学院教授经济学。在这里,他结识了学生玛丽·佩利(Mary Paley),两人于1877年结为夫妻。[18]根据当时的规定(在1882年取消),这段婚姻导致马歇尔不得不辞去圣约翰学院研究员的工作。① 他无奈地离开了剑桥大学,随后前往布里斯托大学担任大学校长兼政治经济学教授。1883年,他成为牛津大学巴利奥尔学院的研究员和政治经济学讲师。1884年,剑桥大学政治经济学教授的职位因亨利·福西特(Henry Fawcett)的去世而出现一个空缺,马歇尔成功地申请到了这一职位。在当时,剑桥大学道德科学荣誉学位考试课程仍然包括政治经济学。马歇尔发表了著名的就职演讲《经济学的当前地位》,显然是希望通过设立独立的经济学和政治学荣誉学位考试课程来提升经济学的地位(这项考试在1903年正式设立)。为此,他精心制定了"经济学"的定义、内容和方法论——完全摒弃了古典政治经济学中的"道德哲学"标签。

马歇尔开宗明义地写道:"经济学一方面是研究财富的科学,另一方面,也是更重要的方面,是研究人的学科的一部分。"[19]这里的"人"不是"抽象的经济人",而是有血有肉的个体。[20]经济学是一门研究经济活动的实证科学,是社会科学的一个分支;经济学必然会探讨人们对财富和物质利益的追求。但马歇尔认为,"人在商业生活的行为"很大程度上也受到"他的个人情感、对责任的理解以及对高尚理想的崇拜"的影响。[21]此外,尽管可量化的金钱动机使经济学比其他社会科学更为精确,但在"应对不断变化和微妙的人性力量"方面,经济学仍然远不及自然科学那般精确。[22]由于经济学的研究范围很广,因此它被视为一门非常复杂的学科,这意味着要确定一种适当的研究方法论并非易事。

---

① 当时禁欲主义规定剑桥大学和牛津大学的研究员必须像牧师一样独身。

方法论问题

"新古典主义"一词由索尔斯坦·凡勃伦（Thorstein Veblen）于1900年创造，他指出古典学派和马歇尔创建的剑桥学派都是建立在享乐主义的基础上。[23]新古典主义一词表明，亚当·斯密、大卫·李嘉图和约翰·斯图尔特·穆勒等古典经济学家的思想与马歇尔的思想具有连续性。马歇尔的确不否认穆勒对他的方法论产生了影响。正如他在《经济学原理》的序言中所述："借助于我们自己时代的新著作，并且关系到我们自己时代的新问题，本书打算对旧的学说加以新的解释。"[24]然而，马歇尔也强调了古典经济学前辈们的局限性，例如，"李嘉图总是倾向于过度抽象的推理"。[25]古典经济学错把"人"的因素视为"常量"，而且没有"认识到工业惯例和制度的易变性"。[26]

要跻身科学范畴，经济学必须具备抽象性、理论性和演绎性。但这还不够；就像航海学一样，经济学也有两个层面："一个是基于自然永恒法则的分析性层面；另一个是随着人类需求和资源的演变而不断变化的现实层面。"[27]因此，如果经济学只采用了纯抽象和演绎的方法，那么它就只是一种"优雅的摆设"，无法解决真实世界的问题。[28]马歇尔写道，归纳和演绎①同样必不可少，二者应该"携手并进"，虽然他的这番话可能会让人联想到古斯塔夫·冯·施穆勒（Gustav von Schmöller）和德国历史学派，但他是在提醒我们，"事实本身是沉默的"。②[29]

从这一重要前提中可以看出，经济学并没有提供一套理想的方法论框架，但它使用了所有科学（如物理学、哲学、生物学等）已知的方法。因此，数学方法只是经济学可能使用的其中一种工具；显然，正如马歇尔所指出的——这一

---

① 归纳是从具体的事实或观察中推断出普遍的规律或结论；演绎是从普遍的规律或前提中推断出具体的结论。

② 即单纯的事实本身并不能说明问题，而需要通过理论和分析来解释和理解。

观点正好符合他的背景——数学发挥着必要的作用，提供了"一种极其简洁而准确的语言，清晰地表达了一些通用关系，以及一些简短的经济推理过程"。[30]然而，数学的实用性也仅限于分析的初步阶段，当被研究的事物和关系被简化时，"虽然数学图表……本身可能是全面完整的，并在其明确定义的范围内完全准确，但我们很难用一系列方程式……来全面把握现实生活中的复杂问题"。[31]

虽然通过数学方法构建的"纯水晶大厦"一定程度上有助于我们看清现实问题，但其适用范围是有限的。一方面，数学可以帮助我们初步理解复杂的问题；另一方面，随着分析的深入，我们也需要放下对数学工具的依赖。在"经济学学徒"生涯期间，马歇尔主要将李嘉图和穆勒的推理转化为数学形式，但在出版于 1890 年的《经济学原理》一书中，他通常只是将图表和方程作为注脚或附录。经济学是一门涉及多种问题和关系的复杂学科；这种复杂性源于其主要的研究对象——人性。与人性和人类生活紧密相连的另一重要因素是"时间"，它被认为是"造成……经济学研究困难的主要原因"。[32]为了解决这个问题，马歇尔提出了一种静态方法，并引入所谓的"其他条件不变"（Ceteris Paribus）围栏。因此，经济学家必须逐步推进：

> 首先将复杂的问题分解为若干小问题，再逐个进行研究分析，最后将各个小问题的解决方案汇总，形成对整个谜题的大致完整解答。在解构问题时，他将那些可能造成不便的干扰因素暂时隔离在那个"其他条件不变"的围栏内。通过假设其他因素相等，经济学家可以将特定的趋势从其他影响因素中分离出来；这并不是否认其他趋势的存在，而是暂时忽略它们的干扰效应。[33]

显然，当我们限定问题的范围时，我们能够更准确地解决问题；然而，尽管这种方法能够提高准确性，但它所得出的结论可能与"真实生活"的情况不太相符。因为在现实生活中，"各种因素"往往是不相等的，而且还会不断变化。[34]

在《经济学原理》一书中，典型的时间段分析是基于将经济活动划分为短期和长期的概念，并着重研究单一商品的供需均衡状态。回顾马歇尔的早期文章《论价值》和《论工资》，他将供求均衡划分为临时均衡、短期均衡和长期均衡，他区分了临时均衡、短期均衡和长期均衡，这三者的关键区别在于供给对需求的调节能力：在极短期内（例如1天），供给无法调整；在短期内（例如3个月），供给数量可以进行小幅调整；在长期内（例如5年），生产规模和商业组织可以相应地调整。[35]然而，马歇尔意识到这种时间分析方法所隐含的简化："时间元素……本身是绝对连续的……（而且）自然界并没有将时间绝对地分割为长期和短期。"[36]尽管如此，他依然认为是"连续性原则"构成了《经济学原理》的"特殊性"。[37]这一原则——概括成一句拉丁格言"自然从不飞跃"（Nature non facit saltum）——向我们表明，正常价值和"当前价值""市场价值"或"偶然价值"之间没有任何区别？[38]

马歇尔的观点超越了古典经济学及其对正常价值和市场价值的明确区分，而且一定程度上解释了他为什么会否定与妻子于1879年合著并出版的第一本书《产业经济学》（Economics of Industry）。虽然《产业经济学》一书批判了约翰·斯图尔特·穆勒的部分理论（如工资理论），但整体上却具有清晰的穆勒式结构和鲜明的古典风格。书中明确地区分了正常（长期）价值和市场（短期）价值，并在不同章节中进行了强调。[39]根据另一位剑桥经济学家约翰·梅纳德·凯恩斯的回忆，马歇尔对自己出版的第一本书"变得非常不满意；在出版《经济学原理》之后，他停止了宣传和销售《产业经济学》一书，而且在1892年出版了一本内容截然不同的同名书籍。这本新书主要是《经济学原理》的浓缩版……即《产业经济学要素》（Elements of Economics of Industry）"。[40]

为了将"时间"因素引入经济分析中,马歇尔详细阐述了所谓的代表性企业概念。代表性企业被视为"行业供给曲线的缩影"。[41]就像在一片森林中选择一棵树代表其他树木一样,虽然不同树木各自处于不同的生长和腐烂阶段,而行业中的各个企业也处于不同的兴衰阶段,但代表性企业的相对规模被视为是恒定的。[42]因此,代表性企业的概念允许经济学家在研究长期均衡时考虑个别企业的非均衡情况,同时保持对整个行业的整体视角。

然而,在均衡分析框架中处理因时间流逝及其不可逆性带来的变化时,经济学家会遇到所谓的"调和问题",这个问题会导致代表性企业的概念变得不够有效。虽然马歇尔可以沿着这一供给曲线展开均衡分析,但这也导致他无法充分考虑时间的不可逆性。[43]马歇尔深刻地意识到,将时间不可逆性引入他的分析框架是十分困难的,因此他不得不承认,"理论与现实生活的实际条件脱节"。[44]

马歇尔的著作

《经济学原理》创作于1881—1889年间,并于1890年出版。历经8版修订,最终版本于1920年出版。在这漫长的30年间,马歇尔不断钻研这部著作,力图解决其中的"深奥难解之处"。[45]然而,他始终不满意。

按照原计划,《经济学原理》是一部两卷制专著的首卷,然而第二卷却从未面世。在第八版序言中,马歇尔最终坦言:

> 本书的第一版曾许诺在适当的时间内出版第二卷以补充此专著,现在已过去30年了。但是,我当初制订的计划规模过于宏大,其范围(尤其是现实的一面)随着现代工业革命的不断推动而扩大。此次工业革命发展的速度及广度都远远超过一个世纪前的种种变化,所以,不久我就被迫放弃了以两卷完成此专著的愿望。[46]

接下来几年,马歇尔着手创作另一项名为《国家产业与国际贸易》的备选补充著作,计划分为三卷出版。然而,这个项目也未能圆满完成:第一卷于1919年出版,题为《工业与贸易》;第二卷于1923年出版,题为《货币、信用与商业》(Money, Credit and Commerce);第三卷则至今未见出版,尽管马歇尔从未放弃过这个项目。第三卷关于经济发展的笔记保存在剑桥大学马歇尔图书馆档案馆内。

《经济学原理》被誉为马歇尔的巅峰之作,一经出版便大获成功。正如约瑟夫·熊彼特曾所言:"这本书是一场精彩的表演,以一种最具吸引力的形式呈现,完美地契合了当时的情境和经济领域的普遍条件——这实际上既归功于作者的判断,也归功于他的天才。"[47]至少在20世纪20年代以前,尤其在英国,《经济学原理》一直是经济学领域的重要著作。[48]但这并不意味着它未受到严厉批评。这些批评最终导致人们过度简化马歇尔在经济学领域的贡献,经常将其归结为经济学教科书中仍然广泛使用的一些基本工具,如供需曲线、需求弹性、局部均衡以及消费者剩余。许多人认为,书中的其他部分削弱了第五章"需求、供给和价值一般关系"的"核心",完全被一种不连贯和模糊的"修剪编辑"所影响。

保罗·萨缪尔森对此评价道:"马歇尔饱受现代弗洛伊德学派所称的自我厌恶之苦。他是国际象棋高手,却对下棋感到羞愧;他是优秀的经济学分析家,却对自己的分析能力感到羞愧。"[49]但正如前文所述,《经济学原理》是一部介绍性著作,原本预期会有第二卷进一步拓展和深化其内容。马歇尔本人曾提醒我们,第五章只是在"探讨抽象概念"。因此,按照马歇尔的方法论,我们可以认为其批判者对第五章赋予了过多的意义。[50]要全面理解马歇尔对经济学的真正贡献及其主要研究领域,我们不能仅仅局限于《经济学原理》(尤其是第五章),而是要深入研究他的其他著作(尤其是《工业与贸易》)以及未出版的《国家产业与国际贸易》第三卷关于经济发展的笔记。

《工业与贸易》是一部"关于工业技术、商业组织以及它们对不同阶层和不同国家的影响"的比较性研究著作,重点对比了不同国家的工业发展、特征和领导力。其主题格言"万物归一,一归万物"与《经济学原理》的主题格言"自然从不飞跃"紧密相关,马歇尔解释道:

> "自然从不飞跃"这句格言尤其适用于经济发展。这造成的部分结果是,经济条件和趋势比大多数其他领域更加突出地体现了"万物归一,一归万物"的特点:因为在任何地点和时间,占主导地位的经济条件和趋势都反映了整个社会或至少是大多数人的共同行为、思维、情感和愿望。虽然个体习惯会对整体社会特征产生影响,但一切习惯的根源都扎根于当时当地的人类特征之中:这就是万物归一。反之,每一种趋势都在一定程度上反映了当时、当地几乎所有突出的影响因素,因此,对这些趋势进行全面研究可能会呈现一个几乎完整的整体图片:这就是一归万物。[51]

1923年出版的《货币、信用与商业》是马歇尔去世前的最后一本著作。但是,这本书的主题或趣味相较于其他著作更为集中,更像是"用早期甚至是50年前书写的碎片拼凑而成"。[52]马歇尔本人对这本书主题的局限性也直言不讳。他在序言中指出:"(原定)目标是希望对人类生活和工作条件产生影响的因素进行研究,但本书仅完成了任务的一半。"[53]尽管他也表示"剩余一半已经取得一些进展",但是他最终未能全部完成。马歇尔于1924年在剑桥去世。

英国竞争力的下降

19世纪80年代末,德国、法国和美国等迅速工业化的新兴竞争对手与英国分庭抗礼。由于担心失去工业竞争力,英国在 1886 年成立皇家委员会①并听取了商人和专家(包括马歇尔在内)的证词。出口数据显示,19 世纪 90 年代末,英国的出口量出现了相对下降,尤其是钢铁和纺织品等关键行业。与此同时,德国和美国正在迅速推进第二次工业革命,拥抱新技术和现代化生产方法。然而,英国仍然坚守传统制造业模式,未能跟随时代潮流。因此,英国的生产率和竞争力在随后几年每况愈下。在成立皇家委员会之前的 10 多年里,许多人一直对英国的经济状况感到担忧,其中就包括马歇尔。

这种担忧贯穿了马歇尔的思考,驱使他对产业组织、劳动力、企业、工业和贸易,尤其是国际贸易组织进行深入研究和详尽分析。1875 年,马歇尔凭借叔叔留给他的遗产,在美国度过了 4 个月,期间与多位经济学家、工会代表和工人会面,近距离观察了美国的工业情况。[54]他经常在德国和英国的工厂进行实地考察。在这些工厂访问期间,他证明了工作条件会对工人的性格和效率产生影响,并指出现代工厂的机械化工作如何让工人沦为机器的附庸,侵害其性格、体魄和思维敏捷性,进而对整个社会的福祉造成负面影响。正是这段"工厂流浪岁月"让马歇尔开始认识到大型企业的危险,并开始倾向于支持中小型企业。[55]

马歇尔是首位将工业组织视为第四个生产要素的经济学家,与传统三要素"土地、劳动和资本"并列。他最先在《经济学原理》的第四章提出了工业组织的问题,随后又在《工业与贸易》一书中进行了深入论述。通过历史和比较研究,马歇尔强调了当时主要经济体逐渐形成的趋势(大规模生产和不断扩大的企业规模),同时详细分析了标准化和技术对企业规模、市场营销、组织和科学管理造成的影响。尽管马歇尔承认大规模企业是工业时代的特征,但他也强调

---

① 由在政府的授意下通过皇家委任状(Royal Warrant)任命的一些委员组成,其目的是调查事实或提出法律改革建议。

了中小型企业的重要性：工业实践应由中小型企业和大型企业共同构成；每种企业类型都有其存在的合理性，以及各自的优势和劣势。马歇尔并没有将大型企业和小型企业看作两个对立面，而是将弱小企业（指缺乏主动性和创新性的企业）与其他企业对比。他承认企业"规模"的重要性，可以对生产力和技术效率产生重要影响。

但马歇尔深信，聚集在同一区域的小型企业完全有能力与大型企业展开竞争。工业区（比如马歇尔熟悉的兰开夏郡）具有特殊的"氛围"，有利于人际关系的发展，促进思想和信息的交流，从而推动创新。这种"氛围"是工业区与大型企业之间的主要区别。为了适应外部变化，工业区需要慢慢积累经验并形成知识积累。工业区内的每家企业都专注于生产过程的不同阶段，不同阶段环环相扣，形成了相互关联的产业链。不同企业间既存在竞争，又具备合作精神，这主要是因为它们在地理位置上邻近，拥有共同的历史背景以及与市场相邻。相对而言，大型企业往往容易出现组织结构僵化、官僚主义和流程常规化等问题，难以迅速适应变化。因此，马歇尔认为，支持小型和中型企业是避免经济衰退的主要手段，因为它们是"创新和多样化的最佳培育者"。

马歇尔特别关注灵活性与刚性的关系。19世纪60年代末，仍醉心于哲学的马歇尔在格罗特俱乐部发表了四场讲座，题目分别是《简约法则》(The Law of Parsimony)、《费瑞尔的命题一》(Ferrier's Proposition One)、《机器》(Ye Machine)和《逻辑学家或系统构建者对形而上学家和实践科学家的责任》(The Duty of the Logician or System-maker to the Metaphysician and to the Practical Man of Science)。这些讲座集中在心理学领域，研究了人类心智的运作、心理活动的机制以及人类知识的特征。在前两个讲座中，马歇尔批判了否定自我意识的传统心理学机械论认识论，尤其在《费瑞尔的命题一》的讲座中，马歇尔强调自我意识是构建"心理学一般理论……能够发展成真正理论"的两个要素之一。在题目为《机器》的讲座中，他结合查尔斯·巴贝奇关于人工智能的研究以及贝恩(Bain)与斯宾塞(Spencer)的进化心理学,对人类心智的运作机制进行研究。在第四个讲座中,他探讨了非欧几里得几何学的发现所引发的辩论。

马歇尔的早期哲学著作有助于我们更好地理解他在多个主题上的思考和论述。例如,他认为知识的增长是由传统的、已有的知识(规范)和新的创造性思维、发现或实践(创新)相结合产生的结果;他否定新古典主义提出的经济人(Homo oeconomicus)概念并支持"有血有肉的个体";他运用局部均衡分析方法探析工业和社会组织;他对工会和官僚主义等政治和社会问题持批判态度;他认为经济进步必须缓慢推进。凡此种种都是《机器》讲座的重要观点:心智是一个由各种子系统组成的复杂系统,不仅会随着经验的积累而不断进化,而且具有一套特定的规范,亦即"性格"。人类的行为和心理过程是基于标准化和变化的混合,因为自然选择会识别并强化成功的规范,但当这些规范不再适用或失败时,变化和预见则会引导心智探索新的途径和解决方案。外部变化会引起人类的心理反应和生理反应:人类通过试错的过程来应对未知和不寻常的事件。当人类成功地应对某个事件时,他们往往会将这种成功的方法或行为视为一种"规范",并在面对类似或相似情况时按规范行事。人类行为和心理过程包括一系列规范化程序,但必须同时具备一定程度的自由度。因为生活总会不断出现新的事件,人类心智必须有能力自由地开展新的试验和选择。

知识增长是"一个永无止境的过程,要求同时具备创新和规范性",而在这个过程中,想象力起着至关重要的作用。[56]马歇尔认为,想象力不是经济学家的随机或巧合属性,而是他们工作所必需的基本技能,与感知和理性同等重要——想象力不仅可以帮助"他发现那些遥不可及或深藏在表面之下的可观察事件的根本原因,还可以帮助他理解这些遥不可及或深藏在表面之下的原因对可观察事件的影响"。[57]这台"机器"被赋予了独特的特性,使其具备预见未来的能力,并随着经验不断演进。这一特性也同样适用于个体,因此个体不能简单地被视为只追求短期利益的"经济人"。人类大脑的运作与灵活的生产系统(这里并不是大型企业,而是指小型企业,尤其是在工业区集聚的小型企业)极为相似,因为它们都必须具备变化、进化和创造的能力。[58]这也表明马歇尔认为大型综合企业过于僵化、缺乏可塑性的观点,而且他对基于科学管理的企业组织持怀疑态度,因为其官僚结构是建立在刻板的职能和角色分配之上。[59]

马歇尔对人类心智的研究对于分析市场活动和解释进化理论至关重要。这两个领域不仅都需要一定程度的稳定性,同时也需要变化的可能性。稳定和变化、自由和规范的共存是必不可少的,这有助于更好地理解马歇尔的局部均衡分析工具。就像机器需要一定程度的稳定规范来应对突发意外事件一样,从分析的角度看,"其他条件不变"有助于我们将注意力集中在特定因素上,排除与变化无关的因素。[60]最后,通过"机器"的结构和运作,我们也能更好地理解马歇尔对工会和官僚主义的批判,因为它们也可能变得过于僵化,从而阻碍变革、创造力和行动自由。

探讨进步的重要主题

经济进步这一基础主题几乎贯穿了马歇尔的所有著作,更是其未竟之作的核心主题:事实上,马歇尔认为"人类在数量、健康和力量、知识、能力及性格丰富度方面的增长是一切研究的终极目标"。[61]然而,进步的概念深邃复杂,仅凭方程式和定量关系并无法对其进行全面理解,马歇尔早已在《经济学原理》第五章慎重地提出警告:

> 正常供需的稳定均衡理论确实有助于概念的具体化;在初级阶段,它与实际生活情况相符……可一旦深入到更远和复杂的逻辑推论,它就会脱离实际生活条件。事实上,我们即将探讨经济进步这一重要主题;因此需要谨记,我们不能将经济问题视为静态均衡,而应该

将其视为有机增长,否则将会导致我们无法完整解构经济问题。[62]

这段话揭示了马歇尔研究方法的另一个关键特点,即其强调生物学的视角。不同于莱昂·瓦尔拉斯、卡尔·门格尔(Carl Menger)和威廉·斯坦利·杰文斯等同时代经济学家试图将经济学塑造成像物理学一样"严谨"的科学,马歇尔认为经济学更贴近生物学而非物理学或机械学,因为它们的研究对象"在任何国家和任何时代都是恒定不变的",而变化仅存在于"作用力的数量而非性质"。[63] 于他而言,"经济学家的圣地存在于经济生物学领域",因为"经济学和生物学一样,研究对象的内在本质、构成和外在形式一直在不断变化"。[64] 诚然,为了强调《经济学原理》的范围,马歇尔在书中——尤其在第五章——使用了几个机械学类比:机械学典型的因果关系更适合"一般性介绍"研究。"但在经济学的后期阶段,当我们更接近生活实际条件的经济学问题时,生物学的视角比机械学的视角更合适。"[65]

生物学视角有助于经济学家聚焦于生命、变化和进化,将进步理解为"有机增长"而非"简单的增减"。[66] 马歇尔强调进化具有渐进性和连续性,尽管演化过程中可能存在关键的阶段,但每个阶段都是在前一阶段的基础上逐步发展而来,而不是突然发生的,即"自然从不飞跃",这是因为进步(例如,进化)需要在变化中保持适度的稳定性。这是所有人类个体都会经历的共同现象:我们的身体会随着年龄增长而经历一系列连续的物理变化,但在这个过程中也会保持一定的稳定性。① 这一点更适用于存在时间比单个人类个体更长的制度。

马歇尔认为这是一个极其重要且必要的条件:"制度或许会快速变化,但是,能够持续存在的制度必定要适用于人类,不能比人类变化得更快,否则将会

---

① 就个体而言,物理变化包括生长、成熟、衰老等过程,而稳定性则是指基本的生理功能和身体结构]。

失去稳定性。因此,进步的概念本身就在强烈地提醒我们,在经济世界里,自然从不飞跃。经济进步应该坚持循序渐进的原则"。[67]尽管社会的进步可能会增加人类对自然的控制能力,但这种进步也要求人类发展出更高层次的智慧和能力,以正确地运用这种控制力量,否则这种"进步"就应该受到"严重质疑"。[68]

马歇尔认为,进步的动态性主要体现在其质变而非量变,因此不能单纯以"财富"的增长来定义进步,而应考虑到其他更重要的因素。事实上,"财富的生产只是为了维持人类生存、满足人类需求,并促进人类的身心和道德发展的一种手段"。[69]真正的进步意味着人类福祉的提高,其中包括必要的、最低水平的物质财富以及一系列其他因素。马歇尔十分关注与个人生活质量相关的各个方面,如自然资源的质量(如空气、水)、住房和工作条件以及城市化。他提出的进步理念与现代可持续发展的概念非常接近。[70]

除了支持竞争和自由市场,马歇尔始终强调政府在保障一些基本的公共利益商品和服务方面的重要作用。1897年,马歇尔参与了另一个旨在调查地方税收问题的皇家委员会。在提交给委员会的报告中,马歇尔强调"政府的建设性工作①……本身就是生活的最高层次之一",并指出地方税收和中央税收都只是实现这个目标的"一种手段"。[71]但10年后,他的立场发生了明显的转变,"国家的活动强度"增加②只是"为了实现那些无法依靠个人努力实现的社会改善"。[72]马歇尔提出,自由放任的正确解释应该是"鼓励个人充分发挥其工作力量,更为重要的是,政府应积极承担那些只有政府能够高效完成的关键任务"。[73]

然而,马歇尔对国家在经济事务中可能发挥的直接积极作用持怀疑和批评态度。国家不仅"几乎不创造任何价值",而且就算"它可以凭借其庞大资源购

---

① 指有益于社会、有意义、有成效的工作,通常是指为了改善某种情况或解决某种问题而进行的工作。

② 即政府在社会和经济领域中的干预程度增加。

买最先进的设备",其官僚体制和僵化也使其难以跟上变化的步伐。[74]因此,国家干预应仅限于控制而非管理活动。然而,马歇尔认为邮政服务和部分铁路管理是两种例外情况,在这两个方面国家应发挥更为积极的作用。

马歇尔在其最后的未竟作品中特别强调了国家的作用:"可以合理推断,西方国家政府的首要目标是增进人民的福祉。"[75]根据马歇尔的描述,国家为其公民提供的服务应包括街道、公园、电报、水、煤气、电力供应、农业排水和灌溉、大学、博物馆、医院,甚至是"肉类、水果和其他消费者无法亲自检验的产品供应"。[76]国家还必须确保居者有其屋,确保每个公民可以"身心健康"地成长。此外,国家还需要保障劳者有其得,确保公民有支撑家庭的合理收入。[77]国家不仅有责任确保公民获得合适的生活条件,还必须在特定情况下干预经济,限制市场的自由竞争。

国家可以对有损公共福祉的人群采取限制措施,包括"在智力、行为或社会适应能力等方面低于普通人水平的个体,比如患有认知障碍、精神疾病或酗酒等身心健康问题的人",以及那些为了个人利益而损害公共利益的贪婪者。[78]但马歇尔认为国家最重要的职责是教育:国家必须确保向各阶层提供充分的教育,尤其是贫困人口。这是因为教育可以激发潜在的人力资源,鉴于人类是最敏锐、最有效的生产工具,所以教育相当于一种人力投资。此外,教育可以提高非熟练工人的技能并提高他们的收入,进而促进公平分配。

税收是政府主要的财政来源之一,用于支持其履行各项职能。尽管这是马歇尔思考的一个关键议题,但正如彼得·格罗尼维根(Peter Groenewegen)所指出:"他从未撰写过一部关于税收的一般性论著,而且也未能完成他曾暗示将在《经济学原理》第二卷第十章中探讨的税收部分。"[79]不过,马歇尔的确留下了一些"有趣的关于税收的思考片段"以及两篇与税收相关的论文,即发表于1897年的《关于国家与地方税收分类与影响的备忘录》(*The Memorandum on the Classification and Incidence of Imperial and Local Taxation*)和发表于1917年的《战后的国家税收》(National Taxation after the War)。[80]尽管马歇尔也关注房产税、土地税、汽车税、储蓄税、收入和工资税以及自然资源税等税种,但马歇尔本人更倾向于累进所得税制度。[81]所有税种的评估都需要根据公平性、效力性以及它对社会福祉的影响。

《战后的国家税收》一文收录在1917年出版的编辑文集中。马歇尔在这篇文章中主要探讨了国家税收负担的公平性问题。一旦个体的基本生活需求得到保障,政府应该采取"累进税制",即税率随着收入的增加而提高。[82]但马歇尔也指出,政府要避免征收过高的税款,因为这可能导致逃税,并引发严重的经济扭曲:如果针对资本征税,那么可能会"抑制资本增长并加速资本外流";如果针对高收入者征税,那么有可能"抑制他们的活力和创业精神"。[83]直接税收始终比间接税收更具"成本效益和管理效率",而且更容易进行"递增"分级[84]。他曾致信瑞典经济学家伊·菲·赫克歇尔(Eli Filip Heckscher),并表示,"我是直接税收的坚定支持者,而且也乐意看到政府向英国工人阶级征收更多的直接税收"。[85]尤其值得关注的是,马歇尔还在《关于国家与地方税收分类与影响的备忘录》中提出了"空气税"的概念。这是一种针对"具有特殊土地价值"的土地税,与针对普通农村土地的较低税收有所不同。这种税收所得应"接受中央的全面控制,并由地方政府用于在密集工业区域开辟小型绿地,并保护不同城镇和郊区之间的大型绿地,防止城镇和郊区的过度融合"。[86]

学术遗产

在马歇尔逝世时,剑桥经济学派已经成为英国学术界的主导力量。无数学子的辉煌成就证明了马歇尔创立、推动和发展的学派的巨大成功,这可谓他的心血结晶。正如格罗尼维根所言,"如果他尚在人世,或许会对这番景象感到吃惊"。[87]

剑桥经济学派备受推崇,不仅因为它重视商业教育和产业经济学,还因为它强调经济史、统计学和福利问题。阿瑟·塞西尔·庇古以及约翰·梅纳德·凯恩斯这两位著名的经济学家都是马歇尔的学生，他们从马歇尔的见解和思考出发，开创了自己独特的理论：庇古创立了著名的"福利经济学"，凯恩斯则被尊称为现代宏观经济学之父。由于各种各样的原因，这两位经济学家的理论不经意间掩盖了马歇尔本人的学术成就，甚至是马歇尔最具创新性和实质性的研究。直到现代学术界对马歇尔的通信、笔记和未发表作品（尤其是心理学文章）进行了重新研究，人们才重新发现了这位经济学之父，并对他的整体成就有了新的认识和评价。

第六章 约瑟夫·熊彼特

马里奥·格拉萨·莫拉

奥地利裔美国经济学家约瑟夫·熊彼特被公认为20世纪经济思想领域的重要人物之一，与同时期的约翰·梅纳德·凯恩斯齐名。他的主要贡献在于将创新和企业家精神纳入资本主义分析的核心范畴。熊彼特本人经常强调他的理论与标准经济学①的差异。熊彼特承认一般均衡理论奠基人莱昂·瓦尔拉斯对他的影响，但其思想与瓦尔拉斯观点存在明显的差异。瓦尔拉斯主张经济生活是被动的、纯粹适应性的。然而，熊彼特对此却持相反观点，他反对将经济变革简单地理解为对外部干扰的客观适应。他表示："在斯密、穆勒和马歇尔的理论中，经济的发展如同一棵正在生长的大树……每一个阶段都是在前一阶段基础上构建而成的独特情况。但这并不完全准确……经济系统对外部机遇的反应可能是多样化且不可预测的。"[1]

熊彼特的研究目标恰恰是为了解释内部创新是如何推动经济演化的。和卡尔·马克思的观点相似，他认为"经济演化是由经济系统本身产生的独特过程所驱动的"。[2]在这个愿景中，个人拥有创造性的反应能力，这种反应能够"创造出新的情境，而这些新情境与在没有个人创造性参与的情况下可能出现的情境并没有任何联系"。在经济领域，创造性反应即创新，而创新则是企业家的职能。

然而，企业家的行动也是一种创造性反应，这取决于企业家的个人主观性以及外部环境因素，包括具体的制度安排。在资本主义体系中，这种制度安排包括有权创造支付手段的私人银行——信贷创造是资本主义融资创新②的特有方式。反过来，这类融资创新的聚集以及随之而来的吸收和调整过程又表明了经济周期——经济繁荣与衰退交替出现的周期性现象——是资本主义进程的本质特征。

---

① 指传统的、主流的经济学理论和方法，通常包括微观经济学和宏观经济学两个方面。
② 融资创新是指通过各种方式为创新项目提供资金支持，以推动科技创新和商业发展。

不宁唯是，熊彼特对资本主义体系的经济维度和社会维度都饶有兴趣。根据熊彼特著名的创造性破坏理论，创新企业和行业取代保守企业和行业的竞争过程也是社会阶层中个人及其家庭不断变迁的过程。成功的企业家将加入资产阶级的行列，而未能适应新形势的资本家则可能退出资产阶级的行列。这种阶级动态的不断变化驱使资产阶级不断更新，同时推动资本主义在时间上的延续。

但与此同时，资本主义在其发展过程中也有改变自身制度框架的趋势。熊彼特推测，资本主义会：

> 通过推动人类思维的理性化，创造一种与其基本条件、动机和社会制度不兼容的心态和生活方式。虽然不是出于经济必要性，而且可能会牺牲一些经济福利，资本主义可能会演变成为一种不同的新秩序，而这新秩序被称为社会主义与否可能只是一种审美和术语上的问题。[4]

其人其事

这一愿景的缔造者于1883年出生在摩拉维亚的一个小镇。[5]摩拉维亚如今隶属于捷克共和国，当时则是奥匈帝国的一部分。熊彼特的父亲去世后，他的母亲改嫁给一名奥地利贵族兼退休高级军官。因此，熊彼特得以在维也纳一所精英学府接受教育，并在维也纳完成大学学业。他于1906年获得法学学位，主修经济学、历史、数学和哲学。奥地利学派的杰出经济学家弗里德里希·冯·维塞尔（Friedrich von Wieser）和欧根·冯·伯姆-庞巴维克（Eugen von Böhm-Bawerk）都是他的老师。

熊彼特毕业没多久就离开了维也纳，前往柏林和伦敦，在那里参加了一些讲座,并在开罗从事了一段时间的律师职业。随后,他将自己创作的第一部作品①——关于均衡经济学的方法论辩护——提交给维也纳大学,作为他的大学教授资格论文(类似于博士学位)。[6] 1909 年,他获得了乌克兰切尔诺维茨大学(在今乌克兰切尔诺夫策)的经济学"特别"(编外)教授职位。在职期间,他完成第二部作品的创作,系统介绍了经济演化理论。[7] 1911 年,他成为奥地利格拉茨大学的经济学教授,并在 1913—1914 年作为交流讲学教授访问纽约哥伦比亚大学。1914 年,受社会学奠基人之一马克斯·韦伯(Max Weber)的委托,熊彼特出版了自己的第一部经济史著作。[8]

第一次世界大战使熊彼特卷入了政治。他为哈布斯堡王朝②的奥匈帝国制定了一个保守的反德纲领,这个秘密备忘录在贵族圈内广泛流传。但在 1919 年,他却加入德国政府成立的"社会化委员会",负责研究煤炭工业的接管。不久后,他以独立人士的身份,在奥地利由社会党和保守派组成的联合政府中担任财政部长。但是,这一任期仅有 7 个月。随后,在 1921—1924 年,他担任了一家银行的行长:这又是一段不甚愉快的工作经历,熊彼特因为银行重组而背负了巨额债务,直到后来才全数偿清。1925 年,他重返学术界,成为德国波恩大学的一名教授。

在这段动荡的岁月中,以及在波恩大学任职期间,熊彼特一直担任德国社会科学领域的主要期刊《社会科学和社会政策文库》(Archiv für Sozialwissenschaft und Sozialpolitik)的联合编辑。他笔耕不辍,撰写了关于货币、战后资本主义国家生存能力、帝国主义、社会主义前景和社会阶级等重要议题的长篇论文,以及对德国历史学派领袖古斯塔夫·冯·施穆勒的方法论评价,还对自己的第二部作品进行了修订,即后来被翻译成英文的《经济发展理论》(The Theory of Economic

---

① 《经济理论的本质》(The Nature and Essence of Economic Theory)。
② 哈布斯堡王朝(6 世纪—1918 年),欧洲历史上最强大的及统治领域最广的王室之一,曾统治神圣罗马帝国、西班牙帝国、奥地利大公国、奥地利帝国、奥匈帝国、墨西哥第二帝国等。

Development）。[9]

在波恩大学任教期间，熊彼特还前往哈佛大学担任了几个学期的客座教授（1927—1928 年、1930 年），并于 1931 年前往日本讲学，备受赞誉。1932 年，他获得了哈佛大学的教授职位，标志着其"流浪岁月"的结束。直至 1950 年去世前，熊彼特一直在哈佛大学任教，并于 1939 年获得了美国公民身份。在这段职业生涯中，他撰写了三部重要著作：不甚完善、篇幅宏大的《经济周期》（Business Cycles），从历史视角出发扩展了《经济发展理论》的论点；《资本主义、社会主义与民主》（Capitalism, Socialism and Democracy），探讨了资本主义向社会主义演变的趋势以及社会主义的可能运行方式；未完成的《经济分析史》（History of Economic Analysis），在他去世后由其他学者编辑出版。[10]

1948 年，熊彼特成为美国经济学会（American Economic Association）的主席。在此之前，他曾参与创立了世界计量经济学会（Econometric Society），并担任该协会的主席。熊彼特本来还被指定为国际经济学会（International Economic Association）的首任主席，但不幸在上任之前就去世了。晚年的他或许有些许茕茕孑立。在 20 世纪 40 年代，学院派经济学家普遍接受了凯恩斯的理论，而熊彼特却不赞同他的理论。此外，经济学形式化，这一他曾经倡导的趋势逐渐导致经济理论脱离了历史。

实际上，熊彼特在当代经济学领域的影响力与其作为 20 世纪伟大经济学家的声誉并不成正比。他所强调的历史和进化观点与当前以数学形式主义①为主导的经济学方法大相径庭。尽管熊彼特在探讨创新或企业家精神等议题方面经常被引用——这些议题自 20 世纪 80 年代以来备受关注，但这些引用往往只是象征性的。

---

① 数学形式主义的实质是赋予经济模型形式结构上的最高优先权，为了追求技术分析的线性平滑，可以肆意剪裁无限丰富的经济事实，甚至无视现实世界的情况。

当然，经济思想史上的其他重要人物也有类似情况。但与他们当中的多数人不同，熊彼特从未设想过创建一个学派。尽管他的思想影响了不少的学生和同行，但他并没有真正的学术继承者。自20世纪70年代以来，演化经济学家们所取得的进展的确是建立在熊彼特的学术遗产之上的。[11]熊彼特关于"熊彼特式竞争"①和"长周期"②的论述给很多人带来了启发。但整体而言，有关其成就的研究仍未得到充分的探索和理解。熊彼特的理论思想在很多方面都领先于其所处的时代，这就解释了他的经济演化理论与其一直坚持的均衡范式之间的不协调导致的理论框架内的紧张和矛盾。

下文仅涵盖熊彼特浩瀚著作的一角，主要探讨他的经济进化理论、对资本主义进程的设想、经济周期理论、社会阶级理论、对晚期资本主义及其自我毁灭的思考，以及他作为经济史学家的独特贡献。

经济演化与资本主义进程

19世纪80年代的方法论之争——由奥地利学派领袖卡尔·门格尔和德国历史学派领袖古斯塔夫·冯·施穆勒发起的关于"精确"理论在社会科学中的作用的争论——并未形成明确的胜负或达成任何共识。当时学术界对于如何运用理论和历史来研究社会科学问题存在着激烈的争论，在这样的背景下，熊彼特的第一部作品自然充满了挑衅的色彩。他试图说服读者相信均衡经济学是"纯粹"或"精确"的理论，并声称方法论之争毫无意义。他认为，"历史方法"与"抽象方法"并不对立，二者只是应对不同问题的不同方式。因此，任何一种方法都不应宣称具有普遍适用性。[12]

然而，他对纯粹理论的理解与其奥地利老师们有所不同。受到工具主义科

---

① 熊彼特式竞争强调为更广阔的新产品和研发而竞争。
② 熊彼特认为，每一个长周期包括6个中周期，每一个中周期包括3个短周期。短周期约为40个月，中周期约为9~10年，长周期约为48~60年。

学哲学的影响,熊彼特大致上像米尔顿·弗里德曼一样,认为纯粹理论的假设只是为了方便分析,甚至不具有心理学意义。[13]他写道,纯粹理论丝毫不关注"行动者",而是专注于商品数量的变化,并将这些变化描述为"似乎是自动进行的过程"。[14]

熊彼特的第二部作品共有两个版本,1912年版本及1926年版本,熊彼特对1926年版本的内容进行了大幅修订,本文不再详述修订内容。1926年修订版于1934年被翻译成英文版,名为《经济发展理论》。熊彼特在这本书中阐述了经济"演化"理论——他后期喜欢使用"演化"多过"发展"。[15]开篇第一章关于"经济生活的循环流转"的论述或许会让读者大吃一惊。简言之,熊彼特描述了竞争性经济如何适应数据变化并趋于一种均衡状态。莱昂·瓦尔拉斯对他的影响可见一斑。但有趣的是,熊彼特描述的经济适应过程并不是一种机械或自动的过程,这与前文带给我们的预期恰恰相反。[16]

首先,循环流转的观点并不假设经济主体在日常生活中都会做出最优的决策,而是依赖于一种更为常规和惯常的行为模式。熊彼特指出,"关于行为总是迅速且理智的假设是不切实际的"。他进一步指出,"如果个人有足够的时间让他的经历塑造其逻辑思维,那么迅速和理性行为的假设在某种程度上也可以接近现实";但他也承认,适应性反应总是需要时间,并且会遇到"各种障碍,比如准备不足或缺乏必要的手段等"。[17]其次,循环流转的观点假设存在一套行为规则,这些规则可以推动实际行为的发生,但我们不能将这些行为规则与实际行为混为一谈。尽管个人可能会依赖这些规则来引导他们的行动,但他们仍然需要进行自己的思考和决策。

很难想象熊彼特最关注的企业家或创新者如何能够成为机械均衡系统的内生因素。实际上,"在这个系统里,企业家或创新者根本不存在,更不用说拥有特殊功能"。[18]但如果我们不将循环流转视为机械的过程,那么适应性和创新性就会出现不同的意义。因为"即使是当前的决策也包含了传统规范未曾考虑的因素"，因此适应性反应和创新性反应之间并没有鲜明的分界，"'企业'与'非企业'之间也没有清晰的界限"。[19]

但在《经济发展理论》中，熊彼特更倾向于强调这条分界线，并坚持认为企业家是内生于经济系统的一部分。循环流转描述了由数据变化引发的适应性过程，体现了一种趋于平衡的趋势。发展（或演化）是系统内部的自发性变化，"它可能导致系统的均衡点发生位移，我们无法通过一系列微小的调整从旧均衡点过渡到新均衡点。即使我们持续增加驿站马车，也不能构建出一条铁路系统"。[20]换言之，进行创新可以推动经济演化，而创新可以体现在多个方面，比如引入新产品和生产方法，开辟新市场或采购渠道，以及采用新工业组织形式。

熊彼特认为，与其他任何能力一样，进行创新所需要的能力并不是每个人都具备的。然而，"没有人一直是企业家，也没有人可以永远只做企业家"。[21]因此，我们应该更多地关注企业家的职能，而不是仅仅将企业家看作普通个体。企业家的职能主要是完成任务和目标，而且这项任务不应该与"发明"混淆。实际上，概念的产生本身并不会对经济产生影响，"莱布尼茨（Leibnitz）提出苏伊士运河的构想并未对200年来的经济史产生任何影响"①。[22]

"执行新计划和按惯例行事是两码事，犹如开新道和走老路之间的差别"，因此，企业家的任务是特别的。超越循环流转意味着，个人"无法依赖已知的数据和行为准则来做出决策"，因此他需要比平素更加清醒和理性。此外，个体在心理层面往往会抵触打破常规。另外一个需要克服的因素是环境对创新的阻力。熊彼特写道："在常规无法适用的地方，许多人一筹莫展并陷入僵局，其余的人则能够以高度灵活变通的方式继续前进。"[23]这就是为什么企业家精

---

① 17世纪时法国人莱布尼茨提出开凿苏伊士运河的计划，19世纪时法国工程师费迪南·德·雷赛布（Ferdinand de Lesseps）才将这一计划变成了现实。

神是领导力的特殊体现。

然而,企业家又应当如何操作呢?创新需要掌握生产资料,而根据熊彼特的充分就业假设,企业家必须从目前的用途中提取生产资料①。反过来,这个过程又需要资金。但是,在熊彼特构想的循环流转模型中,整体经济体系缺乏能够投资新企业的充分储蓄。再者,储蓄的积累显然不是一蹴而就的。因此创新活动通常需要依赖有权提供临时信贷的银行来获取资金。这种创新融资方式恰恰是资本主义的特色之一。[24] 因此,作为购买力的生产者和中间商,银行家在选择创业项目方面发挥着重要作用。熊彼特评价道,资本主义发展史上的大部分"灾难"都可以追溯到"银行业未能按照资本主义机器的结构所需的方式运作"。[25]

一旦创业项目通过信贷创造②获得融资并增加支付手段,可以说,资本主义经济就会按照其典型的特征开始"运转"。很显然,我们不能"割裂"货币的概念来理解资本主义的经济活动。根据熊彼特对资本主义经济发展过程的定义,资本是企业家可利用的购买力,"它不是生产要素,而是介于企业家和生产要素之间的一个独特角色。银行有能力利用其持有的存款来创造资本"。[26] 一旦企业家拥有足够的资本,他们就有能力实现盈利。利润在一定程度上具有垄断特征③,但随着竞争的加剧和其他企业进入市场,这种垄断特征最终将会消失。大部分储蓄来自企业家获得的利润,这是工业财富的主要来源。然而,企业家在使用资本时也必须支付利息。当前资本的价值高于未来资本,因为当前资本可以用于投资并产生更高的未来回报。因此,创新被认为是企业愿意支付利息的原因(至少是一个重要因素)。

---

① 在充分就业状态下,即不存在(或仅存在最少量)非自愿失业情况下的就业水平,所有可用的资源(包括劳动力、资本等生产要素)都已经被充分利用。在这种情况下,如果要实现创新和新的生产活动,就必须从现有的用途中提取一部分资源。

② 信贷创造是指银行通过放贷来创造新的货币和信用的过程。

③ 因为企业家通过创新或其他竞争优势获得了一定的市场份额,从而能够获得相对高额的利润。

与资本理论相对应的是利息理论,而熊彼特认为利息是"购买银行存款资金使用权(可以用于购买商品和服务)的费用,而不是直接使用这些存款资金去购买商品和服务"。[27]然而,这种将利息视为货币现象的观点很快遭到他的老师伯姆–庞巴维克的批评,并且至今仍受到大多数人的质疑。此外,熊彼特的经济周期理论同样备受争议,我们将在下文对此进行探讨。虽然熊彼特在《经济发展理论》中已经初步涉及了经济周期理论,但更深入的论述则见于1939年出版的《经济周期》。

在一篇发表于1926年的关于古斯塔夫·冯·施穆勒的文章中,熊彼特已经明确修正了自己关于理论与历史关系的初始观点,这一修正也体现在《经济周期》一书中,即历史经验是理解周期的先决条件,理论与历史必须相辅相成。然而,尽管他越来越重视历史的视角,但他仍然保持对均衡经济学的信念和承诺。熊彼特认为,"我们不会在这些理论所建立的假设框架内批评或挑战它们,包括瓦尔拉斯的理论和马歇尔的理论。这些理论的逻辑框架……'在原则上'是正确的,尽管只有在特定的经验和已知的动机范围内才能得到相对有效运行"。[28]熊彼特的经济周期理论是本文探讨的资本主义经济进程理论的一部分。

经济周期

熊彼特从一开始就承认造成经济波动的成因是多方面的,包括自然因素和政治因素。他补充道,循环流转模型并不存在纯粹的经济周期,即使该模型考虑了增长因素(比如人口增长)。这是因为单纯的增长只会引发适应性过程①,而不会引发周期性的波动。然而,如果存在纯粹的经济周期,那么其形成必定

---

① 适应性过程指的是经济系统对变化(如人口增长)进行调整,以维持稳定。例如,人口增长可能会导致对住房、食品等需求的增加,从而引发生产和分配的变化,但这些变化只是对增长的适应,而不是周期性波动。

是因为"在资本主义社会的制度条件下,创新因素被纳入经济过程并被其吸收融合"。[29]熊彼特指出,这样的周期是确实存在的,通过信贷创造提供资金支持的创新能够导致经济出现繁荣和衰退的交替阶段。那么,这个命题是如何确立的呢?

按照前文介绍的经济演化理论,熊彼特从竞争性均衡的基础出发,引入了企业家的概念:利用银行提供的资金创办新公司的"新人"。熊彼特写道:"创新通常是由新企业实现的,而新企业的创立和运作通常是独立的,与老企业没有直接的依赖或从属关系……驿站马车所有者往往不会成为铁路建设者。①"[30]

但是,这个过程中会涌现出很多企业家,而不仅仅是一个企业家。熊彼特的周期理论强调,企业家并不是以均匀的方式随时间分布,而是以群体或群集的形式出现。这意味着在某个时期,越来越多的企业家会跟随创新的步伐。

当创新技术和方法变得更加普遍和易于获取,特别是在相同或相关领域中时,创业活动的集聚现象就会出现。"通过经验的积累和障碍的消除,创新路径逐渐变得更为平坦,从而使得后继者更容易跟随先驱者的脚步。"但熊彼特指出,任何特定方向上的前进都有明确的限制。此外,企业家的大量涌现彻底打乱了最初的平衡,也就是说,对于一直处于不确定状态的新事物而言,进行计算和规划的过程变得越来越不可靠和不稳定。"为了进行更多的创新,必须……等待市场环境变得相对稳定。"[31]

随着企业家蜂拥般出现,并导致企业活动的减缓和停滞,我们便可以清晰地看到繁荣和衰退的交替现象。创造新购买力有利于增加支出,然而创新项目所产生的效果往往会有一定的时间延迟。生产者支出的增加会刺激消费者支出的增加。当资源被充分利用且没有任何闲置时,生产要素的价格通常会上涨,随之而来的是货币收入和消费品价格的上涨。虽然生产成本也会因此相应

---

① 强调了在经济演变中,传统业务的持有者不一定会成为未来发展的领头羊。

增加，但成熟企业①的收入也会随之增加。然而，随着新产品逐渐进入市场并与老产品形成竞争之势，市场环境开始发生变化。支出会随着竞争的加剧而减少。企业家开始偿还银行贷款，新的企业贷款最终也会彻底消停。许多成熟企业可能会被迫进行艰难的现代化改革，也有一些企业最终将难以为继。简而言之，

> 新事物的出现将导致一系列调整，包括淘汰无法适应的事物，将创新成果融入现有经济系统，重新组织经济生活以适应企业活动所改变的经济条件，重塑价值体系，清理债务……当推动经济系统远离原有（均衡）邻域的企业家动力停止发挥作用时，系统将开始朝着新的均衡邻域努力。[32]

在新的均衡邻域中，产出将发生变化，商品的绝对价格将下降，整个价格体系也将随之变化，"而企业家的初始利润最终会在整个经济系统中重新分配，从而提高其他社会阶层的长期实际收入水平"。[33] 在新的均衡邻域中，企业活动将重新展开。

但有一点要记住，熊彼特的经济周期基础模型并不是为了准确复现实际的经济周期。其基础模型并未考虑实际经济周期和资本主义进程中的许多因素；其中部分因素在二阶模型和三阶模型中有所考虑。

二阶模型引入了"第二波浪潮"——虽由第一次浪潮引发，但其量级远远超过第一次浪潮，在一定程度上构成了一系列错误的集合。在熊彼特的基础模型中，错误是不相关因素，"因为即使在没有错误的情况下，经济也会经历起伏……以及出现损失"。[34] 但在二阶模型中，错误是一个必不可少的因素。创新会带来新的支出，而许多成熟企业面对新形势会错误地假设其对业务的

---

① 指已经存在并经营一段时间的企业，通常拥有稳定的客户群和市场地位。

改善将无限持续下去。

> 狭义的投机活动会迅速捕捉到这一信号,并且……在经济正式进入繁荣阶段之前就引发一波投机热潮。此时,新的借贷活动不再仅限于企业家,而且银行会提供大量资金"存款"用于支持全面的经济扩张。每一笔贷款都会引发另一笔贷款,每一次价格上涨都会引发更多的价格上涨。[35]

简而言之,"当前的短期盈利和未来的预测盈利都被视为资本"。[36]一些不负责任和欺诈性的企业也会在这种环境下出现。

第一次浪潮的转折打破了第二次浪潮。经济难免要经历艰难的市场调整和企业淘汰过程,但在这种情况下,市场调整和企业淘汰的规模将会变得更大。衰退常常会发展为萧条,并形成恶性循环。经济将会经历"价值向下修正和业务收缩的现象,而这种现象会导致经济活动不规律地下降到本来的均衡状态之下"。[37]那些本可幸存的企业现在将面临破产和倒闭的风险。

复苏期是经济周期的第四阶段,也是经济活动逐渐恢复的阶段;经济系统会在这一阶段回到新的均衡阶段。但是,新的均衡阶段与萧条前达到的均衡状态并不相同。尽管熊彼特通常不愿提出具体的政策建议,但他暗示政府在萧条时期采取行动的理由"比在经济衰退时期更加强有力,这并不仅仅是出于人道主义考虑"。[38]

尽管二阶模型更贴近实际,但熊彼特意识到这一模型仍然有许多遗漏之处,例如,本应考虑在内的储蓄和不完全竞争①因素。熊彼特在三阶模型中加

---

① 不完全竞争市场是相对于完全竞争市场而言的,其特点是存在一些买家或卖家能够对市场价格产生影响的现象,包括垄断竞争等。

入了其他因素。据他观察,认为创新只会引起一次波动的观点并无根据。考虑到资本主义经济体系在过去的发展中所经历的各种变化和事件,熊彼特区分了3个同时发生的经济周期,并以这3个周期的提出者和研究者的名字命名:历时60年以下的康德拉季耶夫周期(Kondratieff Cycles),也称为长波;历时10年以下的朱格拉周期(Juglar Cycles),每个康德拉季耶夫周期包含6个朱格拉周期;以及历时40个月以下的基钦周期(Kitchen Cycles),每个朱格拉周期包含3个基钦周期(可能不是由创新引发的)。

然而,熊彼特的理论体系并不能完全经受住三阶模型的考验。很明显,经济在受到长周期的影响时必然会出现较短周期的波动。因此,创新通常发生在均衡阶段的基本假设必然也不再适用。[39]

尽管熊彼特的理论存在一定的脆弱性,但它强调了其他经济理论所忽视的重要特征——周期。熊彼特的理论将经济周期视为资本主义进程的基本特征之一,并且具有特定的作用:周期并非偶然事件,也不一定是不健康的。与此相关的是,熊彼特的理论反对将周期简单地归因于货币和信贷领域的货币现象。导致经济周期发生的原因"并不完全取决于货币和信贷的存在,尽管它们确实会对周期产生特定的影响"。[40]最后,熊彼特的理论有力地提醒我们,不要仅仅从宏观经济总量的角度来思考问题。因为过度专注于宏观经济指标可能会掩盖真正重要的因素,即经济中的创新过程。

社会阶级理论

熊彼特一再将企业家的成功与社会阶层的提升联系在一起。他还暗示,其经济演化理论不仅适用于经济领域。事实上,他偶尔会将企业家与其他领袖人物进行比较。在一篇发表于1927年的文献中,他充分阐述了自己有关社会阶层的观察。这篇文献不仅是熊彼特从经济学轻松过渡到社会学的范例,更可谓是他阐述社会秩序和社会变革的一般理论,而他的其他著作在某种意义上是这一通论的具体应用。[41]

熊彼特在这篇文章中深入探讨了两个问题。其一,他希望理解特定社会阶层中家族的兴衰。这个问题由两部分组成:家族在特定社会阶层内的兴衰情况,以及家族在不同社会阶层之间的变动情况。其二,他希望解释整个社会阶级的兴盛与衰落。具体而言,他想要探究导致这种兴衰现象的原因,并通过解释这些原因来理解阶级结构存在的原因。

就第一个问题而言,熊彼特指出,家庭之间的相对地位在特定社会阶层内总是在不断变化;而不同社会阶级之间的壁垒始终可以被消除,即家庭可以跨越阶级界限。他认为这两个过程反映了"家庭在解决其面临的社会环境问题时所表现的不同程度的能力"。也就是说,这两个过程反映了"家庭在特定职能领域的能力水平差异,与他们在这些领域的领导能力水平保持一致"。[42]熊彼特指出,个体在领导能力方面的差异类似于他们在歌唱能力方面的差异。然而,与领导力相关的传统规范可以帮助个体通过学习和实践提高其领导能力。

就第二个问题而言,熊彼特认为,社会阶级的兴衰一方面取决于其阶级成员是否成功地履行其特定职能,另一方面则取决于该职能(或阶级成员承担的其他职能)在社会中的相对重要性。一个职能对于社会的相对重要性始终"取决于其成就所蕴含或创造的社会领导水平"。[43]以中世纪的农民和战士为例,尽管两者都在社会中发挥了必要的职能作用,但他们对社会领导的影响并不相同。战士比农民更加不可或缺。社会领导意味着"决策、指挥、获胜和前进"。如果社会"总是保持着相同的状态和规则发展",那么社会领导的作用就会减弱甚至消失。[44]

熊彼特还补充道,阶级结构实际上"更关乎社会价值的问题,一经确立便会根深蒂固"。[45]这种"根深蒂固"的过程及其延续必须始终得到明确的解释。然而,社会阶层的相对地位最终取决于个体的才能差异。

在社会阶级理论的背景下,熊彼特提出的资本主义进程理论(本章前几节的概述)呈现出某种不同的框架视角。资本主义进程被诠释为阶级结构和相应的制度随时间发展而再生产的过程,尤其是资本家阶级再生产和更新的过程。企业的成功得益于银行能够为其提供资本支持,进而帮助他们在资本主义社会中获得地位,但企业家必须实现进一步的成功才能保持其在资本主义社会中的地位。

熊彼特其实是以资本主义为例提出了阶级理论。在这个过程中,他借机将自己的观点与马克思的观点进行对比。在探讨特定阶级内的家庭兴衰时,他写道:

> 马克思声称,自动积累机制是导致家庭地位变化的第一个原因。在竞争领域中,更富裕的"资本家"……比较贫困者更具竞争优势并迫使他们陷入困境。这一观点典型地展示了理论偏见如何使理论家失去客观性……显然,获取的剩余价值不会自发地进行投资,而是需要有人进行投资……社会逻辑或客观情况无法直接确定投资的具体数额或方式,除非有人为的决策过程。[46]

提升家庭在资产阶级中的地位恰恰需要具备领导能力并采取非常规的行动。同样地,家庭能够从工人阶级或工匠阶级爬升到资本家阶级,往往是因为某个家庭成员采取了一些创新举措,比如创办了一家新企业。通过创新行动提升家庭社会地位的方式在任何社会体制下都至关重要,"但在资本主义社会体制中尤为突出"。[47]因为"资本主义社会体制存在一种机制——构成了资本主义社会的根本特征——允许人们不用事先获取必要生产资料就能成为企业家。拥有领导能力比仅仅依靠资产更重要。"[48]

然而,熊彼特的社会阶级理论也是一种关于阶级结构如何逐渐消亡的理论,其中隐含着资本主义制度将会走向终结的观点。熊彼特经常暗示,企业家在社会阶级结构中的重要性终将减弱,"就如同军事指挥官的重要性已然不再"。[49]我们将在下一节详细探讨这一理论。

晚期资本主义

熊彼特打从一开始就在经济演化理论的阐述中不断提醒我们,他笔下的"竞争性"资本主义会逐渐发展为"信托"资本主义①。在前者中,企业家是创办"新公司"的"新人";而在后者中,创新"不再局限于新公司的创立,而是更多地发生在现有大型公司的内部,并且不再依赖于个别人物的影响"。[50]一旦成为公司的经理人,企业家在这种新环境中可能很难被识别②:"单一个体的能力不可能……构建企业的整体性格",而公司的总裁"可能只是协调者,甚至只是挂名领导者"。[51]事实上,创新过程将会"越来越'自动化',越来越不带个人色彩,以及越来越不依赖个体的领导能力和主动性"。[52]

正如前文所述,熊彼特的经济周期理论没有考虑不完全竞争的持续存在。他没有对经济周期理论进行重新构思,以考虑信托资本主义对经济周期的影响。相反,他只是偶尔提出与这些主题相关的零星观察。例如,他指出在信托资本主义下,大型企业可以直接接触金融市场③,这将会降低信贷创造的重要性,并使经济波动变得较为温和。

但是,熊彼特的确曾在《资本主义、社会主义与民主》中描述了发生在信托资本主义经济体系下的创新活动。这段碎片化的描述在语言表达和修辞手法上非常引人注目,而且出版至今一直受到广泛的讨论。熊彼特对发生在竞争条

---

① 信托资本主义就是在完成所有权与经营权分离之后,所有权又重新发生了二次分离。
② 在信托资本主义阶段,大型公司的管理可能由一群经理人或高级管理人员共同负责,而不再由单一的企业家或创始人独立管理,因此,企业家的角色可能会被模糊化。
③ 在传统的银行系统中,大多数融资是通过银行进行的,即间接融资。而在信托资本主义下,大型企业可能会通过发行债券或股票等金融工具直接向资本市场融资,实现直接融资。这样一来,企业不再完全依赖银行的信贷来获取资金,而是可以通过发行债务证券或股票来筹集资金。

件下和信托条件下的创新活动的对比描述体现在两个模型中,这两个模型如今经常应用在演化经济学等领域,而且被可能不太恰当地称为熊彼特一号模型(Schumpeter Mark Ⅰ)和熊彼特二号模型(Schumpeter Mark Ⅱ)。在一号模型中,创新源自外部因素,创新者是"外部人";而在二号模型中,创新源自企业内部的努力和投入,"内部人"通过进行研发活动再现其市场地位。

在《资本主义、社会主义与民主》一书中,熊彼特的论述主要包含三个要点。第一,他重申资本主义"本质上是一种经济变化的形式或方法,它永远不是,也永远不可能是静止的"。其核心特征是"不断地从经济体系内部革新经济结构"的创造性破坏过程。[53]

第二,他指出传统理论将演化因素排除在外,而依赖于"其他条件不变"的前提,并未真正理解资本主义竞争的本质。实际上,这更像是"没有了丹麦王子的《哈姆雷特》(Hamlet)"①:[54]

> 特别是,在条件、生产方法和产业组织形式都保持不变的僵化模式下,竞争……几乎完全占据了人们的注意力。然而,资本主义的现实与教科书上呈现的画面不同,真正起作用的并非是那种竞争,而是来自新商品、新技术、新供应来源以及新型组织的竞争……这种竞争比其他竞争更加有效,如同炮火轰击比破门而入更加有效;此外,这种竞争也更加重要,因此普通竞争是否可以迅速发挥作用已经变得相对无关紧要……我们现在探讨的竞争总会对市场造成影响……哪怕它仅仅作为一种永远存在的威胁。这种竞争在实际发起攻击之前就已经开始对市场参与者进行影响和调整。尽管某位商人在自己的领域

---

① 《哈姆雷特》的故事背景设定在丹麦王国,以丹麦王子哈姆雷特为中心展开,没有他整个故事就不完整。同样地,传统理论对于资本主义竞争的理解缺乏了对演化因素的考虑,从而导致了一种不完整的理解。

里处于垄断地位,或者市场上还存在其他竞争者,而他的地位却导致政府调查专家无法发现实质性的竞争存在,但他仍然会感受到……竞争的存在。[55]

显然,这段文字对不完全竞争或垄断理论进行了批判。熊彼特提出的第三个要点恰恰是,"垄断性行为"远不是次要问题,而是在"创造性破坏的长期风暴中获得了新的意义"。[56]他写道,在不确定的经济环境中进行投资就如同对一个模糊且不断移动的目标进行射击。虽然企业可能会采取专利等保护性措施来保护其创新成果,但是经济学家通常认可的一些具体经济措施只是更大范畴内的经济实践的一部分,而在推动经济创新和变革的"创造性破坏"过程中,更大范畴内的实践是必不可少的。

熊彼特进行了进一步阐释,承认这些措施具备一定作用仅仅是表明"市场通常不存在一刀切的'反垄断',或起诉一切可能不符合贸易标准的行为"。市场由一家公司或几家大公司主导并不一定具有创新性。不过,占据行业的垄断地位并不意味着"可以一直高枕无忧。企业获得的垄断地位只能靠警觉和活力来保持"。[57]

事实上,这不单单是在说创造性破坏过程普遍存在"垄断性行为"。熊彼特认为,"大企业"已经成为最强大的进步引擎。尽管"规模本身并非必要且充分条件",但拥有研发部门的大型企业有责任为提高人们的生活水平做出贡献,而这一点在经济学家普遍支持的完全竞争条件下几乎无法实现。[58]

然而,这也对资本主义的未来产生了深远影响。在官僚化的企业中,创新逐渐成为专业培训人员的责任,变成了程序化、冷冰冰的办公室工作。企业家的社会地位,也就是资本家阶层的社会地位由此受到了削弱,一如历史上的骑士阶级失去其昔日的影响力和特权地位。当然,战争一直存在于人类历史中,

但它越来越依赖于机械化,而不是个人领导的能力,这一变化影响了贵族阶级的社会地位。同样地,

> 由于资本主义企业……越来越倾向于采用自动化,我们可以推断,这种趋势将导致资本主义企业变得多余……完全官僚化的大型工业企业不仅会驱除中小型企业并"剥夺"其所有者的权利,而且最终将会驱逐企业家并剥夺资产阶级的存在;在这一过程中,他们不仅会失去经济收入,还可能丧失……他们的作用。[59]

这一关于企业家职能过时的论断不仅重新强调了熊彼特的社会阶级理论,而且是他关于资本主义自我毁灭倾向理论的核心组成部分——这是典型的马克思与熊彼特的"二分法悖论",马克思认为资本主义制度最终不能继续生存是因为其经济失败,而熊彼特则认为资本主义制度最终被摧毁是因为其创新而取得的经济成功。尽管关于企业家职能过时的确切含义并不十分明确,但可以将其视为一种具有韦伯主义色彩的"理性化"①过程的特定表现形式。[60]

熊彼特认为,尽管理性并非是由资本主义所创造的,但资本主义却在其发展过程中强化和普及了理性思维。资本主义的成本效益计算——经济理性的产物——"推动了企业的逻辑";此外,理性态度也从经济领域扩展到了生活的其他领域。它改变了人类的工具、思想体系、医疗实践,"人类的宇宙观、人生观,甚至是人类的美学观、正义观以及精神抱负"。[61]换言之,资本主义过程不仅重塑了我们实现目标的方法,也塑造了这些终极目标本身。[62]它摧毁了形而上的信仰,以及神秘主义和浪漫主义的理念。它不仅仅催生了具

---

① Rationalization,指在现代化进程中,社会活动和行为越来越依据理性计划和目的性行动进行的过程。在韦伯看来,理性化是一种有计划、目的明确、高度规范化的行为方式。它使得传统的非理性行动方式被理性的计划和组织所替代。

备技术和结构的现代企业,还产生了"现代科学的思维方式,即提出特定问题并以特定方式解答的态度",甚至还产生了"关于人类福祉的功利主义思想,这一思想似乎……比敬畏上帝的思想更经得起理性主义者的批评。"[63]

资本主义进程倾向于摧毁前资本主义时期①存在的各种制度,而大多数这些制度实际上又为资本主义的发展提供了支持或庇护。资本主义进程最终也会削弱自身的制度框架。现代公司的兴起意味着"用一小部分股份替代工厂的墙壁和机器",从而影响了资本主义的动力——私人生活的合理化和"资产阶级家庭的解体"也是如此。[64]此外,资本主义的理性主义和批判性思维框架"不仅仅局限于挑战国王和教皇等传统权威的合法性,还延伸到了对私有财产和资产阶级整体价值体系的质疑和挑战"。[65]简而言之,资本主义催生了一系列反对资本主义的政策,例如,出台高税收和监管政策;更普遍地说,资本主义经济会带来敌对的立法、行政和司法实践:资本主义逐渐演变为"受限制"的资本主义。

熊彼特推测,资本主义内在的自我毁灭倾向也为社会主义的出现创造了条件。他认为社会主义制度是一种"生产要素和生产本身受中央权威控制的制度模式"。社会主义是否行得通?熊彼特自信地回答:"当然可以。"[66]与20世纪40年代的大多数经济学家一样,熊彼特未能理解米塞斯与哈耶克关于社会主义(或市场本质)的论点。相反,他认为社会主义的合理性,或至少其"纯粹逻辑"已经通过一套方程式得到了证明。[67]尽管熊彼特对瓦尔拉斯均衡理论的坚定信仰几乎没有带来什么负面影响,但却限制了他对经济现实的全面理解,并导致他彻底迷失了方向。

熊彼特创作精力充沛、笔耕不辍,对不同的问题提出深刻的见解,尤其是与

---

① Pre-Capitalism,前资本主义时期是指资本主义生产方式已经诞生,但是资本主义生产方式在社会中并不占主导地位的历史时期。

经济主题相关，但并非核心的社会学问题。然而，他对社会主义经济学的论述却存在很大的不足之处。

经济学史

熊彼特还有另外一项不得不提的瞩目成就。他不仅是一位杰出的经济学家，更是一名伟大的经济史学家。他在经济学史领域留下了大量精彩之作，但最重要的成就是他未能完成的《经济分析史》——熊彼特去世后由其夫人整理，并于1954年发表。

这部著作的主题范围之广，以及时间跨度之宽都是独一无二的；作者之博学也罕有人可比。尽管内容有时稍显松散，但全书篇幅接近1200页。这部鸿篇巨制从古希腊时期出发，穿越了中世纪的经院哲学家和自然法哲学家的时代，一直延续到20世纪40年代，讨论的主题和涉及的作者之多远超出人们的想象。例如，第三卷所写的1790—1870年，熊彼特在"背景知识"一章探讨了当时的时代思潮，包括哲学、浪漫主义、历史学、进化论、心理学和逻辑学等议题。

除了广泛的研究范围和深厚的学术底蕴，熊彼特独具一格的写作风格也为《经济分析史》一书增色不少：

> 国家不过是由个体组成的无形凝聚体。社会阶层不是真实的、活跃的实体，而仅仅是附庸在经济功能（或者说功能范畴）上的标签。个体本身也不是真实的、活跃的存在：他们依旧只是挂着经济逻辑命题的晾衣绳……批评者撇嘴讥笑。他们认为这一切都是拙劣的社会学，甚至是更拙劣的心理学……他们没有意识到，这种方法论在处理特定范围内的问题时却有其合理性。[68]

《经济分析史》第一卷关于研究范围和研究方法的叙述最广为人知。在这一部分,熊彼特介绍了经济分析的方法,包括经济史、统计学和理论,后来还增加了经济社会学。也正是在这一部分中,我们看到了熊彼特提出经济史是"迄今为止最重要的学科"的观点,即使进行经济史分析需要借助"理论"的帮助:"我要明确表示,如果我重新开始研究经济学,而且规定只能从三门学科中选择一门进行研究,那么我会选择经济史。"[69]根据工具主义者的定义,"理论"是一套"用以推演重要结论而制定的纯粹工具或手段"。[70]

同样在这一卷,熊彼特探讨了科学与意识形态的关系,这也是他在美国经济协会主席演讲中的主题。[71]意识形态问题的根源在于人们认识到科学的发展并不是纯粹的智力过程。相反,科学家在选择问题和方法时会受到社会条件的影响;从这个意义上说,科学家的研究活动具有意识形态色彩,用马克思的话来说,这是"上层建筑"的一部分。一个时代的科学思想反映了科学家在特定社会环境中的处境,因此他们更有可能会"选择性地观察和解释现象,甚至可能在潜意识中希望以特定的角度来看待事物"。[72]

熊彼特指出,"政治经济体系"——一整套基于自由主义或社会主义等原则的经济政策体系——受到了意识形态的影响。同样受意识形态影响的还有"存在于公众意识中的"关于经济问题的集体"看法和期待",即熊彼特所说的"经济思想"。[73]那么在经济分析中,经济思想的"科学性"能否摆脱意识形态的影响?

熊彼特指出,研究者在开展分析工作(或者至少是真正创新性的分析工作)之前必须经历一个认知过程,形成一个初步的"看待事物的画面",即所谓的"图景"(vision)。接着,研究者需要根据一定的程序规则对图景进行处理——图景对于研究者看待事物的新视角及意识形态的本质而言都很重要。事实和理论之间的相互作用"最终会形成科学模型,即事实和理论与原始图景中存留元素相互作用的临时产物"。熊彼特声称,这些程序规则"不受意识形态影响的程度与图景受到意识形态影响的程度基本相等。"它们通常源自"很少或根本不受意识形态影响的领域,并且倾向于消除图景中受意识形态影响的错误。"至少,这些程序规则在很大程度上"减少了受到意识形态影响的观点数量"。[74]

熊彼特在《经济分析史》一书中多处提及对瓦尔拉斯的评价。瓦尔拉斯被视为"纯理论领域……最伟大的经济学家";他的均衡体系也被视为"唯一一部能与理论物理成就相提并论的经济学作品"。[75]这一评价与熊彼特在其首部著作中所传达的观点相符。[76]熊彼特写道,最基本的科学问题在于,对经济现象相互关联性的分析能否确定(最好是唯一确定)"构成经济'体系'的所有产品和生产性服务的价格和数量"。[77]这一问题对"任何精确科学"而言都至关重要,否则,"一个现象领域实际上就是一个无法进行分析控制的混沌"。[78]因此,瓦尔拉斯的方程系统就如同"经济理论领域的大宪章"①——这一里程碑宪法性文件的技术缺陷也是这一类比的重要组成部分。[79]

熊彼特提出的"李嘉图恶习"同样是经济学领域广为人知的概念。这个概念批判了李嘉图过于关注"具有实际意义的直接结果"的倾向。为了获得这样的结果,李嘉图假定了很多"已知"因素并堆积了大量的简化假设,导致"最后得出的结果几乎不言自明,如同在重复之前已经知道的信息一样"。李嘉图"习惯在不同集合之间建立直接的联系,然后赋予这些集合一种虚假的因果关联性光环",而真正重要的因素却"被束缚或隐藏在集合之中"。[80]熊彼特还批评凯恩斯也沾染了李嘉图恶习。

我们可以将《经济分析史》一书概述为一个复杂过程的论证,这一过程汇总和巩固了先前的分析成果,最终通过争论和辩论形成了一个"经典情境",然

---

① 大宪章(Magna Carta)也称《自由大宪章》。是英国国王约翰(1199—1216年在位)最初于1215年6月15日,在温莎附近的兰尼米德签署的,以拉丁文书写的政治授权文件。这份文件由坎特伯雷总教区总主教史蒂芬·朗顿(Stephen Langton)起草,是封建贵族用来对抗王权的保障协议。1225年首次成为法律。1297年的英文版至今乃是英格兰和威尔士的有效法律。

后再由传统观点的新突破或革新所取代。[81]毫无疑问,这种旨在探讨复杂历史过程,并提出理论性观点的书籍多少会让初学者望而却步。然而,作为一部经济学史,这本书的主要缺陷并不在于难以理解,而是在另外一方面。了解熊彼特作品的专家可以在书中的观点背后看到熊彼特自己的理论,尽管熊彼特很少明确提到自己,而只有少数隐含的暗示。读者可能没有意识到,这本书的作者是经济学史上的最重要的人物之一。

然而,熊彼特究竟为何是重要人物?一些人可能无法完全理解他的地位和影响。这是因为,他既没有形成流派的学术遗产,也没有一个完备的理论体系,更没有一套明确的政治建议。本质上,他勾勒了一个伟大的愿景,并对创新、企业家精神和资本主义等元素加以阐述:这是一个关于经济如何通过创造性和适应性反应而不断演化,并改变制度领域的愿景。

换句话说,熊彼特提出并构建了一个经济演化方案。他的作品富有表现力,能够激发我们去思考那些基本却又有几分模糊的经济问题。他还警醒我们,经济理论本身无法独立回答这些经济问题。只有借助其他领域的知识和方法(尤其是历史),我们才能更全面地理解和解决这些经济问题。

第七章 约翰·梅纳德·凯恩斯

维多利亚·贝特曼

生活在两次世界大战、1929 年全球经济大萧条,及全球化退潮而民族主义抬头之际,约翰·梅纳德·凯恩斯俨然是时代的产物。凯恩斯不是宿命论者,而是一位理想主义者,他憧憬着一个更加光明的未来。更重要的是,他坚信像他这样的知识分子有能力,也负有道德责任去积极地塑造未来。

凯恩斯从不畏惧挑战现有秩序,无论是在经济学领域或个人生活,尤其是他深度参与的艺术和哲学领域。根据与凯恩斯在 1919 年巴黎和会上①进行合作的美国财政部官员拉塞尔·莱芬韦尔(Russell Leffingwell)的描述,凯恩斯"总是以一种离经叛道、玩世不恭的姿态示人……他聪明耀眼,质疑上帝的存在和《十诫》,让那些欣赏他的长辈们惊愕不已"。[1]凯恩斯最重要的贡献都凝结在出版于 1936 年的《就业、利息和货币通论》(The General Theory of Employment, Interest and Money)一书中,这部作品让经济学家们正视一个事实,即资本主义经济可能陷入需求不足的局面,并最终可能威胁到民主制度的基础和自由社会的自由。凯恩斯没有将失业问题归咎于工人自身,而是将责任归结于市场体系,最终促使政府与劳动力阶级建立了更加密切的合作关系。凯恩斯通过他在两次世界大战期间的政府工作,协助政府创立了一套新的国民经济核算体系,为适当监管和最终管理经济提供了必要的工具。到 1946 年凯恩斯去世时,他出生的那个早期全球化时代重新进入了新的轨道。一套全新的国际制度在凯恩斯的帮助下建立了起来,为全球经济提供了支持。这些国际制度不仅有助于实现货币稳定和减少贸易壁垒等经济目标,还积极支持国际人权议程和去殖民化运动。

尽管凯恩斯常被视为反资本主义者,但实际上他是资本主义的终极捍卫者,是从资本家手中拯救了资本主义的人。亨利·西蒙斯(Henry Simons)在 1936 年发表观点称,《就业、利息和货币通论》有望成为"法西斯运动的经济

---

① 1919 年,凯恩斯作为英国财政部首席代表出席巴黎和会。

学圣经"。[2] 然而,若非他成功地在公众中树立起经济学家能够有效地将市场与政府有机结合的希望,即一种能够兼顾市场和国家优势的模式,那么法西斯主义和其他的极端主义很可能在 20 世纪中叶更加泛滥。凯恩斯提出了第三条道路。其结果是,他既不受自由市场经济主流的欢迎,也不受社会主义者的青睐。

费边主义者比阿特丽斯·韦伯(Beatrice Webb)曾写道:"凯恩斯并没有全心全意地研究经济问题;他只是在闲暇时光里与(经济学)对弈作乐。他真正热衷并认真追求的是美学。"[3] 不把凯恩斯观点当一回事,或许是社会主义者和自由市场主义者唯一能达成的共识。但一开始并不是这样的。当时的主流经济学家将凯恩斯归为古典学派,认为他不过是一个离经叛道的伪知识分子。芝加哥学派创始人弗兰克·奈特(Frank Knight)将凯恩斯视为一个"反知识分子,不仅与贩夫走卒为伍,还将堡垒的钥匙扔出窗外,交给拼命捶门的非利士人①。"[4] 凯恩斯不仅主张政府增加支出,还支持中央银行提供更多的货币供应量,由此激怒了主流经济学家,被视为在迎合民粹主义情绪。具有讽刺意味的是,他的文风艰深晦涩,内容深奥难懂,但这反而为他在学术界赢得了更多的追随者。[5] 经济学家保罗·萨缪尔森将《就业、利息和货币通论》席卷了整个经济学界形容为就像"一场突如其来的病毒攻陷了某个南洋岛民部落"。[6]

虽然并非所有的经济学家都对凯恩斯交口称赞,但是他为年轻一代的经济学家带来了新的希望。在 20 世纪 20 年代至 30 年代,资本主义面临着法西斯主义等极端主义的威胁,它们都支持国家的强力干预。凯恩斯主张一种改良资本主义,可以实现充分就业和繁荣而不会出现"集中营、处决和残忍审讯"。他还认为,尽管社会主义者的出发点是好的,但是他们针对资本主义的替代性方

---

① 来源于圣经中的故事,描述了以色列人与非利士人之间的敌对关系。在这个比喻中,非利士人代表了外部的、不友好的力量。因此,将钥匙递给非利士人意味着将重要的控制权或权力交给了可能对他们不友好的人或势力。

案常常不可接受。[7]20世纪30年代,一名剑桥大学的学生曾指出:"凯恩斯主张的改良资本主义拥有费边主义者在社会主义中所追求的一切,甚至更多。改良资本主义在道德上主张人人平等,能够实现充分就业,而且富有慷慨和快乐的氛围。"[8]

凯恩斯不仅毕生致力于学术理论研究,还积极参与政策制定。1965年,在凯恩斯离开这个世界的第20个年头,美国《时代》(Times)杂志将他作为封面人物,并撰文称他是"对全球自由经济产生了重要影响的人物"。当时,他将国家与市场结合在一起的独特方式已经赢得了政策制定者和学术经济学家的广泛支持,据报道,理查德·尼克松(Richard Nixon)曾在1971年宣称"我们现在都是凯恩斯主义者"。

接下来,我们将会回顾凯恩斯的生平及时代背景,特别关注全球化,以及随后的战争和经济萧条对其思想和作品的影响。我们将进一步概述凯恩斯的经济理论,以及这一理论如何挑战了自由市场经济学家对资本主义制度的信念。我们将会了解到,凯恩斯理论的核心在于相信未来的完全不可预测性,而这种不可预测性导致投资及其带来的经济活动本质上也是不稳定的。

不过,虽然凯恩斯和奥地利学派都认为未来具有不可预测性,但是两者就政府在经济中的作用却达成了完全不同的结论。凯恩斯认为政府应该发挥更大的作用,激发民众对未来的信心,加大投资力度稳经济;奥地利学派则持与此不同的观点。因此,对凯恩斯理论提出巨大挑战的是奥地利学派,而不是传统的自由市场支持者;后者通常只是简单地假设凯恩斯所提出的经济问题不存在。

凯恩斯理论引起的最大争议并不是他对市场的批评——正如下文所述,这一观点经得起任何激进的自由市场思想家的质疑——而是他对决策者和政府的信任。既然我们无法预测未来,我们又怎么能指望政府能够做到呢?如果政府无法做到,那么除了短期或相对有限的干预之外,任何其他措施都可能导致经济朝错误的方向发展。

全球化、战争、大萧条与再度崛起

凯恩斯诞生于一个市场经济蓬勃发展的时代，也是一个全球化的时代。工业革命将英国从一个贫弱岛国变成了世界领先的经济体。[9]到19世纪下半叶，不仅英国成为"海上霸主"，而且英国的金融家还在全球范围内推动国际交通网络的建设，使玉米和服装等各类商品能够自由流通，不再受地理距离的限制。源自工业革命的蒸汽技术和炼铁技术推动了铁路和蒸汽船的兴起，显著降低了运输成本。从象征层面上说，世界变得更小、更平了。不仅商品市场实现了快速一体化，劳动力市场和资本市场也同样经历了迅速整合。1820年以后的一个世纪里，约有3000万人从欧洲移民至美国，与此同时，英国的资本输出不仅为世界各地的基础设施建设提供了资金，还开辟了大片用于国际市场生产的土地。[10]一位经济史学家在1982年发表评论称，一个经济体在全球范围内进行如此大规模的投资，这一现象属实前无古人，后无来者。[11]截至1914年，人们普遍认为世界各国已经通过友好的贸易建立了深厚的联系，以至于大多数人都不敢相信会爆发极端的军事行动。第一次世界大战给原本宁静祥和的地方带来了无尽破坏，同时也扰乱了凯恩斯的思想生活，并对他的政治观点产生了深远的影响。

与凯恩斯在布卢姆斯伯里小组①——以放荡不羁和自由主义价值观而著称——结识的反战朋友们不同，他选择加入战争，第一次参与到政府的政策制定过程中。他放弃了在剑桥大学的学术生活，转而投身财政部，为英国政府关于如何最有效地资助战争出谋划策。一战结束后，1919年，凯恩斯作为英国代表参加了巴黎和会，探讨有关真正"赔偿"的问题：战败国应向战胜国提供多少

---

① Bloomsbury Group，20世纪初期英国文化界的一个知名团体，成员包括作家、艺术家、评论家等，以其前卫的思想和文化观念而著名。

赔偿。尽管许多政治家持强硬立场,但凯恩斯认为,持久和平需要更宽容的经济解决方案:把德国钉在十字架上既不符合德国利益,也不符合欧洲其他地区的长远利益。同年,凯恩斯发表了《欧洲重建计划》(*Proposals for the Reconstruction of Europe*)一文,并警告称:"如果我们执意要让中欧陷入贫苦,那么我敢预测,复仇的脚步将不会停下。"[12]他在出版于 1919 年的《〈凡尔赛和约〉的经济后果》(*Economic Consequences of the Peace*)一书中主张,和平谈判会取得更友好、更合作的结果。可惜凯恩斯最终未能如愿,但事实证明,他关于惩罚性和平解决方案后果的预测是相当准确的。

20 世纪 20 年代,德国为支付战争赔偿金而苦苦挣扎,与此同时,整个欧洲也在艰难地进行战后重建。许多欧洲国家政府发现自身难以负担短期战争债务的偿还压力。某种程度上,由于赔偿支付问题长期存在争议,债券持有人开始怀疑政府的偿债能力,并坚持要求返还资金。1922 年,由于愿意购买政府债券的投资者寥寥无几,而且政府无法通过议会提高税收,一些欧洲国家只得采取大规模印制货币的措施来应对财政压力。这种做法导致了恶性通货膨胀,给德国、法国和比利时等国家的经济带来了严重的影响,并进一步加剧了经济动荡。相比之下,凯恩斯效力的英国财政部则通过税收和长期(而非短期)债务为战争提供资金的做法要成功得多,但却引发了另一问题:通货紧缩。尽管战争胜利为英国带来了一时的战后繁荣和乐观情绪,但随之而来的却是悲观情绪和深刻的经济萧条。1921 年,英国失业率超过 10%,出口断崖式崩溃。[13]欧洲大陆和英国本土的经济都深陷动荡。战争投下了长长的阴影。

凯恩斯及其布卢姆斯伯里小组的朋友们都十分珍视自由开放的社会,而战争造成的对经济的破坏对这个社会构成了严重威胁。1922 年,凯恩斯在《曼彻斯特卫报》(*Manchester Guardian*)①上发文称:

---

① 英国一家历史悠久的报纸,成立于 1821 年。1959 年《曼彻斯特卫报》更名为《卫报》(*The Guardian*)。

如今我们所面临的真正挑战与 19 世纪下半叶的情形相似,是自由主义/激进主义世界观与军事主义/外交主义(更准确地说)世界观之间的对立。前者主张政府和外交政策的首要目标是和平、贸易自由和经济繁荣,而后者主要考虑的是权力、声望、国家或个人荣耀、文化殖民以及种族偏见。对于坚定的英国自由主义/激进主义者而言,军事主义/外交主义是徒劳与邪恶的结合体,是如此的虚幻和荒谬,以至于他们往往会忘记和怀疑这种观念是否真的存在。[14]

只有直面资本主义的缺陷,并将解决这些缺陷的责任交给经济学家,才能拯救自由主义。然而,许多凯恩斯的同时代人认为,经济问题源于资本主义发展不充分,而不是资本主义过度发展。由于政府采取了错误的左倾政策,试图通过市场干预来帮助工人,结果却适得其反。举例来说,他们认为导致高失业率的原因各种各样,从工会抬头到工人参与劳动的意愿不断下降,都是战前的首相大卫·劳合·乔治(David Lloyd George)扩大福利支出的结果。

大多数经济学家认为工人自身的行为和决策是造成他们困境的主要原因,而凯恩斯则认为是市场机制导致了工人的苦难。这一挑战主流经济的观点首次体现在凯恩斯的著作《丘吉尔先生的经济后果》(*The Economic Consequences of Mr. Churchill*)中。在这本小册子中,凯恩斯指出,英国当时面临的高失业率是由于过高的汇率损害了英国的出口需求,并导致利率被设定得过高,而这一切都是政府为了支持汇率高估政策①的结果。1925 年,时任财政大臣的温斯顿·丘吉尔(Winston Churchill)决定让英国恢复国际固定汇

---

① 汇率高估是"汇率低估"的对称,指一国货币的汇率高于其本身应该具有的价值。当一国汇率持续高估时,可能会导致出口竞争力下降、进口增加、经济增长放缓等问题,对国家经济产生负面影响。

率体系"金本位制"①,同时将汇率调回至战前水平,即 1 英镑兑换 4.86 美元。但凯恩斯认为,鉴于英国经济在战时受到严重削弱,这一旧汇率水平实际上是过高的。他预测,要让英国的竞争力恢复至战前水平,汇率至少需要再降低 10%。凯恩斯并没有将失业问题归咎于工人,而是将责任归结于政府的政策选择。

凯恩斯理论与传统经济学观念格格不入。尽管凯恩斯理论表面上看起来似乎是合理的,但许多经济学家对其观点仍然持怀疑态度。从经济学家的角度来看,如果汇率过高,那么出口企业应该降低商品价格,以吸引更多外国买家购买其产品,从而提升英国商品的竞争力。但实际上价格并没有下降,其唯一原因就是工人拒绝减薪。这导致企业的成本不断上升,最终迫使企业裁员,从而不可避免地造成了失业。这种观点直接将失业的责任归咎于工人,而不是自由市场机制。

1929 年,经济萧条和失业问题不再是英国的局部现象,而是全球范围内的普遍问题。在空前严峻的经济挑战面前,为了有力地挑战那个时代的主流经济理论,凯恩斯需要提出一套全面且成熟的经济理论。他需要证明的核心议题是,整个经济体的支出("需求")不足以创造足够的就业机会,而这种情况并非是工人或企业的过错。

凯恩斯在出版于 1930 年的《货币论》(*A Treatise on Money*)和出版于 1936 年的《就业、利息和货币通论》中提出了自己的观点,彻底改变了经济学的面貌。主流经济观点相信市场的自由运作能够确保每个求职者都能够找到工作,但凯恩斯的观点与此相反,他认为实现充分就业只是偶然事件,而不是自由市场机制的必然结果。凯恩斯主张政府应主动调控经济支出,以确保产出与总需

---

① Gold Standard,一种货币制度,其中货币的基本单位由一定数量的黄金定义,并通常以黄金的铸币和流通、其他货币无限制地兑换成黄金,以及自由进出口黄金用于解决国际债务等特征为特点。

求之间的平衡,而不是采取自由放任主义政策,仅仅充当幕后角色。这一观点突出了财政政策的重要性。凯恩斯主张,政府不能只是追求每年的财政平衡,而应该在整个商业周期中平衡税收和支出计划,即在经济下行时增加支出,在经济过热时减少支出。①

第二次世界大战爆发时,经济问题的本质已经从需求不足转变为需求过剩。政府支出达到前所未有的水平。英国政府察知到了当时的恶性通货膨胀,决定利用凯恩斯经济学来管理需求,但重点是控制需求的增长。问题出现在两个方面:一是需求端。大量男性在战时被征召到战场上从事军事行动,而女性也参与到军工厂等生产活动中。因此,许多家庭中的男性和女性都成为家庭收入的来源,双收入家庭成为普遍现象。二是供给端。政府掌控了生产,指示工厂将原本用于生产消费品的资源转为生产坦克和枪支等军事装备,导致市场上的消费品减少。这两个因素的叠加效应——需求增加而供给减少——将价格推高到难以控制的水平。凯恩斯参与政策制定活动的任务不仅仅是评估经济中的总需求水平,还要研究通过何种方式,以及在何种程度上限制需求增长,避免价格水平过度上涨。二战结束时,凯恩斯在经济政策制定中的影响已经初见成效。他与理查德·斯通(Richard Stone)和詹姆斯·米德(James Meade)等人在政府内的合作推动了国民经济核算体系的建立。

然而,尽管凯恩斯认为政府可能需要干预经济并进行经济管理,但他并不是一个共产主义者,也不主张不分好坏地全盘抛弃市场经济。相反,他认为政府只要通过些许的适时干预,就可以使市场更好地运行,包括确保每个希望就业的人都能找到工作。凯恩斯试图改善市场运行的机制,以解决其内在的缺陷

---

① 即财政政策的逆周期调节(countercyclical regulation)原理。在经济高峰期,政府应采取措施抑制经济增长,防止出现严重的通货膨胀和经济泡沫;而在经济低谷期,政府应采取措施来刺激经济发展,增加就业、提高社会保障水平、维护市场信心等。

和不稳定性,确保社会能够享受市场带来的好处,例如,个人自由选择的权利;同时解决市场带来的负面影响,例如,周期性的繁荣与萧条。凯恩斯是自由主义价值观的捍卫者,眼界开阔,不拘一格。事实上,他不仅改变了国内经济政策,更协助建立了战后国际经济新秩序。

凯恩斯提倡的新国际秩序充分认识到全球化的好处。他深知国家之间相互背弃可能会引发什么后果。国际市场在19世纪下半叶达到的新的发展高度在两次世界大战之间以惊人的速度瓦解。在20世纪30年代的经济大萧条期间,全球的经济衰退导致各国通过提高关税来保护本国产业,同时各式革命活动和法西斯主义的兴起也推动了更多国家采取贸易保护的经济政策。全球经济增长的收缩导致国际贸易量的大幅下降,两者的相互作用形成了一种恶性循环。全球贸易崩溃,对劳动力市场的限制增加(包括移民政策):全球经济逐渐走向去全球化。决策者从两次世界大战的经历中得出了两个重要结论,这对二战后的政策产生了深远影响。[15]

第一,完全依赖国内市场无法始终确保充分就业:凯恩斯主义(干预主义)经济政策和福利国家①应运而生。因此,英国在国内采取了一种与完全自由市场经济战略相对的"混合"经济战略。第二,事实证明,针对国际市场实施关税政策会弄巧成拙,导致国际需求萎缩,不利于本国和其他国家的经济发展。因此,国际商品市场应该摆脱关税限制,实现更加开放和自由的状态。凯恩斯和美国经济学家哈里·德克斯特·怀特(Harry Dexter White)的合作促成了布雷顿森林体系(Bretton Woods System)②的建立,该体系得名于联合国货币金融会议的举办地。

---

① 一种社会制度,政治国家承担主要责任,为其公民的个人和社会福利提供保障的制度。
② 布雷顿森林体系是二战后建立的一个国际货币体系,它以美元为中心,确立了美元与黄金挂钩的机制,以及国际货币基金组织成员国货币与美元保持固定汇率的制度。这一体系于1944年7月在美国布雷顿森林的华盛顿大旅社举行的联合国货币金融会议上正式确立。

这一体系是在上一个时代的固定汇率制度基础上的进一步发展，凯恩斯认为上一个时代的旧制度是20世纪20年代英国经济严重衰退的罪魁祸首。首先，各国可以灵活调整过高的货币价值。其次，限制国与国之间的资本流动，减少投机性攻击的可能性，并降低了国家政府受国际资本波动影响的程度。反过来，这一体系又有利于各国政府加强对本国国内经济政策的控制。简而言之，布雷顿森林体系依赖于商品的自由流通，而不是资本的自由流通。关税壁垒的消除并不意味着资本流通的壁垒也被消除。实际上，这意味着个人的跨境资金流动数量将会受到限制。

在新国际经济秩序的监管下，世界经济迎来了20世纪50—60年代的黄金岁月。欧洲的经济更是一片向好：失业率低，通货膨胀率稳定，贸易和投资蓬勃发展。但在20世纪60年代末期，固定汇率制度开始受到挑战和压力，因此在20世纪70年代，许多国家纷纷放弃了固定汇率制度，转而采用了灵活的汇率制度。与此同时，资本市场也开始解除管制。国际市场的一体化程度达到了19世纪末第一轮经济全球化以来的新高峰。但是，由于缺乏固定汇率的锚点，中央银行自由印钞的能力受到了限制，通货膨胀很快失去了控制。不久，欧洲国家在资本自由流动的情况下开始恢复固定汇率，并最终引入了欧元。

在凯恩斯看来，布雷顿森林体系的最终失败，以及欧元的现代考验和波折是可以完全预测的。布雷顿森林体系是权衡的结果，是凯恩斯的意愿与德克斯特·怀特所代表的美国意愿的折中。凯恩斯个人的意愿始终未能实现：建立一种"盈余再循环"制度，通过强大经济体之间的相互合作来帮助经济较贫弱的国家。对于二战后的美国而言，这种制度似乎等同于为饱受战争蹂躏的欧洲提供经济援助。而对于现代欧元区而言，这种制度似乎等同于出口大国德国为南欧国家提供财政救济。但凯恩斯认为，只有强大经济体愿意支持经济较弱的国家，固定汇率制度——单一经济体在这一制度下无法调整汇率或利率——才能维持下去。维持经济稳定并非没有代价,而是需要付出一定的成本。如果更强大的国家不遵守合作规则,那么经济体系陷入不稳定状态将会成为司空见惯的情形。相较于两次战争期间的金本位制——不仅被凯恩斯视为导致英国经济在两次战争期间陷入困境的原因,而且被加州大学伯克利分校政治经济学教授巴里·艾肯格林(Barry Eichengreen)归咎为全球大萧条的罪魁祸首——布雷顿森林体系固然是一种进步,但这一步并不大。[16]

经济理论较量:凯恩斯与古典学派

从 19 世纪末经济全球化发展最突出的时期,到两次战争期间的战火纷飞以及经济大萧条,再到第二次世界大战后的全球经济重建,作为对所处年代的经济状况的回应,凯恩斯的经济理论承载了时代的巨大变迁。不仅如此,凯恩斯的《就业、利息和货币通论》更代表了他对同时代经济学家观点的直接挑战。[17]

古典经济学认为,自由市场具有一股稳定市场的力量。人们渴望工作却又找不到工作的时期理论上不会出现。如果市场能够自由运作,市场价格和工资水平应该能够根据供求关系自动调整,意味着市场上总有足够的工作机会供应,让每个愿意就业的人都能够找到适合自己的工作,而企业则可以根据市场需求自主决定生产数量,以满足消费者的需求。企业因消费者支出不足而陷入困境、迫使裁员的情况也不应发生。在凯恩斯理论出现之前,古典经济学认为经济的产出和收入取决于"供给侧",即经济的生产能力。这种由供给侧决定的生产水平则取决于经济的固有能力,包括技术水平、机器数量以及求职者人数。

通过图 7.1 我们可以了解,为什么劳动市场应始终实现求职者总人数与可提供的就业岗位总数相等的平衡点,也就是说,高失业率时期不会出现。

"劳动力供给"这条线代表了不同工资水平下的求职者人数;供给线向上

图 7.1 劳动力市场

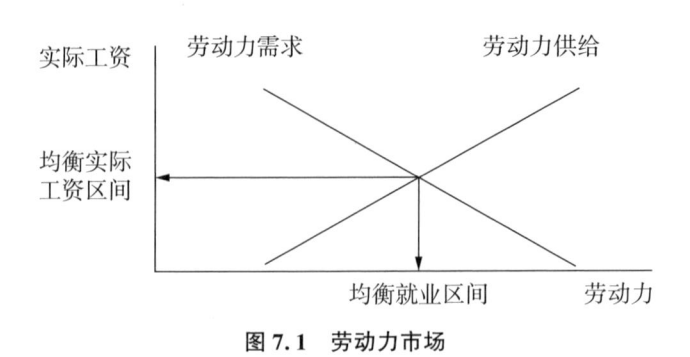

倾斜，因为求职者人数会随着工资的增加而增加。"劳动力需求"这条线代表了在不同工资水平下企业希望雇佣的劳动者数量；需求线向下倾斜，因为雇佣劳动力的成本会随着工资的下降而变得"更便宜"。只要工资是灵活的，它们就可以自发调整到两条线的相交点。在这个神奇的相交点上，求职者人数（劳动力供给）和企业提供的岗位数量（劳动力需求）完全相等。这就是我们所称的"市场清算工资"。要理解经济为什么会自然达到这一均衡点，我们不妨假设工资超过市场清算工资水平的情景。此时，劳动力需求小于劳动力供给：工资的上升导致企业雇佣相同数量的员工的成本增加，这意味着一些求职者将找不到工作——他们压根找不到愿意雇用他们的公司。面对就业岗位的缺乏，工人只有接受减薪，直到每个求职者都找到工作，工资重新回到市场清算工资水平的平衡点。因此，只要市场没有受到工会和最低工资法等因素的干预，每个求职者都应该能够找到工作，每家企业也应该能够获得满足其生产需求的劳动力。

古典经济学认为，经济的需求侧具有自我调节的能力。只要市场保持自由和灵活，而且人们对市场信息充分了解，经济的支出水平会自发调整到足以充分吸收整个经济产能的程度。换句话说，生产水平由供给侧决定；支出水平并不是关键因素，因为它可以自发调整到与供给侧确定的产出相一致的水平。因此，产出水平将保持在所有生产设备都得到充分利用并且所有求职者都得到工作的水平上。

如果自由市场经济能够自发调节支出水平，那么政府就无需担心经济可能陷入衰退。政府就可以退居幕后。偏离完美"均衡"的情况只会是偶发的短暂现象。事实上，就算发生这类偏差，古典经济学家也会把责任直接归咎于政府或工人对自由市场的干预。在他们看来，国家对经济最有益的行为就是促进市场尽可能自由化，确保工资和价格能够在市场发生不利冲击的情况下迅速自行调整并恢复经济的均衡状态。

按照古典经济学思维，20 世纪 20 年代和 30 年代的经济学家将当时的高失业率归于两种主要原因。其一，导致工资和价格无法自行调整的经济干预，包括在第一次世界大战期间持续加强的工会力量，以及在战后不断增加并扩大的失业救济金。在这一视角下，工人最终成为受谴责的对象——无论是因为加入了工会，还是因为选举了过度干预经济的政府。其二，战争对经济"供给侧"的影响，即依靠技术、机器和工人共同合作生产商品的能力。如果经济生产力下降，企业将无法支付与以前相同的工资。也就是说，工资下降会导致工人认为付出与收获不成正比，因此主动选择退出工作，即"自愿失业"。但不管是哪一种原因导致了高失业率，古典经济学家都会将之归咎于失业者，而不是归咎于市场经济本身。

凯恩斯并不认同古典经济学家对失业率的解释。失业者的贫穷与不幸更让他坚信，导致失业的原因并不是由于工人自身的不足，而是由于市场机制本身的失灵，即市场需求不足，最终导致企业减少劳动力雇用。虽然这个观点实际上相当简单易懂，但要说服其他经济学家接受并不容易。根据古典经济学家的观点，市场应该始终有足够的需求来消费所有生产的商品，因此不会出现企业或工人需求不足的情况。其背后的逻辑是，一个经济系统里生产的每一件商品的价值都等于支付出去的工资或收入。比如，生产一台价值 1 000 英镑的电视可能包括500英镑的工资和500英镑的企业所有者利润。没有支付给工人的部分必然会以利润的形式进入企业所有者的口袋。因此,无论经济体生产什么产品,只要所有收入都被有效消费,人们(无论是工人或企业所有者)就会有购买商品的能力。

接着,古典经济学理论告诉我们,人们购买一个经济系统所有商品的潜力总会转化为实际支出。虽然人们希望从工资和利润中支出的金额可能低于经济生产的金额(因为总有人希望储蓄一部分资金),但只要企业借贷(用于投资)的金额与消费者希望储蓄的金额相同,消费力就能注入经济。古典经济学家相信市场会自动调整利率,确保投资等于储蓄,进而保持经济系统的总支出等于生产商品的总价值。当个人储蓄超过企业投资意愿时,银行会积累越来越多的存款,接着便以较低的利率提供贷款。此时,企业也会相应增加借贷,消化闲置的储蓄资金。同理,如果有投资意愿的企业对贷款的需求超过个人储蓄,则利率将会被推高,导致企业的借贷意愿降低。因此,经济系统内的投资总额可以一直与个人的储蓄总额保持平衡。由于所有储蓄最终都会以借贷和消费的形式流回到经济中,总支出应始终等于足以购买经济系统内所有生产的商品,并确保充分就业的金额。最后,古典经济学家得出结论,因为自由市场会自动调节供求关系,确保所有生产出来的商品都能够找到买主,所以自由市场经济体系不会出现持续攀高的失业率。

凯恩斯认为这种乐观的理论只不过是经济学的众多可能性之一。这种情况只是特例,而不是普遍现象。他在《就业、利息和货币通论》的第一章——仅一页篇幅,也许是所有书籍中最短的章节——中特别强调:

> 本书命名为《就业、利息和货币通论》,着重在"通"字。命名用意,在于把我的想法和结论与古典经济学理论对于同类问题的想法和结论对照起来。无论在理论方面还是政策方面,古典经济学支配着统

治阶级和学术界的经济思想已经有一百余年，我自己也是在这种传统中熏陶出来的……我要论证的是，古典经济学理论的假设只适用于一种特例，而不适用于普遍现象；古典经济学理论所假设的情形是各种可能的均衡位置的极限，而且这一特例的特征与我们实际的经济社会的特征并不相符。如果我们试图将古典经济学理论应用于实际，那么这一学说将会误导我们并导致灾难性的后果。[18]

理解凯恩斯理论的关键在于首先承认未来是完全无法预测的。凯恩斯不仅是一位学院派的经济学家，还是股市的积极参与者，同时也是一位出色的数学家。每天早晨，他都会坐着阅读金融新闻，试图发现可以为精明投资者所用的模式——不仅是为了自己的利益，也是为了委任自己管理的剑桥大学国王学院的投资组合。起初，他的投资策略看似运作良好，直到1929年的某一天，市场突然开始下跌，而且一波比一波跌得狠。这种个人经历促使凯恩斯停下来思考。他最终意识到，无论如何努力，未来都是不可预测的。

未来的不可预测性增加了投资决策的挑战性。在《就业、利息和货币通论》第十二章，凯恩斯写道：

因此，我们对决定未来数年投资收益的因素的了解通常非常有限，甚至可以说是微乎其微。坦率地说，我们不得不承认，对于铁路、铜矿、纺织厂、专利药的商誉、大西洋班轮和伦敦金融城等投资项目的10年收益预估，我们的知识基础极其匮乏，甚至可以说是一无所知；哪怕只是预估未来5年的收益。事实上，真正试图分析预测未来投资走势的人毕竟是少数，以至于他们根本无法左右整个市场的走向……很可能，我们在多数情况下采取的积极行动——其全部后果在数天后就会显现——只能被视为动物精神①的结果,即一种倾向于采取行动而不是袖手旁观的自发冲动,而且不是基于量化收益乘以量化概率的加权平均的结果。企业只是假装其行动主要受其招股说明书中那些坦率且真诚的承诺所驱动。[19]

每个投资决策者都需要尝试预测未来可能的情景和走势,无论是公司在考虑扩张业务,个人在考虑投资以租养贷②房产,还是个人在决定如何管理养老金。就股票市场而言,如果无法预测未来,我们就无法计算一只股票(或整个股市)的真正价值。因此,股市没有锚定③,而股价就像一艘没有锚的船"随风飘荡",反映整体投资者对未来走势的看法。因此,投资者就会随大流,他们害怕错失良机,时而自信满满,时而焦虑恐慌。当投资者情绪持续乐观时,股价便会一路攀升,直至某种象征性的警钟响起,他们又会迅速回归现实,导致股价迅速下跌,甚至可能破位④。投资者的乐观情绪和悲观情绪将会转化为投资活动的剧烈波动,以及股票市场的繁荣与萧条,进而影响经济的稳定。

凯恩斯提出了一种与前辈经济学家截然不同的投资理论。根据古典学派的投资理论,投资活动对利率的变化非常敏感;如果经济系统内的储蓄过剩而支出却不足以维持充分就业,那么利率自然会下降(毕竟银行将会积累大量的用户储蓄)。利率下降会导致借贷和投资成本降低,从而刺激企业增加投资。额外的投资支出可以抵消消费支出的不足,从而避免出现失业问题。但凯恩斯认为,利率是否会在储蓄最初超过投资的情况下自然下降,这一点尚不得而知。

---

① 在凯恩斯经济理论中,动物精神是指情感受和欲望(如乐观的积极行动意愿),其会影响消费者和投资者的经济行为。

② Buy-to-Let,这是英国特有的投资概念,通常来说,这类买家会以出租为特定目的的房产投资方式,然后利用出租房屋赚取的租金偿还银行贷款。

③ 即缺乏一个稳定的基准来评估股票的价值。

④ 股票破位,就是指跌破了正常波动的价位。

货币在凯恩斯的理论中扮演着核心角色：在面对无法预测的未来时，它提供了一定程度的安全感。因此，当储户对未来感到十分担忧时，他们常常会以货币的形式囤积储蓄（藏在床底下或其他地方），而不会适当地进行投资——不管是直接投资于股票市场，为企业提供资金来源，还是通过银行系统进行间接投资，从而使银行能够为企业提供贷款。以货币形式囤积储蓄意味着，储蓄不会自动转化为投资；其结果是，经济系统可能出现消费能力不足的情况。根据古典经济学的观点，人们因倾向于储蓄而下降的部分消费能力会通过投资重新流入经济（因为储蓄会重新流入投资者手中），但凯恩斯认为这一观点是错误的。

凯恩斯质疑道，即使经济系统的消费力不足（人们更倾向于储蓄）的确导致利率下降，这也未必会带来足以重新激活经济的投资。在他看来，投资的主要驱动因素并不是利率，相反，投资者对未来的信心及所谓的"动物精神"才是更重要的因素。此外，由于未来具有不可预测性，那么投资者对未来的乐观或悲观程度将会极大地影响其投资意愿。如果企业有理由对未来感到担忧，那么再低的利率也不足以吸引他们借用经济系统内所有可用的储蓄资金进行投资——毕竟，即使借贷的利率很低，企业为什么要在消费者减少支出的情况下向银行借贷来扩大产能呢？结果是，投资将不足以吸收经济系统内所有的储蓄资金，而经济系统内的整体支出也将因此不足以确保商店货架上所有商品都能被售出。当无法售出的商品在全国各地的仓库和工厂积压时，企业会开始裁员。由于刚失业的工人会削减开支，经济系统的整体支出也将进一步下降，这会导致企业积压的商品越来越多，裁员率越来越高，最终形成恶性循环。悲观的未来预期会变为现实。在这种情况下，政府只能肩负起激发人们对未来信心的责任，并承诺在必要时出手提振需求。当然，如果消费者和企业相信政府会及时干预经济，那么他们对未来的乐观预期也将会转化为现实，进而避免经济衰退的出现。

理论的红鲱鱼谬误①：价格与工资黏性

凯恩斯认为经济可能因需求不足而陷入萧条，而古典经济学家则坚信市场总能找到一条出路。他们认为，通过价格和工资的自然调整，自由市场经济会自动从衰退趋势中复苏。因此，在经济衰退期间，所有政策制定者只需坐等价格和工资回落即可。凯恩斯所主张的那种过度干预是不必要的。

价格下跌会让消费者感觉更加富有了——他们的储蓄（或"财富"）相对增值，能够用更少的资金购买更多的商品，所以他们自然会开始增加消费支出。此外，价格下跌也会导致经济变得更具竞争力。如果此时经济对外开放，低价的商品可以更容易地进入国际市场，从而通过"出口"摆脱经济衰退。价格将会继续下跌直到达到了市场的平衡点，即总需求等于总供应，这时所有的积压商品都能够被售出，市场重新实现了均衡。唯一的（暂时的）问题是，随着价格的下降，"实际"的工人雇用成本增加了：如果公司所支付的工资保持不变（以英镑计算），但工人的生产价值较低（由于商品价格下降），那么工人成本实际上是提高了。但是，为了避免被公司裁员，工人理论上会理性地接受与商品价格下跌幅度相匹配的降薪安排。尽管他们的工资减少，但由于商品价格也下降了，他们仍然可以购买到相同数量的商品，所以他们的购买力没有受到影响。工人们和经济危机前一样感到乐观，而且企业在成本与价格重新达到一致的情况下也能保持乐观。经济再次实现平衡。

这意味着，只要价格和工资能够自由调整，经济支出的下降（需求减少）就不会构成问题。然而，如果对需求冲击缺乏认识，或者政府采取措施干预自由市场，阻碍了价格和工资的调整过程，那么经济自然调整的进程将受到阻碍，从

---

① Red Herring，来源于训练英国猎狐犬的方法，人们在狐狸出没的地方放上熏制的鲱鱼，以训练猎犬追踪狐狸的气味，而不是被鲱鱼浓烈的味道干扰。任何蓄意的误导性线索一般都被称为红色鲱鱼。

而导致长期的经济衰退。

凯恩斯去世后,经济学界在凯恩斯理论和古典经济学理论之间达成了折中:短期来讲,凯恩斯关于需求不足问题的论述确实存在,此时价格与工资之间存在"黏性";但长期来讲,古典经济学理论更被广泛接受。于是,凯恩斯学说与古典经济学理论相互融合。为了增强经济对需求冲击的适应能力,有人主张尽可能提高价格和工资的灵活性。因此,自20世纪70年代开始,自由市场导向的政府开始通过削弱工会力量来提高工资弹性,同时通过分拆和私有化一些大型垄断企业(如公用事业公司)来避免价格操纵,从而提高价格的灵活性。

但是,并非所有凯恩斯理论的追随者都对折中方案感到满意,或对看似回归的自由市场思想感到满意。对于坚定的凯恩斯主义者而言,价格下跌带来的问题可能比解决的问题更多。实际上,它们有可能使情况变得更糟而不是更好。在面临衰退时,一些经济体可能会选择通过降低国内价格来提高商品的国际竞争力,希望通过增加出口来刺激经济增长。然而,如果其他经济体也在经历衰退或者全球需求整体疲软,那么任何单一国家试图通过增加出口来刺激经济的效果将会大打折扣。即使只是通过降低价格来刺激国内需求(而不是依赖出口需求)也可能无法取得成功。对于富人而言,价格下降意味着他们的财富相对增加了,这可能会使他们更愿意增加消费;但对于负债者而言,价格下降可能导致其债务的"实际"增加。举例来说,假设一个工人承担了抵押贷款,价格和工资的下降将可能导致偿还抵押贷款变得比他预期的更加困难,从而增加违约的可能性。类似地,假设一家公司之前借贷了10万美元,价格下降将导致它不得不销售更多的商品来偿还这笔借贷。欧文·费雪(Irving Fisher)认为,企业和个人接下来将面临偿还债务的困难,这可能会破坏银行体系的稳定。[20]因此,如果经济承担相当程度的负债,价格下降实际上可能导致支出不增反降,甚至可能引发全面的银行危机,从而使情况更加恶化。

与主流经济学观点相悖,价格下降并非总能刺激支出,反而往往会引发相反效果,导致经济陷入恶性循环。这意味着,经济体并非总能自我调节。如果政府只是坐等经济自然恢复,盲目相信自由市场调节的过程,那么它们可能永远等不到经济复苏,反而会面临日益严重的经济问题和日益加剧的社会动荡。凯恩斯主义者认为,正是政府的这种不作为才导致了1929年经济衰退最终演变为大萧条,如果政府可以早点采取经济刺激措施,这一结果本可以避免。直到第二次世界大战及相关的军备改良所导致的政府强制支出才最终扭转了经济困境。

不过,现代的后凯恩斯主义者认为,凯恩斯论证的核心不在于价格与工资的黏性——一如经济学教科书至今仍在强调的那样。相反,他们认为其核心在于未来的不可预测性本质,也就是说,即使价格和工资具有高度的灵活性,也不能完全避免经济陷入悲观陷阱的可能。凯恩斯认为,现代金融市场的特点增加了经济陷入悲观陷阱的风险,后来,经济学家海曼·明斯基(Hyman Minsky)在凯恩斯理论的基础上进一步发展了这个观点。[21]

根据凯恩斯的观点,股市的高度流动性和低成本交易的特点加剧了短期主义的倾向。这种只注重短期效益的思维方式导致股市比原本更加动荡,因此更加难以筹集长期投资所需的资金。当金融市场的运作受过度短期投机行为的影响多过"基本面"①因素的影响时,我们无法确定金融市场可以有效地向真正值得投资的企业和行业提供资金。考虑到投资对于促进长期经济增长和确保需求充足(确保有足够的投资活动来吸收社会的储蓄资金)的重要性,投资的不稳定性成为凯恩斯关注的核心问题。他认为,稳定投资应该是第一要务。

---

① 基本面是指影响资产(如股票、债券、商品等)价值的基本因素或基本特征。在股票市场中,基本面通常包括企业的盈利能力、成长潜力、市场地位、财务状况、行业前景等。

凯恩斯的真正对手：哈耶克及奥地利学派

实际上，虽然古典经济学在 20 世纪 70 年代和 80 年代的复兴又对凯恩斯理论提出了挑战，但是奥地利学派才是凯恩斯的真正对手。与其他自由市场思想流派不同，奥地利学派和凯恩斯都认为市场经济存在固有的不稳定性，而且未来是无法预测的。然而，奥地利学派并不像凯恩斯那样相信决策者能比私营部门更好地了解经济并做出有效的决策。

如果我们认为凯恩斯理论的核心是未来的不可预测性，而不是价格与工资的黏性，那么对凯恩斯理论提出最有力挑战的就不是主流自由市场经济学，而是奥地利学派。相比于古典经济学、新古典经济学和新兴古典经济学，奥地利学派的思想与凯恩斯的理论存在更多共同之处。

凯恩斯和奥地利学派的经济学家都不认为资本主义经济存在固有的稳定性。但不同的是，凯恩斯认为导致经济衰退的原因是投资活动不足，而奥地利学派则将之归咎于经济繁荣时期的过度投资。他们认为，在经济繁荣时期，市场上的投资机会已经相对稀缺，导致投资者难以找到真正有价值的项目，最终只能将资金投入那些投机性项目。此时，实施凯恩斯主张的投资刺激政策并不会有效地改善经济状况，反而可能会使情况变得更糟。经济有必要经历周期性的衰退，以此清除无效投资并重新平衡市场。

此外，奥地利学派的经济学家在很多方面都认同凯恩斯关于未来具有无法预测性的观点，但他们认为政策制定者与私营部门一样无法准确预知未来。因此，依赖政府引导经济投资很可能将我们带向错误的方向。相反，我们需要的是资本主义所提供的多样性：企业和投资者都持有不同的对未来的观点，并且根据各自的观点独立行动；在这个过程中，不同的行动可能会产生不同的结果，但最终只有一种行动会被证明是最符合市场实际情况并能够取得成功的。假设国家作为单一实体总能做出正确的选择是不合理的，政策制定者无法准确预测未来的经济走向，因此可能会将纳税人的资金投入不切实际的项目中。不仅标准自由市场传统中的经济学家对政策制定者和政治家的动机持怀疑态度，而且公共选择理论①也强调了政策制定者和政治家并非始终以社会最大利益为目标；此外，奥地利学派也认为，政策制定者无法预测未来的经济走向同样是凯恩斯理论在实践应用中的障碍。哪怕是可靠纯正的政府，我们也不能指望它可以预测未来的经济走向。尽管凯恩斯关于市场的批判有理有据，但他并未充分论证政府对经济的干预可以取得更好的结果。

或许，奥地利学派正确地指出了政府在稳定经济方面的能力有限，但这一观点在大萧条时期并不受欢迎。更可惜的是，最知名的奥地利经济学家弗里德里希·哈耶克从未就《就业、利息和货币通论》发表过评论。[22]由于凯恩斯理论和奥地利学派思想之间没有发生过直接的对抗，凯恩斯理论从未应对其原本可能面临的挑战，也没有接受来自其强大对手的挑战。正如将凯恩斯理论形式化为 IS-LM 模型的著名经济学家约翰·希克斯所言，没有这场直接挑战，"我们与哈耶克的理论交锋失之交臂"。[23]

然而，凯恩斯的理论框架存在一种能够规范国家行为的自然制约，而要理解这种制约，我们只有将其置于更广泛的凯恩斯理论背景下进行考量。凯恩斯不仅是一位经济学家，还是一位具有国际视野的自由主义者，相信自由开放的社会及对外开放而非闭关自守的国家可以带来的价值。虽然凯恩斯常常与反全球化思潮联系在一起，但他也清楚地认识到国际一体化可以带来的巨大好处，特别是在商品、服务和人员的自由流动方面。出生于 19 世纪下半叶的经济全球化时代，凯恩斯亲历了一战后全球化的崩溃，因此他在二战后积极参与建立布雷顿森林体系等国际制度，以期促进全球化进程的重启。全球化创造了一

---

① 公共选择理论（Public Choice Theory）是"使用经济工具来处理政治学的传统问题"的研究理论。它是从对税收的公共支出的研究中发展起来的，是对公共利益理论的挑战。公共选择理论认为，在集体决策中，人们虽然也关心他人，但无论是选民、政客、游说者还是官僚，他们的动机还是自身利益。

个活跃的需求侧市场,有助于避免经济衰退;此外,通过防止政府滥用选民赋予的权利,以及采用凯恩斯主张的方式对经济进行管理,全球化还可以对政府进行制约。当政府在处理经济或其他政策问题时犯了错误,通过与其他国家的比较,问题会变得更加清晰明了,这意味着选民可以敦促政府承担责任。国家之间在市场原则框架内的竞争具有强大的约束力,类似于行业内公司之间的竞争。因此,在全球化、对外开放的世界中,凯恩斯将市场机制与政府干预结合的理念可能能发挥最大的益处。但我们必须警惕,在特定国家与其他国家隔绝的时期,凯恩斯特有的国家干预主义可能转变成完全不同的形式,而讽刺的是,这可能演变成凯恩斯理论极力回避的法西斯主义等极端主义。

第八章 弗里德里希·哈耶克

斯科特·谢尔

1899年5月8日,弗里德里希·哈耶克在维也纳降生,父母都是文化资产者(受过良好教育的中产阶级自由主义者)。哈耶克自幼便身处于科学讨论的氛围之中。他的父亲是一名医生,同时也是维也纳大学的兼职植物学讲师,这让身为长子的哈耶克一直对于大学教授这一职业怀有深厚的敬意。他的母亲是一位著名统计学家的女儿,同时也是著名哲学家路德维希·维特根斯坦(Ludwig Wittgenstein)的远房表亲。

哈耶克出生于19世纪末的维也纳,这一成长环境对他后来成为一位社会科学家产生了深远的影响。维也纳在19世纪末的文化繁荣是众所周知的。在哈耶克年轻时期,这座城市吸引了各个领域的杰出人物,包括世界著名作曲家马勒(Mahler)和勋伯格(Schönberg),画家及维也纳分离派创始人克林姆特(Klimt),作家茨威格(Zweig)、穆齐尔(Musil)、克劳斯(Kraus)和施尼茨勒(Schnitzler),哲学家布伦塔诺(Brentano)和迈农(Meinong)、建筑师卢斯(Loos)和瓦格纳(Wagner),自然科学家马赫(Mach)、玻尔兹曼(Boltzmann)和薛定谔(Schrödinger),心理学家弗洛伊德(Freud),当然,还有经济学家。由卡尔·门格尔创立,欧根·冯·伯姆-庞巴维克、弗里德里希·冯·维塞尔以及后来的约瑟夫·熊彼特和路德维希·冯·米塞斯(Ludwig von Mises)继承发扬的奥地利学派成为这个世纪头几十年国际经济学界的顶峰。

出生在那个时代和那个地方的人注定要经历一场前所未有的社会动荡,即便是最敏锐的智者也难以预见这些动荡,更别说阻止了。这包括被卷入第一次世界大战,并承受其带来的所有恐怖;目睹战后奥匈帝国的解体和自11世纪以来就统治中欧大片土地的哈布斯堡王朝的垮台;以及忍受使得战后维也纳民不聊生的肆虐的疫病。一场灾难性的恶性通货膨胀席卷了欧洲大部分地区,尤其重创了德国和前奥匈帝国地区的经济,[1]这一事件对哈耶克后来的职业生涯产生了重要影响。在战时及战后,同盟国诸国通过不断加印货币来应对开支,可以说,这场恶性通货膨胀是它们的政治决策结果。最终,文化资产者的储蓄和前景荡然无存。

鹿特丹伊拉斯姆斯大学的文化经济学助理教授欧文·德克（Erwin Dekker）提出，"文明的学生"是奥地利学派经济学家的最佳诠释，他们试图探索中欧大地是如何同时孕育了灾难性的世界战争，以及珍视个人主义、宽容、和平主义和国际主义等自由主义价值观的奥地利学派的。[2]德克认为，这些学者逐渐认识到，文明的维系必须以抑制许多我们的最深层的本能冲动为昂贵代价，例如，对不同于自己的人强行要求一致的本能，以及逃避实际责任和道德义务的本能。维持维也纳相对自由的文化要求奥匈帝国内众多不同民族和宗教团体必须彼此文明相待，相互尊重，包括遵守契约、保护他人的人身和财产安全，以及和平参与公民社会和民主进程。不幸的是，此时政治光谱上的极端派别向民众发出呼吁，他们承诺，只要人们满足自己的原始本能而不是对此进行克制，理性重建和改善社会就能成为现实。法西斯主义等极端主义都试图通过蓄意剥夺和在必要时消灭某些未具名的"他者"来实现他们设想的乌托邦社会：对于法西斯主义的支持者而言，"他者"就是指非雅利安人。这些政治哲学都纵容了人类身上最恶劣的倾向：嫉妒、偏狭、部落文化和暴力。

在一个被邪恶的极权主义政治笼罩多年的世纪里，哈耶克投入了大半辈子的光阴致力于这类主题的研究。但除此之外，哈耶克还积极对抗那些渴望控制和计划社会，却又带着无法克服的认知困难的人。尽管这些妄图控制社会的人可能试图以道德和伦理原则的卓越性来为其行为辩护，但他们实际上面临着一个认知问题。简单来说，他们不知道如何成功地控制社会，更重要的是，他们无法知道如何做到这一点。无论社会呈现出美丽或丑陋的一面，它的形成和演变更多是无意识的结果，而非政治体制的有意为之。

维也纳时期：方法论、货币理论与米塞斯

1918 年末，哈耶克从奥匈帝国军队服役归来并入读维也纳大学。在大学的头几年，哈耶克对心理学表现出了浓厚的兴趣。1920 年，他撰文对维也纳著名物理学家马赫的心理学理论进行扩展和批评，这是他现存的第一篇学术论文。哈耶克认为，意识是大脑神经元网络之间相互关系的涌现特性①。哈耶克的导师鼓励他深入探索这一理论，然而哈耶克还是选择将该项目搁置，转而专注于其他课程，直到近 30 年后才重新回到这个课题上。[3]

哈耶克没有选择心理学，而是选择了就业前景更为广阔的经济学，这一理由或许对于日后的诺贝尔奖得主而言有些平淡无奇，但在当时却是合情合理的。[4]具有讽刺意味的是，哈耶克首次接触奥地利学派的经济理论是通过维也纳大学的经济学教授奥斯马·斯潘（Othmar Spann），但是斯潘本身既不是该学派的成员，也不是哈耶克的学术启发的来源。斯潘将门格尔创作的《国民经济学原理》（Principles of Economics）送给了哈耶克，这本书被视为奥地利学派的创始宪章。[5]然而，斯潘的"直觉普遍主义"理论却遭到奥地利学派经济学家的敌视：前者认为社会科学的推理过程起源于对整体社会结构的深入了解，举例来说，现代宏观经济学将经济系统视为一个整体；而后者一直对整体方法论在经济学领域的价值持否定态度。[6]

首先，奥地利学派的方法论强调以个体为中心。根据门格尔及其追随者的观点，对社会现象的任何充分解释都必须从个人的行为出发。但从奥地利学派的角度来看，使用整体概念来分析社会现象将会忽略许多有意思的细节，例如，国内生产总值（Gross Domestic Product，GDP）实际上只是简单地将经济系统内

---

① Emergent Property，指在一个系统中，由于各个组成部分之间的相互作用和协同作用，导致整个系统表现出来的性质和行为，是单个组成部分所不能表现的。

的所有产品相加,而没有对苹果和橙子、螺丝刀和计算机等不同品类的产品加以区分。其次,奥地利学派的方法论强调以理论为基础。事实上,奥地利学派经济学家很早就认同一个现在普遍接受的观点,即感官体验要依赖于理论。这意味着,如果没有理论或标准的指导,比如分辨狗和猫的视觉经验,我们将无法区分不同的感知对象,相反,我们只会感知到一大堆未经分类的视觉刺激。[7] 最后,奥地利学派的方法论强调绝对的主观主义。由于任何个体的行为都是其主观观点的结果,社会分析必须尽可能地从我们对这些主观感知的已知情况出发。这三个特点的相互融合形成了奥地利学派的方法论框架,使其在经济学思想领域始终保持着独特性。[8]

在获得第一个博士学位后,哈耶克开始找工作。他向弗里德里希·冯·维塞尔——指导哈耶克在不久之后完成第二个博士学位的老师——寻求建议。[9] 维塞尔为哈耶克写了一封介绍信,建议他去拜访路德维希·冯·米塞斯。米塞斯当时负责管理一个临时会计办公室,专门处理与战争有关的国际债务索赔。由于米塞斯的宗教信仰(犹太教)、政治立场(高度自由主义)和态度(固执),他从未获得自己应得的维也纳大学教授职位。据传说,当哈耶克来到会计办公室时,米塞斯的表现非常高傲。由于维塞尔在信中称哈耶克是一位才华横溢的年轻经济学家,米塞斯质问哈耶克:"如果真如信中所言,为什么我从未在我的课堂上见过你?"事实上,哈耶克曾参加过米塞斯的几次讲座,但米塞斯对古典自由主义①的狂热支持让哈耶克兴致全无。当时,哈耶克的政治倾向与维塞尔一致,都是支持温和的、费边社会主义。不过,这种分歧并没有妨碍哈耶克与米塞斯建立工作关系,哈耶克当场就被录用了。[10]

在米塞斯的影响下,哈耶克很快放弃了年轻时对社会主义的拥护。米塞斯

---

① 古典自由主义是一种政治和经济意识形态,主张通过限制政府的权力来保护公民的自由和经济的自由。该术语起源于19世纪初期,经常与现代社会自由主义的哲学形成鲜明对比。

先后在一篇发表于1920年的有影响力的论文,以及1922年出版的著作《社会主义:经济与社会学的分析》(Socialism: An Economic and Socilogical Analysis)中表示:在与市场活动隔绝的国家,其管理者永远不知道如何有计划地调整商品的供求平衡。在一切私有财产都归国家所有的社会体制下,市场机制将失效,因此价格机制也将不复存在。[11]没有价格机制,其管理者将如何计算其经营活动的利润和损失?又将如何调整供求平衡?[12]哈耶克后来写道,米塞斯的书对他产生了深远影响:"它悄然而深刻地改变了许多年轻的理想主义者在战后重返大学时习得的观点。我深有体会,因为我就是其中之一。"[13]

1923年初,哈耶克辞去会计办公室的工作并开始了美国科研之旅。在美国,他对经济波动和联邦储备委员会最新制定的货币政策展开了统计研究。1927年返回维也纳后,哈耶克与米塞斯共同创建了奥地利经济周期研究所,并成为研究所的第一任所长。[14]

哈耶克深入研究经济周期理论的首部作品于1929年正式出版(这一时期恰好爆发了华尔街股市崩盘及经济大萧条)。哈耶克在《货币理论与商业周期》(Monetary Theory and the Trade Cycle)一书中审视了经济周期理论的方法论。这本书探讨的主要问题是哈耶克在早期著作中曾提及,并在职业生涯中一再强调的:作为经济学的主要理论工具,均衡理论(供求理论)无法从根本上解释经济失衡现象(经济衰退),以及与之相对的通货膨胀现象(经济过热)。均衡理论假设个体具有完整的知识,所有技术变化已知,所有经济数量(如储蓄和投资)完全平衡,因此排除了商业周期波动的可能性。经济学家面临两种选择:要么将均衡理论修改为更合适的经济周期分析工具,要么重新构建经济学的最基本理论。[15]1929年,哈耶克选择对均衡理论进行了修改。他认为,如果在标准的均衡框架中补充了关于货币使用和银行家角色的各种假设,那么改进后的均衡理论也可以解释经济波动。但他最终认识到,只有提出全新的理论框架才能解决问题。

伦敦时期：友谊和友好的竞争

伦敦政治经济学院的年轻教授莱昂内尔·罗宾斯(Lionel Robbins)很快注意到哈耶克的研究工作。以剑桥学派为首的许多英国经济学家向来无视外国的经济学派，但罗宾斯则不同，他曾多次访问维也纳，并对奥地利学派的独特理念心有戚戚焉。1931年初，罗宾斯邀请哈耶克在伦敦经济学院举办一系列讲座，同年晚些时候，这些讲座的内容整理出版为《价格与生产》(Prices and Production)一书，成为哈耶克关于经济周期的重要著作。[16]

哈耶克抵达伦敦之时，世界正深陷经济大萧条带来的水深火热之中。人们迫切想要了解世界经济在过去2年陷入崩溃的原因和方式，以及是否有任何应对措施。哈耶克进一步拓展自己在《货币理论与商业周期》一书中提出的初始分析。在本书的早期版本中，哈耶克驳斥了米塞斯关于"唯有有意识地操纵货币供应才能引发工业波动"的观点，并提出不同的观点，认为无论银行家做出何种决定，经济活动的波动是任何拥有弹性货币的经济体的永久特征，即货币供应的变化可以独立于消费者和生产者的决策。[17]哈耶克在一定程度上认同米塞斯的观点，即有意识的货币政策可能会引发经济周期，并且可能是导致现实世界历史上大多数周期性事件的原因；但哈耶克明确指出，无论银行家的动机如何，保持经济处于均衡状态的实际问题最终只是一个认知问题：银行家无法确保他们的借贷活动不会对实际的经济活动产生任何有倾向性的影响。[18]唯一的"解决方案"是彻底取消银行信贷，但这也意味着放弃银行信贷带来的巨大好处，包括促进经济增长的可能性。[19]哈耶克因此得出推论，没有简单可行的方法可以解决大萧条带来的问题。只有时间才能够纠正因货币供应弹性所导致的市场扭曲。

尽管这一系列讲座并没有对政策产生什么影响，但讲座本身还是广受好评。罗宾斯随即向哈耶克提供了任职伦敦政治经济学院的机会。[20]在短时间内,几乎整个英国经济学界都变成了哈耶克的追随者。但这种现象并没有持续太久。

罗宾斯认为,哈耶克的理论或许能够平衡剑桥学派以及约翰·梅纳德·凯恩斯日益增长的影响。很快,罗宾斯向哈耶克下达一个明确的任务:对凯恩斯和剑桥学派的经济理论发起挑战。随后,哈耶克与凯恩斯展开了一场笔枪纸弹的世纪辩论,但这场辩论其实并没有深入到每个议题的核心,最终也未产生更具影响力的结论。[21]

和许多来自一战战败国的人一样,哈耶克对凯恩斯怀有崇敬之情。凯恩斯是哈耶克的上一代人,因为担任1919年巴黎和会的英国经济代表而声名大噪。但是,凯恩斯与英国代表团在针对战败国的赔款法案上产生了分歧,最终决定退出巴黎和会。他在出版于1919年的《〈凡尔赛和约〉的经济后果》中提出异议,认为由战胜国制定的沉重赔偿法案将对战败国造成灾难性的经济和道德后果。凯恩斯因为这一立场而成为德语世界甚至是奥地利学派经济学家眼中的英雄人物,尽管奥地利学派经济学家并不认同凯恩斯后期的经济理论及政策启示。[22]

凯恩斯在20世纪20年代后半段一直致力于创作能够证明自己的代表作。他出版于20世纪30年的《货币论》将经济波动归因于储蓄和投资之间的差异。哈耶克对《货币论》的主要反对意见主要在于其方法论。他认为凯恩斯并没有将其分析建立在充分的资本理论基础上,而这一基础对于任何有关储蓄与投资关系的实质性讨论都是必要的。此外,凯恩斯的论述主要集中在储蓄与投资之间的差异对(总体)一般价格水平的影响,而没有考虑不同商品类别之间的相对价格,哈耶克并不认同这种与经济周期无关的方法论取向。在回应哈耶克的批评时,凯恩斯表示,在充分的资本理论基础上进行经济波动分析是理想而非必要的前提,况且在凯恩斯看来,适合其研究用途的资本理论当时尚未形成。哈耶克对此进行了反驳,认为凯恩斯并没有意识到奥地利学派资本理论在经济分析中的重要性，而只要将奥地利学派资本理论与凯恩斯的理论框架融合，便可以形成一个类似于哈耶克本人提出的经济周期理论。随后，双方的辩论逐渐深入资本理论的细节以及哈耶克方法论的充分性问题；不久，随着双方的耐心被逐渐消磨殆尽，辩论也随之停止了。

从一个哈耶克主义者的视角来看，用"赢得了战斗，却输掉了战争"的比喻来形容这场辩论再恰当不过，至少是输掉了观点的战争。20世纪30年代初，大多数读者都认同哈耶克等人对凯恩斯的批评——当时的学术期刊对《货币论》进行了广泛评论。不过，凯恩斯本人也曾表达过对《货币论》的不满意，所以当这本书受到尖锐的批评时，他并没有过分震惊。凯恩斯沉寂了几年后，于1936年写成了自己的真正代表作《就业、利息和货币通论》。但很遗憾，哈耶克并没有对这本新书发表任何评论，而且他从未给出令人信服的解释。在随后的几十年里，虽然哈耶克对此给出了不同的解释，但他最终也认同世人的观点，即他应该像评论《货币论》一样对《就业、利息和货币通论》进行批判性分析。他在1963年略带遗憾地表示："直到今天，我还未完全克服那种感觉，我……我逃避了一项本应尽到的责任。"[24]

1935年，哈耶克编辑了一本有关社会主义计算争论①的论文集，其中许多论文此前未曾以英文形式出现。他向读者提供了一份历史概述，并批判分析了若干个试图解决米塞斯提出的计算问题的最新方案。[25]米塞斯假设了一个完全集体化的社会主义经济，不仅与所有市场制度完全隔离，更是与所有由市场决定的价格完全隔离。哈耶克表明，即使放宽这一假设——比如说，允许一个中央计划经济存在竞争因素，政府有意识的政治控制作为一种替代市场清算机制，其作用大于价格制度的可能性极小。[26]实际上，哈耶克认为，任何试图通过政府干预经济来体现市场价格平衡效应的尝试，都不可能达到未受到政府干预

---

① 20世纪早期经济学领域的一场重要辩论，主要关注社会主义的经济体制下资源配置和经济计算问题。从实质上看，社会主义计算争论（Socialist Calculation Debate）是一场关于中央计划经济能否有效运行的争论。

的市场所达到的效果。[27]这仍旧是一个认知问题：在没有真实市场存在的情况下，政策制定者无法准确地预测市场可能出现什么走势。

在出版于1944年的著名作品《通往奴役之路》(The Road to Serfdom)中，哈耶克改变了以往对中央计划经济的观点。[28]他认为，支持实行中央计划经济的个人或群体对社会主义的认知存在严重偏差，包括他的许多英国朋友。他认为，社会主义是以中央管理为基础的经济计划系统。社会主义者主张通过没收资产阶级的财产，并实行经济计划来造福工人阶级。[29]

哈耶克在《通往奴役之路》的论述常被视为滑坡谬误①的典型，即任何朝着中央计划方向的微小步伐都将不可避免地导致极权主义的奴役。但是，哈耶克的论点远比这种歪曲性的结论更有深度。[30]中央计划过程的每个阶段——从（假定是通过民主方式）同意采用计划经济、审议选择具体计划，到最终实施选定计划——都充满了阻力。一些人完全反对中央计划，一些人支持计划但反对特定计划，还有一些人喜欢选定的计划但不满意其实施和执行的条件。关键问题在于：中央计划当局应如何应对这种反对态度？

如果计划要得以实施（虽然随时都可以放弃中央计划经济并回归市场经济），政府的计划制定者必须设法克服这种政治阻力，可能需要采取一些不那么受欢迎的手段。因此，哈耶克的论点并不是说，向社会主义迈一步就必然会走向极权主义，实际上，通往奴役的道路上存在各种岔路和迂回。哈耶克反而认为，在面对不可避免的阻力时，坚持不懈地推动中央计划实施的执行者将不得不侵犯政治自由并采取各种执行机制，而这些正是那些本意良好的、支持实施中央计划的社会主义者所憎恶的。换句话说，中央计划并不是实现社会主义目标（例如社会公正、经济平等）的有效手段。

---

① Slippery-Slope Fallacy，一种逻辑谬论，即不合理地使用连串的因果关系，将"可能性"转化为"必然性"，最终谬以千里。

《通往奴役之路》一书的出版极大地提升了哈耶克在英语国家的知名度，尤其在《读者文摘》(Reader's Digest)刊登了该书的极简版之后。他不仅在美国举办巡回讲座，而且流行杂志《看见》(Look)也刊登了该书的图解版本。甚至连温斯顿·丘吉尔在1945年5月战后首次选举前夕的演讲中也提到了该书的论点，尽管他并没有提及书名或作者——顺便一提，丘吉尔率领的保守党在这次选举中惨败给了克莱门特·艾德礼(Clement Attlee)领导的工党。《通往奴役之路》一书备受关注并引起了两极分化的评论，既有极尽溢美之词，也有激烈的批评，但很少有读者持中立立场。[31]

虽然《通往奴役之路》引起了广泛的关注（或许部分原因就在于此），但是当哈耶克在1950年离开英国前往美国芝加哥大学任职时（值得注意的是，哈耶克并非任职于芝加哥大学著名的经济学系，而是其独立的社会思想委员会），人们普遍认为，无论他在这一过程中取得了多少胜利，他及其代表的奥地利学派已在与凯恩斯主义者和社会主义者的两场论战中彻底失败。凯恩斯主义在当时的经济学领域占据了主导地位，而英国也基本建立了福利国家体系，并且没有出现极权主义的现象。就这样，哈耶克进入了一个孤寂的低潮期，但他仍然坚持着写作和出版，尽管这一时期的读者群远远不及《通往奴役之路》的庞大。

芝加哥与弗莱堡时期：哈耶克核心观点的形成

具有讽刺意味的是，哈耶克在陷入低谷之后，才成为了一名真正的社会理论家。在其后的职业生涯中，哈耶克构建了一套社会现象解读方法，广泛融合了经济学与方法论、心理学、生物学、哲学、历史和法学等多个学科的要素。他在1936—1948年间发表的一系列具有开创性的论文奠定了这一蜕变的基础。

在《经济学与知识》(Economics and Knowledge)这篇论文中，哈耶克对均衡理论在解释具体经济问题时的重要性提出了更深层次的质疑。[32]他指出,对于单一经济主体而言,均衡的概念清晰明了:所谓某人"处于均衡状态",即表示其拥有一套自洽的行动计划,能够在行动时保持内在的一致性,不存在任何矛盾或冲突,例如,这套计划不会让同一个人在同一时间出现在两个地方。但哈耶克随即问道:对于社会或整体经济而言,由于没有人能够全面了解所有信息,且每个人都有不同的想法,那么在这种情境下,所谓的"处于均衡状态"是什么意思?是否表示社会层面的行动可以在没有矛盾或冲突的情况下进行?

整体并非简单的个体相加,整体均衡不能简单理解为所有个体都处于上述意义的均衡状态:即使人人都拥有一套自洽的计划,不同计划之间也有可能相互矛盾。比如,我想以 1 000 英镑购买你的汽车,那你有可能要违背本意并做出让步。如果你计划不低于 1 500 英镑出售,那我们两人的计划都无法成功执行。我们没有达到经济均衡。如果要协调双方行动,那其中一方或双方就需要调整计划。但是,人人都拥有自洽且相互一致的计划也依旧不足以实现均衡状态:没有准确反映在相关计划中的因素①可能会推翻那些自洽且相互一致的计划。比如,我们双方最终一致同意以 1 250 英镑进行汽车交易,但如果在交易完成前,你的汽车被盗并被分解为零部件在黑市上出售,那我们仍然无法顺利实施计划。我们还是没有达到经济均衡。因此,哈耶克在《经济学与知识》中总结道,整体达到均衡状态需要满足 3 个充分必要条件,即个体计划的内在一致性、不同计划间的相互一致性,以及计划与相关事实的一致性②。当且仅当这 3 个条件同时满足时,社会上的每个人才能有效地实施各自的计划。

如果社会确实达到了均衡状态,那么所有个体都能无碰撞、无冲突地执行自己的计划,而且这些计划不会因为外部变化而落空。但显然,这种状态在现

---

① 计划可能未考虑或未充分考虑到一些意外因素,包括未来的变化、外部环境的不确定性等。
② 个体的计划或想法应该基于准确的信息和实际发生的情况。如果计划与实际事实不一致,可能会导致计划执行失败或产生非预期的结果。

实中几乎不可能存在,即便主流经济学家也不敢作此幻想。更确切地说,经济理论通常假设在标准条件下社会可以趋于均衡,但在不断变化的现实世界中,这种状态永远无法完全实现。哈耶克对此并不认同,他认为有大量证据表明社会趋于均衡的假设在现实世界是基本成立的。[33]否则,我们可能会在相近的地理位置观察到明显的价格差异,比如,相邻街区的两个加油站可能会挂出截然不同的汽油标价。但这种现象实际上很少见(几乎可以说不存在),由此看出,经济在标准条件下往往会趋于均衡。

如果我们以这种方式定义均衡的含义,那么经济学的核心问题将主要围绕各种能够促进或牵制不同个体的想法趋于协同一致且符合相关事实的机制。这正是哈耶克在《知识在社会中的运用》(The Use of Knowledge in Society)一文中探讨的议题——这篇论文被普遍认为是20世纪经济学领域最重要的论著之一。[34]在市场竞争中,个体不仅要计划自己的经济活动,还必须根据他人的计划灵活调整自己的计划。而在社会主义制度下,所有经济活动都由中央进行计划和指导。哈耶克提出了一个问题:在这两种经济计划体系中,哪一种能更有效地促进(或最低程度地牵制)经济均衡的趋势?[35]

如果所有社会知识都能以科学化的方式表达为普适规则或法律,那么社会主义制度理应比市场竞争更具优势。如果这种假设成立,想必所有社会知识都可以被集中汇总并由中央计划政治局统一支配。但哈耶克指出,有一种重要知识无法被收集并传达给政府制定计划者,即个体对自身独特经济状况的了解,也就是哈耶克所说的"特定时间和地点的知识"。[36]

哈耶克通过"锡供应"的例子描述了自由调整价格在协调广泛个体计划中的作用,堪称20世纪经济学领域最著名的段落:

> 假设世界某地出现了一种使用某种原材料(例如锡)的新机会,或者有一处锡的供应源已然耗尽。前述两种原因当中究竟哪种原因

造成了锡的紧缺,对于锡用户来说并不重要——这一点意义非常重大。在这种情况中,锡用户只需要知道,他们以前一直消费的那部分锡,现在用在其他地方可以盈利更多,因此他们必须节约用锡。对于绝大多数的锡用户来说,甚至都没有必要知道什么地方对锡有更大的需求,或者节约用锡究竟可以满足什么样的其他需求。只要其中的一些锡用户直接了解到这种新需求并将资源转移到新需求上,而且只要那些意识到新缺口将会由此产生的锡用户转而寻求其他资源来填补这个缺口,那么这种做法的影响就会迅速扩及整个经济系统。当然,这种情况不仅会影响到锡的用途,而且也会影响到锡的替代品及这些替代品的用途,进而影响到所有锡制品的供应及它们的替代品的供应,依此类推。所有前述影响都发生在大多数替代品供应者并不了解导致这些变化的初始原因的情况下。这一整个情形构成了一个市场,但是这个市场的形成却并不是因为该领域中的每一个成员都洞见到其间的所有情况所致,而是因为他们有限的个人视域是紧密关联且相互重叠的,因此相关的信息可以经由许多中介而传递给所有的成员。任何商品都有一个价格……这个事实本身就构成了某种解决办法;当一个控制者在掌握了由所有参与这一过程的个人分散掌握的全部信息以后,他也可能(从概念上讲)得出这种解决办法。[37]

价格为每个人提供了必要的信息摘要,以便我们调整自己的计划来适应他人的需求和不断变化的环境。由此得出的重要推论是,当价格受到控制和操纵的程度越大,它就越无法有效发挥这一作用。与之相关的是,缺乏必要的相关时间信息和地点信息,就无法让价格知识发挥作用,此时价格知识的价值就是有限的。竞争机制能够确保价格知识在需要的时间和地点得到有效利用。

哈耶克在《竞争的含义》(*The Meaning of Competition*)一文中探讨了如何评

估经济体系的表现。他认为,按照完全竞争理论设定的标准来评估实际市场是错误的。实际市场从未达到完全竞争标准并不意味着存在"市场失灵"。相关的问题已经在《知识在社会中的运用》一文中解答过:重点并不在于市场是否达到完全竞争,而在于我们是否能够更有效地实现目标,无论市场是否存在价格决定机制。[38]哈耶克后来进一步阐述指出,与科学相似,市场竞争是一种发现过程和知识获取机制,如果没有市场竞争,个体就无法获取到市场所提供的知识。[39]

在这一系列论文中,哈耶克的成就在于重新构想了经济学的核心关注点。他不再将注意力局限于物质商品和服务的本质,而是转向了获取与传递商品和服务知识的认知过程。哈耶克很快意识到,将社会科学视为主要关注知识协调①的创新视角,其影响远超出了社会范畴。无论是社会还是自然界,秩序(或平衡)的存在都离不开各个元素之间的良好协调。

秩序可以分为构建性秩序和自发性秩序,前者是经过有意设计、实施和执行而成,后者则没有经过设计,可以说是从不以秩序形成为目的的要素活动中产生的。运作良好的军事组织所体现的秩序属于构建性秩序,而自由市场所体现的秩序则属于自发性秩序。在自由市场中,没有一个中央计划者会像军事将领一样去制定秩序;相反,市场秩序是由每个市场参与者追求各自目标的行为相互作用而无意识地产生的。哈耶克认为,当亚当·斯密提出"看不见的手"时——个人的自利行为最终会促成整个社会的利益——他所设想的是,市场能够在个人追求行动计划的过程中自发形成秩序良好的状态。

《通往奴役之路》一书引起的广泛关注让哈耶克有些啼笑皆非,因为这本书更多关注的是规范性和"政治性",而他始终希望以严肃的科学著作树立自

---

① 知识协调是指个体或组织之间对于知识的共享、整合和应用过程。在一个社会或组织内部,不同的个体或部门可能拥有不同的知识、信息和经验。知识协调的过程涉及这些个体或部门之间的沟通、协作和学习,以确保他们的行动和决策能够相互协调、一致,从而有效地达成共同的目标。

己的声誉。20 世纪 40 年代末,哈耶克决定重新致力于严谨的科学研究,于是他回到最初的兴趣领域——心理学,并翻出自己在 20 世纪 20 年学生时代撰写的关于意识的旧论文。哈耶克的心理现象理论没有发生根本变化,但经过 30 年学术生涯的淬炼,他已经能够更娴熟地表达这些理论思想。最终,《感觉的秩序》(*The Sensory Order*)一书在 1952 年成功出版,成为哈耶克作品集的重要组成部分。他在书中第一次明确指出,自发秩序不仅仅局限于社会科学领域,而且在其他领域也普遍存在。哈耶克的认知心理学是现代"联结主义"认识论的先驱,这一理论认为,心理现象的产生依赖于大脑中神经元之间的放电①。用哈耶克的话来说,感觉(或心理)秩序是一种自发性秩序,这意味着它并非由外部设计或有意识的行为所产生的,而是神经元活动自发形成的结果。[40]

当哈耶克开始理解并接受自发秩序这一概念时,他马上领会到这种现象不仅存在于社会中,也同样存在于自然界中。自然语言和货币制度也是属于自发性社会秩序。在自然语言中,语言的规则并不是预先设定的,而是通过人们实际使用语言而逐渐形成的。同样,货币制度也不是预先设计的,而是在原始的物物交换实践中无意识演化而来的。[41]

在 1950—1975 年的 25 年间,哈耶克在探索社会现象研究的新方法方面取得了显著进展。[42]他摒弃了传统奥地利学派将社会科学与自然科学方法论区分对待的观念,认为二者的方法论基本相同。但他指出,尽管方法论相似,我们在预测和解释不同程度的有序现象方面的能力依然存在重要差异。秩序可以分为简单秩序和复杂秩序,前者是由相对较少的已知(或可知)要素活动产生的,后者则是指大量要素之间的复杂关系超出了人类知识的极限。[43]社会科学是一门致力于研究复杂现象的科学。在这些领域,我们只能够解释调节要素活

---

① 大脑放电是指神经细胞之间传递信息时产生的电信号,这种电信号被称为神经冲动,是大脑活动的基本单位。

动的基本原则,并尝试预测复杂事件中的模式。我们永远无法充分解释或精确预测复杂现象科学中的事件。[44]

哈耶克将简单现象与复杂现象之间的范围与现象的认知可处理性或"理性"的范围联系在一起。[45]在建构主义视角下①,简单秩序是理性的,因为我们具备完全重构这些秩序所需的知识。在另一种视角下(后来被哈耶克学派称之为"生态理性"②),复杂秩序也是理性的:只要我们拥有所有相关的因果知识(实际上我们并没有),我们就可以完全重构这种复杂秩序。[46]哈耶克将这两种秩序的认知可处理性差异与我们面对秩序现象可能采取的态度差异结合在一起。建构理性主义者认为,不管是哪种程度的复杂秩序都具有认知可处理性,就像简单秩序一样。相反,生态理性主义者则认为,秩序的复杂性可能超出我们的认知能力。

建构理性主义者通常支持中央计划或干预主义经济政策,但是生态理性主义者则常常认为,这些政策所带来的认知困难在某种程度上超出我们的认知能力。哈耶克意识到,大多数社会现象都是建构主义和生态理性相结合的结果。几乎所有社会秩序都是计划和自发力量相互作用的结果,而非完全由其中一种方式塑造。但哈耶克指出,经济学家普遍忽视了可能存在的自发社会秩序现象。在他看来,大多数经济学家在某种程度上已经放弃了他们最初从亚当·斯密学说中深入了解的生态理性主义基础,开始逐渐接受建构主义。

数十年里,哈耶克及其观点始终处于主流经济学界的边缘地带,所以当他在1974年被授予诺贝尔经济学奖时,他不禁又惊又喜。哈耶克获奖的时机非

---

① 建构主义是认知心理学派中的一个分支,强调学习者的主动性,认为学习是学习者基于原有的知识经验生成意义、建构理解的过程,而这一过程常常是在社会文化互动中完成的。

② 也称为"演化理性"。演化理性认为个人理性是十分有限的,也是不完全的。道德、语言、法律等各种制度并非人类设计的产物,而是由人类行动以一种长期累积的方式演化而来的。

常凑巧，因为当时世界正遭受着凯恩斯主义引发的通货膨胀，而这正是他和他的奥地利学派同仁长期以来一直警告的。哈耶克的诺贝尔经济学获奖致辞题为《知识的僭妄》(*The Pretence of Knowledge*)，除了严厉谴责经济学家转向凯恩斯主义的行为，他还总结了自己对经济学的愿景：

> 如果人类不想在改善社会秩序的努力中落入弊大于利的窠臼，他必须认识到，在这个领域及其他所有存在……本质复杂性的领域中，他不可能获得足以掌握事件的全部知识。因此，他不能像工匠打造器皿那样去模铸产品，而是必须像园丁看护花草那样，利用他所掌握的知识，通过提供适宜的环境，养护花草生长的过程……社会研究者若能认清自身知识的局限性，便应懂得谦卑为怀的道理……[47]

获得诺贝尔奖后，哈耶克的声名大振。直至他于1992年3月去世时，很多人都否认了之前的观点，认为哈耶克并没有输掉与凯恩斯主义者的辩论。许多人都倾向于接受哈耶克和米塞斯在早期提出的观点。[48]虽然不能准确地将罗纳德·里根(Ronald Reagan)和玛格丽特·撒切尔(Margaret Thatcher)的最终政策与哈耶克直接联系起来，但他们确实在竞选中使用了哈耶克的理论和主张。凯恩斯主义在大多数经济学领域逐渐式微。虽然取而代之的新古典主义方法并不等同于哈耶克主义或奥地利经济学派的主张，但哈耶克在1992年再次成为当世最著名的经济学家，一如他在20世纪30年代曾短暂获得的。

哈耶克的经济学观念与主流思潮

最初，哈耶克被视为"纯粹但狭隘的经济理论家"。[49]但几十年间，他的思想发生了迅速的演变，使他后期的经济学观点与主流经济学存在明显的不同。事实上，哈耶克的经济学观点吸收了其他学科的许多理念，以至于人们普遍认为,他在职业生涯的某个阶段已经放弃了经济学。在关于哈耶克的二手文献中,常见的争议是关于他的理论是否发生了人们所声称的根本性撕裂。[50]

哈耶克的观点在其漫长的学术生涯中经历了很多变迁,经济学也同样如此。特别是,这门学科变得更加形式化、理论化和数学化,哈耶克认为这些都是不利的变化,是倾向于将现代经济(或者其他根本上的复杂秩序)简化为建构主义的进一步例证。从两次世界大战之间,甚至是战后扰乱经济学的变化来看,我们应该探究的问题不是哈耶克何时放弃了经济学,而是经济学何时放弃了哈耶克。

和本书介绍的其他几位经济学家一样,哈耶克之所以成为一位伟大的经济思想家,主要是因为他的视野并没有局限于经济学领域。事实上,哈耶克曾留下一句广为流传的名言,阐述了成为伟大经济思想家的必备条件是拥有超越经济学范畴的志向。"一名物理学家即使仅仅是物理学家,仍然可以是一流的物理学家和社会最有价值的成员,但是如果一个经济学家仅仅是经济学家,他即使算不上一个危险人物,也很可能是个非常令人讨厌的家伙。"[51]哈耶克是这一理念的践行者。他在多个领域都做出了贡献,包括与经济学密切相关的方法论、经济思想史,与经济学略为相关的智识史①、科学哲学、法学、政治学,甚至是看似与经济学不相关的认知科学、心灵哲学和认识论。然而,兴趣广泛甚至跨学科发表论文并不足以让一名经济学家成为伟大的经济思想家。从某种意义上说,哈耶克是一名博学家,他将广泛的兴趣融入到了自己所在的经济学研究工作中。

哈耶克的研究计划很好地揭示了经济学工具(以及更广义上的社会科学工具)在应对各种任务时的局限性,特别是政治任务。哈耶克的思想给我们带来了一则思想启发:经济学和社会科学并非总能满足政策制定者的期望,为他

---

① 历史学的一个分支,研究思想的兴起和演变,即思想史。

们提供解决政策问题的完美解决方案。无论你的政治立场如何,这都是一则需要铭记在心的重要思想启发,可防止陷入最愚蠢的政治傲慢。尽管哈耶克坚定支持古典自由主义,但这不应妨碍我们理解他在社会理论方面的观点。哈耶克的确认为古典自由主义相较于其他政治哲学而言更加谦逊,但他带来的思想启发普遍适用于整个政治领域。

第九章 米尔顿·弗里德曼

维多利亚·贝特曼

1776年，亚当·斯密的著作《国富论》正式出版，此书被奉为自由主义经济学的圣经；200年后，米尔顿·弗里德曼（1912—2006）荣膺诺贝尔经济学奖。尽管弗里德曼常被视为经济学"主流"的中坚力量，但实际上他是一个激进分子。他出生在一个贫穷的东欧犹太移民家庭，是家里的第四个孩子，成长于大萧条时期的美国。当时，大多数人从20世纪30年代的经历中得出经验教训，认为自由市场机制所提倡的"看不见的手"存在着局限性，但弗里德曼却持相反观点，成为自由市场机制的主要倡导者。在资本主义前途未卜、共产主义在东欧及其他地区扎根，而政府干预也在西方国家不断加强之际，他挺身为资本主义进行发声辩护。这种情形也在当时的美国发酵：罗斯福在新政期间缔造了一系列以字母缩写命名的联邦机构①，而林登·约翰逊（Lyndon Johnson）则为谋求"伟大社会"提出"向贫穷宣战"运动，扩大了福利制度的范围。弗里德曼对当时的经济方向提出了质疑。

弗里德曼的劲敌保罗·萨缪尔森曾评价道："从1940年至今，没有一位20世纪的经济学家像米尔顿·弗里德曼一样对美国经济学界的右倾趋势产生了如此重要的影响。"[1]弗里德曼认为，资本主义并不仅仅是一种用于促进经济繁荣的手段；资本主义本身就是一个目标，其核心价值在于保障个人自由。权力的过度集中才是祸根。国家控制只是将多个竞争企业替换为由国家运营的单一垄断体系。对于弗里德曼来说，国家垄断和私营企业垄断都不重要，因为无论是哪种方式，缺乏竞争都会限制个人寻找替代品的能力。当国家主导着我们的工作机会、工作地点和购买选择时，个人自由就受到了威胁。按照弗里德曼的观点，自由市场不仅是经济自由的必要条件，也是政治自由的基础。

---

① 新政期间，罗斯福依据国会通过的法案及行政命令创建了几十个新的联邦机构，这些机构通常以英文字母缩写命名，比如联邦存款保险公司（Federal Deposit Insurance Corporation）就以FDIC简称。

弗里德曼的个人经历及其原生家庭的境遇塑造了他对资本主义的看法。他把父母的幸存归因于美国的自由企业制度。[2]尚未成年的他们独自来到纽约,所面临的困境就和大多数东欧移民一样,举目无亲,身无分文,只有靠自己的双手在一个陌生国度重新开始生活。他的母亲找到了一份裁缝的工作,父亲则成为一个小商贩。[3]父亲去世后,弗里德曼找到一份临时工的工作,辛勤工作赚钱支撑学业,同时为家里增添些许补贴。[4]虽然弗里德曼的成长历程并不平坦,但他绝不会将美国保障的自由视为理所当然,而且他也深知其他经济体系的现实。他对政府干预政策持怀疑态度,并成为自由市场的倡导者,这一切都根源于他的成长背景,而非后来所属的经济精英身份。

虽然弗里德曼的理论成果是芝加哥学派的重要支柱,可以媲美萨缪尔森的理论成果在哈佛大学的凯恩斯经济学派中的地位,但他的影响力直到20世纪80年代才真正进入严肃的公共政策领域。二战结束后,西方资本主义国家迎来了经济发展的黄金时期,在这期间,国家的权力和职能不断扩张,民众认为低通胀、低失业率和经济稳定增长是理所当然的。直到20世纪70年代,西方国家陷入了严重的经济危机,即"停滞性通货膨胀"(Stagflation,简称滞涨):高失业与高通胀并存,经济增长放缓,政府财政赤字大幅攀升。弗里德曼昔日预言的经济危机已然应验,而他主张的自由放任政策以及紧缩银根——控制货币供应——似乎为解决问题提供了一条出路。在时任美国总统罗纳德·里根和英国首相玛格丽特·撒切尔执政期间,弗里德曼的思想推动了经济政策的彻底改革。此外,弗里德曼还是里根总统的经济政策顾问委员会的成员,这是一个由12位经济学家自愿组成的团体。但弗里德曼自己也承认,人民的集体意愿是由"实际经验所塑造,而非抽象理论或哲学原则。此外,只有危机才能带来真正的变革,不管是实际存在的危机还是公众的危机意识"。[5]因此,新自由主义的兴起,即反对国家干预并支持自由市场的思潮,不仅仅是由弗里德曼的理论所促成,更是由公众的态度所决定。

本章将概述弗里德曼在经济学领域的三大重要贡献。其一,弗里德曼的方法论观点,即1953年芝加哥大学出版社出版的《实证经济学论文集》(*Essays in Positive Economics*)中的著名论述,其中主张将经济学视为一门科学并摒弃规范性辩论。其二,弗里德曼的货币经济学,包括货币数量论的重新表述以及他与安娜·施瓦茨(Anna Schwartz)合著的《美国货币史(1867—1960)》(*A Monetary History of the United States*, 1867—1960)——1963年由普林斯顿大学出版社出版。其三,弗里德曼在政治经济学方面的广泛研究,特别是他对市场优势的关注。1962年在芝加哥出版的《资本主义与自由》(*Capitalism and Freedom*),以及1980年在纽约与罗丝·弗里德曼(Rose Friedman)合著出版的《自由选择》(*Free to Choose*),这两本都是畅销书籍;前者至今仍未绝版,后者还配有美国的公共广播协会(Public Broadcasting Service,PBS)制作的10集电视节目。

我们将在下文了解到,弗里德曼的货币经济学及政治经济学并不算是全新的概念。他之所以值得铭记,并不在于他提出了创新性的观点,而是因为他抓住了时势;在政策制定者和公众在寻求新方向之际,他重新唤起了已有的思想。弗里德曼提出了一套清晰、连贯、全面的方案,同时利用自由主义的修辞艺术,迎合了美国公众根深蒂固的信仰。正如经济史学家乔尔·莫基尔(Joel Mokyr)所指出,弗朗西斯·培根和卡尔·马克思等具有影响力的思想家往往都是在现有的思想框架内游弋,并且因善于触达时代精神而深得人心,这是他们的同行或同时代人(尽管思想相似)无法企及的。[6]或许弗里德曼本人也未必意识得到,但借用迪尔德丽·麦克洛斯基(Deirdre McCloskey)的话来说,他的确称得上一位修辞学专家。[7]通过融合货币政策与广泛的经济学研究,弗里德曼成为一个备受欢迎的"一站式解决方案"提供者。一方面,他坚持认为经济学是一门基于"实证"研究的科学（能够超越规范性讨论）①，可以将弗里德曼所说的一切都置于坚实的科学基础之上；另一方面，他的政治经济观点在冷战的背景下尤为吸引人。何须再去探究其他经济学家的理论，弗里德曼的学识已经是百川之所汇。正是这种知识面的广博，而非在单一领域的深入，铸就了他的卓越成就。

一旦要探究深度，弗里德曼的作品很快就会变得支离破碎。他的三大核心研究领域都存在大大小小的批评，我们将在后文逐一探讨。问题在于，弗里德曼虽然摒弃了通常与自由市场经济紧密相连的新古典主义传统，但他的探索却又不够深入，犹如一人左脚在门内，右脚在门外，始终未能跨出逻辑上的一大步——或许这一步将会动摇其核心论断的朴素吸引力：对自由市场的绝对信任。他用深度换取了广度。[8] 在其论证最为有力的部分，他借鉴了奥地利学派及相近的其他思潮，例如哈耶克的理论；而在其理论的薄弱环节，通常是因为他未能完全脱离自认已经摒弃的新古典主义理论流派。因此，正如我们所见，弗里德曼始终未能超越其隐含的假设，包括自由市场经济是稳定的、经济运作与社会及文化因素无关，以及经济学家能够完全排除个人偏见。这成为他根本的败笔，也是整个经济学领域在 2008 年全球金融危机爆发时的通病。

经济学方法论

在弗里德曼出现之前，经济学是一门糅合了艺术与科学的学科，而规范性经济学则处于学科的核心位置。在参与政策制定的过程中，经济学家始终无法绕开人类幸福的驱动因素及生命的意义等问题。于是乎，经济学成为一个充满

---

① 规范性（Normative）讨论在哲学、经济学和伦理学等领域中指的是关于"应该如何"的讨论，它基于价值判断和主观理想，涉及道德、伦理、价值和正义的问题。与之相对的是实证性（Positive）讨论，后者关注的是"事实是什么"和"现象为何存在"，基于观察、实验和数据分析，目的在于描述和解释事物的实际状态或自然规律，而不涉及主观的价值判断。

辩论的领域,融合了政治、哲学与宗教的元素,自然而然地被称为"政治经济学"。弗里德曼为经济学带来了一种根本性转变,让规范性经济学臣服于实证经济学。在他的体系中,认识论重于价值观,科学优于艺术。

弗里德曼在其开创性论文《实证经济学方法论》(The Methodology of Positive Economics)中提出,通过实证检验理论预测的方法,经济学可以实现与自然科学同等级别的客观性。[9]他认为,经济学能够摆脱历史上困扰经济学家的伦理和价值判断。实证经济学的发展和推进可以不受规范性讨论的影响;不容置疑的事实有助于缩小政策制定者在应追求的成果类型上的观点差异。弗里德曼乐观地认为,他的理论框架能在经济学领域内部建立共识:所有经济学家始终能达成一致,并大幅简化政策制定过程,不论其背后的政治或信仰如何。

弗里德曼的观点受到了广泛认可。[10]在其理论支撑下,经济学家们日益认同自己作为科学家的角色,力求揭示"真理"并寻求明确答案,而不是陷入永无止境、永无"正确"或简单定论的议题辩论中。[11]有人认为弗里德曼是经济学的救星,不仅为该学科注入严谨性,还让其摆脱束缚;但也有人认为他将经济学引向了阴暗歧途。毫不使人意外,弗里德曼的《实证经济学方法论》被誉为"20世纪经济学领域引用频率最高、影响力最广、争议性最大的方法论著作"。[12]

弗里德曼认为经济学可以在某种程度上消除主观性,这一观点引起了广泛的争议。[13]正如美国伊利诺伊大学芝加哥分校经济学、历史学、英语和传播学荣誉教授迪尔德丽·麦克洛斯基所言,"经济学家的信仰往往超越其相对现代和客观的证据所表明的范围",导致其推导出的结论比严格证据所支持的更为广泛,这多半是因为他们将一些存在争议的观点默认为既定事实。毕竟,经济学家的所见所闻和成长环境将会影响他们所提的问题、所用的研究方法、所判定的现象类型,以及他们对结果的解读方式。与哈耶克一起获得诺贝尔经济学奖的制度学派经济学家纲纳·缪达尔(Gunnar Myrdal)表示:

社会科学领域的偏见不可能只通过"坚持事实"和改进统计数据处理技术来根除。事实上，数据及其处理过程比"纯粹思想"更易受偏见影响。研究中可能遇到的数据混乱无法单靠观察就自动转化为系统知识……如果科学家在努力呈现事实时不清晰地表达自己的立场，他们就会给偏见提供温床。[14]

确实，正如法国塞吉-蓬图瓦兹大学经济史学家贝亚特丽斯·谢里耶（Beatrice Cherrier）所言，弗里德曼的从前"塑造了他审视新证据的眼睛，导致他往往将这些新发现视作对自己既定信仰的有力支持"，由此陷入了一个自我增强的循环——在"既保护又团结"的芝加哥学派，被一群同样底色的学者所围绕，弗里德曼对威斯康星制度学派等不同学派"彻底免疫"。贝亚特丽斯总结道："弗里德曼的理论假设不仅根植于他对经济体系稳定性及政府干预有害论的先入之见，而且他用事实检验这些假设的过程也缺乏决断和定论，无论是数据的搜集、历史事件的筛选、模型的构建还是测试的解读，这最终导致弗里德曼的个人价值观悄然渗透到研究之中。"[15]

不同于弗里德曼，缪达尔所代表的制度学派更关注偏好、技术与经济行为是如何被思维方式等"制度"因素所塑造，并引发了与社会控制相关的议题——按照制度学派的早期代表人物约翰·R. 康芒斯（John R. Commons）的话来说，这就是个体"能够、必须、可能做或不做"的行为。[16]从女性主义视角出发，弗里德曼的方法论之所以能够吸引人，恰恰反映了社会对所谓"男子汉气概"的偏好。这种偏好导致了一种学术偏见，即重视科学而轻视艺术，并认定科学是最"严谨"的研究领域。[17]

弗里德曼不仅错误地认为经济学家能够绝对保持客观性，而且他还忽略了一个重要事实：众多与新古典主义及自由放任主义经济学相关的思想家对经济学的规范性维度（伦理维度）进行了更深入细致的考量。牛津大学经济史教授阿夫纳·奥弗尔(Avner Offer)指出:"理性选择理论和新自由主义对'看不见的手'的现代诠释……不仅与启蒙运动及功利主义经济学的伦理传统大相径庭,也与亚当·斯密本人的观点不符。"[18]罗马大学理学院教授瓦莱里亚·莫西尼(Valeria Mosini)强调,即便是数理经济学天才莱昂·瓦尔拉斯也没有忽视经济学中的价值观和伦理问题:他关于市场效率的"论证"伴随着一个重要前提——经济学家同样需要考虑伦理因素。[19]瓦尔拉斯认为,自由放任原则本质上是有效的,但其成效依赖于特定的先决条件:它须在兼容且支持的环境下施行,而且在该环境中,经济学家们不得忽视对规范性的思考。而哈耶克则认为,经济学需要超越单纯的自由放任原则,确保市场能在最适合的制度框架内发挥最佳作用。[20]他虽未全然赞同亨利·西蒙斯在1949年出版的《自由放任主义的实证纲领》(A Positive Programme for Laissez Faire),但也对其给予了高度评价。[21]对众多持相似理念的经济学家而言,分歧并不在于是否需要将自由放任主义嵌入适当的制度环境(这点倒是意见相合),而是关于制度环境究竟应当包含什么——朝圣山学会①的设立就是为了促进该议题的讨论。这一议题与当代"预分配"②观念以及对"资本主义改革"的呼吁有很多共同之处。但是,随着弗里德曼方法论的普及,规范性讨论被边缘化,而经济学被提升至科学的高度,这一议题被自由主义所摈弃。这一转变为左翼垄断伦理与价值的讨论领域提供了机遇,尽管在此之前,这些议题对自由放任主义的倡导者来说也是熟悉的领域。

然而,除了"实证经济学"之外,弗里德曼的方法论还有两个方面较少受到关注,对当下而言,这两个方面可以为我们带来更深远的意义和价值。

---

① 朝圣山学会(Mont Pelerin Society)是由哈耶克1947年发起成立的一个新自由主义经济学的学术团体。

② Predistribution,通过直接影响市场经济的初次分配机制来减少不平等,而非依赖传统的再分配政策(如税收和社会福利支出)来调整已经产生的收入不平等。

首先，弗里德曼认为决策与经济成果更多地受到大众经验的影响，而非学术著作，一如他在声明中强调公众舆论是"由实践经验塑造的，而不是理论或哲学"。[22]相对地，凯恩斯则认为经济学家对公众舆论形态有重大影响力，他写道："自称不受任何智识影响的实干家往往是某些已故经济学家的奴隶。"[23]在弗里德曼的论点中，有证据表明政策和选举结果确实会背离经济学家的建议，2016年英国脱欧公投即为一例。经济政策的转变往往是对公众舆论的响应，而不是经济学文献。例如，柏林墙的倒塌源于民众对现状的普遍不满，而非纯粹的经济思考。同样，1846年英国谷物法的废除和自由贸易运动的兴起，不单是由于大卫·李嘉图和理查德·科布登（Richard Cobden）等经济学家的努力，更是工业革命期间工人和工业家们反对导致生活成本提高的关税保护的实际行动推动的。经济思想家通常不是变革的先锋，而是在公众行动已经启动之后才会以支持者的身份出现，顺应大众潮流。[24]

其次，弗里德曼认为经济学家引导或指导经济的能力存在实际的限制。这一观点与凯恩斯主义的方法论有着本质的分歧。尽管凯恩斯本人并未将其《就业、利息和货币通论》设想为一套方程体系，但事实上，他的不少追随者却如此理解。这导致经济学家被推上掌舵经济的驾驶席，仿佛只要按动按钮就能实现可预测的预期效果。凯恩斯曾设想，经济学家的角色最终可能变得枯燥且机械，类似于牙医的工作。

尽管经济学家们已经不再完全遵循凯恩斯经济学的原则和方法，但他们依然坚持使用数学作为分析的基础工具，其中包括追随自由放任传统的新古典学派。有趣的是，尽管新古典学派和弗里德曼都对凯恩斯主义持不同观点，并认为政府干预经济效果有限，但他们的论证路径并不一样。新古典学派通过数学方程的解析得出，而弗里德曼却未依赖复杂的数学推导。弗里德曼认为，虽然数学工具可以提供清晰的框架来分析经济问题，但如果过度追求，就可能面临一些根本性的限制：它构建了"基于假想世界的形式模型，而不是对现实世界的客观描述"。[25]弗里德曼强调,经济学家必须认识到他们对经济的理解的局限性。他警告说,如果经济学家忽视了这一点,"就可能不切实际地提高公众对我们这些经济学家的期望"。[26]弗里德曼的初衷是推动经济学朝向更加"科学化"的方向发展,但讽刺的是,这个过程却因此不可避免地加深了经济学对数学工具的依赖。

货币学派的理论

弗里德曼的货币经济学中有一个看似简单而根本的结论:为了保持货币价值,必须严格控制其供应量。但考虑到货币已流转千年,这样的思考自然非弗里德曼的首创。事实上,他只是站在前贤巨人的肩上。正如我们所见,当他的某个观点被人们铭记,并不是因为这观点的独创性,而是因为他恰逢其时地出现在合适的地点和时间。

货币对经济的影响一直是学术辩论的核心议题,尤其是它是否会产生"实际"效应(产出)和"名义"效应(价格水平)。早在 17 世纪,重商主义者就已经认识到贵金属过度流入可能会引发价格上涨,但他们也认为这有助于刺激贸易和生产,从而有益于经济大局。19 世纪,欧文·费雪和克努特·维克塞尔(Knut Wicksell)为现代货币经济学建立了基础,其后,弗里德曼沿袭了欧文·费雪的思想路线,与追随克努特·维克塞尔的奥地利学派、凯恩斯学派及斯德哥尔摩学派形成对照。此外,弗里德曼的导师亨利·西蒙斯在 20 世纪上半叶便强调控制货币供应的重要性和实施基于规则的货币政策的好处,同时警告过度自由的货币政策可能带来的风险,这些思想对弗里德曼产生了深远的影响。再者,美国货币经济学家詹姆斯·安吉尔(James Angell)还建议通过货币稳定增长政策来稳定经济,这一策略后来与弗里德曼的主张紧密相关。[27]

虽说不乏历史先例,且弗里德曼并非货币领域唯一的经济学家,但他的研究常被视为对 20 世纪五六十年代盛行一时的凯恩斯学派的重要挑战。凯恩斯认为经济不稳定是自由市场经济的固有特性,主要由投资的波动性引起。与此形成对比的是,弗里德曼主张经济不稳定是由货币增长的不稳定引起的。[28]当凯恩斯主义者弱化货币政策的重要性并强调财政政策(税收和政府支出)的重要性时,弗里德曼却认为货币政策极具影响力,足以对经济稳定构成重大威胁。

因此,在此背景下,"货币主义"试图重申货币在经济学中的核心地位,并主张货币在决定收入、产出和价格方面的关键作用。弗里德曼延续了费雪方程式,对货币数量论进行重新表述①。这一方程式表示为:$MV=PY$,其中 M 代表货币供应量,P 代表价格水平,V 代表货币流通速度(货币转手的频次),而 Y 则表示实际产出水平。通过假设 V 是稳定的,且 Y 是由外部因素所决定,弗里德曼论证了这一等式能够清晰且紧密地链接货币供应与价格水平。[29]

在重新诠释货币数量论的同时,弗里德曼又赋予它新的维度,将其发展为货币供应与需求之间的均衡理论。他认为货币需求相对稳定,因此货币供应在决定价格水平和通胀率方面起着决定性作用。

弗里德曼坚持实证经济学研究方法,通过历史数据来证明货币对价格的长期影响及其对产出和收入的短期影响。遵循美国国家经济研究局的商业周期方法论——继承了阿瑟·伯恩斯(Arthur Burns)和韦斯利·米切尔(Wesley Mitchell)在该领域的开创性工作——弗里德曼与安娜·施瓦茨深入梳理了美国的货币及金融历史,合著了篇幅庞大的《美国货币史》。[30]

弗里德曼和施瓦茨认为,货币历来是造成美国经济起伏的关键因素,包括使人痛苦难忘的大萧条。[31]换言之,控制货币供应不仅是为了抑制通货膨胀,也是为了稳定经济,减少经济的周期性波动。回到前述方程式 $MV=PY$,弗里德曼认为,货币供应量 M 的变化可能会在短期内对实际产出 Y 产生显著影响,而

---

① 1956 年,美国经济学者弗里德曼发表了题为《货币数量论:一种重新表述》(*The Quantity Theory of Money: A restatement*)的论文,提出了现代货币数量理论。

不是价格水平 P。但随着时间推移，实际产出 Y 会回归到某种由外部因素决定的水平，因此货币供应量 M 只会对价格水平 P 产生影响，即这种影响属于名义经济变量，而不是实际经济变量。①

著名的古典二分法认为，货币等名义变量的波动不会影响实际经济的基本表现。这一观点从长远来看或许成立，但在短期波动可能会导致经济偏离轨道。弗里德曼对此有明确的论断：

> 我相信，当务之急是防止货币本身成为经济波动的主要根源……依我之见，实现这一目标的最佳措施是指定货币机构长期负责保持货币供应量的稳定及规律增长……消除货币不确定性能够为个人计划和社会行动提供稳定环境，从而促进健康的经济增长。[32]

长远来看，产出水平似乎不受货币的影响，因此，弗里德曼认为对货币供应实施严格控制并不会引起任何负面影响。相反，这种做法将有助于实现价格与产出的稳定，从而带来积极的经济效益。相对地，凯恩斯理论则通过菲利普斯曲线②的补充关系表明，接受高通胀率可以提高经济产出并降低失业率，即货币领域与实体经济之间存在长期的权衡。弗里德曼在面向美国经济学会做的主席演讲中——收录在 1968 年出版的经典文献《货币政策的作用》(The Role of Monetary Policy)——发表了不同的意见，这种通过"愚弄"③工人而实现的权

---

① 古典经济学把变量分为实际变量和名义变量，这被称为"古典二分法"(Classical Dichotomy)。实际变量是用实物单位衡量的变量，例如，数量和实际国民收入；名义变量是用货币表示的变量，例如，物价水平。

② Phillips Curve，一种描述失业率与通货膨胀率之间关系的经济学理论，认为失业率与通货膨胀率之间存在负相关关系。

③ 指依赖工人的"货币幻觉"(Money Illusion)，即工人对货币值变化存在认知滞后的现象。在通胀环境中，如果工资名义上上涨，工人会误以为他们的购买力也随之增加，实际上由于物价整体水平也在上升，他们的实际购买力并未改变或甚至下降。

衡只是镜花水月，而且如果政策制定者试图持续利用这种假定的权衡，那他们实际上是在破坏经济稳定并推高通胀。[33]

弗里德曼在推翻菲利普斯曲线关系时提出了经济体存在"自然失业率"的观点。他认为，长期来看，菲利普斯曲线将垂直于自然失业率，这意味着菲利普斯曲线能够与任何通胀水平相对应。也就是说，从长远来看，通胀与失业之间并无权衡关系。

短期与长期货币效应之间的对比显示，政治家可能在选举前夕等特殊时期实施短期刺激经济政策，这种脆弱的经济繁荣最终可能引发经济衰退。因此，弗里德曼总结道，稳定经济的最佳策略是严格监控货币供应量，并确保政治家不会采取短期经济刺激措施。换言之，政策制定者的行动应该受到限制。此外，基于对货币需求关系稳定性的实证分析，弗里德曼主张实施单一的固定货币供应增长规则。[34]他还认为，在经济面临不利冲击的情况下，即使可能需要政策制定者拥有更大的自由裁量权，但由于政策实施和效果传递的滞后性，积极的财政或货币政策都将效果甚微，反而可能增加经济的不稳定性。[35]

弗里德曼主张，与其采取需求侧措施来刺激经济，例如，货币和财政刺激，不如采取供给侧措施，例如，增加劳动力和产品市场的竞争压力，包括通过解决工会、福利国家、价格操纵和过度监管的问题。他认为，长期降低"自然失业率"并提高经济实际产出水平的关键在于供给，而非需求，这一论点与罗伯特·索洛（Robert Solow）等经济学家提出的经济增长理论非常契合。

货币学派的实际应用

20世纪70年代，凯恩斯主义影响下的"主流"经济模型受到严重质疑，在这种背景下，弗里德曼的经济理论开始获得更多的关注，并对政策制定者产生了影响。在这10年间，全球经济普遍陷入衰退，失业率激增，同时，与菲利普斯曲线的预期相反，通货膨胀率飙升至历史新高。正如1995年诺贝尔经济学奖得主罗伯特·卢卡斯和 2011 年诺贝尔经济学奖得主托马斯·萨金特(Thomas Sargent)所言：

> 这些经济动荡并非源于政策制定者回归到凯恩斯所批判的"古典"经济学主张，即货币紧缩和预算平衡的保守政策。相反，这些问题是在巨额政府预算赤字和高货币扩张率的背景下出现的。虽然普遍认为这些政策会增加通货膨胀的风险，但按照现代凯恩斯主义理论，它们有望促进"快速的经济增长和降低失业率"。[36]

凯恩斯主义理论引起的失望情绪持续加剧。

汇率制度变化是导致经济不振的重要背景因素，即布雷顿森林体系瓦解标志着从固定汇率向浮动汇率的转变。固定汇率制度曾是政策制定者为避免由过量货币供应引起的通货膨胀风险的常规方案。通过将本国货币与黄金挂钩并固定相互之间的汇率，这种制度限制了政府的货币发行能力。然而，灵活汇率制度打破了这种约束。虽然弗里德曼坚决反对布雷顿森林体系创始人凯恩斯坚定支持的固定汇率制度，但他也同时警告称，灵活汇率可能对通胀控制带来挑战，并暗示政策制定者需要需求替代的通胀控制策略。在此背景下，收缩性货币政策是重新控制通胀的必要策略。他认为，在凯恩斯时代长期被忽视的经济供给侧也同样需要予以重视，这将有助于降低失业率。虽然凯恩斯的理论体系中确实存在应对高通胀和高失业的策略，但这些策略不够清晰明了，难以直接捕捉。[37]相比之下，弗里德曼提供了一个清晰的前进方向。

弗里德曼的政策倡议被里根和撒切尔所采纳，其核心是减少政府干预，释放市场力量。这一揽子倡议，包括国有产业私有化、削弱工会力量以及放松经济(包括金融)管制。通过采用弗里德曼提出的固定货币供应增长规则，中央银行或许能够有效控制货币供应，从而抑制通货膨胀问题。然而，收缩性货币

(和财政)政策导致英美两国出现了严重的经济衰退,其中美国的情况被称为"沃尔克冲击"。[38]在英国,政府则告知公众"没有痛苦就没有收获"。然而,尽管政策制定者竭尽全力,经济依旧陷入了衰退,通货膨胀率依然居高不下。通过控制货币供应来遏制通胀的尝试最终以失败告终。事实证明,货币需求曲线并不像弗里德曼认为的那样稳定,这表明单纯依靠货币供应控制价格是不够的。尽管弗里德曼希望保持价格稳定的最终目标在当时看来无可厚非,但达成这一目标的手段却存在很多争议。因此,政府开始探索其他手段,包括在欧洲恢复固定汇率,最终促成了欧元区的形成。

弗里德曼的货币经济学带来了巨大的影响,但也饱受严厉的批评。从实证角度看,产出与货币之间的因果关系存在疑问。尽管弗里德曼和施瓦茨揭示了两者之间的相关性,但却没有阐明货币是否起主导作用。[39]事实上,海曼·明斯基认为,货币是由追逐利润的金融机构所创造。当经济上行时,金融机构为了回应客户的需求会扩大"货币供应",当经济下行时,金融机构会收缩信贷,而这一响应措施会导致经济周期波动的加剧。换句话说,经济景气的时候,贷款很容易申请;经济衰退的时候,贷款不容易申请。他认为,私营的金融机构——而非中央银行——才是关键参与者,而且他们利润追求的自然行为不断削弱了中央银行限制货币供应增长的能力。银行贷款并非由储备量决定的,而是受到客户借贷需求及商业银行房贷意愿的影响,也就是说,银行贷款受需求侧的影响。根据明斯基的观点,政府极难维持一个固定的增长规则——私营金融机构的创新必然会与之相抵触,并引入新的、难以预测的风险因素,有时甚至会导致最后贷款人①的介入和紧急救助,而这些措施可能会被视为对私营金融机构风险承担行为的背书。因此,明斯基认为"美联储政策的唯一基本准则是

---

① 又称最终贷款人(Lender of Last Resort),即在出现危机或者流动资金短缺的情况时,负责应付资金需求的机构(通常是中央银行)。

不能被任何普遍准则所支配"。[40]

弗里德曼的理论不仅受到了"左派"的批评,也受到了新自由市场主义者的质疑。新兴古典经济学用"理性预期"模型取代了弗里德曼用于解释通货膨胀预期①形成过程的"适应性预期"模型。[41]结果,理性预期模型的预测显示,货币不仅在长期内没有"实质"影响,而且在短期内的影响也比弗里德曼本人的预测要小得多。不同于弗里德曼关于经济繁荣与衰退的货币解释,新兴古典主义经济学家提出了一种聚焦于供给侧的替代模型,即真实商业周期②。他们认为,供给侧不仅是推动经济长期增长的因素,也是导致经济短期波动的原因。在这一模型中,需求的地位被边缘化。新兴古典主义经济学家认为弗里德曼对凯恩斯主义思想的批判并不够彻底和充分。

虽然弗里德曼的理论常被视为与凯恩斯的观点相对立,但他们之间的分歧并没有普遍认为的那般显著。首先,弗里德曼用以驳斥菲利普斯曲线的核心方程式,即包含通胀预期的调整版本,其实是以菲利普斯的模型为基础的;要说他们之间的分歧,那就是菲利普斯对通胀影响的担忧实际上超过了弗里德曼。[42]菲利普斯也清楚地认识到他的曲线模型依赖于对既定的通胀预期水平,这一点后来为弗里德曼所采纳并加以发展。其次,一些认为凯恩斯低估货币重要性的说法也并不正确。事实上,凯恩斯的早期著作大部分都是聚焦于货币问题,其出版于1930年的《货币论》便是明证。[43]

凯恩斯与弗里德曼之间的主要分歧在于对经济不稳定性的理解。凯恩斯认为,经济不稳定是自由市场经济固有的特性,而非仅由货币管理不善引起。这一观点深受奈特不确定性③的影响,即未来的不可预知性导致投资本质上具

---

① 通货膨胀预期是指对未来通货膨胀变动方向和幅度的事前主观估计,它的形成取决于公众获取的信息和将信息转化为预期的模型的能力。
② Real Business Cycle,用"真实的经济冲击"来解释商业周期的发生。
③ 由经济学家弗兰克·奈特提出,区分了风险(可以用概率计算)和不确定性(Knightian Uncertainty,无法预测或计算的未来事件)。

有投机性。[44]我们无法预知未来,那么投资决策也就没有稳定的锚点,这意味着投资决策将随风摇摆,经济也将随之波动。由于这种显著的不确定性,凯恩斯比弗里德曼更加重视货币作为交易媒介之外的价值储存功能,即所谓的流动性偏好①。[45]根据凯恩斯的观点,我们将货币作为储值工具的依赖程度取决于我们对经济前景的乐观或悲观评估。弗里德曼坚信市场经济具有自我平衡的特性,但凯恩斯却持不同观点。根据其流动性偏好理论,凯恩斯认为在经济下行期,由于人们增加了对货币(作为相对安全的资产)的需求并减少了对股票和股份的持有,流动性偏好相应提高。对货币的额外需求抑制了利率的下行压力。即便是货币供应的增加也无法抵消货币需求的上升。[46]因此,凯恩斯并不认同利率能在经济衰退中自然调整,并促进经济恢复至接近充分就业状态的观点。不过,弗里德曼则不同意凯恩斯所强调的未来具有显著的不确定性以及由此衍生的流动性偏好理论。弗里德曼没有充分认识到经济固有的不稳定性,过于乐观地信任市场的自我修正机制。[47]

市场的优势

作为一位新古典经济学科班出身的经济学家,弗里德曼对市场机制的信念乍一看显得有些天真。毕竟,在对亚当·斯密"看不见的手"理论进行数学形式化时,新古典经济学家揭示了确保市场"效率"所必须满足的多重苛刻假设,包括完全竞争、无外部性②及完全信息。然而,弗里德曼虽然认可这些严苛的

---

① 流动性偏好指由于货币具有使用上的灵活性,人们宁肯以牺牲利息收入而储存不生息的货币来保持财富的心理倾向,是凯恩斯的三大心理规律(边际消费倾向、资本边际效率、货币的流动偏好)之一。

② 从经济学的角度来看,外部性的概念是由马歇尔和庇古在20世纪初提出的,是指一个经济主体(生产者或消费者)在自己的活动中对旁观者的福利产生了一种有利影响或不利影响,这种有利影响带来的利益(或者说收益)或不利影响带来的损失(或者说成本),都不是生产者或消费者本人所获得或承担,是一种经济力量对另一种经济力量"非市场性"的附带影响。

假设条件,但他对这些假设在长远看是否真正适用以及政府是否能可靠地优化市场结果——无论这些结果多么不理想——表示怀疑。

弗里德曼从完全竞争的假设出发并指出,虽然市场中确实存在垄断现象,但它们"通常是短暂且不稳定的,除非它们得到政府的支持"。[48]与奥地利学派相呼应的是,他认为企业的盈利能力能够激励企业家开发新产品和改进产品,从而满足我们的广泛需求。此外,最终获得的垄断利润会发出信号,吸引其他企业进入市场并破坏原有的垄断格局。弗里德曼进一步论述,政府往往不是垄断"问题"的解决者,相反,通过颁发许可和施行市场准入限制性法规,它实际上成了垄断产生的根本原因。[49]

在处理外部性问题时,弗里德曼及其追随者提倡增加而非减少市场机制的运用,建议在原本无产权的领域创设产权,例如,污染者必须为其排放的污染物支付费用,这样就可以建立起市场对此类活动的威慑。

弗里德曼曾有力地指出,在信息不对称的背景下,不向消费者销售有害或劣质商品符合企业的长期利益。因为一旦消费者寻求替代品,企业的盈利能力最终将会受损。如果国家取代市场成为唯一的产品生产者,消费者将别无他选,只能更多地受到单一生产者(国家)的控制。遵循古典自由主义立场的马克·彭宁顿(Mark Pennington)在其更近期的论述中指出,市场解决信息不对称的手段比国家更有效。[50]举例来说,通过在车辆中安装黑匣子,汽车保险公司能够追踪驾驶者的驾驶行为和驾驶技术,并据此调整保险费用;同样地,通过跟踪消费者的消费行为,健康保险公司也能够评估消费者的健康"类型"。此外,虽然政府可以通过制定法规来保护我们不受"更具信息优势"的企业的剥削,但政府自身常常缺乏制定有效法规的充分信息,而且还面临被私人游说集团误导的风险。

弗里德曼指出,即便存在国家干预的合理场景,如教育和医疗保健领域,国家提供资金也并不意味着国家必须直接提供学校和医院。他倡导实行一种由政府发放并由纳税人支付的教育券制度，允许家长在市场上为其子女购买教育服务。他相信这种制度可以赋予家长直接的购买力，允许他们"以脚投票"①，自然促使优质教育机构的发展和不良教育机构的淘汰，从而提升整体的教育质量。

在讨论效率与公平问题时，古典自由主义者认为国家的干预程度应有其界限。与政府相比，受捐赠者监督的慈善组织能够更有效地将资金投入最有效的项目，而且它们的社会基层运作经验也能让它们更准确地采用有效措施。慈善援助被视为激励个体改变自身命运的手段。但是，如果将福利援助视为一种权利，则可能会削弱个体掌控自己生活的动力，并且减少他们主动提升经济状况的意愿。鉴于此，罗纳德·里根批判了林登·约翰逊扩大政府福利的政策和建设"伟大社会"的构想，他指出林登·约翰逊好心办坏事——引用安·兰德（Ayn Rand）的话说——结果造就了一个"吸血鬼"与"榨取者"的社会。最终，弗里德曼提倡实施一种将福利补贴与个体生产活动挂钩的负所得税制。[51]

总结来说，弗里德曼对市场的支持并不是基于新古典主义对市场效率属性的数学论证，而是基于古典自由主义的传统，并显著受到奥地利学派的影响，特别是哈耶克思想的影响。关键并非在于市场是否符合新古典主义教材中列出的一长串假设（完全竞争、完全信息和无外部性等），而在于国家是否像追逐利润的企业那样出于强制性的动机为我们的最佳利益服务，以及国家是否比市场更具备满足我们需求的相关信息。

对弗里德曼而言，即便假设国家是善意的，这也不能解决国家控制所特有的问题。国家控制限制了个人选择并绕开了竞争力量，这可能会严重损害消费者的利益。人类并非是一个同质性群体，每个人都有自己独特的喜好和需求。每个人

---

① "以脚投票"是一个经济学术语，最早由美国经济学家查尔斯·蒂伯特（Charles Tiebout）提出。这个概念是在市场经济条件下，人们可以根据自己的需求和偏好，通过迁移居住地或者投资决策等方式，选择那些能够提供更加优越公共服务的行政区域或者工作环境。例如，在医疗体制改革中，人们可以自由选择全科医生，远离那些服务质量不好的社区全科诊所。在股份公司中，股东可以通过卖掉持有的股票来表达对公司的不满。

都是独立的个体。在这种情况下,国家不可能获取足够的信息来满足所有人对产品和服务的具体喜好和需求。相比之下,在市场经济中,消费者处于中心地位。企业有动力生产符合不同消费者喜好的商品和服务,并且从长远来看,企业间的竞争不仅推动了价格的下降,还促进了新技术的应用和新产品的开发。

在市场经济体制下,每个人都能自由做出选择和决策,而这些看似杂乱无章的个别行动,却奇妙地形成了一定程度的有序状态。例如,我们可以在超市货架上找到各种各样的食品,从数百种品牌和风格中选择服装,以及享受多种音乐、文学和艺术形式的娱乐。如果没有市场,国家就需要制定计划来满足这些需求,不仅要计算经济的生产能力,还要预测消费者的需求,并据此指导生产。然而,政府几乎不可能制定出一个"准确"的计划,而同样困难的是要确保人们基于共同利益而行动(遵守计划);个人的自利倾向可能导致"搭便车"行为——在平等共享一切的制度下,即使个体白天不劳动,晚上也能得到食物。然而,如果每个人都这样想,最终的结果是大家都将面临饥饿。因此,在更广泛的社会范围内,完全的计划经济往往需要依靠某种强迫和强制手段来维持,否则经济将土崩瓦解,民众可能要挨饿。哈耶克警告说,即使国家不是有意为之,这种控制形式也可能将社会推向"通往奴役之路"。

弗里德曼不仅主张市场是实现目的的手段——迄今推动经济进步的最有效系统——还认为市场本身就是目的。市场的作用是保障个体自由。他曾明确指出:"据我所知,历史上从来没有任何一个政治自由程度较高的社会没有采取与自由市场类似的机制来组织主要的经济活动。"[52]此外,他还表达了深切的忧虑,担心"一个庞大的政府……迟早会破坏自由市场带来的繁荣及《独立宣言》中大力赞美的人类自由"。[53]

值得肯定的是,弗里德曼在市场机制面临各种质疑之时强调其优势。但是,我们仍需要对市场机制持更加审慎的态度。具体原因包括以下几点:[54]

第一,从经济史的角度来看,市场的发展历程表明,市场本身对于经济增长的贡献是有限的。历史证明,国家在推动经济增长的过程中既发挥了积极作用,也存在阻碍作用。[55]此外,关于国家的讨论不应仅限于其规模,近期的研究文献也突出了"国家能力"或发展经济学①所称的"国家能力"的重要性。[56]

第二,竞争在所有情况下都能有效地推动技术进步或选择"最佳"技术的假设已受到了多位学者的质疑,包括罗伯特·弗兰克(Robert Frank)、布赖恩·阿瑟(Brian Arthur)和保罗·大卫(Paul David)。

第三,行为经济学表明,我们并不总是具备充分利用市场优势所需的认知能力和自律性。尽管弗里德曼认为市场能非常有效地生产出满足我们需求的商品和服务,但2001年诺贝尔经济学奖得主乔治·阿克洛夫(George Akerlof)和2013年诺贝尔经济学奖得主罗伯特·席勒(Robert Shiller)的研究显示,市场也可能助长我们的依赖,利用我们的短视,并对我们进行操纵和欺骗。[58]牛津大学经济史学家阿夫纳·奥弗尔强调,缺乏远见是人类最显著的行为偏差之一。经济繁荣通常需要我们做出牺牲——用今天的面包换取明天的果酱②——短视可能会成为主要的绊脚石。奥弗尔进一步论述,政府在20世纪实施的义务教育、公共养老金和基础设施建设等干预政策已经帮助我们克服了短视的问题并提升了经济。[59]

第四,以阿马蒂亚·森的"能力"方法论为代表的经济学家对弗里德曼的经济自由观提出了质疑。用加州大学伯克利分校经济学教授布拉德福德·德龙的话来说,"赤贫人口被剥夺了改变自身状况的机会和手段。他们没有哲学

---

① 发展经济学是经济学的一个重要分支,是20世纪40年代后期在西方国家逐步形成的一门综合性经济学分支学科,主要研究贫困落后的农业国家或发展中国家如何实现工业化、摆脱贫困,它的研究对象主要是发展中国家在各方面的经济发展问题。

② 明天的果酱(jam tomorrow)这个表达是指一个从未实现的承诺,或者未来的一些愉快事情,而这些事情不太可能实现。它起源于刘易斯·卡罗尔(Lewis Carroll)的小说《爱丽丝梦游仙境》中的一个文字游戏,常在哲学、经济和政治的讨论中被引用。这是拉丁语单词"iam"(旧时的写法和读音都同"jam")的一个双关语效果。在拉丁语中,"iam"通常被翻译为"现在"或"此时"。然而,它只在描述将来时或过去时的语境中使用,而不是用于描述现在时的情况。

家以赛亚·伯林(Isaiah Berlin)所定义的'积极自由'和'消极自由',前者是指个体自我实现的权利,后者是指行动路径上没有障碍"。[60]根据阿夫纳·奥弗尔的观点,保障个体免受非自然死亡和不必要痛苦的权利是我们唯一普遍认同的自由,而美国在这方面的表现实际上相当糟糕。[61]

第五,女权主义经济学家对弗里德曼理论的核心——国家与市场的二元经济划分提出了批评。[62]奥弗尔和经济学家兼前新西兰国会议员玛丽莲·沃林(Marilyn Waring)指出,还有一个重要的经济活动领域历来没有被纳入男性主导的经济分析中,因此经常被经济学家所忽视。只有开始承认并思考该第三领域,我们才能对经济进行全面的理解和分析。[63]

女权主义角度的批判势必会影响福利政策的构建。由于福利体系大多是基于男性的世界经验构建的,因此传统经济模型中的"经济行为体"普遍被假定为具备独立工作和维持生计的能力。家庭领域的价值往往被忽视,而"依赖性"一词也常常带有负面含义。但奥弗尔指出,依赖性是人生的常态,是经济学家不应忽视的生命真相。[64]每个人的一生都会经历多个依赖阶段:童年、求学期、孕期、健康欠佳期及老年。在"传统"社会中,家庭通常是应对成员依赖性阶段的主要支持系统,而这些责任又大多由女性承担,这种社会和文化安排严重损害了女性追求个人自由的能力。

随着经济的发展,家庭纽带开始弱化,家庭结构也发生了变化。女性可以在家庭之外找到更多的就业机会,并通过自身的职业收入获得更大的生活自主权,尤其在婚姻选择上,包括决定是否结婚、和谁结婚以及何时结婚。虽然这种变化促进了个体自由,但社会也需要处理家庭依赖性问题的新机制。历史学家指出,正是基于这个原因,福利国家起初是在英格兰和荷兰等性别较平等的社会中发展起来的,而且早期的福利制度的发展还增强了女性在劳动市场中的参与度。[65]这一历史经验说明,国家可以促进市场活动和实现个体自由的双重目标。[66]

总结

成长于大萧条时期的弗里德曼被视为一位激进的经济学家。[67]他是少数几位坚定捍卫市场机制免受日益增强的国家干预浪潮所冲击的经济学家之一。弗里德曼的杰出之处并不在于其理论的独创性——毕竟他汲取了众多伟大经济思想家的理论——而在于他向公众提供了一套完整的思想体系。然而，这套简洁的政治倡议虽然看似一致且易于理解，但其实这是弗里德曼牺牲经济思想深度而追求广度的结果，这导致他的理论在解决贫困、不平等和经济周期性波动等主要经济问题上显得力不从心。

弗里德曼坚信经济学家能够超越规范性讨论并以一种不受个人价值观影响的"科学"方式来研究经济学，这种信念不仅是傲慢的，甚至可能带来危险。这种看法加剧了经济学科的"帝国主义"倾向，并忽视了经济学科与其他社会科学学科的交叉和互补。这也使伦理和价值观讨论被左派所主导，从而导致自由放任的经济思想可能与人类实际需求和实际生活因素脱节。此外，弗里德曼的货币经济理论未能充分考虑到经济波动的非货币因素，忽视了资本主义经济体制固有的不稳定性。同时，他对市场经济过于乐观，而对国家干预却只看到了其最糟糕的情况。

不过，这些批评的声音并不能掩盖弗里德曼理论在当下的重要价值：在经济方法论方面，他强调经济体系的错综复杂并非一组数学方程式所能尽诸形容的；[68]在货币经济学领域，他强调运用历史数据的重要性。[69]最后，弗里德曼主张的自由理念不仅在冷战时期具有重要意义；在今天，当这种自由理念应用于现代赋权全球女性的议程，并与阿马蒂亚·森的"能力"方法论相结合时，其重要性依然不减。

弗里德曼于2006年去世，享年94岁。尽管他的货币理论学说在当时饱受质疑，但他一生所捍卫的资本主义体系却更加坚固了。长期经济增长呈现出稳固态势,经济动荡也似乎已成过去。弗里德曼的学生、诺贝尔经济学奖得主罗伯特·卢卡斯曾宣称,"预防萧条的核心问题已经解决了"。换言之,大萧条再也不会发生了。弗里德曼在离世时一定十分欣慰。或许,没能亲眼见证2008年全球金融危机也是他的幸运吧。

在全球金融危机的背景下,没有人知道未来的思考将会把我们带向何方。然而,就像经济学家对大萧条原因的理解推动了凯恩斯主义转向弗里德曼理论经济思想的演变一样,我们对2008年全球金融危机原因的理解将很大程度上决定未来50年人类的前进方向。与1929年的情形类似,批判资本主义并要求加强国家干预的呼声日益高涨。[70]但是,跟随弗里德曼的步伐,我们看到了不同于这种呼声的观点:一些人指出,在全球金融危机爆发前夕,宽松的货币政策,以及(美国)国家当局要求金融机构向次级贷款领域放贷的压力增加了银行体系的风险。[71]针对这一具体情况,我们可以设想重新采用弗里德曼学派强调的货币控制论,尽管不是弗里德曼本人提出的方式。[72]

即便未来数年历史将重演,且国家干预政策将伴随着大萧条回归,弗里德曼的自由市场理论也不会很快消逝。随着经济政策在自由市场和国家干预之间的钟摆式摆荡,以及一次次经济危机的来袭,我们可以确定的是:一如女性的迷你裙和男性的胡须会永远存在于时尚轮回之中,弗里德曼的理论也将永远在经济学的"时尚之轮"中轮回。

第十章 小约翰·福布斯·纳什

卡伦·霍恩

第十章 小约翰·福布斯·纳什

小约翰·福布斯·纳什是一个与众不同的人。他在多个维度上异于常人，其中在两个方面格外突出：首先，他的思维变幻莫测，既能在洞察力上达到前所未有的高度，同时也可能陷入深不可测的混沌之中；其次，他在一个非本专业的学术领域产生了深远的影响。

纳什是一个才智非凡的人。然而，与其他杰出学者的光芒不同，这种才智带有一种极端和痛苦的特质，几乎令他走向自我毁灭的边缘。一方面，在1994年与莱因哈德·泽尔腾（Reinhard Selten）和约翰·海萨尼（John Harsanyi）共同获得诺贝尔经济学奖之前，学术界已普遍认同纳什是一个天才。这种认可很早就已经确立。他过度活跃且不停歇的聪明大脑似乎在一定程度上解释了他古怪的性格、特立独行的行为和冷漠的情感，甚至可以视为对这些特质的辩护。但另一方面，他为这种才智付出了极为惨重的代价：纳什在31岁时患上了偏执型精神分裂症，这种长期、严重的，甚至致残的精神疾病最终导致他被迫离开了学术界。

此类精神疾病完全康复的可能性极小。但出人意料的是，纳什的精神分裂症在他60岁时有所好转，他得以逐渐摆脱幻觉的困扰。随着健康和状态的逐渐稳定，他可以重新参与部分学术活动。他再次进入了公众的视野，而相较于动荡的青年时期，此时的他展现了更温和且自省的个人形象。在获得诺贝尔经济学奖后，纳什那充满戏剧性和感人故事的人生被搬上好莱坞的大银幕。导演罗恩·霍华德（Ron Howard）将西尔维亚·纳萨（Sylvia Nasar）在经过深入研究后创作的精彩传记《美丽心灵》（A Beautiful Mind）——尽管未获得正式授权——改编成电影。这部由罗素·克劳主演的传记电影广受赞誉、获奖无数。[1]尽管这种突如其来的公众知名度可能给他带来一定的不适和困扰，但这也可能是纳什在诺贝尔基金会网站的"经济科学领域最受欢迎的诺贝尔奖得主"名单中持续位居前列的原因之一。[2]普通大众难以理解纳什极其专业、复杂且繁复的研究成果。

在经济学的学术领域内，纳什已经成为一个经常被提及的标志性人物，他的理论在现代教材中不可或缺。他的研究对经济学产生了深远且持久的影响，而且吸引了一大批学术追随者。诚然，历史上不乏伟大的思想家对经济学领域产生了类似影响，但纳什的特别之处在于，他原本完全是一个经济学圈外人。他根本不是一名经济学家，而是一位纯粹的数学家，而且他也常以此自居。他在大学期间仅修读过一门国际经济学课程，而他与经济学的关联主要源于博弈论——数学的一个分支。

纳什的研究在经济学领域受到了热烈追捧，这不仅影响了他的职业发展，也为他提供了一个新的智力探索领域，并激发了他对经济学的进一步探索。尽管如此，纳什从未提出一套严格意义上的经济理论，而是继续保持着他经济学圈外人的身份。经济问题有时会引起他的兴趣并触发他的思考，但他总会通过博弈理论模型的框架而非经济理论来分析这些问题。纳什反复探索的核心问题是，利益存在分歧的个体间互动是否能够以可解的数学方式进行建模？这个答案的数学性质是什么？如果可以数学建模，这种互动会产生什么结果，原因又是什么？在这个脉络中，纳什晚年曾深入研究了"理想货币"思想，例如，一种充分考虑了用户的所有相关利益冲突的支付方式。根据纳什的直觉，一个基于多种实物商品组合的新型黄金标准可能最适合实现这一目标。[3]然而，他更感兴趣的是理想货币的逻辑可能性，而非其实际的落地实施。

纳什的重要贡献大体是在数学领域。他在纯数学的微分几何和偏微分方程领域推动了新的学术进展，尽管这些贡献的知名度可能不及他在博弈论方面的成就。纳什本人甚至认为，相比这些"真正的"纯数学研究，为他赢得诺贝尔奖的博弈论论文在学术重要性上"并不突出"。[4]尽管如此，本章仍将集中讨论纳什在博弈论上的核心贡献，他成功地将博弈论转化为经济学领域甚至是所有社会科学领域的沃土。如果缺少后来被我们称之为"纳什均衡"的理论，那么当代经济的必备工具箱将不会完整。

博弈论(Game Theory)这一术语的英文表述可能有些误导,其实它与娱乐性游戏无关。博弈论并不涉及掷骰子等对弈性质的游戏,而是专注于策略的分析。但不可否认的是,这个领域的兴起源于匈牙利裔数学家约翰·冯·诺伊曼(John von Neumann)在1928年发表的一篇论文,其中分析了九子棋①、象棋和纸牌游戏等传统策略游戏。[5]冯·诺伊曼本人酷爱扑克,但他清楚意识到他的理论可以——且应当——扩展到所有形式的战略互动领域:"在给定外部环境和给定行为人(具有绝对自由意志)的框架内,任何事件最终都可以视为一场游戏,前提是要考虑到行为主体间的相互影响。"[6]棋盘游戏或纸牌游戏与现实生活场景类似,参与者必须进行前瞻性思考。当一个人的行为结果显著地依赖于对方的行动时,他必须尝试预测对方的动作,据此调整自己的策略,并尝试先发制人。用博弈论的术语表达,所有参与者都需要基于对其他参与者预期反应的预测来制定最优策略。

因此,博弈论是一门专注于策略决策分析的学科。经过数十年的发展,该领域已经形成了一套独特的专业术语和丰富的概念工具集。博弈论的应用非常广泛,包括分析军事冲突的升级或降级(例如核威慑)、国际气候政策的谈判过程,以及寡头市场中的价格设定。此外,博弈论对于经济学家在分析各国在贸易政策上为何难以达成协议、解释工会与雇主组织间的工资谈判结果,以及协助政府制定特定市场规则时也显示出了实用价值。凭借其强大的解释能力和预测能力,博弈论在政策咨询领域中非常实用。

在冯·诺伊曼与其来自奥地利的同事奥斯卡·摩根斯特恩(Oskar Morgenstern)合著的、开创性的著作《博弈论与经济行为》(*Theory of Games and Economic Behavior*)的启发下,[7]约翰·纳什在博士论文中展示了如何确定最优的个体策略。大体上,纳什在其关于"非合作博弈"的论文中描述了两项关键成果,最终

---

① Merels,也称为九人莫里斯,是一种双人策略棋盘游戏,至少可以追溯到罗马帝国时期。

为他赢得了 1994 年的诺贝尔奖：一是他证明了任何此类互动都存在一个数学解答，其中参与者都没有合理的理由偏离策略；二是他阐述了这种均衡状态的特性。出于同样的原因，他坚定地将这种情景的理解确立为一个有用且通用的分析概念。[8] 这一理论后来被称为"纳什均衡"——2007 年，博弈论专家及诺贝尔经济学奖得主罗杰·迈尔森（Roger Myerson）称赞这一理论"可能是博弈论中最重要的解决方案概念，其对经济学和社会科学产生的深刻和广泛影响堪比生物科学 DNA 双螺旋结构的发现"。[9]

一路走强

尽管约翰·纳什并非天才神童，家庭环境中也没有接触到抽象数学，但他的数学才能在其幼年时已经初露锋芒。1928 年 6 月 13 日，他在美国西弗吉尼亚州一个繁华小镇布卢菲尔德出生，父母是追求上进的中产阶级。父亲一方的祖先原是得克萨斯州的种植园主、学校创始人和教师；但是，纳什的祖父虽然出生于教师家庭，却是个性格不稳定的人，最终抛弃了自己的妻子和子女。母亲一方的祖先来自北卡罗来纳州，受过良好教育并且生活富足。

纳什的父亲老约翰·福布斯·纳什（John Forbes Nash, Sr.）是一名电气工程师，毕业于德克萨斯农工大学，并在那里任教了一段时间。为了提升家庭的社会地位，他最终在布卢菲尔德的阿巴拉契亚电力公司工作了 38 年。纳什的母亲玛格丽特·弗吉尼亚（Margaret Virginia）曾分别在玛莎·华盛顿学院和西弗吉尼亚大学学习语言并取得了教师资格。她的兴趣主要在文学领域。玛格丽特在遇到丈夫老纳什之前已有 10 年教学经验，但由于当时的政策不允许已婚妇女担任教职，她被迫在婚后辞职。此后，她将关注点转移到自己两个孩子——纳什和出生于 1930 年的玛莎——的教育上。

在位于布卢菲尔德高地街的家中，纳什总是沉浸在阅读中。他的邋遢、注意力不集中及孤僻让他从小就树立了古怪的形象。"约翰总是和别人不一样",他的妹妹玛莎回忆道。[10]他的学业并非一直都很优秀,尤其是数学学科,尽管他很喜欢这门学科,并且深受埃里克·T.贝尔(Eric T. Bell)的《数学大师》(*Men of Mathematics*)一书的吸引。[11]他在数学学习上遇到的挑战主要与学科的形式主义相关,对于一个性格急切且直觉敏锐的孩子来说,这种形式主义显得极为枯燥——这是反复出现在他生活中的冲突源。

13岁时,纳什的父母为他报名参加当地社区学院的课余高等数学课程。随着时间的推移,纳什对解决复杂数学问题的热情不断增长。二战结束后不久,17岁的纳什中学毕业,从布卢菲尔德搬至宾夕法尼亚州的匹兹堡,希望自己有朝一日也能成为像父亲一样的工程师。他凭借全额奖学金进入卡内基技术学院深造。

纳什并没有坚持自己最初选定的领域。在大学一年级时,这位具有超常才能的学生在老师的鼓励下决定从化学工程专业转到数学专业(此前他已转过一次专业,从化学专业转到化学工程专业)。他在不到3年的时间里就完成了所有课程,并成功申请到了4所全美顶尖大学的数学研究生项目:哈佛大学、普林斯顿大学、芝加哥大学和密歇根大学。在卡内基技术学院指导老师理查德·达芬(Richard Duffin)的推荐下,纳什最终选择了普林斯顿大学。达芬在信中简洁明了地写道:"这人是个天才。"

约翰·纳什的选择非常明智。在那个时期,普林斯顿大学是公认的全球数学研究中心。阿尔伯特·爱因斯坦(Albert Einstein)、库尔特·哥德尔(Kurt Gödel)以及约翰·冯·诺伊曼等杰出学者——都是移民背景——都在普林斯顿高级研究院工作,该研究院是一所以纯粹研究闻名的私立机构,位于大学附近。二战结束后,尽管当时美国已进入麦卡锡时代,政治压制氛围日益加剧,但普林斯顿的学术环境依然浓厚,充满智慧和启发性。纳什度过了一段"男性化、修道院式和学术的"校园生活,其间"数学八卦"层出不穷,博弈论更是讨论的主要话题。[12]在普林斯顿数学系学习期间,纳什经常旷课,也不参加阅读活动。他大部分时间都在与教授或研究生同伴讨论问题,或者在走廊边踱步边哼着巴赫的旋律,同时在心中推敲复杂的数学问题。

性格古怪的纳什并不受同学们的欢迎,而且他也是出了名的傲慢。但是,系里的同学都很喜欢他设计的一款棋盘游戏,将这款在公共休息室里玩的游戏称为"纳什"。这款游戏实际上与早期由丹麦数学家皮埃特·海因(Piet Hein)独立发明的"六贯棋"(Hex)相同。这款两人对弈的策略游戏虽然有趣但对技巧要求很高,两名玩家需要在六角形网格上的空白格中轮流放置棋子,尝试在棋盘上形成连接对边的连续链条。纳什认为这款游戏具有引人入胜的数学魅力,因为他证明了两个核心特性:其一,除非第一位玩家采取次优策略或犯错,否则他总是能够获胜;其二,棋盘上不可能同时存在两条连续链条。[13]

在普林斯顿大学的第二学期,纳什撰写了他的首篇独著学术论文《谈判问题》(*The Bargaining Problem*)。[14]这不是纳什首次发表论文,他曾在17岁时与父亲联合发表过一篇电气工程的论文。[15]《谈判问题》的学术灵感源于他在卡内基技术学院选修的一门经济学课程。纳什一直在思考,国际贸易或合作带来的任何收益如何在参与各方之间进行分配。传统经济理论并没有明确阐述这一分配过程究竟如何实现、按照哪种逻辑、达到何种结果,以及各自产生什么效用水平,这构成了理论盲点。借助在普林斯顿大学钻研的现代博弈论方法,纳什能够从数学角度系统地分析这一问题。本质上说,这篇短篇论文系统地阐述了两个参与者在非零和博弈①环境下的策略互动,并在一系列明确的假设框架内提供了数学解决方案的形式化表达。论文风格清晰、简练,易于理解,且通过实例和图表进行了说明。

---

① 非零和博弈是一种合作下的博弈,博弈中各方的收益或损失的总和不是零值,它区别于零和博弈。在非零和博弈中,对局各方不再是完全对立的,一个局中人的所得并不一定意味着其他局中人要遭受同样数量的损失。也就是说,博弈参与者之间不存在"你之得即我之失"这样一种简单的关系。

纳什最终选择阿尔伯特·塔克(Albert Tucker)作为其博士论文的指导教授。他的博士论文研究目标非常宏大，希望超越冯·诺伊曼在1928年提出的关于两人零和合作博弈的所谓"极小化极大解"①，即每位理性参与者都试图在对自己最不利的情况下最大化自身收益——冯·诺伊曼已经正式证明，如果可以采用所谓的混合策略，这种解决方案总是存在的。混合策略是指参与者以概率分配的方式选择不同纯策略的策略类型。纳什还计划扩展冯·诺伊曼和奥斯卡·摩根斯特恩在《博弈论与经济行为》中提出的方法。[16]他的扩展目标包括三个方面：① 他希望提出的解决方案不仅适用于参与者能够通过谈判来达成协议的特定博弈情形，而且适用于各独立个体在非合作行动情况下，无法进行谈判并达成约束性承诺的情形；② 他希望博弈可能呈现非零和性质，这一点对于博弈论在经济学中的应用至关重要，因为市场互动理论上可以提供正和的合作机会；③ 他希望这种模型设置是开放的，能够适用于任意数量的参与者，而不仅限于两人博弈。纳什后续又深入分析了合作博弈，并发展出一种谈判方法，即后来所称的"纳什谈判"。[17]

此时纳什面临的挑战在于将整个问题框架进行形式化，推导出每个参与者的最优策略及其互动结果，同时定义并证明均衡解决的存在。纳什采用两种不同的技术手段解决了这个在数学上极其复杂的问题，初期他借助鲁伊兹·布劳威尔(Luitzen Brouwer)的不动点定理，后期则使用了经角谷静夫发展的不动点定理变体。[18]纳什提交的博士论文只有27页，两倍行距，满是手写的方程式，所以一直没有正式发表。[19]第二版本则更加优雅清晰，于1950年在一份数学期刊上成功发表。[20]但不管是哪一版本，这对于普通经济学家而言都不是易于理解的轻松读物。

---

① 极小化极大解(Minimax Solution)是一个数学概念，该名词于1993年公布。它是指找出失败的最大可能性中的最小值。

纳什均衡

纳什在 22 岁生日当天被授予了博士学位。尽管他的论文在纯技术层面并没有实现突破,但它以一种创意、聪明新颖的方式应用了现有的工具。更为重要的是,纳什的论文引入了一个概念性的创新,极大地扩展了博弈论在社会科学中的应用范围。这种创新并不在于纳什如何计算出互动问题的解决方案,而在于他引入了一种结构区别:他已然意识到,从数学角度来看,对合作博弈与非合作博弈的区分会产生关键性差异。这种区分的缺失解释了为什么诺伊曼和摩根斯特恩在技术上无法提供多人博弈的均衡证明。问题出现在"框架设置"上。

一方面,在合作博弈的策略设定中,参与互动的个体可以观察到彼此的行为,形成联盟并作出具有约束力的承诺,从而保证每个参与者都遵守自己的承诺。另一方面,非合作博弈的分析能够处理冲突情境,即任何参与者在无法直接观察到其他参与者行为的情况下仍需确定自己的最优策略。每位参与者"独立行动,不与其他任何人合作或沟通"。[21]从某种意义上说,非合作博弈是更普遍的人类互动形式,而合作博弈则是其中一个特定的子集;纳什主张应对它们进行相同的建模(被称为"纳什计划")。在现代抽象社会中,市场互动并不一定要依赖面对面的接触,非合作博弈的设定无疑更具相关性:我们必须在不完全清楚其他人会如何行动的情况下做出一系列决策,尽管他们的行为必然会对我们的福祉和效用产生影响。

在纳什的博士论文及其在《数学年刊》(Annals of Mathematics)①上发表的姊妹篇中,他证明了每个有限非合作博弈设定至少存在一个均衡点。这个均衡

---

① 由普林斯顿大学数学系与普林斯顿高级研究院共同出版的数学年刊,创刊于 1884 年,是国际上公认的四大数学顶级期刊之一。

点由一组最优策略组成,其中每个策略都是在考虑了其他参与者可能采取的所有策略后的最优策略,因此理性参与者没有理由偏离这些策略。换句话说,他将"非合作博弈的均衡定义为一种策略配置,在其他参与者的所有策略已知的情况下,每位参与者的策略都可以最大化自己的预期效用收益"。[22]这一证明对经济学尤其重要,特别是在增强经济模型的预测能力方面。经济学——尤其是微观经济学——很大程度上是在研究人们对各种激励措施(无论是金钱或其他形式)的反应。然而,考虑到每个参与者的策略,当多方互动的设定导致互相矛盾的最优策略时,激励可能无法发挥预期的作用。

在这一阶段的讨论中,我们不妨引入一个经典案例——囚徒困境(Prisoner's Dilemma)。这是一个静态的、具有完全信息的典型非合作博弈,最初由阿尔伯特·塔克为了教学的目的在1950年进一步将之形式化。塔克在其简明扼要的笔记中描述了如下情景:

> 两名男子因涉嫌共同违法而被警方分开囚禁。每名囚徒均被告知以下规则:① 若一方认罪而另一方不认罪,则认罪者将获得一单位的奖励,不认罪者将受到两单位的罚款;② 若双方均认罪,则双方各罚款一单位;③ 若双方均不认罪,则双方都可无罪释放。此情形构成了一个简单对称的两人(非零和)博弈;具体的支付矩阵如下所示,其中每个有序对分别代表囚徒Ⅰ和囚徒Ⅱ的支付信息,顺序为:

		囚徒Ⅱ	
		认罪	不认罪
囚徒Ⅰ	认罪	(-1,-1)	(1,-2)
	不认罪	(-2,1)	(0,0)

显然，对每名囚徒而言，纯策略"认罪"优于纯策略"不认罪"。由此可见，两个纯策略"认罪"将构成独特的均衡点。与这种非合作解决方案相反，如果两名囚徒能形成一个联盟，并约束彼此都采取"不认罪"策略，那么两名囚徒都将从中受益。

这种场景被称为"一次性"或单阶段博弈，这意味着，这种博弈只有一个行动窗口；一个行为主体无法根据其他行为主体的行动进行调整；任何承诺均无法得到保证或强制执行，而且不允许进行沟通交流。每位参与者都完全了解所有可选策略可能带来的结果或收益，这是完全信息的特征。如果两名囚徒均以理性方式做出决策，那么就会出现一个均衡的解决方法，双方都没有理由偏离这一策略。众所周知，"纳什均衡"就是两名囚徒都做出"认罪"的决策，但这当然是一种次优结果——两名囚徒更倾向于被无罪释放。

一方面，次优结果令囚徒困境案例显得不尽如人意。它表明相互依赖的理性个体行为并不一定能为所有直接参与者带来共同利益，这也是这一案例引人注目的原因。据此，我们很容易推断出，市场中相互依赖的理性个体行动同样可能导致次优结果。另一方面，我们必须认识到，在囚徒困境案例中，囚徒的共同利益非核心关注点。乐于见证公正执法的公众，实际才是这一设定的最终受益者，这得益于立法者以巧妙的策略制定了惩罚计划。我们希望政府在制定新规则和法规时也能考虑到类似的因素。例如，历史上实施的许多银行业法规并没有充分评估银行会如何采取行动来规避这些法规。在这种情况下的纳什均衡既不是银行的最优策略，也不是社会整体的最优策略。

合作博弈与非合作博弈的区分并不是博弈论发展历程的终点。纳什的理论也存在局限性。例如，某些情境下可能会出现多个均衡点，而纳什的理论无法解释哪个均衡点最终将占据主导地位。此外，在面对某些极其复杂的现实情境时，即便是最聪明的个体也可能无法完全理解和处理所有相关信息，而经济学普遍采用的理性假设显然过于理想化。再者,关于偶然机遇的随机性不会影响决策的假设到底有多现实? 尽管存在这些局限性,纳什在博弈论中引入了新概念和框架,奠定了新的逻辑分析基础,不断地增强了冯·诺伊曼和摩根斯特恩原有方法的实用性和理论深度。它为纳什的普遍均衡概念的完善"打开了闸门"。[24]

R. 邓肯·卢斯(R. Duncan Luce)和霍华德·莱福(Howard Raiffa)关于"一次性"博弈和"重复"博弈的区分是另一个重要的发展。[25]虽然诺伊曼和摩根斯特恩已在其著作中区分了静态博弈与动态博弈,或称为"正常形式"与"扩展形式",但是哈罗德·W. 库恩(Harold W. Kuhn)引入了具有不完全信息的扩展形式博弈,即其他参与者的先前动作是未知的。[26]与约翰·纳什和约翰·海萨尼共同获得诺贝尔经济学奖的德国博弈论家莱因哈德·泽尔腾对这一概念进行了深化,特别是将其应用于动态策略互动上,其中参与者必须区分博弈的不同阶段和各阶段的信息可用性(亦称"子博弈")。每个单独阶段都达到纳什均衡就是泽尔腾提出的"子博弈完美均衡"。[27]此外,他还为贝叶斯博弈①引入了"颤抖手完美"的概念,即微小的策略错误不会破坏整体均衡。[28]晚年的泽尔腾对博弈论中的理性假设提出质疑,并进行了实验性研究,他认为自己并不是教条的"方法二元论者"。约翰·海萨尼则专注于解决策略互动中普遍存在的不完全信息问题,并为此提出了"贝叶斯纳什均衡"的理论。[29]

但是,为什么博弈论对经济学如此重要? 从广义上讲,它彻底改变了经济学的研究视角。在宏观经济学因凯恩斯理论而获得显著发展的背景下,当时的学界主要关注宽泛的统计指标,如国内生产总值、消费、投资、公共赤字和贸易顺差等。博弈论重新唤起了对微观经济学视角的关注,防止了其被边缘化。这

---

① 贝叶斯博弈是博弈论中的一种概念,指的是在博弈过程中,至少有一个参与者对于其他参与者的某些特征或信息(如收益函数、类型等)没有完全的了解。这种情况下,参与者需要依据概率论的方法和贝叶斯定理来推断其他参与者的可能行为,从而做出最优决策。

并不意味着博弈论无关政治——实际上正相反。博弈论将经济学的核心重新聚焦于个体决策和决策发生的规则框架上。借助博弈论，我们能够分析在特定互动环境下，鉴于人的固有行为特征，现行规则是否能够产生积极的成果，或者说，激励体系是否能够有效地促进公共福利。有了博弈论分析工具的加入，经济学家可以更深刻地理解不完全竞争等现实现象。博弈论在提升经济学的现实性方面起到了重要作用。

然而，博弈论的兴起似乎进一步印证了英国历史学家托马斯·卡莱尔（Thomas Carlyle）给经济学起的别称——"沉闷的科学"。这种印象强化了这样一种观点，大致始于亚当·斯密及其著名的《国富论》的古典经济学，过于天真地假设了个人利益与公共利益之间存在一种自然的和谐。[30] 然而，博弈论的出现和发展揭示了现实的复杂性，现实世界常常充满了囚徒困境，在这种困境下，理性个体行动可能导致次优的社会结果。这类似于新古典主义理论提出的"市场失灵"观点。"市场失灵"实际上普遍存在：否则，我们为什么要担心公共物品供给不足的问题，仅仅是因为非排他性导致人们不愿意为其支付费用，尽管这些物品的价值被普遍认可？这种负面的印象似乎可以理解，但它们是对古典经济学——尤其是亚当·斯密——试图探讨的核心问题的深刻误解。他们探索的核心问题并不是追求个体利益是否会自动促进公共利益，而是我们能够依靠什么机制来创造经济财富。这一问题并不天真，围绕这一问题展开的研究，以及由此发展起来的理论也不天真。

此外，博弈论的兴起再次激起昔日人们对经济学家的批评，认为他们采用或倡导一种过于简化且与现实脱节的人类形象，甚至将人类描绘成极度理性、信息完全、冷静计算、策略精明且极端机会主义的僵尸，似乎生活中唯一的目标只是追求自身的即时利益。经济学模型描绘的人类形象多么可怕啊！然而，这是对经济学的另一种误解。经济学本质上并不关注个人的动机或道德。经济学不是与人的本性辩论，而是基于人的实际行为来进行分析。它关注的是人类行为如何受到资源稀缺性、竞争及规则框架的制约。为了清晰地计算规则框架对人们决策和行动的影响,经济学有必要将研究抽象化,排除那些不直接由规则触发的因素。因此,假设人们会如何对既定规则及其变化做出响应,这严格来说是出于研究的需要。无论是新古典主义经济学中关于完全理性和完全信息的标准假设,还是博弈论对策略互动的聚焦,都不应被视为经济学塑造了一个人类的全面形象。理解这一点对于正确评价经济学至关重要。

在博弈论兴起以前,尤其是纳什均衡进入大众视野之前,策略思维和激励机制在经济学的应用非常有限,仅有的例外包括安托万-奥古斯丁·古诺(Antoine-Augustin Cournot)和海因里希·冯·斯塔克尔伯格(Heinrich von Stackelberg)关于双头垄断市场的研究。当时主流的经济学范式假定市场呈现完全竞争状态,这意味着在存在大量市场参与者的情况下,任何单一参与者都无法对均衡价格产生影响。所有参与者均为"价格接受者"。然而,现实经济中存在许多由少数供应商(或需求方)主导的市场。即使市场存在大量参与者,不断发展的社会习俗和时尚趋势常常导致人类行为的趋同,这是纳什在博士论文中提到的一个可能性。但是,当个体或集体行动能够显著影响市场结果时,其他市场参与者的反应将变得具有相关性。有目的的经济活动离不开策略。例如,对处于双头垄断市场的企业来说,单方面提高自己所生产和销售的商品的价格通常是没有意义的,除非其竞争对手也采取相同的策略。如果竞争对手不跟进价格调整,客户可能会寻找成本更低的供应商,从而使该企业的竞争地位受损。因此,这种企业需要对竞争对手的可能行动进行精准的预测,这种预测可以基于抽象概率分析或实际经验。这种情况的发展方向不仅对形成双头垄断市场的企业双方至关重要,对市场监管也同样重要。如果有可能(或可行)的话,企业要有效地识别并避免陷入此类策略困境。正如罗杰·迈尔森所述,从这个意义上说,"纳什创立的非合作博弈理论已经发展成了一种有效衡量动机的方法,它能帮助我们更好地了解在任何社会、政治或是经济背景下的冲突和合作问题的实质"。[31]

逆境、转机与荣耀

尽管约翰·纳什的学术生涯仅持续了短短不到 10 年,但他在此期间的学术产出非常丰富。包括博士论文在内,纳什在博弈论领域发表了 5 篇重要学术论文,并在其他数学问题上发表了 10 篇论文。在完成博士论文之后,他把研究兴趣转向了数学领域的流形问题——这是他在卡内基技术学院时期就已经着迷的主题。纳什力求提升自己作为纯粹数学家的学术地位,逐渐从博弈论研究中抽离,[32]并期望在普林斯顿大学数学系获得教职。

同时,纳什也开始与加利福尼亚州圣塔莫尼卡的兰德公司合作,这是一个以数学研究为核心、肩负明确政治使命的机构。兰德公司始源于 1946 年由美国陆军航空队单独资助的"兰德计划"(Project RAND),该项目由道格拉斯飞机公司的研究与发展部负责。1946 年,他们公布了一份绕地宇宙飞船实验的初步设计。1948 年,兰德计划从道格拉斯飞机公司独立出来,成为一个非营利性组织,最初由福特基金会资助,致力于"促进科学、教育和慈善事业的发展,一切为了美国的公共福利和国家安全"。[33]

纳什分别在 1950 年、1952 年和 1954 年的夏季担任兰德公司的顾问。在那个时代,兰德公司对冷战高度关注,对苏联可能获取美国军事机密的普遍担忧也日益加剧。正如西尔维亚·纳萨所述,兰德公司"是最早的智库,也是一个奇特的混合体,其独特的使命是运用理性分析和先进的量化方法,探讨如何利用可怕的新兴核武器技术来避免与苏联的军事冲突,或者如何在传统威慑措施失效的情况下有效地赢得战争"。[34] 1972 年诺贝尔经济学奖得主肯尼斯·阿罗(Kenneth Arrow)曾于 1948 年进入兰德公司工作,据他回忆,"他们清楚,没有人了解未来战争的形态,尤其在原子弹的影响下,因此他们鼓励自由思考"。[35] 只要能获得必要的安全许可，兰德也欢迎个性鲜明、有创意的人才。纳什为美国国防部的海军和空军等单位完成了有关军事战略的机密工作——显然，这些工作都运用了博弈论。尽管这类工作与他专注的非合作战略互动的研究领域紧密相关，纳什本人对当时的政治事务并不太感兴趣。他更希望专心致志地开展自己的研究工作。

在纳什未能如愿获得普林斯顿大学的教职后（部分原因是他之前在该校的教学表现和人际关系不佳），他于1952年加入麻省理工学院数学系任教。他的教学任务适中，因此能够集中精力研究流形问题，并在该领域发表了多篇重要的学术论文。[36]当时的他已全身心投入到纯数学研究中。在那个政治紧张的时期，麦卡锡主义的阴影甚至延伸到了麻省理工学院的核心，就连数学系的系主任、副系主任和正教授也成为调查的对象。尽管我们无法确切评估这种政治氛围对纳什的心理和精神状态的影响，但显然，他所处的环境充满了不确定性，而他也必定有所察觉。此外，他复杂混乱的私生活对他的精神稳定毫无裨益，纳什最终遇到了阿丽西亚·拉德（Alicia Lardé），她来自上层社会阶级的一个萨尔瓦多移民家庭，是一名才华横溢的麻省理工学院物理系毕业生。两人于1957年结婚。

这对年轻夫妻只度过了2年宁静幸福的时光，随后暴风雨便席卷而来。1959年，纳什开始出现幻听并伴随更加异常的行为。在他们的儿子约翰·查尔斯·纳什（John Charles Nash）即将出生之时，阿丽西亚第一次（但不是最后一次）强迫将纳什送往医院。他被诊断为偏执型精神分裂症。对纳什以及他的整个家庭来说，20世纪60年代是充满磨难的10年，西尔维亚·纳萨对这段经历的描述极具感染力，令人揪心。纳什在此期间经历了严重、荒诞的精神错乱，不顾一切地放弃了麻省理工学院的稳定职位并前往欧洲，试图摆脱美国国籍，但最终被遣返回国。他的病症让他认为听到了来自外太空的声音，觉得自己被邪恶势力所包围，甚至认为自己是肩负特殊使命的神使。这种种症状把他的妻子压得喘不过气,最终选择了离婚。

纳什的境遇非常不幸。他多次非自愿接受临床收治和医疗治疗。尽管有前同事们的尽力帮助,他们甚至帮他在普林斯顿高级研究院安排了职位,并尝试引荐他前往布兰迪斯大学任职,但这些努力都没有让他恢复稳定的精神状态。经历了又一次精神崩溃后,纳什最终回到了弗吉尼亚州罗阿诺克镇与寡母同住。即便在这些极端痛苦的时期中,纳什仍然努力地进行了一些研究活动。

纳什多次尝试开启新生活,但始终未能成功。在他的母亲去世后,前妻阿丽西亚又重新把他接过去家里"寄宿"。阿丽西亚一直住在普林斯顿一间小而朴素的房子中,一边照顾纳什,一边工作维持整个家庭的生计。尽管纳什已不再是教师队伍中的一员,但多年来他仍在普林斯顿大学的数学楼里出入。学生和前同事们把他称为"范因大楼的幽灵"。大家认为他行为怪异但却无害。与此同时,纳什的家庭情况则愈发复杂,因为他和阿丽西亚的儿子约翰·查尔斯不仅继承了他的数学才华,还不幸地继承了他的精神疾病,同样被诊断为偏执型精神分裂症。

纳什本人的情况到 20 世纪 90 年代才开始迎来一丝明亮的转机,那时他已是 60 岁出头。他认为自己不寻常的好转主要得益于坚强的意志力:"渐渐地,我学会理智拒绝那些被病态妄想所支配的、曾构成我思维特征的思考方式。最明显的是,我摒弃了过去以政治为导向的思维,因为沉溺于此类思维实际上是对智力的彻底浪费。"[37] 有趣的是,他说这话时还略带遗憾。尽管这些幻觉带给他的是痛苦和破坏性的妄想,但他相信这些幻觉也在数学探索中指引了他,为他提供了直觉力,让他在明确解题方法之前预见到问题的解决方案。这些幻觉不仅是他人生中最大悲剧的源头,也是他伟大学术成就的根源。

纳什的健康状况在关键时刻得到了改善。鉴于他的研究为经济学界带来了巨大的益处,经济学者们对他念念不忘,渴望对他的贡献表达敬意。尽管他曾被提名为世界计量经济学会会员及诺贝尔经济学奖候选人,但由于他的健康问题,这些提名未能转化为实际荣誉。这类荣誉一般都免不了要参加公众活动,包括发表演讲、参加会议以及积极参与学术社群。人们合理地担忧纳什可能无法应对这些要求。然而,随着他病情好转的消息不胫而走,越来越多的机会大门为他敞开。1990 年,他被正式选入世界计量经济学会。1994 年 10 月的一个清晨,一通电话传来了他荣获诺贝尔经济学奖的消息。

瑞典皇家科学院必须对诺贝尔经济学奖委员会的提名进行投票表决,但是这次的评选过程却异常激烈。尽管诺贝尔经济学奖严格意义上并不属于诺贝尔奖体系,它还是按照与其他诺贝尔奖项相同的程序进行审议。按照惯例,表决结果不仅需要多数支持,更理想的情况下应达到全体一致的同意。诺贝尔经济学奖的全称为"瑞典中央银行纪念阿尔弗雷德·诺贝尔经济学奖",由瑞典中央银行于 1968 年设立。该奖项的资金来源于铸币税,即中央银行发行货币的净收益,基本上属于纳税人的资金。诺贝尔经济学奖自设立以来一直颇具争议,尤其是考虑到诺贝尔奖的创始人阿尔弗雷德·诺贝尔(1833—1896)——因发明炸药而成为百万富翁的瑞典化学家和商人——本人对经济学持有批评态度。

诺贝尔经济学奖的评选程序如下。每年 9 月,诺贝尔委员会向全球成千上万的科学家、学院院士及大学教授发送邀请,征集他们对下一年度的奖项提名。委员会对这些提名进行审查,并对提名进行投票表决,然后将最终选择提交给诺贝尔学院。为防止信息泄露,诺贝尔学院会在正式公布结果前进行最后的投票。[38] 委员会将本次评选的重点聚焦在博弈论领域,尤其是表彰非合作博弈理论方面的突破,此理论正值诺伊曼和摩根斯特恩开创性的著作出版 50 周年。[39] 事后看来,将纳什拒绝在诺贝尔经济学奖的门外将是不公正的,但他的提名在当时却饱受争议。他会不会成为一个尴尬的存在?尽管会议记录必须保密 50 年,但有报道指出,此次评选中出现了一起重大丑闻,委员会成员因格马尔·斯塔尔(Ingemar Stahl)尝试说服诺贝尔学院的成员投票反对该提名。他差点就得逞了。[40]

在诺贝尔奖颁奖典礼上,纳什的表现异常出色。奖金——3位获奖者共享了1 000万瑞典克朗——帮助他偿还了部分债务,这份荣誉则提振了他的士气。毫无疑问,纳什逐渐回到了公众视野。他开始在不同场合发表演讲,并接受媒体采访。成立于2004年的林道诺贝尔经济学奖得主大会一年举办两次,旨在促进获奖者与全球精英学生之间的交流,纳什是该会议的常客。尽管他年轻时不喜欢授课教学且表现平平,但后来的他似乎非常享受与学生们的交流互动,学生们显然被他深深吸引,并形容他为亲切、耐心且极具启发性。忠诚如初的阿丽西亚始终陪伴在纳什身边。纳什表示,阿丽西亚的存在为他带来了稳定和平静。[41]他们在2001年复婚。

直到生命的最后一刻,纳什和阿丽西亚都没有分开。2015年5月23日,两人乘坐出租车从机场回家,因途中发生车祸而双双去世。纳什与路易斯·尼伦伯格(Louis Nirenberg)共同获得了阿贝尔奖,事发时他们刚从挪威领完奖回来。阿贝尔奖是挪威政府于2002年效仿诺贝尔奖而设立的一项重要的数学奖项,奖金为600万挪威克朗。小约翰·福布斯·纳什终于在自己浇筑了热情与骄傲的数学领域获得了荣誉。阿贝尔奖的官方颁奖词是:"(表彰他们)在非线性偏微分方程以及在几何分析上的应用所做出的原创性的贡献。"[42]这是迟来的认可,也是某种意义上的圆满。

第十一章 丹尼尔·卡尼曼

米歇尔·巴德利

第十一章 丹尼尔·卡尼曼

1934年,丹尼尔·卡尼曼的母亲在特拉维夫探访亲戚的中途生下了他。他来自一个立陶宛犹太人家庭,父母在20世纪20年代移居巴黎并取得了一定的经济上的成功,家里因此过上了富裕的生活。丹尼尔·卡尼曼的父亲在欧莱雅公司旗下的一家大型化工厂担任研究工作,是位化学家。讽刺的是,欧莱雅公司是当时法国法西斯和反犹运动的主要资金支持者之一。在纳粹德国占领下的法国,作为犹太人的卡尼曼一家过着十分不安和动荡的生活。在纳粹占领法国期间,他们遭受了极大的苦难。卡尼曼的父亲一度被纳粹逮捕并被押送至位于德朗西的拘留营,这个临时营地主要用来集结即将被赶往纳粹集中营的犹太人。最终,多亏父亲的雇主从中交涉才让他得以获释,此后全家被迫多次搬迁。

他们从巴黎逃至法国南部,直至德军的到来迫使他们再次迁移。在法国中部四处躲避纳粹当局期间,他们一度居住在改建的鸡舍中。由此可见,卡尼曼的早期教育经历是不稳定的,甚至时常处于混乱之中。据他自述,他的成长过程有些许孤独——没有一位老师对他产生深远的影响;不过,卡尼曼的家族遗产在塑造他的科学和研究方法论方面倒是发挥了重要作用。他从小就树立了学术志向,坚信自己未来会成为一名教授。[1]

这个家庭在战争中遭受的苦难让他们付出了沉重的代价。1944年,就在诺曼底登陆前6周,他的父亲因未能及时治疗的糖尿病导致的中风去世。战争结束后,他们全家留在法国等待前往巴勒斯坦的许可。1946年,卡尼曼结束了在法国的公立高中的初步学习。不久之后,他与母亲、妹妹一起移居巴勒斯坦,与大家庭的其他成员团聚。

尽管卡尼曼对自己的童年一直持有一种坚忍的态度,但这段经历严重影响了他的思维方式。他在接受《卫报》采访时强调,与许多人在战争中所遭受的苦难相比,他所经历的动荡又何足道哉:"与其他犹太人的经历相比,我的故事根本不值一提。我没有真正经历过饥饿。我没有目睹过真正的暴力。但我需要展现极大的适应力和韧性。"话虽如此,这种成长环境无疑对他产生了深远的影响。他回忆道,纳粹的暴行在他幼小的心中埋下了深深的恐惧根源:一种被猎杀的感觉,以及生活完全被求生本能主导的存在状态。他在同一次采访中说道:"我知道上帝很忙,所以我不奢求太多,我每次只祈求能安然度过每一天。这就是我的感受。感觉像是处于被猎杀的状态,但我们有着兔子般的心态。"[2]

战时童年经历为卡尼曼带来了很多令人意外的观察结果。他开始意识到人类行为的复杂性,尤其是在战争条件下。这种复杂性引起了他的浓厚兴趣,他也因此没有不加区别地将所有反犹分子谴责为恶魔。卡尼曼与其他几位出身犹太家庭背景且具有影响力的同代心理学家拥有相似的学术兴趣,包括所罗门·阿什(Solomon Asch)、斯坦利·米尔格拉姆(Stanley Milgram)和亨利·塔菲尔(Henri Tajfel)。虽然他们都致力于探索种族主义和偏见的根源,但其实只有塔菲尔和卡尼曼亲历过战争的苦难。这一代犹太心理学家展现出了卓越的人文关怀,因为他们追求的不是复仇,而是从个人经历中汲取教训,从而全面深入地理解人性的光明与阴暗面。他们用不同的视角来理解战时的暴行,认为这些是人类弱点的体现,而非天生的邪恶。他们还认为,极端偏见和歧视是人类恐惧和无知的产物,并在动荡时期和恶劣的生活环境中被进一步加剧。

即使在极端条件下,人类的恶行也可以被善行所缓和,这是人性残存的痕迹。年幼的卡尼曼亲身经历了这种情况,虽然这让他感到困惑,但使他也形成了对人性复杂性的初步见解。例如,那位本身持反犹太态度的雇主为自己的父亲提供保护,并将他从德朗西拘留营中救出。年幼的卡尼曼从这一段经历中认识到,人的动机往往是复杂的。[3]类似的经历还有很多。在获得诺贝尔经济学奖时撰写的自传体文章中,卡尼曼还回忆了童年的一个关键时刻,即预期的最坏情形有时并不会发生:

犹太人被要求佩戴大卫之星，晚上 6 点后必须守宵禁。那天我去了一个基督徒朋友家玩，不知不觉中玩到了天黑。我把棕色的毛衣里外翻过来穿，步行穿过几条街区回家。在一条空荡荡的街道上，我看到一个德国兵正朝我走来，他身着那种令人闻风丧胆的黑色制服——特招党卫军士兵的制服……他示意我近前，将我举起来，并且拥抱着我。我心中恐惧万分，生怕他察觉毛衣里面的大卫之星。他用充满感情的德语和我说话。把我放下后，他从钱包里拿出一张照片给我看，是一位面带稚气的男孩，然后他又从钱包抽出一些钱给我。回家的路上，我比以往更加确信母亲的话：人性充满了难以捉摸的复杂和令人着迷的奥秘。

卡尼曼在移居巴勒斯坦后完成了他的高中教育。根据他在自传体文章中的描述，他的青少年时期比童年更加充实和快乐；他结交了更多朋友，生活也更加多元化。他放弃了在法国学习期间一度主导他的智力兴趣。1948 年阿以战争结束后，新成立的以色列成为卡尼曼未来 30 年的家园。一名远见卓识的职业顾问曾建议卡尼曼将心理学和经济学作为未来的职业路径，这一建议异常准确，因为卡尼曼最终选择了心理学作为他的职业，并因研究这两个学科之间的联系而获得了诺贝尔经济学奖。他在耶路撒冷希伯来大学获得了理学学士学位，主修心理学，辅修数学，之后才开始在以色列服兵役。他在军官训练学校度过了暑期，并在服役期间致力于提升专家在人员评估中的判断力。这为卡尼曼在判断、推理和决策方面的科学探索奠定了基础，深刻地影响了他的未来职业生涯。

卡尼曼在以色列的生活恰逢以色列发生重大政治变革的时期。正如他在法国的经历一样，这些环境和生活中的偶然性对他产生了深刻的影响。在这个新国家，国家为社会提供了丰富的职业发展机会，尤其是对于卡尼曼这样有才华且具有强烈求知欲的人才。对于尚处于成长阶段的以色列而言，那是一个变革和积累经验的时期，同时也是一个充满无限崭新机遇的时期。卡尼曼与他的国家正处在共同成长的阶段。

卡尼曼承认，成为新国家的一部分为他提供了独特的机会，因此他更容易通过自己的专业贡献在社会上产生显著影响。他在那篇自传体文章中指出，从现代视角看来，他的研究能够在以色列军队中产生如此深远的影响似乎有些不合常规。

> 如果说一个21岁的少尉被委以为军队建立面试系统的重任看起来有些奇怪，那么人们需要记住的是，当时的以色列及其机构仅成立了7年……临时应变是常态，专业主义还没有完全树立。我的直接上司是一位具有出色分析能力的人，他接受过正规的化学教育，但在统计学和心理学方面完全是自学成才。而作为拥有相关领域学士学位的我，在军中算是受过最好训练的专业心理学家。[4]

1956年，卡尼曼离开了军队，并开始自主研读心理学和哲学文献，同时等待前往美国的机会。1958年，他与第一任妻子伊拉(Irah)一同前往加州大学伯克利分校。在伯克利，卡尼曼开始探索其广泛的研究兴趣，包括视觉感知、人格测试，乃至科学哲学等多个领域。之后，卡尼曼进入位于马萨诸塞州的奥斯汀·里格斯中心继续他的研究生学习，期间获得了希伯来大学提供的博士研究生奖学金。在攻读博士期间，卡尼曼师从精神分析理论家大卫·拉帕波特(David Rapaport)，他对后者非常尊敬。拉帕波特向他介绍了弗洛伊德的深入研究，尤其是关于记忆和思维的见解。拉帕波特对弗洛伊德的解读主要聚焦在《梦的解析》(The Interpretation of Dreams)一书，尤其是投注(心理能量)①的概念上。

---

① 在精神分析理论中，投注被定义为人、客体或想法的一种心理和情感能量的投资过程。弗洛伊德认为投注是对性欲的一种投资。

在拉帕波特的影响下，卡尼曼开始对注意力和记忆领域产生了浓厚兴趣，为他后来在注意力、努力及效用理论——尤其是记忆效用——方面的研究奠定了基础。

在获得博士学位后，卡尼曼在希伯来大学度过了富有成效的 20 年，这期间完成的工作包括了他与同事兼挚友阿莫斯·特沃斯基的主要合作。他回忆道："第一次见到特沃斯基是在 1957 年，当时有人向我指出了一位戴着伞兵部队标志性红色贝雷帽、身材瘦削、长相英俊的中尉，说他刚刚通过了竞争激烈的希伯来大学心理学本科课程入学考试。"[5]

卡尼曼和特沃斯基之间著名的、开创性的合作并没有立即开始。直到数年后，卡尼曼邀请特沃斯基在希伯来大学的一个研讨会上展示他的研究成果。二人长期的学术合作就此拉开了序幕，奠定了卡尼曼在经济心理学及行为经济学领域中最具影响力的学术贡献。在很多方面，卡尼曼和特沃斯基能够彼此深入理解对方的思考模式，两人的合作关系密切和谐，彼此之间不存在主导地位的差异。即便在确定论文的作者顺序时也从不争执，因为他们会通过掷硬币来随机决定。他们的合作以 2 篇标志性的出版论文为界限和标志：以他们在权威心理学杂志《心理学公报》(Psychological Bulletin) 发表的，探讨人们在处理小样本数据时的常见逻辑谬误的首篇联合研究成果为开始。[6]他们的最后一篇合著论文是 1996 年在《心理学评论》(Psychological Review) 杂志发表的关于认知幻觉的研究论文。[7]

卡尼曼与特沃斯基的合作持续多年，当他们分别搬迁至美国的不同地区时，他们的合作产出速度开始减缓。1978 年，卡尼曼随第二任妻子、英国心理学家安妮·特里斯曼(Anne Treisman)移居北美，先后在不列颠哥伦比亚大学、加州大学伯克利分校和普林斯顿大学担任心理学教授。1996 年 6 月，特沃斯基因恶性黑色素瘤不幸去世，两人的合作戛然而止，画上了一个悲伤的句号。

在最后一篇合著研究论文中,他们与行为经济学家合作探讨了短视损失厌恶①理论。

卡尼曼和特沃斯基的深厚友谊及在智识上的共鸣以各种难以言喻的方式持续影响着卡尼曼及其研究。卡尼曼本人曾指出,他们的强强联合远远胜过各自的单打独斗。他在自传体随笔文章中引用了大卫·莱布森(David Laibson)和理查德·泽克豪瑟(Richard Zechkahuser)的分析:"我与特沃斯基仿佛共同拥有一只能产金蛋的鹅——这种集体智慧超越了我们各自的能力。统计数据也证明,我们的联合研究不仅在质量上超越了各自的独立研究,而且在学术影响上也更为显著。"[8]

在整个职业生涯中,除了与特沃斯基的合作之外,卡尼曼还受到众多同事的启发,就像他童年时受到的任何导师或资深学者的启发一样。童年的战争经历以及后来在新国家的成熟经历给卡尼曼带来的影响,连同他本人对协同工作和思考的兴趣和能力,共同塑造了他的学术风格。自职业生涯伊始,卡尼曼便开始与不同学者建立合作,包括早期与杰克逊·比提(Jackson Beatty)和特沃斯基的合作,以及后来与许多其他心理学家的合作。在职业生涯中期,他与行为经济学新兴领域的多位领军学者进行了深入合作,包括杰克·克内奇(Jack Knetsch)、谢恩·弗雷德里克(Shane Frederick)和理查德·塞勒(Richard Thaler)。

学术贡献

卡尼曼和特沃斯基的学术贡献在于,他们通过当时经济学家普遍青睐的数学语言,为经济学家的风险和效用理论分析构建了一个替代方案。这为行为经

---

① 该理论构建于"前景理论(Prospect Theory)"与"心理账户(Mental Accounting)"这两个行为金融理论的基础之上,对应地内化了"损失厌恶"和"短视"这两种投资者的行为特征,卡尼曼与特沃斯基认为,如果损失厌恶的投资者不去频繁评估他们的投资绩效,那么他们会更愿意承担风险,即评估期越长,风险资产越有吸引力,风险溢价也就越低。

济学的发展奠定了基础,在卡尼曼和特沃斯基进行合作的几十年间,行为经济学的学术产出和影响力都取得了显著发展。卡尼曼和特沃斯基为我们对经济和金融决策的认知转变埋下了种子。

普遍而言,丹尼尔·卡尼曼在心理学和经济学领域的重要贡献涉及认知、判断和决策等广泛主题。当我们在评估卡尼曼的学术贡献时,我们应当首先明确,他是一名经济心理学家,而不是行为经济学家。行为经济学家的主要学科是经济学,他们主要关注心理学在解释行为方面的具体应用,并将其纳入经济理论和经济分析中。虽然卡尼曼没有接受过经济学的正规训练,但他曾与行为经济学家进行了多次富有成果的合作。准确地说,卡尼曼是一位心理学家,他将经济学的创新观点引入了心理学领域。

丹尼尔·卡尼曼和阿莫斯·特沃斯基在直觉推理方面的合作,为他作为经济学家最具影响力的研究成果奠定了基础。正如前文所述,卡尼曼的早期职业生活是在以色列军队中度过的。在军队中,他有机会实践并检验他对直觉推理限度的理论和兴趣,这一兴趣贯穿了他的整个职业生涯。此外,他很早便对心理学的量化分析产生了浓厚兴趣,包括统计分析。这与现代经济学家对数学技术的依赖有着很好的连接。从这个角度看,他的早期研究与他后来关于人类对风险的错误认知的研究有着显著的连续性。

大约在 1955 年,还在军队服役的卡尼曼就开始负责军官训练候选人的评估工作,其重点主要聚焦于个性特征在职场中的作用。在军事环境中,不同的性格维度对不同的岗位是否有不同的关键性? 卡尼曼设计了一套筛选士兵和分配战斗任务的方法。这激发了他对专家评估准确性的兴趣,这是他在后来的职业生涯中继续深入的兴趣,也是他与特沃斯基的共同兴趣。在军队人事工作方面,他研究了专家对潜在候选人能力评估的准确性,并发现直觉和统计信息之间没有必然联系:"统计信息与强烈的洞察体验之间完全没有联系,这让我感到非常震惊,为此我创造了一个术语——'有效性错觉'。"[9]

根据卡尼曼后来的描述,面试和心理测试由一队小型"骨干"面试官负责。[10]他指出了军队临床心理专家在评估人员时的一系列常见错误。其中的一个问题是,面试官的评分与其他评估标准不相关。为了提高临床预测的准确性,卡尼曼设计了一套个性档案,并将其纳入拟议的结构化面试模板中。

一些面试官对这位新手的干预表示不满,认为这种做法让他们"沦为无需思考的机器人"。然而,年轻的卡尼曼策略性地稍作退让,他把自己开发的结构化与精算方法与面试官的专业直觉进行结合,最终形成了一个最有效的折中方案。卡尼曼认为,借助自己开发的结构化面试方法,面试官们可以在追求可靠性的过程中提高判断的统计有效性。他还观察到,如果临床医生也完成了他设计的"客观"性格测试,那么他们在面试过程中将能够更有效地发挥自己的直觉判断。正如他后来所指出,"追求可靠性让他们的判断具备了有效性。"[10]实践证明,直觉判断与客观测试的强强联手可以发挥更大的作用。这也初步证明,额外的客观洞察能帮助人们克服直觉判断中的偏见。卡尼曼与以色列军队的这次合作为其后期工作和早期研究打下了坚实的基础。在其研究生导师埃德温·吉塞利(Edwin Ghiselli)的协助下,卡尼曼撰写了一篇关于他在军队中开发的、适用于多属性数据的统计技术的论文,并在《人事心理学》(Personnel Psychology)杂志上成功发表,这是他的第一篇学术研究出版论文。[11]

这项关于直觉推理的早期研究引领卡尼曼进入了其后更广为人知的研究领域——判断与决策,包括在经济决策新方法上的开创性贡献。这些学术贡献成就了他与实验经济学家弗农·洛马克斯·史密斯(Vernon Lomax Smith)共同获得了2002年诺贝尔经济学奖。根据谷歌学术搜索的数据统计,卡尼曼与阿莫斯·特沃斯基合作的前景理论(卡尼曼与特沃斯基,1979年)以及他们在《科学》(Science)杂志发表的关于启发式与偏见的论文是他个人被引用频率最高的论文。他最具影响力的著作包括2011年出版的面向普通读者的《思考,快与慢》(Thinking, Fast and Slow)以及1973年出版的《注意力与努力》(Attention and

Effort),这两部著作在学术文献中被广泛引用。此外,卡尼曼与行为经济学家的合作也为经济心理学和行为经济学的结合做出了重要贡献,这包括他与阿莫斯·特沃斯基、理查德·塞勒和艾伦·施瓦茨(Alan Schwartz)之间的合作。卡尼曼的这些研究与其互相关联的四个主要研究主题——注意力与努力、启发式与偏见、前景理论、双系统和双自我的模型——的演进是和谐并行的。

在离开军队进入学术界后,卡尼曼与认知心理学家杰克逊·比提合作并初步探索了瞳孔扩张与认知努力之间的联系。他们邀请实验参与者进入实验室,先听记一串数字,再将数字背诵出来。研究发现,参与者在听数字的过程中会出现瞳孔扩张,在背数字时会出现瞳孔收缩,而当听背难度增加时会出现更明显的瞳孔扩张。卡尼曼和比提因此认为,瞳孔扩张程度与心智努力呈正相关。[12]这一发现与近几十年眼动追踪技术的显著进步相关,眼动追踪技术现已广泛应用于行为经济学和金融实验。尽管这部分研究在经济学家中的知名度不如后来卡尼曼与阿莫斯·特沃斯基及其他行为经济学家的合作,但它在心理学领域产生了深远的影响。他的著作《注意力与努力》成为他在心理学领域被引频率最高的研究成果之一,而他对经济学的主要贡献则体现在他与特沃斯基后期的合作研究中。

启发式与偏见

对行为经济学家来说,卡尼曼职业生涯中最具影响力的阶段始于他与特沃斯基探讨启发式和偏见的合作。如前所述,这一著名的合作是卓有成效的。它融合了他们早期独立研究直觉推理、判断及决策限制的成果,以及卡尼曼在以色列军队服役期间对专家判断和直觉预测的研究。两人最初在军队中相识,并于1969年春天正式开展学术合作。当时,卡尼曼邀请特沃斯基在一个研究研讨会上展示他的研究成果。特沃斯基展示了他与前导师沃德·爱德华兹(Ward Edwards)合作的一些实验结果。

在这些实验中，参与者需要从一个装有白色和红色扑克筹码的袋子中随机抽取，并判断这些扑克筹码是来自一个装有 70 个白色和 30 个红色筹码的袋子，还是来自一个装有 30 个白色和 70 个红色筹码的袋子。虽然参与者的猜测大致正确，但他们的判断并未完全考虑概率定律所预测的概率信息，尤其是贝叶斯法则。贝叶斯法则可以捕捉概率的更新。我们首先从"先验概率"出发，再根据新增信息的出现调整为"后验概率"①。贝叶斯推理模型广泛应用于心理学领域，并逐渐扩展至经济学和计量经济学领域。因此，特沃斯基及其导师认为，人是"保守的贝叶斯主义者②"，而卡尼曼及其研讨组则对此持有异议。卡尼曼后来指出：

> 认为人是保守的贝叶斯主义者的观点似乎与日常观察不符，特别是考虑到人们倾向于急于下结论的行为模式。此外，已得出的研究结果可能……不适用于更常见的情境，即所有样本证据同时呈现的场合。最终，"保守的贝叶斯主义者"的标签可能会引发不切实际的印象，即一个过程在得到正确答案后，又因偏见而使其失真。[13]

研讨会结束后，卡尼曼与特沃斯基一起喝咖啡，共同探讨特沃斯基研究成果解读的部分局限性。

虽然学术合作是很常见的现象，尤其在跨学科研究日益普遍的背景下，但是卡尼曼和特沃斯基之间的合作却不同于普通层面的合作。两人性格迥异，生物钟也不同（卡尼曼习惯早起，特沃斯基则是个夜猫子）。两人的个性似乎也

---

① 先验概率（Prior Probability）和后验概率（Posterior Probability）是概率论中的两个重要概念，它们在贝叶斯概率更新中起着关键作用。先验概率是指根据以往经验和分析得到的概率。后验概率是指根据观测数据和先验概率更新后得到的概率。

② 贝叶斯主义者认为，人们的信念和决定应该基于证据和经验，而不是固有的偏见。他们会根据新证据不断更新自己的看法和判断，而不是固守不变。

是对立的——卡尼曼是悲观主义者,特沃斯基是乐观主义者。然而,他们的合作关系却产生了神奇的魔力。卡尼曼曾表示:

> 我们所有的理念都是我们的共同成果。我们之间的交流频繁且深入,因此对激发理念的讨论、表达理念的行为及其后续发展进行区分几乎毫无意义……合作的最大乐趣……在于我们能够相互发展对方的初步思考:每当我表达一个未完全形成的想法,我知道阿莫斯能够理解它,甚至往往比我本人还要清楚……我们之间建立的相互信任及完全开放的态度极其难得,因为我们都是……以严格出名的评论家。合作的特殊化学反应只在我们一起工作时才会出现。我们很快意识到,不应该让任何第三方介入我们的合作,因为这可能导致原有的平衡被打破,合作的性质可能会转向竞争。[14]

他们早期的对话和实验成果促使他们于1971年在权威期刊《心理学公报》上发表了首篇联合论文《对小数定律的信仰》(*Belief in the Law of Small Numbers*)。[15] 该研究揭示了专家在概率直觉上的常见误区,特别是错误地认为小样本能代表总体,以及其他常见的概率判断错误。这篇论文深刻地指出了直觉判断的关键局限,并整合了他们早期关于专家判断局限的独立研究成果。这些理念的进一步发展促使他们于1974年在《科学》杂志上发表文章,概述他们对启发式(快速决策规则)的理解。[16]

启发式是我们在信息匮乏或高认知负荷的环境下用以快速决策的简易规则。虽然诺贝尔经济学奖获得者、心理学家和计算机科学家赫伯特·西蒙(Herbert Simon)是最先定义启发式的先驱,但卡尼曼和特沃斯基在发展启发式的理论时,并没有显著地依赖或扩展西蒙的具体观点。他们的主要贡献在于阐明了启发式在实际人群面对风险选择时的运作方式。此外,他们还开创了构建启发式的结构化分类体系,并通过实例和实验证据来阐释相关概念。

卡尼曼和特沃斯基确定了三种主要的启发式决策机制:可得性启发式、代表性启发式以及锚定与调整性启发式。这些启发式通常与行为偏差——系统性错误——相关,但重要的是要认识到,这种关联并不是绝对的。每当使用可得性启发式时,我们倾向于依赖最容易获取的信息,例如,容易记住的相关信息。依赖情绪也是一种可得性启发式,因为情绪往往易于触及和回忆。代表性启发式是指我们根据事件之间的相似性来作出判断,这种方式有时会导致误导性的类比,进而成为行为偏差的又一来源。锚定与调整性启发式是指我们如何从特定的参考点来评估事件。例如,在出售物品时,我们可能会基于自己最初为物品支付的价格来设定对买方支付意愿的期望值,从而为我们接受买方的报价提供了一个锚点。

自从卡尼曼和特沃斯基的开创性研究发表以来,学界已确定了更多的启发式和相关偏差。他们的研究还催生了大量关于启发式和偏差的行为经济学著作,部分成果汇编在他们编辑的两册订本中。[17] 随后,他们的研究逐渐聚焦于对经济学的批判,尤其是针对当时主流经济学的理性选择范式和相关的预期效用理论。此次研究重点的转变引领卡尼曼在行为经济学理论中做出了第二轮开创性贡献——前景理论。

前景理论与行为经济学

卡尼曼与特沃斯基关于启发式和偏差研究的合作孕育了前景理论——替代了在标准经济模型嵌入风险理论的方法。卡尼曼曾指出,前景理论这一名称有些随机。当时他与特沃斯基一时找不到合适的命名,最终选择了一个具有辨识度的名字。关于前景理论的开创性论文于 1979 年发表在十分权威的《计量经济学杂志》(*Econometrica*)上。[18] 经济学家认为,这篇论文可能是卡尼曼与特沃斯基对经济学最具影响力的贡献,因为它直接挑战了当时关于风险决策的主流经济理论——预期效用理论。

预期效用理论建立在严格的理性和选择假设之上,但卡尼曼和特沃斯基指出,该理论未能解释多种行为悖论和不一致现象。相反,凭借不同于预期效用理论的关键特征,前景理论可以成功解释这些现象,他们在1979年发表的研究论文中通过一系列实验验证了这一点。此外,前景理论还融入了他们早期的见解,特别是人们在处理极小或极大数字时往往无法保持一致的逻辑,这在他们1971年的论文中已有初步探讨。[19]人们对某些结果或极不可能的结果存在扭曲偏好的现象。①

前景理论表明,人们在做决策时通常不是从零开始,而是以某个参考点为基准。这与锚定与调整性启发式紧密相关。根据前景理论,人们做出决策的过程是不连贯或不对称的。人们对损失的反应比对等额收益的反应更为强烈,这种现象称为损失厌恶。损失厌恶的概念在当前的行为公共政策设计中具有重要影响,并且在卡尼曼与特沃斯基的后续研究中得到了进一步阐述。[20]在损失厌恶的影响下,失去10美元给个体带来的不快远大于获得10美元带来的快乐。此外,人们在风险承担上表现出不对称的反应,他们更倾向于采取高风险的行动来避免潜在的损失,②卡尼曼和特沃斯基称这种现象为"反射效应"。

卡尼曼和特沃斯基在启发式和偏见、前景理论方面的研究促使他们与理查

---

① 人们在做出决策时,对特定的结果或那些发生概率极低的结果表现出非理性的倾向或偏好,例如,过度乐观、损失厌恶等。

② 例如,假设有两种选择:一是确定失去100美元;二是有50%的机会失去200美元,另外50%的机会不失去任何东西。尽管期望损失在数学上相同(都是100美元),许多人会选择第二种选项,因为它提供了一种避免损失的可能性,即使这种选择涉及更高的风险。这种倾向反映了损失厌恶——人们对避免损失的重视远超过获得同等大小的收益。这种行为模式在金融决策、保险购买、赌博等多种行为中都可以观察到。

德·塞勒等行为经济学家建立了广泛合作,同时在框架效应、损失厌恶和心理账户等与前景理论相关的主题上深入研究。相应地,塞勒的研究激发了一代行为经济学家对行为金融学等主题的研究热情,这些成就收录在塞勒的专题论文集中。[21] 对于卡尼曼和特沃斯基而言,他们与理查德·塞勒、艾伦·施瓦茨合作发表的关于短视损失厌恶的论文是他们共同发表的最后一篇论文,为他们二人富有成效且相互启发的合作画上了句号。[22]

《思考,快与慢》:双系统和双自我

卡尼曼后期的研究致力于深化他对标准经济效用模型局限性的理解,揭示我们的决策过程常常受到多种相互作用力的影响。在《思考,快与慢》中,他以一种简单明了且易于理解的方式呈现了这些见解。他在书中提出,我们的思考方式并不像传统经济学所描述的那样简单和一致,而是反映了两套互相作用的系统:系统1是感性的、直观的;系统2是逻辑的、审慎的。由于系统2的思考方式需要较大的认知努力,它在我们的决策过程中往往不如系统1活跃。我们大量的决策实际上是由快速的本能和直觉驱动的。因此,仅专注于逻辑的、审慎的系统2的经济学家只能捕捉到决策过程的一小部分。

双系统思考模式的理念也与卡尼曼后期关于效用的洞察紧密相关,这进一步补充丰富了他与特沃斯基关于前景理论的研究。正如前文所述,前景理论批判了预期效用理论的风险处理方式。卡尼曼的双系统理论进一步对预期效用理论的效用处理提出了补充性批判。此外,这也与卡尼曼关于注意力和记忆的早期研究相联系。丹尼尔·卡尼曼将他的"双系统"理论与"双自我"概念联系起来,包括经验自我和记忆自我①。每个自我以不同方式体验效用。卡尼曼认

---

① 经验自我是一段经历过程中的体验,重在当时和此刻,是当时感受到的真实体验。记忆自我是一段经历留在脑海中的记忆和印象,即对体验的记忆,影响人们事后对这段经历的整体评价。

为,虽然经济学家传统上主要关注获得效用①,但纳入经验效用与记忆效用的区分可以更全面地反映人类决策过程。在发展这些理论时,卡尼曼还引入了关于幸福感的最新研究见解。经验效用与记忆效用之间的差异对福祉的影响远远不同于大部分经济分析所关注的获得效用的范畴。

公众认可与学术遗产

卡尼曼的文风清晰流畅,但部分学术作品仍较为专业且深奥。例如,他关于前景理论的论文初读起来并不容易理解。这体现了卡尼曼根据不同读者调整其写作风格的能力。他面向大众的作品富有感染力、引人入胜且风格简练。《思考,快与慢》是一部非虚构类畅销书,其重要的学术贡献在于全书涵盖了卡尼曼职业生涯中的许多核心见解,并成功地将这些原本发表于学术期刊的观点普及给大众读者。由于卡尼曼的研究具有跨学科性质,因此向不同背景的读者清晰地传达这些概念至关重要。对学术受众而言,他的研究思想深邃且富有洞察力,对普通读者可能略显枯燥和专业,但较之普通经济学家的作品已经相当生动易懂。

和行为经济学领域的其他开创性研究一样,卡尼曼与特沃斯基的合作无疑也引来了争论。直到近些年,他们的理论才在整个经济学领域获得认可。预期效用理论依旧是主流范式,经济学家们数十年来一直坚持理性选择理论。许多经济学家已围绕这些经济理论建立了深厚的科研信誉。在这种背景下,改变既有观点无疑是一大挑战。卡尼曼和特沃斯基也通过一些方法回应了批判,例如,将前景理论扩展为累积前景理论。[23]

卡尼曼和特沃斯基的部分实验数据遭到质疑,例如,一些经济学家对他们的实验设计和实施程序提出了批评,指出他们的记录实验结果没有得到适当的

---

① 获得效用是指人们从获取或消费商品和服务中直接获得的满足或效用。

记录,且更多反映了参与者对实验任务的误解而非其行为偏差。此外,甚至在经济心理学家和行为经济学家这一较为接近的学术群体也存在着核心定义的显著争议。例如,丹尼尔·卡尼曼与德国心理学家和行为科学家格尔德·吉仁泽(Gerd Gigerenzer)在启发式合理性上存在观点上的分歧,这导致了两者的关系紧张。[24]后者认为启发式是合理的决策工具,而前者却认为启发式并非总是合理。尽管存在争议,但毋庸置疑的是,卡尼曼和特沃斯基的研究推动了许多经济学家重新思考风险选择、效用和福祉的性质。

卡尼曼谨慎地强调,他们的研究意图并不是要全面否定理性决策。他承认,在某些情况下人们确实能够并且确实按照理性原则行事。他在自传体文章中指出,自己与特沃斯基的合作研究主要是批判经济学家的理性经济人模型,而不是广泛质疑人的理性。但是,此处所指的理性能力并非经济学家所强调且通常采用的完全理性,而是赫伯特·西蒙提出的较为温和的"有限理性"。[25]人们确实可以并且确实会做出理性的决策,尽管并非总是如此。

卡尼曼曾指出,他更喜欢对话而非单纯的批评。他对批评的敏感性是一种普遍的人性特征。因此,也无怪乎卡尼曼的学术贡献总是凸显合作的力量。在整个职业生涯中,卡尼曼与众多学者建立了合作关系,包括跨学科合作——甚至早在这种合作方式成为普遍趋势之前。他一直热衷于合作,认为"合作是一种兼具创造性和趣味的研究方式。"[26]此外,学术研究中的争议问题促成了他在科学研究方法论方面的又一贡献,尤其是强调构建建设性的对话和辩论的重要性。

传统的学术出版有时会放任误解和毫无根据的批判自由滋生和蔓延,而缺乏辩论和对话的机会。这种紧张关系在行为经济学及更广泛的经济学领域已经初见端倪,例如,不同的人对"理性""非理性""启发式""偏差"等术语的理解常常存在混淆。目前,学术出版领域,对话尚未制度化,大部分仍依靠传统的双盲审稿制度①。卡尼曼倡导通过建设性对话来解决这些问题,他提出了"对抗性合作"的概念,即让持有不同观点的学者共同撰写论文,通过探讨分歧和寻求共识来解决知识争议。[27]他曾与不同领域的学者专家建立了突破性合作,包括他与认知心理学家加里·克莱因(Gary Klein)就直觉专业知识的分歧展开了长期对抗性合作,以及他在早期与心理学家汤姆·吉洛维奇(Tom Gilovich)、拉尔夫·赫特维希(Ralph Hertwig)和维多利亚·梅德韦奇(Victoria Medvec),以及经济学家伊恩·贝特曼(Ian Bateman)、克里斯·斯塔默(Chris Starmer)和罗伯特·萨格登(Robert Sugden)进行的对抗性合作。[28]除了对抗式合作的模式,他还与丹·艾瑞里(Dan Ariely)和乔治·罗文斯坦(George Loewenstein)通过联合写作项目来解决彼此间的观点分歧。

作为一名心理学家的卡尼曼却因其在经济学中的贡献而获得诺贝尔奖,这可能令经济学圈外人感到意外。他从经济心理学的视角重新定义了理性及其局限,这构成了他对经济学的主要贡献。自20世纪70年代以来,经济学家们便高度关注理性的强假设:理性选择理论已成为主导的经济学范式。这种范式主要假设,个体在决策过程中总是发挥最优的理性能力,通过逻辑地权衡成本与收益来最大化自身利益。这种理论框架下,个体最清楚什么最符合自己的利益。因此,大部分经济学家假设,我们可以在充分了解信息的情况下聪明地行动。

这些关于理性的假设简化了经济分析。如果每个人都以数学理性的方式行事,那么构建经济模型将相对简单。然而,从20世纪70年代起,凯恩斯主义经济学家开始对依赖理性的做法提出挑战,后来主流经济学家在2007—2008年全球金融危机之后也开始质疑这一做法。凯恩斯主义者长期对主流经济理

---

① 也就是双向匿名审稿制度,一篇稿件隐去作者及单位等信息后送同行评议,审稿专家不知所审稿件作者是谁,作者也不知稿件被谁审理,此过程被视为"双盲"。目的是防弊,以期能获得尽可能客观公正的评审意见。

论中的强理性假设持怀疑态度，例如，后凯恩斯主义者早在2007—2008年全球金融危机爆发前多年就预见到这种危机。这种情况提示我们，卡尼曼并非经济学家，可能不完全了解经济学的多种方法及经济学家之间的深层次冲突。但具有讽刺意味的是，在经济思想史上，约翰·梅纳德·凯恩斯不仅影响深远且具有前瞻性，他的思想也与丹尼尔·卡尼曼的观点有着深刻的共鸣。

卡尼曼学术遗产的核心特征在于他对跨学科研究的贡献。他的开创性成果打破了学科壁垒——诺贝尔经济学奖对他的表彰词是"将心理学的深入分析融入经济学中"。[29]卡尼曼以一贯谦逊的态度指出，这个奖项不仅肯定了他的努力，也认可了特沃斯基和以理查德·塞勒为首的新一代行为经济学家的贡献：

> 我不想全盘否认自己的贡献，但我认为将心理学的研究成果融入经济学的过程主要是由塞勒和他周围迅速聚集的一批年轻经济学家完成的，这包括科林·卡默勒（Colin Camerer）和乔治·罗文斯坦，以及后来的马修·拉宾（Matthew Rabin）、大卫·莱布森、特里·奥迪恩（Terry Odean）和塞德希尔·穆莱纳森（Sendhil Mullainathan）……理查德·塞勒在1980年发表的一篇论文被视为行为经济学领域的开创性文献，[30]文中，塞勒通过一系列小故事，挑战了传统消费者理论的基本原则，从而为该领域确立了研究的方向和框架。[31]

卡尼曼希望从外围对经济产生影响，并通过与经济学家的密切合作进一步加强这种影响。在2012年接受《卫报》的采访时，他对经济学学科表达了质疑："经济学家因懂得数学而在社会科学家中具有一种神秘感。他们擅长在事后解释事件，但很少能预测事件。我根本不认为自己是经济学家。"[32]

尽管卡尼曼本人不是经济学家，并在一定程度上对经济学及其对理性选择的侧重持批判态度——这与部分非正统(非主流)的经济学家的看法相符——但是他对经济学的挑战其实比其批评者或支持者所声称的更为慎重。卡尼曼揭示了理性的局限,但他无意驳斥经济学,或证明判断和决策完全基于非理性。卡尼曼与特沃斯基的核心著作致力于激励经济学家对其限定性且狭窄的假设体系进行深刻反思。随着学术界和政策制定者越来越多地采纳行为经济学的核心洞见,这项持续性的学术贡献变得日益重要。

第十二章 阿马蒂亚·森

乔纳森·康林

1943年,英属孟加拉省发生了一场严重的饥荒,当时阿马蒂亚·森只有10岁。阿马蒂亚·森出生于今孟加拉国达卡附近,父亲是孟加拉的一名化学教授。虽然城市居民较少受到这场大饥荒的直接影响,但至少200万孟加拉人死于饥饿及其引发的营养不良和疾病。当时的英国当局似乎无意采取有效应对措施,坚称食物供应充足。他们既没有限制主食大米的流通,也没有从印度其他地区或国外进口大米。一项发布于1945年的调查指控英国官员对大米短缺的明显证据视若无睹,这些指控坚定了印度民族主义者结束英国统治的决心。

1976年,阿马蒂亚·森在《经济与政治周刊》(*Economic and Political Weekly*)发表了一篇名为《饥荒是交换权利的失败》(*Famines as Failures of Exchange Entitlements*)的论文,论文后来被扩展为《贫困与饥荒》(*Poverty and Famines*),并于1981年出版。自1951年起,阿马蒂亚·森在加尔各答管辖区学院①学习经济学,随后在剑桥大学完成经济学博士学位,并担任加尔各答贾达普尔大学经济系主任。这是他职业生涯的起点,此后他在美国、印度和英国的顶尖大学都担任过要职,并获得了1998年诺贝尔经济学奖等多项重要奖项。

根据阿马蒂亚·森对1943年孟加拉大饥荒的修正主义分析,英属印度政府对"食物总供应的估计相对准确,但在饥荒理论上却存在灾难性错误"。1943年的食物供应比没有发生饥荒的1941年高出13%,说明饥荒并非由食物短缺或食物可得性下降所导致。[1]当时的政府在声明中指出,最近的恶劣天气并未造成大米短缺,这在很大程度上是正确的。但是阿马蒂亚写道,饥饿问题并非单纯由食物供应不足引起的,而在于食物分配机制是否合理。这关乎谁有能力"掌控"食物资源的问题。有多种"权利关系"可以决定个体对食物的"所有权"(或合法权利)。例如,农地所有者对

---

① 2010年升为加尔各答管辖区大学(Presidency University, Kolkata),是一所位于印度加尔各答的公立州立大学。该大学拥有众多杰出的校友,其中包括孟加拉文艺复兴的先驱、印度独立运动的领导人、国家元首、贵族奖获得者、奥斯卡奖获得者等。

其土地上生产的大米拥有合法权利。尽管农业劳动者可能不拥有土地,但依据分成佃农制的"权利关系",他们仍可以通过耕种土地而对其土地上生产的大米拥有合法权利。

在1943年的孟加拉,许多人的"权利关系"都是建立在交换的基础上。他们自己没有种植大米,而是通过交换服务(如理发或河运)或其他非大米商品(如牛奶或渔获)来换取大米。这些商品或服务构成了他们的"交换权利"。英国当局在1943年和1945年的调查都没有发现,这些商品和大米之间的交换比率发生了巨大的变化,对理发师、农业劳动者、渔民等群体极为不利。这些群体无法再用同等的商品换取足够的大米来养活自己及亲属,最终他们在饥荒中饿死。交换比率的变化并非由极端天气和农作物歉收引起,而是公共支出激增引发的通货膨胀所致,这与英国当时忙于与日本争夺邻近的缅甸的控制权有关。1943年,虽然许多城市居民的工资跟上了通货膨胀的步伐,但农业劳动与大米之间的交换比率却大幅下降,从1941年12月的1∶100下降到1∶24。[2]随着大米价格从每莫恩德(约37.78千克)13卢比上涨到30卢比以上,许多孟加拉人减少了理发和旅行等非必需开支,并停止购买渔获等奢侈品。对理发和购买渔获的需求下降进一步削弱了理发师和渔民的"交换权利"。

阿马蒂亚·森还在《贫困与饥荒》一书中分析了1974年孟加拉国饥荒①以及埃塞俄比亚和萨赫勒地区的饥荒事件,并在这些案例中识别出了相似的模式。1972—1974年的埃塞俄比亚饥荒并没有出现食品价格大幅上涨的现象,即使在受灾严重的沃洛地区;而在1974年孟加拉国饥荒中受灾最严重的三个地区则出现了人均粮食产量增加的现象。简而言之,这些地区的市场食物供应充足,价格仅略微上升。与1943年孟加拉大饥荒相似,在其他饥荒事件中饿死

---

① 1971年12月16日,西巴基斯坦(今"巴基斯坦")释放了印度军人战俘和东巴基斯坦(今"孟加拉国")孟加拉民族解放军战俘,并承认孟加拉国独立。

的人都是无地农民、临时工、牧民和运输工人。这类群体比佃农或地主更易受到劳动与粮食交换比率急剧下降的影响。在埃塞俄比亚饥荒的案例中,游牧牧民在极端绝望中只能大量出售奶牛,最终导致市场供应过剩,每头奶牛的售价大幅下跌。[3]

在这些饥荒事件中,交换权利的变化早在饥荒爆发前就已经开始。以1974年孟加拉国饥荒为例,农业工人一天劳动所能换取的大米量在洪水(常被认为是饥荒的原因)之前就已经下降。如果当局关注到这一关键数据并采取干预措施,例如,实施公共工程计划让底层人群直接以劳动交换大米,他们本可预防这场饥荒。但是,政府及外界观察者当时反而都在庆祝孟加拉贫困率(低于贫困线的人口比例)的下降。这些数据未能揭示的是,尽管贫困的"总人数"可能在减少,但贫困人群中的财富分配正在恶化。20世纪60年代末至70年代初,处于极端贫困状态的人口比例急剧上升,尽管指标表明总体贫困率有所下降。

阿马蒂亚·森的权利视角揭示了多种确定贫困特征的方法的局限性。查尔斯·布思(Charles Booth)在19世纪80年代调查伦敦东区的"救济资格"时开创的人头计数方法依赖于贫困线。营养模型通过计算维持生命所需的卡路里数来确定贫困线。这些方法各有不足。例如,卡路里模型没有考虑肠道寄生虫的影响,这可能导致个体实际所需卡路里超出最低标准。1943年孟加拉大饥荒的实例表明,单纯侧重于食品供应和市场的分析方法无法帮助当局预见饥荒。正如阿马蒂亚·森指出的,"灾难性的后果有时隐藏在令人安心的总量数据之中"。[4]

对学者而言,质疑主流理论常常是职业生涯的一部分,至少是其在领域内获得提升和认可的方式之一。我们接下来将会介绍,阿马蒂亚·森围绕社会选择理论领域相对深奥的问题——如何汇聚个体偏好或福利并形成集体决策的研究——贡献了许多重要论文,这些论文往往涉及复杂的数学公式和专业细节。在 20 世纪,许多经济学家都会在高影响力期刊上发表单篇得到广泛认可的论文,通过揭示有意义的智力难题或悖论来建立成功的职业生涯。

然而,阿马蒂亚·森的主张之所以使其成为一名伟大的经济思想家,主要基于两个点:第一,他认识到自己有责任追求更根本的改变,而不是只对现有政策进行边际改进或小幅调整。第二,他提出了一种衡量社会福利的新方法。这一新方法挑战了由艾布拉姆·伯格森(Abram Bergson)和保罗·萨缪尔森在 20 世纪 40 年代发展起来的"福利主义"学派。福利主义学派从设想在特定限制条件下(例如,禁止奴隶制)可能存在的各种社会状态入手,通过构建社会福利函数为每种状态赋值,并依据这些数值对不同状态进行排序,以衡量其在最大化社会福利方面的成效。这些评价结果可以作为政府在制定政策时的参考建议。如前所述,阿马蒂亚对福利主义者衡量社会福利的方式提出了质疑,并进一步指出这些限制条件可能会如何相互制约。

美国第 15 任总统詹姆斯·布坎南(James Buchanan)以及其他契约主义和自由主义思想家对福利主义发起了挑战,质疑政府以福利最大化的名义行事的能力和权威。他们认为,福利最大化的任务应当是个体的责任,个体的选择不应受限于福利主义者施加的限制。这些限制带有规范性质,反映了福利主义者认为"社会公益"(社会福利)是可以明确定义并形成共识的观点。在契约主义者视角中,政府的职责不是为了追求社会公益的最大化,而是为了维护一个规则明确的框架,确保个人在其中能够自由地追求他们认为有价值的目标。虽然阿马蒂亚·森对福利主义进行了深入且持续的批判,但他并没有完全抛弃社会公益的概念。

他在《贫困与饥荒》一书中追问,当我们对定义和衡量贫困的所有现有方法提出挑战后,我们是应该放弃探索这一现象,还是应该寻找"抢救"之道?他问道:"接下来我们应该怎么做?"[5]本章的第一部分将主要探讨阿马蒂亚·森对这一问题的回答。探讨他从功利主义和福利主义中抢救出来的成果,远比

"抢救"一词所暗示的修复意义更具有前瞻性和乐观性。事实上,阿马蒂亚·森曾在其他语境中将这种抢救的努力形容为拥抱"富有的窘境",其意在结合多种方法,而非在达尔文式的竞争中试图辨别最优方案。第二部分主要介绍阿马蒂亚·森在经济思想中最重要的贡献——可行能力理论(Capability Approach)。这一理论认为,社会发展的理解应当基于一个社会为其个体成员所提供的机会和可能性。自20世纪90年代以来,阿马蒂亚·森的研究开始强调这些"功能"在促进一个公正和包容的社会中必须发挥的贡献作用。这一研究框架还帮助阿马蒂亚·森解释了一个关于饥荒的独特现象——没有任何一个民主国家经历过饥荒。第三部分主要审视阿马蒂亚·森关于这些功能的深入研究,最后一部分主要探讨阿马蒂亚·森关于正义的理论。

方法论的混合主义

在其诺贝尔奖获奖演讲《社会选择的可能性》(*The Possibility of Social Choice*)中,阿马蒂亚·森概述了他对经济学领域的三大贡献,分别是"信息的拓宽""偏序关系的应用""一致性条件的放宽"。这些贡献均与经济学家在评估社会福利时必须进行的复杂计算息息相关。哪些数据应被纳入分析,哪些数据应被视为无关的"噪音"并予以排除?我们对这些计算可以提出什么要求?换言之,我们可以赋予它们多大的精确度、完整性或一致性?我们可以或应该在多大程度上结合不同的结果?经济学家们一直在区分"序数"数据和"基数"数据;前者用于进行排名,后者用于测量水平或规模。最后,我们要如何使用这些计算结果?适用于投票系统(用于决策)的聚合计算[1]在评估社会福利方面可能并不总是那么理想。[6]

---

[1] 聚合计算是指将多个数据点、结果或意见合并成一个整体的过程,通常用来简化决策或形成一种总体观点。

阿马蒂亚·森指出,"传统经济学往往缺乏在评估个体状态和利益时的多元视角"。18世纪,杰里米·边沁将福利(或边沁所说的"效用",这两个术语后来趋于同义)定义为"最大多数人的最大幸福",但后来,自称边沁学派的经济学家却将福利简单地等同于人均 GDP,认为它反映了"个人的最大化行为(或看起来达到最大化)"。人均 GDP 的吸引力在于它便于进行"实数值(数字化)表达",而不是因为它的固有假设——更高的收入带来更大幸福,或个人总会追求收入最大化——具有任何稳健性。"公式的数学精确性与其内容的显著不精确性同时并存。"[7]

阿马蒂亚·森将许多问题归咎于去世于1984年的莱昂内尔·罗宾斯——伦敦经济学院的重要代表。可以说,阿马蒂亚·森整个职业生涯都在致力于纠正罗宾斯的理论对经济学及其人性观念所造成的伤害——罗宾斯主张"经济学研究的是可验证的事;伦理学关注的是价值和责任"。基于这种观点,罗宾斯认为个人间的福利比较是不可能的,因为"每个人的思维对于其他人来说都是高深莫测的"——用英国经济学家威廉·斯坦利·杰文斯的话来说。这一观点又构建了一道理论上的壁垒,即仅将社会福利理解为整个社会福利总和,而忽略了如何在社会成员之间公平地分配这些福利。[8]在接下来的10年中,帕累托效率的流行进一步简化了这一问题。以意大利经济学家维尔弗雷多·帕累托(Vilfredo Pareto)命名的帕累托效率描述了一种最优的资源分配状态,即任何尝试改变现有资源分配以增加个体福利的行为都将导致他人福利的减少。

阿马蒂亚·森认为,尽管简化可能在福利经济学的算术分析上提供了便利,但其代价是产生一些狭隘、矛盾或完全荒谬的结果。1951年,美国经济学家肯尼斯·阿罗在其著作《社会选择与个人价值》(*Social Choice and Individual Values*)中提出了著名的阿罗不可能性定理。该定理假设,当有三个按偏好排序的选项时,不存在一种排名投票机制(与更为常见的"简单多数票获胜制"相反)能够同时产生总排名并满足四项标准。帕累托效率是其中的一个标准;此外还包括非独裁性,即无论其他选民的排名如何,总排名不得与任何一个选民的排名相同;以及"二元独立性",即在增加第三选项 X 的情况下,消费者对两种商品 A 和 B 的偏好顺序不会发生改变。阿罗不可能性定理的影响极为深远,似乎已经对阿罗本人创建的社会选择理论领域造成了巨大冲击——这个定理的出现似乎宣告了社会选择理论领域的终结——而阿罗也因发现这项定理而获得了 1972 年诺贝尔经济学奖。

阿马蒂亚·森认为,这一引人入胜的定理其实是信息匮乏的产物,而这种信息匮乏又源自于一种类似罗宾斯的立场,即避免进行个体间的福利比较,同时强加某种程度的一致性,尽管这种一致性在直觉上看似合理,但实际上与人类在现实世界中的行为并不相符。社会选择理论的另一位奠基人保罗·萨缪尔森也提出了类似的一致性要求。萨缪尔森及其学派基于"弱性显示原理"(Weak Axiom of Revealed Preference,WARP)构建了他们的经济模型。这个原理与阿罗不可能性定理的二元独立性原则有着相似之处,即在增加第三选项 X 的情况下,消费者对两种商品 A 和 B 的偏好顺序不会发生改变。按照萨缪尔森的显示性偏好理论(Revealed Preference Theory),消费者的选择行为直接映射了其偏好,而这些偏好则是基于最大化个人福利的目标。

在消费者行为研究中,存在多种因素可能导致消费者的选择行为与既定规则或假设相悖,导致消费者的实际选择(而非偏好)受到提供给他们"菜单"选项的影响。阿马蒂亚·森列举了一个例子:派对上有一个客人很想吃一个苹果,而她边上刚好就有一个果盘。从直觉和理性上讲,不论果盘中有多少苹果,她都应该只拿一个苹果,毕竟她的偏好就是一个苹果。然而,她的决策可能受到"菜单依赖性"的影响,即如果果盘中仅剩一个苹果,她可能会因为考虑到其他人的潜在需求而选择不拿这最后一个苹果。[9]

在这个场景中,对一致性的追求虽然让萨缪尔森的模型看起来条理清晰,但这种仅以偏好解释行为的方法——"偏好又仅由行为定义"（显示性偏好理论）——是一种"漠视人类喜怒哀乐"的方法。[10]正如罗伯特·萨格登所指出，"从显示性偏好的角度看，效用并不是衡量任何可能被视为有益的特定品质（如愉悦）的指标。它只是'个体'选择的描述性表达。"[11]

在解决由不可能性定理带来的问题时，阿马蒂亚建议放宽那些被视为基本理性要求的条件，例如，放弃帕累托效率。尽管帕累托效率被誉为个人自由的标志，但当存在2种以上的选项时，它的限制性就显露无遗。例如，假设将100单位的资源在3人间分配，虽然98∶1∶1与33∶33∶34的分配都满足帕累托效率，但前者的公平性显然不如后者。阿马蒂亚·森在发表于1970年的论文《帕累托自由的不可能性》(The Impossibility of a Paretian Liberal)中提出了自己的不可能性定理，促使经济学家在遵循帕累托原则与坚持自由主义价值观之间做出选择。[12]

关注帕累托效率的福利主义经济学家忽略了明显的不平等现象，因为他们主要关注社会总福利而非其分配方式，并且只根据它们对总福利的影响来评估行动或政策。决策者通常不考虑个体间的福利差异（个体间的福利比较是不可接受的），而是主要关注可以用于综合评估国家财富的总福利指标。因此，3个公民的效用单位分别为33、33和34的国家比3个公民的效用单位分别为98、1和1的国家"更穷"，尽管后者明显存在严重的社会不平等。根据总和排名逻辑，不论是将额外的效用单位分配给拥有98个效用单位的个体，还是分配给拥有1个效用单位的个体，国家的总福利都会得到提高。尽管边际效用原理表明，将额外的效用单位分配给拥有1个效用单位的个体会带来更显著的好处，但由于禁止进行个人间的福利比较，这种分析往往被视为无效。

因此，在评估任何特定社会状态在福利最大化方面的成功程度时，艾布拉姆·伯格森和保罗·萨缪尔森等福利主义者依据的社会福利函数主要考虑个体收入的总和。1973年，阿马蒂亚·森提出一种新的福利函数，通过将人均收入与基尼系数相乘来计算社会福利。基尼系数由统计学家科拉多·基尼（Corrado Gini）在1912年提出，是一个衡量收入或财富分配不平等程度的统计指标。与萨缪尔森及其他学者不同，阿马蒂亚·森对他的函数设定了较为宽松的要求。他没有追求函数能够提供"完全排序表示"，而是设计了一个较为适度的"拟排序"方法，该方法支持进行部分排序而非完全排序。阿马蒂亚·森指出："不平等的概念本身似乎有一种拟排序的框架，意味着不平等的概念并不适合用于进行非常精细或微小的比较，而是更适用于揭示和强调较大的、明显的差异。"[13]

阿马蒂亚·森并未将其提出的社会福利函数视为理想解，而是坦诚地讨论了它的局限性。虽然他提出的社会福利函数可能只适用于处理特定的问题，但是这种工具可以与其他不同的工具"交叉使用"，即使其他工具也各自存在不同的限制。[14]从不可能性定理中，阿马蒂亚认识到需要摒弃"传统理论中全有或全无的方法"。这种方法虽然可以提高模型的稳健性、完备性、精确性，但往往需要承担一定的代价，包括在模型设定中引入随意性，或将研究限制在理论上的不可能性之中。[15]因此，至少从方法论上讲，"混合主义"比"纯粹主义"更加可取。对于习惯使用整洁模型和图表的经济学领域来说，这种观点可能会带来不小的挑战和质疑。

可行能力理论

在追求以数学模型探索福利概念的过程中，福利主义经济学家似乎忽略了"存在"的维度，即感知幸福（Well-Being）已转变为实际幸福（Well-Having）。在出版于1971年的《正义论》（A Theory of Justice）一书中，美国哲学家约翰·罗尔斯（John Rawls）尝试纠正功利主义在福利衡量方法上的缺陷，并定义了一系列对个体福利至关重要的"基本物品"，包括健康与智力等具有自然属性的元素，以及权利、收入和"自尊的社会本位"等具有社会属性的元素。一个人在这类基本物品上的禀赋①可以与另一个人的禀赋进行比较。此外,罗尔斯构建了几个假设性情境,探讨了在这些情境下如何根据"差异原则"优先改善弱势群体(通过衡量每个人拥有的"基本物品")的福利状况。

但是,阿马蒂亚·森认为这是将手段与目的相混淆的典型案例。人类的多样性十分广泛,因此无法推断出一套普适的"基本物品"标准。即便是基本的营养需求(例如,足以维持健康的卡路里摄入量)也会因气候、预期寿命和医疗保健水平等因素而有所不同。[16]罗尔斯及其同行过于关注物品和权利的价值,却忽视了它们与相关"功能"之间的关系。[17]各种"转化因素"决定了个体拥有某些物品后所能够实现的"能力"范围。②

例如,拥有一辆自行车的天赋或"禀赋"可以简单地用它的售价,或者(骑车)节省的公交车或人力车费用来评估。对于小商贩而言,自行车可以扩大他们的交易市场范围,使他们能够在同样的时间内完成更多的交易。用阿马蒂亚·森的话来说,自行车扩展了个体的能力组合,即个体能够执行或实现的各种行动和结果的范围。虽然个体可能无法实现所有这些行动或结果,但这种潜在的失败并不会降低福利水平。恰恰相反,对福利的最佳评价应该着眼于增强个体的"能力",扩大个体可用"功能"的范围,不管这些功能是否可以全部实现。

"能力"转化为"功能"的过程看似直接明了,以至于有人质疑是否有必要区分这两个概念。学会骑自行车需要一定的训练,但并不会耗费太多时间,通常可以在零成本或很低成本下找到培训资源。掌握骑自行车的能力后,似乎就能解锁新的"功能":拓展商品或服务的新市场,拓宽社交网络,享受骑行时风

---

① 经济学中的禀赋(Endowment)是指消费者初始拥有的资源,或是经济主体先天所拥有的资源。
② 阿马蒂亚·森的可行能力理论的核心概念是功能(Fuctionings)和能力(Capabilities)。"功能"是一个人在生活中的活动或所处的状态(Doings and Beings)。一个人拥有某种商品却不能保证他获得相应的功能。例如,骑车是一种功能。有自行车的人不一定是为了骑行,或者不一定会骑。"能力"则是指一个人能够实现的各种功能的组合。

拂面颊的快感，或简单地期待前往下一站的乐趣。然而，"新自行车"转化为"新的行动自由"并不像表面看起来那么简单。一系列"转化因素"在决定个体能够以及在何种程度上享受这种自由时起着决定性作用。这些因素都属于外部效应，与自行车本身无直接关联，但它们可以影响自行车对接收者的真正价值，决定了这一禀赋是成为其能力组合的有用部分，还是仅仅被闲置生锈。这些转化因素是将商品（如本例中的自行车）与特定活动和存在状态联系起来的功能，也是将感知幸福和实际幸福联系起来的功能。

阿马蒂亚·森提出了个人、社会与环境三大类转化因素。身体障碍、寄生虫和疾病等个人因素可能会限制个体骑自行车的能力。坑洼的道路、拥堵的交通和相关的污染等环境因素也可能构成进一步的制约。与这些环境因素相比，虽然社会因素的影响可能不是很直观，但它们可以最大限度地决定自行车能否实质性地提升车主的能力。例如，在世界许多地区（如维多利亚时代的英国），社会上普遍不接受女性骑自行车。虽然不同因素间的界限可能难以明确划分——例如，如果高污染水平导致更高的哮喘发病率，我们应该将其视为环境因素还是个人因素——但这并不意味着它们的影响力减弱。

可行能力理论将我们的视野扩展到更广泛的议题上，而不是只关注个体的经济状况——例如，在金钱或物品方面的禀赋——与同一社会中其他人的相对水平。这包括社会规范、公共卫生和基础设施等议题。如果我们就如何改善上述例子中的低转化率为政府提供策略建议，我们的讨论可能会包括实施除虫计划、道路拥堵收费等多种措施。显然，这些措施也会影响到许多没有自行车的民众。但是，实现特定的"功能"（如骑自行车的能力）并不是最终目标。根据阿马蒂亚·森的主张，单凭将这种能力添加到个体的功能组合中，社会本身就会更加富裕，个体也会更加优裕。尽管这些措施在某种程度上属于外部效应，但针对特定自行车问题可能采取的措施可以对经典经济学家关注的核心议题产生积极影响，例如，扩大市场规模和增强劳动力专业化等。

1990年，联合国开发计划署引入人类发展指数（Human Development Index，HDI）这一新基准指标。人类发展指数由巴基斯坦经济学家马赫布卜·乌尔·哈克（Mahbub ul Haq）主导设计，他在设计过程中征询了阿马蒂亚·森的意见，并尝试将他的可行能力理论融入其中。人类发展指数的命名反映了"发展"概念的理解发生了根本转变。人类发展指数跳出了以国民收入或市场开放程度作为福利衡量标准的传统范式，转而将"人类"放在第一位。它并不是单一地衡量人均国民总收入，而是综合考虑基础教育（按平均受教育年限衡量）、预期寿命（按出生时预期寿命衡量）和收入（按人均购买力平价①计算的人均国民总收入）这3个关键维度，恰当地体现了阿马蒂亚提出的"信息丰富性"。

阿马蒂亚·森与让·德雷兹（Jean Drèze）合著的《印度：经济发展与社会机会》（India: Economic Development and Social Opportunity）于1995年出版，书中通过回顾和分析历史数据，探讨了教育和寿命（作为公共卫生服务供应的指标）的重要性。他们选择了印度3个民族、宗教和政治取向迥异的邦——喀拉拉邦、西孟加拉邦和北方邦作为研究对象，分析了预期寿命、婴儿死亡率、识字率、性别比以及作为常用基准的人均国民总收入等大量数据。两位作者不仅在这项研究中展示了印度各地区之间的差异，还特别强调了印度与中国之间的比较分析。

回顾中国和印度各自在20世纪90年代从大致相同的人均国民生产总值起步的50年发展历程。印度的精英阶层普遍认为，中国的独生子女政策及其市场自由化是"亚洲奇迹"的催化剂，而印度则错失了这一发展机会。因此，印度的许多精英阶层得出结论，为了追赶中国令人羡慕的经济增速，印度迫切需要解构"许可证制度"（Licence Raj）的官僚束缚。

---

① 购买力平价（Purchase Power Parity，PPP），是根据各国不同的价格水平计算出来的货币之间的等值系数。目的是对各国的国内生产总值进行合理比较。购买力平价汇率与实际汇率可能有很大的差距。在对外贸易平衡的情况下，两国之间的汇率将会趋向于靠拢购买力平价。

在《印度：经济发展与社会机会》一书的序言中，阿马蒂亚·森与让·德雷兹非常讶异政府竟然将焦点放在"为跨国企业设计税收优惠的具体细节、印度人是否应该消费可口可乐、私营企业能够运营城市公交等争议问题上"，却对"基础教育和基本医疗保健的极端匮乏，以及其他严重关乎公众福利和自由的议题视而不见"。[18]

1990年印度的预期寿命比中国短了10年左右。此外，同时期印度的识字率不仅整体较低，性别差异也更为显著：女性和男性的识字率分别为39%和64%，而中国的识字率为68%和87%。中国年轻一代的识字率接近100%（全民普及），而在印度远未实现这种情况。尽管印度政府承诺为14岁以下的儿童普及初等教育，但政府从未拨出资源来兑现这一承诺。此外，印度的公共卫生机构过度关注所谓的"人口问题"，将绝育的优先级放在首位，忽视了其他成本低廉且有效的疾病防控策略。相关数据显示，人口增长对人均国内生产总值的影响较小，这表明印度所谓的人口危机并不存在。[19]

这些历史数据表明，中国是在显著提高识字率和预期寿命之后才实现了经济的增长，从整体上看，公共医疗和普及教育远不是经济增长的产物。公共健康和教育并不是发展中国家在经济达到一定水平后才能"负担得起"的奢侈品。而且，正如许多自称追随亚当·斯密和新古典主义经济学派的经济学家所持的观点，国家在健康和教育领域的干预并没有对经济增长构成阻碍。问题不在于"政府干预程度的大小①，而在于治理的形式"。[20]如果印度的政策选择只聚焦"许可证制度"和可口可乐，却忽略免疫接种和教育投入，那么印度可能无法正确理解并应用中国发展模式的成功要素。

---

① more or less government 是一个讨论政府在经济和社会事务中干预程度的常用表达。当人们提到"more government"，意味着主张更多政府控制和干预，如通过法规和公共服务来管理问题。而"less government"则主张减少政府干预，倾向于让市场机制和私营部门发挥更大作用。这个表达常用于讨论政府应扮演的角色及其政策和治理方法。

行动主体与过程

自20世纪90年代初期以来,阿马蒂亚·森在可行能力的理论框架中做了进一步的发展,越来越强调"行动主体视角",即强调"谁人"是行动的执行者。[21]从基本层面讲,关注行动主体意味着我们认识到,了解是谁,以及以何种方式促成福利的改变对我们具有重要的意义。例如,在自行车的例子中,我们不会简单地认为它是"从天而降"的物品;我们对自行车的态度及对自己的看法会因其呈现的方式不同而有所区别——无论是作为禀赋、美德的奖赏、权利的体现、彩票奖品、社会地位的象征还是慈善的馈赠。在更复杂的分析层面,行动主体可能具有构建性或建设性,能够塑造了"谁人"的身份及其行动能力。

通过构建一个受过教育、掌握信息并具有参与度的公众("我们"),实现个体能力的相关过程可以推动整个社会朝自由和民主的方向发展,既让政府承担起应有的责任,还能改变剥夺女性、某些种族或其他弱势群体完整能力组合的社会规范。我们之所以重视这些成果,不仅因为它们可以增加我们的能力组合(工具性价值),更因为获得这些成果的方式——通过与他人协同行动——使我们获得了自尊等好处。自由既关乎过程,也关乎权利行使,同样关乎拥有罗尔斯"基本物品"概念所包含的特定机会或权利。

阿马蒂亚·森最初只是聚焦于物品与存在状态之间的关系,随后转而探究不同"功能"如何通过相互作用、相互强化来"扩展真正的自由"。研究重点的变化必然导致思考轨迹的变化,阿马蒂亚·森针对我们应该如何引领此类变革的思考又反过来引导他思考正义和公平的理念,这些理念似乎与经济思想格格不入,甚至有时是互相对立的。就这一点而言,阿马蒂亚·森的思考似乎是亚当·斯密时代道德哲学的回归,那时经济学还没有成为一门独立学科。尽管斯密被誉为经济学之父,但很少有经济学者会主动通读斯密的著作,更不用说去了解其他哲学家的作品了。

但罕见地,阿马蒂亚·森对这一传统有着深入的了解,这得益于他在剑桥大学三一学院期间获得的奖学金,赋予了他完全的自由去研究任何感兴趣的学科领域。此外,个人关系也对他的思想发展起到了重要作用:他的第一任妻子是意大利经济学家阿尔伯特·赫希曼(Albert Hirschman)的侄女。赫希曼在其出版于1977年的著作《激情与利益》(The Passions and the Interests)中分析了亚当·斯密及其同时代的思想家,例如,孟德斯鸠(Montesquieu)和杜加尔德·斯图尔特。赫希曼认为,从亚当·斯密时代开始,经济思想的主流发展趋势逐渐忽视甚至压抑人的情感,并优先侧重于理性地关注利益,以及由此产生的看似可预测的行为模式。[22]阿马蒂亚·森在分析中领悟到,人类并非孤立的、理性的利己主义者,而是"由内在心理和外在文化共同决定的复杂整体"。[23]

在出版于1999年的《以自由看待发展》(Development as Freedom)一书中,阿马蒂亚·森将"能力观点"描述为"一种重归亚当·斯密特别倡导的经济与社会发展的综合方法"。[24]斯密认为交易自由不仅仅是确保经济增长的手段,而阿马蒂亚·森指出:"交换和交易的自由,本身就是人们有理由珍视的基本自由的一部分。"然而,当时发展专家们对市场作用的论述并未能清晰地传达这一观点。人们经常需要提供证据或理由来证明市场机制具有某些"正面但遥远的影响",甚至认为它是一种必要之恶,但实际上"参与经济交流的自由在社会生活中发挥着基本作用"。[25]

有观点认为,印度政府应当推迟开展扫盲运动,直到国家经济增长的水平足以"负担"这一政策。还有一种观点认为,公民自由和政治自由是一些国家在追求经济增长时无法承担的"奢侈品",因此这些国家可能需要暂时放弃这些自由。这种观点常被称为"李光耀命题",以新加坡前总理李光耀的名字命名:新加坡的经济增长是以牺牲公民自由——特别是思考和讨论其城市国家运作方式的自由——为代价的。在1993年维也纳人权会议期间,李光耀、马哈蒂尔等为"亚洲价值观"辩护，认为要求扩展这类自由等同于文化帝国主义①的表现。

阿马蒂亚·森认为，交换自由及其他非经济性自由之间存在相互关联和相互强化的关系，这与"李光耀命题"提出的负相关观点相反。阿马蒂亚区分了五种自由：政治自由、经济条件、透明性担保、社会机会与防护性保障。如果理解得当的话，这些自由不仅是发展的目标，也是实现发展的手段。[26]

在阿马蒂亚·森提倡的"行动主体视角"方法中，女性不自由是最重要的实例之一。1992年，《英国医学杂志》(*British Medical Journal*) 发表了一篇影响深远的文章，其中指出印度等许多亚洲国家的性别比偏离了生物学决定的标准。在正常的生物学条件下，女性的比例应略高于男性。然而，在那些要求嫁妆，且新娘婚后需与父母断绝关系的地区，父母往往没有动力在女儿身上投入过多的关爱和资源。正如一句泰卢固语②谚语所说："养女儿就像给别人的庭院浇水。"

由于这些不利因素，许多印度城邦的性别比出现了显著失衡。例如，北方邦的性别比为1 000名男性对880名女性。这种现象主要是因为孕妇通过超声波确定胎儿性别后，选择（或被迫）堕掉女胎。[27]类似的性别比失衡也存在于那些无法负担超声检查的家庭中，这大概是因为男婴和男童获得了更优先的护理、营养和医疗支持，而女婴和女童则被剥夺了这些基本关怀。结果，预计的女性人口数量缺口达到了1亿，或者采用阿马蒂亚·森在发表于1992年的论文标题的修辞，"失踪的女性"的数量达1亿。[28]

阿马蒂亚·森反对将女性视为等待国家或其他机构干预的"受动者"。相反，他强调培养女性的行动能力不仅能有效提升这些女性及其子女（不分性

---

① 一个主导国家将其文化强加于一个非主导国家的现象，通常通过出口文化产品如电影和音乐等方式实现。

② 印度安得拉邦和特伦甘纳邦泰卢固人的语言，印度宪法承认的语言之一。

别)的福祉,还能推动更广泛的经济增长,并扩展其倡导的其他四项自由。例如,相比于提高男性识字率或采取减少总体贫困的措施,提高女性的识字率实际上是降低儿童死亡率的更有效措施。当女性识字率从22%提升到75%时,5岁以下儿童的死亡率从每千人156例下降到每千人110例(在其他变量保持不变的情况下)。相比之下,当男性识字率同样从22%提升到75%时,儿童死亡率只是从每千人169例降至每千人141例。[29]

识字既不能增强女性的免疫系统,也不能预防疾病。在福利主义经济学的视角中,女性识字似乎是一种"奢侈品";将稀缺资源投资于女性识字教育似乎就是对资金的"浪费",这些资金原本可以更有效地用于扩充护理人员、增设药房或增加疫苗接种。然而,在印度和世界许多其他地区,女性大部分时间在家中从事的劳动很少反映在国民生产总值或其他经济产出指标中。因此,即使要关注识字教育,看似更合理的做法是关注在经济上看似更活跃的男性。但阿马蒂亚·森的研究表明,女性识字虽不直接增强免疫系统或预防疾病,却能启动与显著降低死亡率相关的功能活动——此处需谨慎处理因果关系的描述,避免像前文直接使用"降低"一词进行简单归因①。此外,女性识字还与广泛参与正式经济活动(家庭之外的活动)相关联,进而促进女性广泛参与政治活动。例如,识字的母亲能够在发现当地教师缺勤时向有关当局提出申诉。[30]

其中一些效果是非预期的。阿马蒂亚·森是亚当·斯密的拥护者,人们可能以为他会引用《国富论》中阐述了每个人似乎"被一只看不见的手引导着去实现一个非预期结果"的经典段落。[31]弗里德里希·哈耶克和其他学者将这一概念视为深刻的见解,挑战了任何试图修理或改进微妙的经济运作机制的尝

---

① 此处使用"降低"一词可能会误导读者认为提高女性识字率直接导致了儿童死亡率的降低,而事实上,这种联系可能受到多种因素的影响,包括其他社会、经济或医疗条件的变化。前文作者在表达这个意思的时候添加了"在其他变量保持不变的情况下"的说明。

试。然而，阿马蒂亚·森坚决反对哈耶克将"非预期"与"不可预测"等同起来的看法。"经济和社会推理可以注意到那些可能非预期，但却由现有制度安排所引发的后果"。[32]例如，如果在印度喀拉拉邦，一项妇女扫盲运动意外地降低了5岁以下儿童的死亡率，那么在其他城邦或国家推广类似的计划，并期望达到相似效果将是有合理依据且符合逻辑的。非预期后果可以为深思熟虑的行动提供信息和启示，而不应该被完全排除在决策过程之外。

阿马蒂亚·森与德雷兹指出，经济增长及其促进的社会模仿和运动可能带来一些非预期的负面后果。随着经济增长，贱民阶层"表列种姓"①可能会模仿贵族阶层"尚武种族"②采取更加父权主义的态度，导致性别比进一步失衡。他认为，"这种现象有效地提醒我们，仅靠经济进步本身并不能有效地解决性别不平等问题"。在这种背景下，嫁妆、种姓等社会"制度安排"需要通过"与经济增长无直接关联的积极社会变革"来解决。[33]然而，通过社会变革，而非仅仅依靠经济增长确实可以实现对人口增长的有效管理，使生育率自然减少，这一效果远超过国家强制执行的绝育措施或基于新马尔萨斯人口论的其他干预措施。

阿马蒂亚·森十分清楚将女性纳入福利评估以及让女性被重视的相关挑战。在1998年的诺贝尔经济学奖获奖演讲中，他回顾了自己在研究1943年孟加拉大饥荒时发现的一个不寻常现象：接受调查的寡妇几乎没有反映任何"健康状况不佳"的情况，而鳏夫却"大量抱怨健康问题"。在一个男性主导的社会里，我们可以合理推断，女性的医疗保健需求会比男性更加得不到充分满足，这

---

① 表列种姓(或称在册种姓、贱民、不可接触者、达利特；Scheduled Castes；SCs)和表列部落(或称在册部落、原始部落、野蛮部落(wild tribe)、山民部落(hill tribe)；Scheduled Tribes；STs)是印度因历史与宗教原因形成、处于印度主流社会之外、印度宪法规定的两类社会弱势群体的总称，政府依法须给予其相对的保护政策。

② 尚武种族，是英属印度时期的印度种族概念。英国人把印度族群分为两类："尚武"和"非尚武"。前者勇敢好战，后者因定居农业生活不适合战斗。这种观念在印度文化中早有先例，四个瓦尔那之一的"刹帝利"在字面上解作"战士"。

本应导致女性反映更糟糕的健康状况。

然而,寡妇与鳏夫的期待明显不同,后者由于性别因素而拥有更强的权利意识。"在一个不对称规范悄然占据主导地位的社会中",不同的人面对相同的健康问题可能会有不同的感知。[34]尽管这项调查在某种程度上赋予了女性表达自身福利情况的机会,但现有的"制度安排"却导致她们并不"重视"自身的健康问题或苦难。这个例子表明,通过比较不同个体的心理状态来评估福利看似是一个理想的方法,但在实际应用中这种方法是无效的。

丹麦经济学家埃斯特·博塞鲁普(Ester Boserup)在其发表于1970年的著作《妇女在经济发展中的角色》(*Women's Role in Economic Development*)中首开研究先河,探讨了发展中国家农业工作者的劳动分配,以及女性在经济发展中可能扮演的角色。但是,标志女性经济学兴起的著作是玛丽莲·沃林发表于1988年的《计算女性劳动:全新的女权主义经济学》(*If Women Counted: A New Feminist Economics*),该书批评了现有核算方法没有纳入女性无偿劳动的现象。阿马蒂亚·森的可行能力理论被玛丽莲·沃林的拥护者广泛采用。尽管阿马蒂亚没有明确自称为女性主义经济学家,但他无疑认识到给予妇女选举权(以其最全面的意义)的道德责任,并指出扩展女性的能力同样有助于提升其子女及社区其他成员的能力,而这一效应并不受性别的限制。阿马蒂亚·森在其著作中写道:"可以说,在当前社会发展的政治经济学中,没有什么比充分承认女性在政治、经济参与、社会参与以及领导层中的角色更重要了。"[35]

从平等到公平

阿马蒂亚·森指出,我们在讨论不平等问题时会自然倾向于采用比较方法。我们常常关注社会 A 与社会 B 在不平等程度上的相对差异。因此,我们收集的关于任一社会的观察数据都没有必要按照本章第一节(方法论的混合主义)所描述的严苛标准进行处理——即使这些数据符合一系列极其严格的要求,这些要求往往会导致分析方法的崩溃,生成不可能性定理和其他可能对政策制定毫无实际指导意义的结果。比较方法本质上只能提供不完整排序①,但这足以满足基本的分析需求。

阿马蒂亚·森在其出版于 2009 年的《正义的理念》(The Idea of Justice)一书中追溯了政治哲学的"比较传统",这一传统起源于亚当·斯密和孔多塞(Condorcet),并由边沁、马克思以及肯尼斯·阿罗继续发展。阿马蒂亚借此传统将讨论的焦点从平等问题转移到了公平问题上,即对正义的探讨。在这一过程中,阿马蒂亚与罗尔斯以及其他政治哲学家的深入对话超越了传统的经济学范畴,展现出更多的哲学色彩。《正义的理念》延续了阿马蒂亚·森早期在不平等、社会选择理论和可行能力理论上的研究,仅这一点本身就足以证明讨论该著作的必要性。

平等和公平常被视为同义词。例如,基尼系数的讨论往往基于这样一种假设:理想社会应该是基尼系数为 0 的社会,即每个人的收入完全相等。我们可能因此认为阿马蒂亚希望创造一个每个人的能力组合都完全相同的社会。然而,阿马蒂亚·森认为,仅仅实现能力的平等(确保每个人都有相同的能力组合)并不等于实现了公平。这主要是因为个体的生活境遇、面临的障碍及固有能力的差异导致这种平等状态难以具体定义。阿马蒂亚·森从罗尔斯的《正义论》中关于"正义即公平"的论述出发,认为公平优先于任何正义原则。

在描述公正社会的理想面貌时,罗尔斯提出了一个著名的概念,即"无知之幕"(Veil of Ignorance)下的"原初状态"。在这个理论框架中,罗尔斯设想社会成员暂时退到这层幕后,仔细思考他们希望构建什么类型的社会。最关键的一点是,幕后的每个人都不知道自己在即将形成的社会中扮演何种角色。这种

---

① 比较方法通常涉及将不同单位(如国家、地区或社群)在某个或某些特定指标上进行排序或对比。虽然这可以提供一种直观的了解和概括,比如哪些国家在某个指标上表现更好或更差,但这种方法本质上是基于选择的几个变量进行的,可能无法捕捉到更多的、复杂的或背景性的因素。

无知状态及每个人的公平意识(和一定程度的自利意识)理论上可以防止他们构建一个对他人不公的社会,因为每个人都担心自己有可能成为社会中处于最不利地位的个体,如同在一场社会福利彩票中抽到了一张未中的彩券。一旦明确了公正社会的具体形态,他们就会结束抽象的理论讨论并返回到现实生活中去。

不同的是,阿马蒂亚·森没有设立一个假设的理想社会或原初状态,进而从中推导出一系列原则或理想的"制度安排"。他对罗尔斯的批判延伸到了基于社会契约理论的悠久的政治思想传统。社会契约理论假定人类在离开所谓的"自然状态"(被假定为非社会性的)并进入社会之前,曾经在彼此之间达成某种原始契约。阿马蒂亚·森指出,这种"契约主义方法论已在当代政治哲学中占据主导地位"。[36]但于他而言,这些理论只是无益的干扰,在提供实际指导方面缺乏信息价值。他指出,我们无需就理想的公正体系的全貌达成一致,就可以一致同意废除奴隶制是正确的行动。即使我们能够描绘出理想系统的确切形态,这也未必能帮助我们判断两种政策选择(如现状与拟议替代方案)哪个更接近理想。

"描述上的接近并不意味着价值上的接近。"例如,一位偏爱红葡萄酒的人可能会选择白葡萄酒而不是红白混酿葡萄酒,尽管混酿酒从某种角度看更"接近"他的理想选择。[37]阿马蒂亚·森的比较方法不基于一个预设的理想社会模型进行"逆向"分析,也不提供一套指导方案来推动我们向这种乌托邦式的社会"前进"。"比较正义的系统化理论并不以提供'什么是公正社会'的明确答案为必要前提,同时这种理论框架也不一定能回答这一问题。"[38]阿马蒂亚·森的正义理论在其目标设定和主张的权威性方面显示出一种谦逊态度。

正如阿马蒂亚·森在分析肯尼斯·阿罗及社会选择理论时所展现的批判性方法论,他同样将其观察到的不完整性或不一致性视为一种"富有的窘境",视为自己所推崇的忠于人类多样性的多元性。阿马蒂亚·森反对使用所谓的普遍生存水平（如每日所需卡路里摄入量）作为衡量贫困的标准，同样地，他认为罗尔斯模型的空洞个体在智力上显得贫瘠①。阿马蒂亚·森提倡从亚当·斯密主张的"公正的旁观者"的视角来评判比较正义，这位旁观者可以跳出社区界限并综合考虑社区之外的个体，从而避免了罗尔斯模型的"狭隘性"。从这一点看，亚当·斯密主张的公正理念是"开放的"，而罗尔斯主张的公正理论是"封闭的"；亚当·斯密主张的公正的旁观者更符合"全球正义"，这与罗尔斯主张的"国际正义"不同。[39]

阿马蒂亚·森写道："世界充满了各种形式的分歧，但这些分歧并不是单一的，而是以多样的方式存在。"[40]根据不同的身份特征，例如，寿命、就业状况、国籍、性别、种族、年龄、身体能力和残疾情况等，一个人可以同时被归类到不同的群体或类别中。在不同的标准下，个体可能会经历不同的待遇和限制。举例来说，一个富有的残疾人在财富方面可能享有优势，但其残疾仍可能使其面临健全者不会遇到的一系列限制和挑战。尽管美国的人均GDP远超印度，然而非裔美国人（无论性别）的死亡率仍高于印度等经济情况不如美国的国家。

尽管美国人的收入远高于平均水平，但他们仍要面临失去"活到老年的基本能力"的情况。[41]但国际比较并不能完全反映这一现象。这个例子明显体现了全球正义和国际正义之间的区别。与前文讨论的性别比一样，一个较少被关注的福利比较"维度"——通常人们在讨论福利比较时更多关注收入差异，而较少关注性别差异——揭示了能力组合的广泛不平等。要认识并评价某种基本"功能或自由"的缺失是否构成不公正，我们不必先定义一个完美的、最理想的生活的具体期限。

阿马蒂亚·森对经济思想的贡献是深刻而持续的。他关于"信息丰富化"

---

① 罗尔斯在其著作《正义论》中提出了一个理想化的"无知之幕"概念，通过这个假设，个体在不知道自己的社会地位和个人利益的情况下来选择正义的原则。阿马蒂亚·森认为这种模型忽略了真实世界中个体的具体情况和背景，从而导致对社会现实的理解不足，也就是在智力上显得"贫瘠"。

的倡议成功地挽救了社会选择理论,这一理论早期曾因阿罗的"不可能性定理"而面临被淘汰的命运。阿马蒂亚·森对1943年孟加拉大饥荒的研究揭示了权利体系与资源稀缺之间的关系,指出某些社会群体比其他群体更易受到饥荒的威胁。他对基于福利主义的社会福利评估的批判性分析,催生了其最为重要的理论贡献:福利的可行能力理论。该理论已经改变了各国政府及联合国等国际组织对贫困、文盲和疾病的认识和对策。

无论是保罗·萨缪尔森等显示性偏好福利主义者,还是契约主义者,他们都没有揭开选择理论身上的面纱,并探究个体选择背后的价值观和心理状态。阿马蒂亚突破了这一局限,推动了罗伯特·萨格登所描述的"个体利益并不意味着个体的选择总是自动地符合其利益的观点"。[42]因此,阿马蒂亚认为确实存在一种理想的生活状态,为我们评估个体选择提供了客观标准。阿马蒂亚对客观标准的追求引发了许多同行经济学家的担忧。他提出的可行能力范围——用以构建个体"有理由珍视"的生活——展现了令人放心的灵活性[43]。但对于萨格登而言,如何为每一项功能分配适当的权重仍是一个未解之谜。"阿马蒂亚·森怎么能断言任何特定权重组合都是客观正确的?"[44]

虽然阿马蒂亚·森的可行能力理论可以有效应对"极度贫困"条件下普遍面临的"基本功能"问题,但萨格登认为,在面对不易直接观察的功能层面时,可行能力理论的有效性存在局限。[45]正如丹·厄舍(Dan Usher)所指出的:"与效用函数中的商品集合相比,评价函数中的功能集合是无限的、重叠的,并且往往难以测量……没有模拟量能够像收入水平一样在商品列表中起到决定性作用。"[46]因此,我们必须重新考虑,我们应该追求多少精确度和一致性?有人可能会对这种批评提出反驳,并质疑阿马蒂亚·森是否真的期望他提出的"功能组合"能够完美地替代以国民总收入为基础的福利标准。

正如诺贝尔委员会所指出,阿马蒂亚·森的思想成功地将"伦理维度重新引入经济学及其相关学科"。[47]除了提升福利效果之外,阿马蒂亚·森的模型更加重视能力的发展过程和实践,这些与显著的非经济性自由相关的能力在其著作《以自由看待发展》中被明确阐述。在这本书中,发展被定义为"相互联系的实质自由的扩展集成过程"。[48]这些自由包括交换自由和参与经济的自由。阿马蒂亚·森挑战了那些认为经济增长与公民自由、人口增长及国家资助的教育和医疗保健服务之间必然存在权衡的观点。尽管他认为自己的"比较"正义理论受到了亚当·斯密的启发,但他关于公平的思考已经超越了斯密,成为他的又一重要学术贡献。在斯密的理论视角中,对经济模型的怀疑和对公平的追求可能不会激发积极的改变或行动,相反还可能导致"坐视不管,无所事事"的态度。[49]虽然阿马蒂亚·森的政治经济学视角与斯密存在许多共同之处,但他不愿意"坐视不管"。相反,他的整个职业生涯一直在持续探索同一个迫切问题的答案:"接下来我们应该怎么做?"

第十三章　约瑟夫·斯蒂格利茨

伊曼纽尔·贝尼古

在所有诺贝尔经济学奖得主中,约瑟夫·斯蒂格利茨因其显著的激进主义而格外引人注目。他不懈地在全球各地的会议上发表演讲,尖锐批评各国政府和国际组织施行有利于富人和权贵、损害穷人利益的政策。在获得诺贝尔经济学奖后不久,斯蒂格利茨出版了备受关注的《全球化及其不满》(Globalization and Its Discontents)一书,他箭头直指国际货币基金组织及其时任总裁米歇尔·康德苏(Michel Camdessus),谴责了后者的傲慢态度和对穷人苦难的漠视。此外,斯蒂格利茨还批评曾与他在克林顿政府中共事的前同事们,包括主张银行业去监管化的美国前财政部长罗伯特·鲁宾(Robert Rubin)及国际货币基金组织前副总裁斯坦利·费希尔(Stanley Fisher)。鲁宾此前曾在高盛集团工作,离任后再次回到华尔街的一家银行。费希尔在接任国际货币基金组织副总裁前一直在公共部门任职,辞职后他同样转至私营企业工作,薪资高达 200 万美元。公共部门和私营企业之间的"旋转门"现象让斯蒂格利茨不禁发问:"费希尔是否因为忠实执行上级指示而获得了丰厚的报酬?"[1]

斯蒂格利茨的问题激起了同行经济学家的强烈愤慨,这也标志着他成名的开始。在此之前,他只出版了一本面向业内专家和学者的书籍《社会主义向何处去》(Whither Socialism?),该书是基于他 1990 年在斯德哥尔摩经济学院开展的维克塞尔讲座成果改编而成。自获得诺贝尔经济学奖以来,斯蒂格利茨的作品产出显著增加,几乎每年都会出版一本面向普通读者的书籍,这些作品的主题紧扣时代脉搏,书名便可见一斑:出版于 2001 年的《21 世纪可持续发展的养老金制度》(New Ideas about Old Age Security)、出版于 2001 年的《东亚奇迹的反思》(Rethinking the East Asia Miracle)、出版于 2006 年的《让全球化造福全球》(Making Globalization Work)、出版于 2006 年的《国际间的权衡交易:贸易如何促进发展》(Fair Trade for All: How Trade Can Promote Development)、出版于 2010 年的《看得见的手:我们从这次金融危机中学到了什么》(Time for a Visible Hand: Lessons from the 2008 World Financial Crisis),以及出版于 2015 年的《巨大的鸿沟》

(*The Great Divide*)。每本书的出版都伴随着大量文章和访谈,在全球各地的期刊和报纸上广泛传播。

斯蒂格利茨在表达观点时较为直接和大胆,与科学家们一贯的表达方式大相径庭。相较于诺贝尔物理学奖或诺贝尔生理学或医学奖得主,诺贝尔经济学奖(这个奖项本身就充满争议)得主确实更频繁地参与媒体和公共辩论。但也许除了保罗·克鲁格曼(Paul Krugman),没有人能与斯蒂格利茨的活跃和激进相提并论。但保罗·克鲁格曼对自己的工作投入更为谨慎,较少涉足学术之外的领域。

有人或许认为,作为公众眼中的传统的颠覆者,斯蒂格利茨创作了一系列原创作品,其科学贡献打破了常规和标准框架。然而,这种看法并不准确。事实上,确立斯蒂格利茨声誉的文章和出版物属于纯理论研究,并严格遵循主流经济理论(新古典主义经济理论)的框架。斯蒂格利茨与乔治·阿克洛夫、迈克尔·斯宾塞共同获得了诺贝尔经济学奖,他们提出的一系列理论模型解释了"信息不对称"现象(市场一方掌握了其他方未知的信息)如何导致资源配置低效。这是企业领袖、保险商、银行家等业内人士一向所熟悉的现象。斯蒂格利茨、阿克洛夫和斯宾塞根据新古典主义经济学的理论路线,并基于理性选择均衡的原则,成功验证了这一经济"结论",最终获得了此项殊荣。

根据瑞典皇家科学院诺贝尔经济学奖委员会的评价,"斯蒂格利茨是……现代发展经济学的奠基人之一",他与罗伯特·夏皮罗(Robert Shapiro)在合著的论文《作为工人纪律手段的均衡失业》(*Equilibrium Unemployment as a Worker Discipline Device*)中提出的模型已"成为现代劳动经济学和宏观经济学的关键组成部分";此外,他与安德鲁·韦斯(Andrew Weiss)的合著论文"在企业金融、货币理论和宏观经济学领域产生了深远影响",而他与桑福德·格罗斯曼(Sanford Grossman)的合作"在金融经济学领域也产生了显著影响"。委员会还认为斯蒂格利茨"对公共经济学……工业组织和自然资源经济学做出了重大贡献"。[2]

斯蒂格利茨"或许是信息经济学文献中引用率最高的学者,甚至在更广泛的微观经济学领域内也是如此。"[3]

斯蒂格利茨在劳动经济学、发展经济学和金融领域的成就因此受到了"权威科学"捍卫者的赞扬。实际上,除了纲纳·缪达尔和一些计量经济学家外,诺贝尔经济学奖委员会几乎未曾将奖项授予新古典主义框架之外的学者。在获得诺贝尔经济学奖后,斯蒂格利茨的论文不仅成为他曾批判的机构的重要参考资料,而且他在论文中提出的观点也帮助他在这些机构中获得了关键职位,例如,世界银行首席经济学家和美国总统经济顾问委员会主席。

我们不能指责斯蒂格利茨在获得诺贝尔奖后改变立场,或者背离了主流经济学范式。事实上,斯蒂格利茨虽然深刻批评了资本主义体系的偏见,但他从未质疑过资本主义制度。他始终对市场经济抱有坚定的信心,前提是市场能够保持"竞争性",即不受垄断企业或游说集团活动所引起的压力和扭曲影响。虽然斯蒂格利茨的研究范畴仍属于强调市场和竞争优势的主流经济学,但他的研究内容却强调了阻碍市场充分运行并实现其多种优势的因素。因此,斯蒂格利茨依旧延续了新古典主义经济学家的传统,而新古典主义经济学家群体并非全都是极端的自由主义者。然而,斯蒂格利茨卓越的研究能力使他在学术界独树一帜。他不仅广泛探索了经济理论的各个分支,而且始终坚持运用一致的新古典分析框架来深化这些领域的研究。

斯蒂格利茨在一个失业和种族隔离等社会问题严重的城市长大,这一背景塑造了他的个性:一方面坚守传统,另一方面充满激情。虽然他在学术生涯中坚持遵循正统经济学的轨迹,但他对全球普遍存在的不平等和不公始终保持敏锐的感知。因此,斯蒂格利茨从年轻时起就对政治抱有浓厚且持久的兴趣。

年少时的政治兴趣

约瑟夫·斯蒂格利茨出生于印第安纳州的加里市,这个位于芝加哥附近、逐渐没落的工业城市，聚集了大量的非裔美国人。在这个环境中，斯蒂格利茨亲历了失业的煎熬和种族歧视的刺痛。正如他在诺贝尔奖网站上的自传中所述，"加里市的贫困、歧视以及时有发生的失业无疑深深触动了那颗渴望知识的年轻心灵：为什么会存在这些问题？我们又能做些什么？"[4]

斯蒂格利茨的政治观念也深受其家庭环境的熏陶：

> 我们家经常就政治议题展开深入讨论并激烈辩论。我母亲的家族是新政民主党人，非常推崇罗斯福总统推出的新政措施；舅舅虽然是一位事业有成的律师和房地产企业家，但他坚定捍卫劳工阶级的利益。我父亲是一名小商人，总是再三强调自力更生的价值观。他对大企业的权势表示担忧，并高度重视国家竞争法律的制定。在(20世纪)70年代中期，他已经成为民权运动的坚定倡导者，拥有强烈的社会责任和道德责任感。[5]

斯蒂格利茨是一名聪颖的学生，在阿默斯特学院接受高等教育。这所著名的文理学院在当时深受自由主义精英们的推崇，学院的教授们在探讨世界问题时总是持开放性的态度。斯蒂格利茨认为："1960年至1963年在阿默斯特学院度过的3年时光塑造了我的智识发展。"[6]

尽管斯蒂格利茨对文学和社会科学抱有浓厚兴趣，但最终他选择主修物理学。他"非常享受与物理系同学们的同窗情谊，大家总是一起协作解决老师布置的作业难题。"[7]他因此培养了对数学的兴趣和能力，为日后研究"重要的社会问题"提供了坚实的基础。

斯蒂格利茨与新古典主义学派

斯蒂格利茨有时尝试将自己定位为20世纪70年代最早关注资本主义某

些机能障碍的学者之一。他的大学生涯始于 20 世纪 60 年代初期,那时数理经济学已基本取代了直到 20 世纪 50 年代还在校园占据主导地位的"制度经济学派"。肯尼斯·阿罗和杰拉德·德布鲁(Gerard Debreu)的最新研究为纯粹(或完全)竞争经济模型提供了至少一个解决方案——"均衡",指市场上所有商品和服务的供给和需求达到平衡的状态——为该流派带来了里程碑式的数学成就。然而,对斯蒂格利茨而言,这种描述可能略显夸张。在其诺贝尔奖网站上的自传中,斯蒂格利茨声称:

> 在我就读研究生期间,代表主流范式的竞争性均衡模型似乎在暗示失业这一现象并不存在,效率与公平的议题能够被清晰划分。因此,经济学家在设计高效经济体系的过程中,可以简单忽略不平等和贫困的问题。[8]

实际上,当时大多数经济学家对资本主义的自然发展持有凯恩斯式的悲观看法。凯恩斯学派的经济学家在美国历届政府中都扮演了重要角色,无论是共和党还是民主党。他们在高等教育机构中几乎占据了主导地位,尤其是在麻省理工学院,也就是斯蒂格利茨完成博士学业的地方。很少有人会质疑罗斯福在新政时期推行的政策,例如,1935 年颁布的《社会保障法》(Social Security Act)。1965 年,随着国家老年人医疗保险制度(社会保险)和医疗补助计划(医疗保险)的推行,这些政策得到进一步扩展。20 世纪 70 年代,尼克松总统提出了一个覆盖全国的医保体系——其范围和深度远超奥巴马总统在 2010 年推行的《平价医保法》(Affordable Care Act),但当时国会仅通过了几项增加对弱势群体福利的修正案。

从 20 世纪 50 年代早期开始,经济学界普遍开始区分"宏观经济学家"与"微观经济学家"。宏观经济学家主张利用凯恩斯的理论构建反映整体经济的模型,用以预测国家实施的各类货币、财政或综合政策的影响。微观经济学家则倡导回归到19世纪晚期由威廉·斯坦利·杰文斯和莱昂·瓦尔拉斯首创的(新古典主义)理论基础上,从个体追求最大化个人福利的理性行为中推导出经济"法则"。这一学派包括了几位具有战时经济规划经验的经济学家,他们希望在和平时期应用他们开发的数学方法。对这些学者而言,阿罗和德布鲁提出的"纯粹竞争模型"(由美国海军研究办公室资助)为他们指明了前进的道路:从精确定义的假设中建立数学定理,例如,阿罗和德布鲁的研究证明了至少存在一个均衡状态。

在"纯粹竞争模型"框架中,这些假设的限制性很强。纯粹竞争模型设想了一个集中式系统,其中有一个仁慈的人物负责设定价格,对照这些价格审视市场参与者的供需,并试图找到能够平衡供需的价格。斯蒂格利茨称这位关键人物为"拍卖师",阿罗和德布鲁称之为"市场参与者",瓦尔拉斯称之为"报价者",而博弈理论家则称之为"市场玩家"。然而,由于一种奇异的命运转折,这个不允许个体直接交易的模型反而成为描述竞争经济的理想代表。对于包括经济学家在内的大多数人来说,竞争经济的本质是去中心化的,不存在单一的中心权威。这种矛盾表现的根源在于数学建模的需求。实际上,如果没有中心化机制,供需函数(理论的基础)将无法定义。斯蒂格利茨等新古典主义经济学家一度认识不到这种模型表现出来的矛盾性。

大多数推动和发展"纯粹竞争模型"的理论家都是凯恩斯主义者,例如特亚林·科普曼斯(Tjalling Koopmans)、约翰·希克斯、肯尼斯·阿罗和弗兰克·哈恩(Frank Hahn);他们认为这一模型是首个对真实经济现象的近似表达。尽管这一模型可能并不完全反映真实世界的复杂性,但它在大学课程中的地位日益显著。它为微观经济学(一般均衡理论)提供了精确的框架,并成功地渗透到理论经济学的各个领域。由于需要一定的数学知识,学生和教师往往更关注模型的技术层面,而非理论模型假设的意义或相关性上。因此,纯粹竞争模型已逐步——几乎未受到任何质疑——被视为理想的去中心化市场经济的代表。[9]

最先涉足数理经济学和阿罗-德布鲁模型的第一代经济学家(斯蒂格利茨这一代)迅速形成了两个明显的派别。这种分化不仅在于意识形态上的差异,也是政治立场的差异。

一方面,部分经济学家认为阿罗-德布鲁风格的纯粹竞争模型更贴近真实经济现象,甚至将其视为分析现实经济的唯一可行模型。[10]这一派的理论家们主要关注宏观经济学研究,希望为宏观经济学提供微观经济学的基础。他们推动了经济学的极端自由派分支,即"新古典主义经济学"的发展。新古典主义经济学派认为,只要国家不进行干预,市场经济会一直处于完全竞争均衡状态,不存在自愿性失业,资源配置永远有效。以1995年诺贝尔经济学奖得主罗伯特·卢卡斯和2004年诺贝尔经济学奖得主爱德华·C.普雷斯科特为代表的新古典主义经济学派曾分别在20世纪80年代和90年代对凯恩斯主义者发起了猛烈批判,并在许多美国大学中取代了他们的主导地位。

另一方面,斯蒂格利茨等经济学家认为,由于市场存在"不完美"因素,阿罗-德布鲁模型只是提供了市场的大致描述。市场的不完美因素通常源自多种因素,其中包括垄断、工会活动以及对特定市场特权或经济租金的保护所导致的摩擦或僵化。持此观点的经济学家常被称为"凯恩斯主义者",尽管他们的世界观与凯恩斯本人大相径庭——凯恩斯本人认为市场本身就存在机能障碍。这一学派由保罗·萨缪尔森和詹姆斯·托宾等前辈经济学家以及保罗·克鲁格曼和劳伦斯·萨默斯(Lawrence Summers)等后辈经济学家发展起来。他们主要致力于宏观经济学研究,并积极参与各种经济政策的制定。

斯蒂格利茨不属于这两种派别中的任何一个。他一方面遵循阿罗-德布鲁传统的微观经济学框架,另一方面致力于探索阻碍资源有效配置的市场"不完美"。在斯蒂格利茨看来,这些不完美并非由市场运作本身引起,而是由个体的机会主义行为所导致,这一观点与新古典主义经济学派主张的方法论个体主义相一致。

信息不对称与机会主义行为

诺贝尔经济学奖委员会认为,"阿克洛夫、斯宾塞和斯蒂格利茨关于市场与信息不对称的分析是现代微观经济理论的核心。这3位学者的研究深化了我们对于传统新古典经济理论未能充分解释的真实市场现象的理解。"[11]

这些现象源自源于"市场的一方比另一方掌握了更多、更有用的信息。"例如,

> 借款人比贷款人更清楚自己的信用状况;卖方比买方更了解自己汽车的质量;企业的CEO和董事会比股东更了解公司的盈利情况;被保险人比保险公司更了解自身的事故风险;租户比地主更了解土地的收成情况和个人的劳动投入。[12]

如果加上"员工比雇主更了解自己工作的质量和强度",我们可以说信息不对称几乎普遍存在于经济活动的各个领域。因此,非经济学专业人士可能会质疑,忽略信息不对称现象的传统新古典主义经济理论究竟在研究什么核心问题。实际上,与委员会所隐含的意思相反,传统新古典主义经济理论并没有充分考虑经济主体之间的直接互动,而是基于一个理想化的"市场"概念来模拟交易过程。正如我们所见,这个市场概念未曾被清晰定义,至少在不依靠"拍卖师"或"市场参与者"这类虚构中介的情况下是无法清晰定义的。

显然,公司管理者、地主、保险商、银行家及各类商品的买家早就清楚(即便不是一直都清楚)我们现在所说的"信息不对称"。这种现象在每一次双边交易中都会不同程度地存在。法律施加或私人合同规定的担保、保险公司实行

的多险种合同、保险条款和免赔额，以及银行贷款要求的诸多条件均证明了信息不对称的普遍性（至少在现实生活中）。人们不禁要问，为什么经济理论家直到20世纪70年代才提出将信息不对称纳入考虑范围的模型，并且直到2001年获得诺贝尔经济学奖之后才正式认可这一模型？

这个问题的答案同时涉及方法论和意识形态。从方法论角度看，一个模型要得到正式认可，必须满足新古典主义理论的两个条件：一是将个体必须表现为目标函数的最大化（理性选择）；二是模型必须至少存在一个构成模型"解决方案"的均衡点（任何人都不会偏离的状态）。[13]从意识形态角度来看，这个模型必须支持一种普遍观点：只有存在"纯粹竞争"的情况下（不存在任何不完美时），资源分配才能被视为有效。阿罗-德布鲁模型依然被视为基准。阿克洛夫、斯宾塞和斯蒂格利茨提出的信息不对称均衡模型符合这些条件，这也许解释了它们为什么在2001年获得了正式认可。

理性与均衡

让斯蒂格利茨获得诺贝尔经济学奖的模型具有两个关键特征：一是理性行为，二是至少存在一个均衡概念；这个模型能够解释不同地点、时间和情况下的经济现象。以曾经为斯蒂格利茨带来启发的肯尼亚耕作分成制为例，"分成制合同可视为租赁合同和保险合同的结合，地主在庄稼歉收时'部分退还'租金……我对均衡分成制合同进行了分析"。[14]

在肯尼亚案例中，斯蒂格利茨对肯尼亚发展研究所的学者加里·菲尔兹（Gary Fields）提出的模型进行了批判，认为"其未能提供充分的均衡分析"。随后，斯蒂格利茨提出了自己的模型，在这个模型中，"城市提供的高工资吸引了工人，而工人们也愿意冒着失业的风险来赚取更高的工资。尽管这构成了一个简单的失业一般均衡模型，但仍然存在缺失的部分：如何解释远远超过最低工资标准的高工资。因此，我们需要一个工资决定的均衡理论"。[15]

在后续的模型开发中，斯蒂格利茨完善了这一缺失的部分，加入了适用于任何情况的雇主与雇员之间的关系，即"效率工资理论"。就业与失业之间的效用差异取决于受雇人员的工资和失业率，这决定了被解雇的工人可能保持失业状态的时间。该模型将效率工资①的水平设定得很高，确保所有工人更倾向于履行工作职责。该模型的第二个关键发现是，达到均衡状态必然会出现失业：

> 向员工支付高于最低劳动工资的薪酬可能为企业带来好处，我将这种工资水平称为效率工资。效率工资制度可能导致一种均衡失业水平的出现……假设所有工人的技能水平相同，且所有企业为其员工提供相同的薪资，那么，如果支付高工资对某企业产生正面效果，则其他企业可能会效仿此做法。但是，如果一名工人因偷懒怠工而被解雇，而且如果当时市场处于充分就业状态，那么他可以立即找到另一份工资相同的工作。此时高工资无法提供任何激励。但是，如果市场存在失业状态，那么偷懒怠工就会有代价。我们发现，一旦达到均衡状态必然会有失业：失业是推动工人积极工作的约束措施。[16]

均衡状态也是保险公司与被保险人关系，或借款人与贷款人关系的核心："如何平衡影响保密和信息披露的力量？实现了什么样的均衡状态？"或者："也许最棘手的问题在于建立均衡模型。重要的是，均衡模型要同时考虑市场的两个方面——雇主与雇员、保险公司与被保险人、贷款人与借款人。"[17]我们还可以加上"地主与租户、卖方与买方"。证明均衡的存在并描述均衡的状态是分析过程的重要环节。

---

① 效率工资是指一种足以消除工人偷懒或调动工人积极性的实际工资水平。

适用于不同时空的经济分析框架

在自传中,斯蒂格利茨回顾了自己年轻时的观察:

> 市场经济周期性地陷入失业波动,导致大量人口处于贫困之中。我对南斯拉夫的企业自治模式产生了兴趣……经济学为分析这些替代经济系统提供了工具。核心问题是,替代系统如何以及如何有效地处理信息的收集、分析和传播,以及在不完全信息下做出决策的策略。[18]

同样地,"经济工具"能广泛应用于多样化的分析场景。例如,"分成制合同"(可以)被视为租赁与保险合同的结合,如果庄稼歉收,地主'部分退还'租金。因此,地主面临的"激励问题"与"现代企业面临的问题——例如,向管理人员提供激励——具有同构性"。[19]类似地,肯尼亚(或任何地点和时期)土地所有者与佃户之间的收成分配问题与"现代企业"管理者面对的问题相似。

这种分析具有通用性,可以结合不同类型的市场和合同进行应用,适用于所有具体案例。通过分析信贷、劳动力与土地市场之间的相互作用,我们可以更好地理解发展中国家的农村组织。在斯蒂格利茨列举的分成制合同示例中,[20]合同包括股份、固定支付和地块大小,以及与可观察物、投入、过程和产出相关付款有关的最优支付结构。

由于一个市场的活动会影响其他市场,信贷、劳动和土地市场是相互关联的;而且我们无法按照标准的完全信息模型所假设的方式实现去中心化。因此,这一理论成为发展中国家农村组织的基础。[21]因此,在斯蒂格利茨的模型中,"市场"是一个至关重要的元素。事实上,斯蒂格利茨认为"市场"一词具有多重含义。例如,他提出,"重要的是要同时考虑市场的两个方面——雇主与雇员、保险公司与被保险人、贷款人与借款人"。这里的"市场"代表两个人之间直接的双边关系。因此,我们可以说双方"各达成了一个市场"。

这种关系通常具有不确定的结果,因为这一交换生成的利益存在无限多的分配可能性。为了解决这种不确定性,信息不对称模型会假设存在"市场",代表着其他社会成员施加的"竞争压力"。这一假设有助于消除双边关系中的不确定性,并证明均衡状态的存在。正如大多数形式化模型所展示的,"市场"通常被视为一种高度集中的组织形式,其中每个个体均假设其他人的行为是确定的,除非他们直接参与到双边关系中(如雇主与雇员、保险公司与被保险人之间)。从这个视角看,考虑信息不对称的模型(如雇主与雇员的关系模型)与完全竞争模型在本质上并无太大差异,而完全竞争模型的均衡始终可以作为一个参考基准。

失业与"偷懒怠工"

在那篇发表于1984年的《作为工人纪律手段的均衡失业》一文中,斯蒂格利茨与罗伯特·夏皮罗提出了一个模型,表明"雇主和雇员的最优行为会导致均衡失业"。[22]通过分析该模型(无需深入其数学细节),我们可以更好地理解其对后续经济研究的影响。

在论文开篇,夏皮罗与斯蒂格利茨阐述了"(他们的)研究结果的直观逻辑"。也就是说,"在常规的竞争模式下,所有工人都可以获得市场工资且不存在失业现象,因此,工人偷懒怠工的最严重后果就是被解雇。但由于工人能够立即重新找到工作,因此他们实际上并未因不当行为受到惩罚。在监管不完善且市场处于充分就业状态的情况下,工人往往会选择偷懒怠工。"[23]

因此,该模型的基本假设是,"如果工人按其职位要求的常规努力水平工作,即没有偷懒怠工,那么他可以获得工资并保住自己的工作,直至外部因素导致他被解聘"。[24]市场可以有效运作,所有希望获得竞争工资并正常工作的人都能实现这一目标,最终市场实现充分就业状态,而且资源也得到有效分配。

遗憾的是,部分工人会选择偷懒怠工。为了遏制这种行为,(雇主)必须实施足够严厉的惩罚措施。在无法有效监控工人行为的情况下,只有当工人意识到被发现偷懒怠工将面临严厉惩罚,且惩罚的成本远大于偷懒怠工带来的利益时,他们才会有动力保持高效率的工作态度。夏皮罗-斯蒂格利茨模型施加的惩罚措施是解雇:一旦工人被解雇,他们将不得不在失业池中度过一段时间才能再次就业。如果就业与失业之间的效用差异显著,工人就不会选择偷懒怠工。

我们可以就此得出结论并结束讨论。尽管人们普遍认识到,被解雇的后果越严重,员工越不会"偷懒怠工"。但是,至少在新古典主义经济学家看来,夏皮罗-斯蒂格利茨模型的价值在于其围绕这一理念构建了一个完整的故事。正如两位作者指出的:"论文的关键贡献在于强调,与被解雇有关的惩罚属于内生参数(由模型内部的因素所决定),因为它取决于均衡失业率"。[25]

游戏规则旨在验证模型是否存在与理性行为相关的均衡。然而,要达到这一目的,我们必须设定一系列要素,确保工人和企业做出有助于实现最大满意度或最大利润的行为决策(理性选择)。夏皮罗和斯蒂格利茨在此基础上假设,"工人被发现偷懒怠工的概率、在失业池重新找到工作的概率,以及失业救济金"都是明确定义且公开的参数。[26]用技术术语说,这些都是外生参数。

根据这些要素,每位工人都可以计算他们的效用预期:工人首先会考虑不同情况下可能获得的效用,并将每种情况下获得的效用乘以其发生的概率,然后将所有这些加权效用求和。举例来说,如果失业救济金与工资之间的差距很小,工人更有可能选择偷懒怠工;反之,如果差距很大,他们就不太可能选择偷懒怠工。企业也会计算工人的预期收益,这取决于失业者的预期效用,"决定个体企业行为的关键市场变量是失业工人的预期效用"。[27]

在这种情况下,"假设其他公司的工资和就业水平是已知的,当每个公司都认定维持行业标准工资而非采用不同工资水平更有利时,市场就会达到均衡"。[28]在雇主与雇员之间的互动中,信息传递往往是"不完整的"。然而,在公司与公司的交流中,信息相对完整,因为各公司通常都能获取到竞争对手的定价信息,并将这些信息视为市场的已知条件来制定自己的策略。[29]虽然理论上我们很接近"传统的竞争性范式",即一个假设价格已知且由'拍卖商'进行调节的模型,但无论是肯尼亚还是全球其他任何地方,这一模型与现实经济状况之间都存在显著差距。

如何应用这些模型

在经济学领域(特别是微观经济学),理论模型充当寓言的角色,通过启示和示范来支持特定的经济政策。[30]以夏皮罗和斯蒂格利茨关于失业的研究为例,他们在文中提出了若干影响和教训。文章首先指出,"失业救济金(及其他社会福利)可能导致失业率上升",但这一发现并不算新颖。此处的核心变化在于激励机制的转变,即从传统的工作激励转向对偷懒怠工行为的容忍。[31]这两种情况均显示,失业是工人行为模式的直接结果。

模型参数的设定极大地影响政策选择的论断。例如,工人的风险规避行为"可能会成为实施强制性最低福利水平政策的理由"。[32]企业"能够自主设定监督强度"("内生监督")可能成为政府征收企业税的理由,这是因为,社会通过减少监督(监管)成本所获得的收益"远超过由于失业率下降引起的损失"。[33]同理,企业能够自主决定员工流失率("内生流失率")可能成为政府征收企业税的理由,"这是因为员工流失率直接影响失业池中的招聘速率,从而影响到其他企业实施的防止偷懒怠工的约束机制"。[34]

夏皮罗和斯蒂格利茨指出,根据不同的"情况","政府在失业救济金、监管及工人流动性税收或补贴方面都存在干预空间,如果设计得当,这些干预可以实现帕累托改进①"。[35]政府需要审慎考虑这些情况,并选择适当的手段来实现帕累托改进,例如,降低失业救济金、提高监管、流动性税收等,并不等同于实现帕累托改进。国家在制定政策时并不仅局限于实现帕累托改进。因此,夏皮罗和斯蒂格利茨在其模型中观察到,政府对企业利润征税并将所得用于提高工资水平可以触发(均衡)失业率的下降,进而增加全球总收入。这一政策虽然增加了集体利益,但却牺牲了私营企业主的利益,因此并没有实现"帕累托改进"。但这一政策具有重新分配的效应,政府必须权衡利弊来决定是否予以实施。

无论是在肯尼亚或其他地方,无论是土地所有者和租户之间的关系,还是保险公司和被保险人之间的关系,或是借方和贷方之间的关系,都可能存在类似的情况或问题。当双边关系出现欺诈问题时,实施处罚是必要的。然而,对这些处罚进行监管也会产生成本。每一次,信息不对称都会导致资源配置效率低下,这可以通过立法或者国家直接干预(例如,税收或补贴制度)加以改善。同时,考虑经济主体的异质性(例如,保险业可能面临不同水平的风险)有利于我们区分出一些现象,比如保险领域常见的逆向选择②,这可能会导致资源配置效率低下,从而需要多种形式的"非市场交易"干预措施。

斯蒂格利茨以其对金融领域的深刻分析和独到见解而著称。金融的根本目的在于实现风险共担,然而不同的参与方对风险的评估可能存在差异。因此,信息在金融中具有关键性的作用;拥有信息的一方比没有信息的一方拥有显著的决策优势。[36]在这种情况下,真正利害攸关的不仅是资源的有效配置,还是整个经济体系的生存,例如,连续破产的风险可能危及整体经济。这说明

---

① 帕累托改进是指在不损害任何人的情况下,通过一系列调整或政策措施使至少有一个人的福利水平得到提高,而其他人的福利水平保持不变或者得到改善的过程。

② 逆向选择是指在保险市场中,当存在信息不对称时,被保险人会更倾向于购买保险。这会导致那些风险较高的人更愿意购买保险,而风险较低的人则更不愿购买,从而使得整个保险市场上的平均风险水平偏高。

了为什么所有金融机构都要受到相同的立法约束,但是,约束的严厉程度可能会随着时代的变迁而有所不同。放松监管运动始于20世纪80年代里根总统任内,并在20世纪90年代布什总统和克林顿总统任内进一步发展。当时学术界通过金融市场"有效"理论为放松监管的政策做了铺垫。有效市场理论的发起人是2013年诺贝尔经济学奖得主尤金·法玛(Eugene Fama)。[37]该理论在当代经济学界引起了相当大的争议和批评,总结而言,"当价格在任何时间点都'完整反映了'所有可以获得的信息,那我们就可以把这个市场称为'有效市场'"。[38]

1980年,斯蒂格利茨和桑福德·格罗斯曼在合著的论文《论信息有效市场的不可能性》(On the Impossibility of Informationally Efficient Markets)中质疑了有效市场的理论边界。文章从一个基础的观点出发:要让市场价格真实地反映企业信息(例如,企业的经营状况是否良好),必须有市场参与者主动搜集这些信息。然而,信息获取需要投入成本资源,这就导致一个潜在的理性行为:市场参与者可能选择观望,等待其他人先行一步,并通过其交易行为(如买卖某公司股票)披露信息。如果所有市场参与者都采取这种观望策略,最终将无人主动搜集信息,市场价格就无法真实反映信息,进而影响到资源的有效配置。

经济学家将这种现象称作"格罗斯曼-斯蒂格利茨悖论"。这一命名旨在强调并肯定两位经济学家所设计的模型,而格罗斯曼-斯蒂格利茨悖论正是源于该模型的一个内部定理。此模型以数学语言精确地阐述了价格"将信息从知情者传递给不知情者"的概念。具体而言,这一模型假设,"知情者会根据他们获取的信息推高或拉低某个证券的价格,并通过价格机制将知情者获得的信息公开化。但这种信息传递通常并不完美,但这种不完美却实现了市场平衡"。格罗斯曼和斯蒂格利茨认为,这种不完美实际上是一种"幸运",因为如果价格能够完美地传递信息,则市场无法达到平衡状态"。[39]

此模型为新古典主义经济学内部关于政策干预程度的讨论提供了重要视角，特别是在自由放任主义的支持者和倾向干预的凯恩斯主义者之间。这一论证的力量在于，格罗斯曼和斯蒂格利茨巧妙地采取了他们的对手——20世纪80年代反凯恩斯主义领军人物罗伯特·卢卡斯的理论基础，仅通过引入一个简单但关键的假设（搜集信息需要投入资源成本）——得出了截然相反的结论。[40]虽然"该模型在阐述价格如何清晰地在知情者与不知情者之间传递信息方面可能是最直接的"，但其涉及的数学表述较为复杂，不易理解。模型的主要成果是一个表述较为晦涩的定理。根据这个定理，证券的均衡价格存在于"不包含与 θ 有关的信息"的条件下，其中 θ 是仅为"知情者"所掌握的参数。[41]因而，这个模型以复杂的数学公式阐述了一个基本简单的观点。

虽然有效市场假设因其逻辑不连贯性受到广泛批评，但它仍然频繁出现在经济学教科书中，成为众多学术文章的讨论主题，并且是多项实证"检验"的核心——尽管所有严肃的经济学家都认为有效市场假设缺乏实质性的意义。[42]

斯蒂格利茨悖论

虽然斯蒂格利茨在诺贝尔奖颁奖礼上发表了题为《经济学中的信息经济学与范式变革》(Information and the Change in the Paradigm in Economics)的演讲，但是我们很难在他的学术著作中找到他明确采用了与传统经济学范式明显不同的方法或理论框架。恰恰相反，他的所有研究都可归入主流经济学范式，即新古典主义范式，并且遵循其核心的"理性行为均衡"。尽管斯蒂格利茨做出了某些声明，但他似乎无法完全摆脱"纯粹竞争均衡"的基准。他似乎不太在意个人理论或观点之间的矛盾。在《社会主义向何处去》一书中，斯蒂格利茨写道，阿罗-德布鲁模型不仅假设"存在一位拍卖师，在市场达到清算水平之前通过叫价来促成交易"，而且还假设"存在一个完全市场体系……不仅可以在这些市场上交易今天的商品和服务，还可以交易未来的商品和服务。"[43]换句话说,在经济的整个生命周期中,拍卖师负责定价并集中经济主体的供应和需求。[44]但尽管如此,斯蒂格利茨还是在该书末尾写道:"这些结果对经济理论和标准新古典主义(阿罗-德布鲁)模型中设想的去中心化方案的可行性都产生了深远影响。"[45]在他写作的经济学教材《经济学》(Economics)中只字未提拍卖者或完全市场的假设。他甚至认为,"竞争模型产生了令人满意的结果——得到的预测虽不完美,但与我们实际观察到的情况相符"。[46]该书的主要理论部分论述了"竞争模型"及其后果。同样,斯蒂格利茨在《社会主义向何处去》的第十二章提出的第一个"初步建议"就是"竞争的核心重要性"。他的观点始终受到阿罗-德布鲁模型及其"有效"均衡的影响。在他的众多公开交流中,他反复谈及"促进市场竞争,遏制垄断及垄断租金①"的主题。但是,斯蒂格利茨本就无意挑战"竞争模型"或与之相关的"市场效率"理论,而是要揭示它们的"局限性"。正如他在2016年的一次采访中所说:"经常有人因为指出市场的局限性而被贴上反市场、反资本主义或支持大政府的标签……我们的目标是优化市场的运作,是为了支持而非削弱市场体系。"[47]从这个角度看,斯蒂格利茨并没有展现出特别的原创性:包括新古典主义经济学家在内的大多数经济学家都认为市场有"局限性",并认为政府应采取干预措施来克服这些局限性或减轻其负面影响。但不可否认的是,斯蒂格利茨在不同情境下对市场的局限性进行了系统研究,这解释了他为什么可以成为主流经济学文献的高被引学者。此外,斯蒂格利茨也是一名具有批判精神的学者,频频谴责社会的不公正和不平等问题。正是这种批判性立场为他赢得广泛的赞誉,或许也是他被写进本书的原因——尽管这种批判性立场与其遵循主流范式的学术作品截然不同。

---

① 垄断租金是指垄断企业由于缺乏竞争,而能够赚取的超出正常利润的额外收益。这种租金通常被视为经济效率低下的标志,因为它代表了资源的非最优配置。

斯蒂格利茨对银行、金融机构、大型制药公司及各个层面的游说集团（以政治家为首）进行了尖锐批评。他认为,问题的根源并非市场机制本身,而是他所指的"伪资本主义"（Ersatz Capitalism）。这种观点尤其体现在他对法国著名经济学家托马斯·皮凯蒂（Thomas Piketty）的"回应"中。虽然皮凯蒂同样批判社会的不平等问题,但他对资本主义的未来演进却不如斯蒂格利茨那样乐观：

> 我们所观察到的现象——即使在财富增长的情况下,工资依旧停滞不前,不平等现象依旧不断加剧——并不是反映了正常市场经济的运作方式,而是体现了我所描述的"伪资本主义"特征。这一问题的根源并不在于市场运作方式的设计,而在于我们的政治系统未能保障市场的竞争性,并制定了扭曲市场的规则,导致企业和富裕阶层能够（更不幸的是,它们确实）对其他所有人进行剥削……皮凯蒂对社会不平等程度将进一步加剧的预测并不是经济规律自身的必然性。[48]

斯蒂格利茨坚信,如果市场受到监管,如果通过政治过程制定合适的游戏规则,如果国家对市场不完善之处进行适当的干预,资本主义将能够产生与当前所见截然不同的集体成果。不同于许多遵循新古典主义经济学的同行,斯蒂格利茨倾向于通过具体的政策措施来缓解或遏制不平等现象,无论是在全球背景下还是在美国国内。例如,他近来表示：

> 一些简单的政策调整——包括提高资本收益和遗产税率、增加扩大教育机会的公共支出、严格执行反垄断法律、推行限制高管薪酬的公司治理改革,以及实施限制银行操纵社会领域的金融监管措施——可以显著降低不平等并增进机会平等。如果我们能够正确制定游戏

规则，我们或许能够恢复20世纪中期中产阶级社会特有的快速且普惠的经济增长。[49]

虽然斯蒂格利茨积极参与公共辩论，为不同的国际与本土经济议题提供了深刻见解，但是他的理论研究主要关注于揭示一个经济模型的缺陷——这个模型既不能反映任何现实经济体的实际情况，也不能代表去中心化市场经济体系值得追求的理想状态。

参考文献

引言

1 John Maynard Keynes, *The General Theory of Employment, Interest and Money* (London, 1936), Chapter 24.
2 Thomas Sammual Kuhn, *The Structure of Scientific Resolutions*, 2nd edn (Chicago, IL, 1970).
3 Charles Whitworth, ed., *The Political and Commercial Works of that celebrated writer Charles Davenant* (5 vols, London, 1771), vol. I, p. 98.

第一章 亚当·斯密

1 Adam Smith, *Lectures on Jurisprudence*, ed. R. L. Meek, D. D. Raphael and P. G. Stein [1762 – 3] (Oxford, 1978), p. 105; Adam Smith, *Correspondence of Adam Smith*, ed. E. C. Mossner and I. S. Ross, *Glasgow Edition of the Works and Correspondence of Adam Smith* (Oxford, 1987), p. 245.
2 Adam Smith, *An Inquiry into the Nature and Causes of the Wealth of Nations* [1776], ed. William B. Todd (Oxford, 1975), p. 648.
3 Ibid., p. 493.
4 Smith, *Correspondence*, p. 192.
5 Mark Blaug, *Economic Theory in Retrospect*, 4th edn (Cambridge, 1982), p. 35.
6 David Gauthier, *Morals by Agreement* (Oxford, 1986), p. 13 (quote); George Stigler, ' Economics or Ethics?', in *Tanner Lectures on Human Values*, ed. S. McMurrin (Salt Lake City, UT, 1981), vol. II, p. 188.
7 Jerry Evensky, ' "Chicago Smith" versus "Kirkcaldy Smith"', *History of Political Economy*, XXXVII/2 (2005), pp. 197 – 203.
8 Jacob Viner, ' Adam Smith and Laissez-Faire', in *Adam Smith, 1776 – 1926*,

ed. J. M. Clark et al. (New York, 1928), pp. 116 – 20.

9 George Stigler, 'Smith's Travels on the Ship of State', *History of Political Economy*, III (1971), p. 265.

10 Smith, *The Wealth of Nations*, p. 28.

11 Smith, *Correspondence*, p. 68.

12 Adam Smith, *The Theory of Moral Sentiments* [1759], ed. A. L. Macfie and D. D. Raphael (Indianapolis, IN, 1984), p. 22.

13 Ibid., p. 117.

14 Francis Hutcheson, *An Essay on the Nature and Conduct of the Passions and Affections, with Illustrations on the Moral Sense* [1728], ed. Aaron Garrett (Indianapolis, IN, 2002), p. 17.

15 Smith, *Theory of Moral Sentiments*, p. 305.

16 Ibid., pp. 126 – 7.

17 Ibid., p. 309.

18 Ibid., p. 129.

19 Ibid., p. 84.

20 Ibid., p. 92.

21 Ibid., p. 110.

22 Ibid., p. 234.

23 See Steven L. Kaplan, *Bread, Politics and Political Economy in the Reign of Louis XV* (The Hague, 1976).

24 Smith, *The Wealth of Nations*, pp. 14 – 15.

25 Ibid., p. 25.

26 Ibid., pp. 26 – 7.

27 Ibid., p. 37.

28 Ibid., p. 44.

29 Ibid., p. 48.

30 Ibid., p. 82.

31 Ibid., p. 73.

32　Ibid., p. 98.

33　Ibid., pp. 111 – 13.

34　Blaug, *Economic Theory*, pp. 39 – 49.

35　James Tobin, ' The Invisible Hand in Modern Macroeconomics' , in *Adam Smith's Legacy: His Place in the Development of Modern Economics*, ed. Michael Fry (London, 1992), pp. 122 – 4.

36　Lawrence E. Klein, ' Smith's Use of Data' , in *Adam Smith's Legacy*, ed. Fry, pp. 15 – 28.

37　Smith, *The Wealth of Nations*, p. 321.

38　Ibid., pp. 324, 308 – 9.

39　Ibid., p. 324.

40　Ibid., p. 380.

41　Ibid., p. 415.

42　Ibid., pp. 418 – 19.

43　Ibid., pp. 421, 422.

44　Ibid., p. 456.

45　Emma Rothschild, *Economic Sentiments: Adam Smith, Condorcet, and the Enlightenment* (Cambridge, MA, 2001), pp. 135 (ironic), 137 (trinket).

46　Smith, *Theory of Moral Sentiments*, p. 87.

47　Ibid., pp. 183 – 4.

48　Karl Marx, *Economic and Philosophic Manuscripts of 1844*, trans. Martin Mulligan (Moscow, 1959), p. 63.

49　Smith, *The Wealth of Nations*, pp. 781 – 2.

50　Ibid., p. 785.

51　Patricia Werhane, *Adam Smith and His Legacy for Modern Capitalism* (Oxford, 1991), pp. 134 – 6.

52　Smith, *Theory of Moral Sentiments*, p. 213.

53　Ibid., p. 216.

54　Jean-Jacques Rousseau, *The Social Contract and Discourses* [1762], trans.

G.D.H. Cole (London, 1973), p. 116.

55 Smith, *Theory of Moral Sentiments*, p. 216.

56 Ibid., pp. 86–7.

第二章　大卫·李嘉图

1 Richard F. Teichgraeber III, ' "Less abused than I had reason to expect": The Reception of *The Wealth of Nations* in Britain', *Historical Journal*, XXX/2 (1987), p. 351.

2 David Ricardo, *On the Principles of Political Economy and Taxation* [1817] (London, 1911).

3 D. P. O'Brien, *The Classical Economists* (Oxford, 1978), p. xii.

4 Accominotti and Flandreau counsel that Ricardo would have opposed bilateral treaties. Olivier Accominotti and Marc Flandreau, 'Bilateral Treaties and the Most-Favored-Nation Clause: The Myth of Trade Liberalization in the Nineteenth Century', *World Politics*, LX/2 (2008), pp. 147–88.

5 Adam Smith, *The Wealth of Nations, Books I–III* [1776] (London, 1986), pp. 109–17.

6 'It is not from the benevolence of the butcher, the brewer, or the baker that we expect our dinner, but from their regard to their own interest,' ibid., p. 119.

7 Ricardo, *Principles*, p. 125.

8 Eric Roll, *A History of Economic Thought*, 5th edn (London and Boston, 1992), p. 131.

9 Ricardo, *Principles*, pp. 126–33.

10 Perhaps it is not a coincidence that Ricardo chose Portugal and England given his family history.

11 The famous economist Paul Samuelson was once asked to name one proposition in the social sciences that was both true and non-trivial. He named Ricardo's theory of comparative advantage. Costinot and Donaldson note that the theory may be mathematically true, but that it may not be empirically valid.

See Arnaud Costinot and Dave Donaldson, 'Ricardo's Theory of Comparative Advantage: Old Idea, New Evidence', *American Economic Review*, CII/3 (2012), pp. 453–8.

12 John Maynard Keynes is the subject of a later chapter. His concept of a demand-deficient economy would fit this situation.

13 David Ricardo, *Essay on the Funding System* (London, 1820).

14 More recently, Robert J. Barro attempted to build a more formal model using the assumption of rational expectations. His work reinvigorated the debate surrounding Ricardian equivalence. See Robert J. Barro, 'Are Government Bonds Net Wealth?', *Journal of Political Economy*, LXXXII/6, pp. 1095–117.

15 Hansard, 'Agricultural Distress, House of Commons Debate 30 May 1820, vol. 1 cc. 635–93', www.hansard.millbanksystems.com, accessed 15 August 2016.

16 Hansard, 'Agricultural Distress', p. 675.

17 Ibid.

18 David Ricardo, *The Works and Correspondence of David Ricardo*, vol. I: *On the Principles of Political Economy and Taxation*, ed. Piero Sraffa with the collaboration of M. H. Dobb (Cambridge, 1951), p. 67.

19 Jacob Hollander, *Centenary Estimate* (New York, 1968), p. 13.

20 For instance, *The Wealth of Nations* was a course text for a political economy course at the College of William and Mary from 1784 onwards. On average only 23 students per year attended the college in the last decades of the eighteenth century. Teichgraeber, 'Reception', p. 344.

21 Teichgraeber, 'Reception', pp. 350–51.

22 Hollander, *Centenary Estimate*, p. 20.

23 Terry Peach, *Interpreting Ricardo* (Cambridge, 1993).

24 Ibid.

25 Malthus, although an Anglican, was sent to undertake some of his education within a 'Dissenting Academy'. Patricia James, *Population Malthus: His Life and Times* (Oxford, 2006), p. 19. The Dissenters or non-Conformists were

Protestants who would not conform to the teaching of the established Church of England. Quakers were non-Conformists so both Malthus and Ricardo had links to non-Conformism. I am indebted to Emma Clery for her knowledge of Malthus's educational background.

26 J. R. McCulloch, *The Works of David Ricardo with a Notice of his Life and Writings of the Author* (London, 1871), p. xvii.

27 David Ricardo, *The Works and Correspondence of David Ricardo*, vol. VI: *Letters*, 1810 – 1815, ed. Piero Sraffa with the collaboration of M. H. Dobb (Cambridge, 1951), p. 340.

28 At this time, many normative arguments proceeded from ideas about the correct social order as ordained by the Almighty. Notably, theological arguments and biblical quotations could be used to condemn the financial sector, but also to support the institution of slavery. For arguments about the financial sector see Roll, *History of Economic Thought*, pp. 31 – 41. For an example of Christian support for slavery, see Travis Glasson, ' "Baptism does not bestow Freedom": Missionary Anglicanism, Slavery, and the Yorke-Talbot Opinion, 1701 – 30', *William and Mary Quarterly*, LXVII/2 (2010), pp. 304 – 7. It cites George Berkeley, philosopher and bishop, and his views on the requirement of slaves to remain obedient to the existing order. Berkeley apparently believed that ' the laws of God and nature must be obeyed.'

29 O'Brien, *Classical Economists*, p. 69.

30 Ibid., pp. 37 – 8. Notably, Peach has argued against the ' Corn Model' approach to Ricardo's work. See Peach, *Interpreting Ricardo*, pp. 1 – 6. Sraffa had argued that Ricardo had ' formulated a literal corn model, with corn comprising the inputs and outputs in the agricultural sector, implying the determination of the rate of profit as a ratio of corn quantities'. Andrew Glyn, ' The Corn Model, Gluts and Surplus Value', *University of Oxford Department of Economic Discussion Paper*, CXCIV (Oxford, 2004), pp. 1 – 3.

31 O'Brien, *Classical Economists*, p. 41.

32 Ricardo, *Letters*, pp. 212–36.
33 Ibid., p. xiii.
34 Ricardo, *Principles*, p. x.
35 Ricardo, *Letters*, p. xvii.
36 Ibid., pp. xxi–xxii.
37 McCulloch, *Works of David Ricardo*.
38 Ibid., p. v.
39 Roll, *History of Economic Thought*, p. 155.
40 Quoted ibid.
41 Quoted ibid.
42 Ricardo, *Letters*, pp. xiii–xli.
43 Terry Peach, 'Ricardo, David (1772–1823)', www.oxforddnb.com, 16 August 2016.
44 Hollander, *Centenary Estimate*, p. 28.
45 Ibid., p. 29.
46 Ibid., p. 32. Garraway's was situated in Exchange Alley (now known as Change Alley) where much share-trading took place. A carved stone sign marks its position today. The sign also incorporates Thomas Gresham's symbol of a grasshopper. Gresham founded the Royal Exchange where Abraham was a broker.
47 Peach, *Interpreting Ricardo*.
48 Hollander, *Centenary Estimate*, p. 34.
49 Abraham Gilam, 'A Reconsideration of the Politics of Assimilation', *Journal of Modern History*, L/1 (1978), p. 103.
50 Ibid., p. 104.
51 Quakers were often conflated with other groups, including Cromwell's Puritans, who were seen to be disloyal to the monarch and the state. The 'Friends' themselves had sometimes disrupted Anglican church services or been openly critical of the elite. Richard L. Greaves, 'Seditious Sectaries or "Sober and Useful Inhabitants"? Changing Conceptions of the Quakers in Early Modern

Britain', *Albion*, XXXIII/1 (2001), pp. 24 – 50.

52 Gilam, 'Reconsideration of the Politics of Assimilation', p. 105.

53 'The struggle for civil rights for English Jews took place during the years 1830 – 60 and generated a substantial public debate'. Ibid., p. 104.

54 Heinz D. Kurz and Neri Salvadori, *The Elgar Companion to David Ricardo* (London, 2015), p. 222.

55 Ibid.

56 Hansard, 'Bank of England – Resumption of Cash Payments, House of Commons Debate 25 May 1819, vol. 40 cc. 750 – 800', www.hansard.millbanksystems.com, accessed 16 August 2016.

57 Brian Cathcart, *The News from Waterloo: The Race to Tell Britain of Wellington's Victory* (London, 2015).

58 Brian Cathcart, 'Nathan Rothschild and the Battle of Waterloo,' *Rothschild Archive Review of the Year* (2013), pp. 11 – 18.

59 'Schumpeter', 'Conflicts of Interest', www.economist.com, 27 January 2011.

60 Waterloo teeth were dentures made from the teeth of men who had fallen at Waterloo. Their teeth were hacked out by battlefield scavengers and sold to dentists. Gareth Glover, *Waterloo: Myth and Reality* (Barnsley, 2014), p. 202.

61 In other words, he was helping the government to finance the war.

62 Cathcart, *News from Waterloo*. Eagles were military standards.

63 Gatcombe Park is now owned by the Queen's only daughter, Princess Anne. The spelling seems to have originally been Gatcomb.

64 Ricardo's will states that he was resident in Grosvenor Square and Gatcomb (or Gatcombe) Park. National Archives, PROB 11/1676/151. 1823.

65 Joseph A. Schumpeter, *History of Economic Analysis* (New York, 1954), p. 472. The health resort in question was Bath.

66 Hollander, *Centenary Estimate*, p. 12.

67 Ricardo, *Principles*, p. 7.

68 Ibid., pp. 7 – 13.

69 Say's law is known to undergraduate economists by the simplification that 'supply creates its own demand'. Producers of a good will sell it and then use their income to buy other goods elsewhere. Say supported a laissez-faire approach to the market as the 'law' states that general oversupply or gluts cannot occur. The details are a little more complicated in Say's own writings, but this is the basic idea.

70 The Physiocrats were French economic thinkers writing before Adam Smith. Roll, *History of Economic Thought*, pp. 111–20.

71 Ibid., pp. 114–15.

72 Ibid., pp. 158–62.

73 Ricardo, *Principles*, p. 11.

74 G.S.L. Tucker, 'Ricardo and Marx', *Economica*, XXVIII/111 (1961), pp. 252–3.

75 George J. Stigler, 'Ricardo and the 93% Labor Theory of Value', *American Economic Review*, XLVIII/3 (1958), p. 357.

76 Christian Gehrke, 'The Ricardo Effect: Its Meaning and Validity', *Economica*, LII/277 (2003), p. 143.

77 Hansard, 'Resumption of Cash Payments'.

78 Roll, *History of Economic Thought*, pp. 175–7.

79 Thomas Robert Malthus, *An Essay on the Principle of Population* (London, 2001), p. 54.

80 Sheilagh Ogilvie, '"Whatever is, is right"? Economic Institutions in Pre-industrial Europe', *Economic History Review*, LX/4 (2007), pp. 649–84. Ogilvie noted that this is an 'urban myth' and that Carlyle was in fact arguing in favour of the reintroduction of slavery (which is truly dismal).

81 Malthus, *Essay on the Principle of Population*, p. 87.

82 Ibid., p. 18.

83 Ricardo, *Letters*, pp. 118–20. Ricardo wrote to Malthus in 1811 that he 'had a bed always at your disposal'. Ricardo had sent Malthus a manuscript with a request that 'should you be so engaged that you cannot devote your attention

to it... use no ceremony with me, but return the MS [manuscript] by the coach.' Ricardo, *Letters*, pp. 60 – 61. There are other pleasing instances of the closeness between the two. For example, Malthus ends one letter with ' The bell rings I must finish Ever truly Yours T R Malthus' and another with ' I am interrupted by the Postman and must conclude.' Ricardo, *Letters*, pp. 223 – 5.

84 Ibid., p. 90.
85 Ibid., p. 178.
86 Ibid., p. 179.
87 Ricardo, *Principles*, p. 23.
88 Gary M. Anderson, David M. Levy and Robert D. Tollison, ' The Half-Life of Dead Economists', *Canadian Journal of Economics*, XXII/1 (1989), p. 177.
89 Royal Economic Society, ' Current Topics: Ricardo Bicentenary', *Economic Journal*, LXXXII/372 (1972), pp. 1019 – 20.
90 Ibid.
91 There were of course handbooks regarding how to trade in stocks. See, for instance, Thomas Mortimer, *Every Man His Own Broker, or, A Guide to Exchange-Alley* (London, 1761). Ricardo was attempting something much greater than a mere instructional manual for budding investors.
92 David Ricardo, *The Works and Correspondence of David Ricardo* (11 vols), ed. Piero Sraffa with the collaboration of M. H. Dobb (Cambridge, 1951 – 73).
93 A. Heertje, D. Weatherall and R. W. Polak, ' An Unpublished Letter of David Ricardo to Francis Finch, 24 February 1823', *Economic Journal*, XCV/380 (1985), pp. 1091 – 2.
94 S. G. Checkland, ' Essays in Bibliography and Criticism: XIX. David Ricardo', *Economic History Review*, IV/3 (1952), p. 372.
95 ' Memoranda of Convictions, General' held at Gloucestershire Archives Q/PC/2/48/A/36.
96 Ricardo, *Letters*, p. 340.
97 Ibid., p. 312.

第三章　约翰·斯图尔特·穆勒

1. On Smith and Ricardo, see chapters in this volume. Jeremy Bentham (1748 – 1832) was the highly eccentric English founder of British utilitarianism. The Anglican Reverend Thomas Robert Malthus (1766 – 1834) was the famous author of *An Essay on the Principle of Population*. On James Mill, see below.
2. For a more extensive exploration of both the roots and intellectual offspring of Mill's political economy of progress, see Joseph Persky, *The Political Economy of Progress: John Stuart Mill and Modern Radicalism* (New York, 2016). For a broad treatment of Mill as a political economist, see Samuel Hollander, *John Stuart Mill: Political Economist* (Singapore, 2015).
3. First and foremost by Mill himself in his *Autobiography* (1871), which ranks as one of the most riveting examples of the genre: Mill, *Autobiography*, in *The Collected Works of John Stuart Mill*, ed. John Robson and Jack Stillinger (Toronto, 1981), vol. I. For a good recent biography, see Richard Reeves, *John Stuart Mill: Victorian Firebrand* (London, 2007). Bruce Mazlish, in *James and John Stuart Mill: Father and Son in the Nineteenth Century* (New York, 1975), puts forward an interesting psychohistory of Mill and his father. While somewhat speculative, it is suggestive in its attempts to link Mill's economics to his childhood and early adult experiences.
4. Mazlish, *James and John Stuart Mill*, p. 353.
5. Mill, *Autobiography*, p. 7.
6. Mill, *Early Draft* [of his autobiography], in *The Collected Works of John Stuart Mill*, ed. John Robson and Jack Stillinger (Toronto, 1981), p. 6.
7. Mill, *Autobiography*, p. 53.
8. Mill, *Early Draft*, p. 52.
9. Ibid., p. 612.
10. One possible explanation is offered by Robson. Mill wrote much of the *Autobiography* after he had married Harriet Taylor, a marriage his mother and the rest

of his family found difficulty with. Robson, *The Collected Works*, p. xvii.

11 Mill, *Autobiography*, p. 9.

12 Ibid., pp. 23, 25.

13 Ibid., p. 33.

14 Ibid., p. 35.

15 Ibid., p. 37. Mill is honest enough to admit that ' various persons' thought him ' greatly and disagreeably self-conceited' (p. 37). In his early draft he also noted that his mother ' taxed' him with not showing proper respect to his elders, but ' for her remonstrances I never had the slightest regard' .Mill, *Early Draft*, p. 36.

16 Or again: ' Think (he used to say) of a being who would make a Hell-who would create the human race with the infallible foreknowledge, and therefore with the intention, that the great majority of them were to be consigned to horrible and everlasting torment.' Mill, *Autobiography*, p. 43.

17 Ibid., p. 83.

18 On this incident see Dudley Miles, *Francis Place: The Life of a Remarkable Radical, 1771 – 1854* (New York, 1988), p. 149.

19 Mill, *Autobiography*, p. 137.

20 Ibid., pp. 137 – 9.

21 Mazlish goes a good deal further, seeing Mill's existential crisis as an intense Oedipal crisis. Mazlish, *James and John Stuart Mill*, pp. 206 – 10.

22 Mill, *Autobiography*, pp. 166 – 7.

23 For an excellent discussion of Mill's approach to autonomy and self-development, see Wendy Donner, *The Liberal Self: John Stuart Mill's Moral and Political Philosophy* (Ithaca, NY, 1991).

24 Mill comments that during his depressive periods (they did not end with his first crisis, but apparently abated) ' the doctrine of what is called Philosophical Necessity weighed on my existence like an incubus' . Mill concludes that ' we have real power over the formation of our own character; that our will by

influencing some of our circumstances can modify our future habits or capabilities of willing'. Mill, *Autobiography*, p. 169.
25 For a highly readable treatment of Mill's relation to Harriet Taylor (as well as chapters on several other eccentric Victorian couples) see Phyllis Rose, *Parallel Lives: Five Victorian Marriages* (New York, 1983). Surprisingly, the Mill-Taylor relationship is also the subject of a major work by Friedrich Hayek, *John Stuart Mill and Harriet Taylor* (Chicago, IL, 1951).
26 According to Rose ' it seems to have been a sincere interest in women's rights that brought Mrs. Taylor and Mill together.' Rose, *Parallel Lives*, p. 291. Throughout the 1830s and '40s Harriet's husband tolerated and even financially supported the relationship, which she maintained was non-sexual.
27 Mill, *Autobiography*, p. 257.
28 Ibid., p. 254.
29 Ibid., p. 255.
30 Peter Nicholson, ' The Reception and Early Reputation of Mill's Political Thought', in *The Cambridge Companion to Mill*, ed. John Skorupski (Cambridge, 1998).
31 Ibid.
32 Persky, *Political Economy of Progress*, pp. 169 – 71.
33 For example, consider Robert Owen, the Welsh socialist pioneer and founder of cooperatives, on the topic of competition. He held that competition produced ' waste of capital and labour'. But these were ' small evils compared to the extent of injurious feeling, violent passions, vices, and miseries unavoidably attendant on a system of individual competition'. Robert Owen, *Manifesto of Robert Owen*, 6th edn (London, 1840), p. 47.
34 Mill, *Principles*, p. 794.
35 Ibid., p. 201. In this speculation, Mill fully anticipates the position of the radical ' luck egalitarians'. See Joseph Persky, ' Utilitarianism and Luck', *History of Political Economy*, XLV/2 (2013), pp. 287 – 309.

36 Mill, *Principles*, p. 208.
37 Ibid., p. 207.
38 Ibid., p. 707.
39 Adam Smith, *An Inquiry into the Nature and Causes of the Wealth of Nations* [1776] (New York, 1937), Book 2, Chapter Three.
40 Notice that this definition shares with Smith a 'material fallacy'. By contrast, Marx argues that any labour on which a capitalist can make a profit should be considered productive: see discussion in Helen Boss, *Theories of Surplus and Transfer* (Boston, MA, 1990), pp. 83–6 and 92–6. Thus a musical troupe putting on performances for profit are viewed as productive by Marx, but not by Mill and Smith. In the mid-nineteenth century the difference between these two definitions would not have been quantitatively significant.
41 Mill, *Principles*, p. 411. Mill, here, fully anticipates Marx's division of the working day – a point Marx never acknowledges. Indeed, Marx maintained a deep hostility towards Mill. Early in the twentieth century, the Russian Ladislaus Bortkiewicz argued, 'one will not go wrong if one connects the ill will which Marx display towards Mill, with the circumstance that Mill had basically anticipated Marx's theory of surplus value.' Quoted in Samuel Hollander, *The Economics of John Stuart Mill* (Toronto, 1985), pp. 341–2.
42 Mill, *Principles*, p. 740.
43 Ibid., p. 757.
44 John Stuart Mill, *The Subjection of Women* [1869], in *The Collected Works of John Stuart Mill-Essays on Economics and Society Part II*, ed. John M. Robson (Toronto, 1984), vol. XXI, p. 298.
45 Mill, *Principles*, p. 740.
46 Ibid., p. 736.
47 Ibid., p. 738.
48 Again, the parallels to Marx are very strong. Marx, too, had a list of 'counteracting tendencies' to the tendency for the profit rate to fall. That list very much

resembled Mill's. See Bernice Shoul, 'Similarities in the Work of John Stuart Mill and Karl Marx', *Science and Society*, XXIX/3 (1965), pp. 270–95.

49 Jean Charles Leonard de Sismondi (1773–1842) was a Swiss economist (and historian) who, although not a socialist, pioneered the theory of overproduction.

50 Mill, *Principles*, p. 741.

51 Ibid., p. 743.

52 Ibid., p. 746.

53 Ibid., p. 752.

54 Ibid., p. 754.

55 Ibid., p. 762.

56 Ibid.

57 Ibid., p. 767.

58 Ibid., p. 768.

59 Ibid.

60 Ibid., p. 763.

61 Ibid., p. 766.

62 Ibid., p. 769.

63 Charles Babbage, *On the Economy of Machinery and Manufacturing* [1835], 4th edn (New York, 1963), p. 251.

64 For a discussion of late nineteenth-century support for profit sharing and an associated reluctance to endorse Mill's broader schemes of cooperation, see Joseph Persky, 'Producer Co-operatives in Nineteenth-century British Economic Thought', *European Journal of the History of Economic Thought*, XXIV/2 (2017), pp. 319–40.

65 Mill, *Principles*, p. 775.

66 In a sense, Mill here anticipates Keynes's prediction of the 'euthanasia of the rentiers' as interest rates fall towards minimal levels. John Maynard Keynes, *The General Theory of Employment, Interest and Money* (New York, 1936), chapter 24.

67 Mill, *Principles*, p. 792.
68 Ibid.
69 Ibid., pp. 793 – 4.
70 For a discussion of Schumpeter's position that argues he may have overstated Mill's contribution see Michael Bradley, ' John Stuart Mill's Demand Curves', *History of Political Economy*, vol. XXI/1.
71 John Chipman, ' A Survey of the Theory of International Trade: Part 1, The Classical Theory', *Econometrica*, XXXIII/3 (1965), p. 486. Again, the extent of Mill's originality is questioned by some. See Andrea Maneschi, ' John Stuart Mill's Equilibrium Terms of Trade: A Special Case of William Whewell's 1850 Formula', *History of Political Economy*, XXXIII/3 (2001), pp. 609 – 25.
72 Thomas Sowell, *On Classical Economics* (New Haven, ct, 2006), p. 32; J. Bradford DeLong, ' This Time, It Is Not Different: The Persistent Concerns of Financial Macroeconomics', in *Rethinking the Financial Crisis*, ed. Alan Blinder, Andrew Loh and Robert Solow (New York, 2012), p. 17.
73 David Levy, *How the Dismal Science Got Its Name: Classical Economics and the Ur-Text of Racial Politics* (Ann Arbor, mi, 2001). But note that Mill comes in for serious criticism for his role in British imperialism in India. For a cautious defence of Mill's role in India see Mark Tunick, ' Tolerant Imperialism: John Stuart Mill's Defense of British Rule in India', *Review of Politics*, LXVIII/4 (2006), pp. 586 – 611.
74 Robert Ekelund Jr and Douglas Walker, ' J. S. Mill on the Income Tax Exemption and Inheritance Taxes: The Evidence Reconsidered', *History of Political Economy*, XXVIII/4 (1996), pp. 559 – 81.
75 Hayek traced Taylor's influence to the character of Mill's own education. In an essay Hayek chose not to publish, he engages in a bit of psychological speculation as to the source of Taylor's influence: ' Probably by the education given him by his father in his early youth Mill's character was so formed that he stood in need of someone whom he could adore and to whom he could ascribe

all possible perfection. Behind the hard shell of complete self-control and strictly rational behaviour there was a core of a very soft and almost feminine sensitivity, a craving for a strong person on whom he could lean, and on whom he could concentrate all his affection and admiration.' Quoted in Bruce Caldwell, 'Hayek on Mill', *History of Political Economy*, XL/4 (2008), p. 699. (Notice Hayek's characterization of Mill's personality as 'almost feminine' echoes the widespread nineteenth-century caricature of a feminized Mill.) Caldwell presents a balanced discussion of Hayek's views of Mill and Taylor.

第四章 卡尔·马克思

1　Francis Wheen, *Karl Marx: A Life* (New York, 1999), p. 1.
2　Ibid., p. 13.
3　Ibid., pp. 16 – 17.
4　Karl Marx, 'Afterword to the Second German Edition', in *Capital: A Critique of Political Economy, volume I* [1887] (Moscow, 1977), p. 28.
5　Karl Marx, 'Economic Manuscripts of 1857 – 58 [*Grundrisse*]', in *Karl Marx Frederick Engels Collected Works*, vol. XXVIII: *Marx: 1857 – 1861* (Moscow, 1986), p. 38.
6　Marx, 'Afterword to the Second German Edition', p. 28.
7　Tatyana Vasilyeva, 'Preface', in *Karl Marx Frederick Engels Collected Works*, vol. XXVIII: *Marx: 1857 – 1861*, p. xi.
8　Marx, 'Economic Manuscripts of 1857 – 58 [*Grundrisse*]', p. 37.
9　Ibid., p. 40.
10　Ibid., pp. 43 – 4.
11　Ibid., p. 40.
12　David McLellan, *Karl Marx: His Life and Thought* (New York, 1973), pp. 56, 59.
13　Frederick Engels, 'The Condition of the Working Class in England: From Personal Observation and Authentic Sources', in *Karl Marx Frederick Engels Collected Works*, vol. IV: *Marx and Engels: 1844 – 1845* [1845] (Moscow, 1975), p. 331.

14 McLellan, *Karl Marx*, p. 63.

15 Ibid., p. 98.

16 Ibid., pp. 105 – 6.

17 Velta Pospelova, 'Preface', in *Karl Marx Frederick Engels Collected Works*, vol. III: *Marx and Engels: 1843 – 1844* (Moscow, 1975), p. xvi.

18 István Mészáros, *Marx's Theory of Alienation* (London, 1970), p. 217.

19 Marx, 'Economic and Philosophic Manuscripts of 1844' [1844], in *Karl Marx Frederick Engels Collected Works*, vol. III: *Marx and Engels: 1843 – 1844*, pp. 276 – 7.

20 Lawrence Krader, *The Ethnological Notebooks of Karl Marx* (Assen, 1974); Marx, *Capital: A Critique of Political Economy, volume III* [1894], in *Karl Marx Frederick Engels Collected Works* (New York, 1998), vol. XXXVII, p. 818.

21 Engels, 'Dialectics of Nature' [1882], in *Karl Marx Frederick Engels Collected Works, Frederick Engels: Anti-Dühring, Dialectics of Nature* (Moscow, 1987), vol. XXV, pp. 452 – 9; ibid., p. 458.

22 Marx, 'A Contribution to the Critique of Political Economy' [1859], in *Karl Marx Frederick Engels Collected Works*, vol. XXIX: *Marx: 1857 – 1861* (Moscow, 1987), p. 275.

23 Marx, 'Economic and Philosophic Manuscripts of 1844', p. 271.

24 Ibid., p. 275, italics in original; ibid., p. 277, italics in original.

25 Ibid., p. 272, italics in original.

26 Ibid., p. 273.

27 Marx, *Capital: A Critique of Political Economy, volume I* [1887] (Moscow, 1977), p. 77.

28 Ibid., p. 76.

29 Marx, 'Economic and Philosophic Manuscripts of 1844', pp. 274 – 5.

30 Ibid., p. 277.

31 Ibid., p. 278.

32　Ibid., p. 279, italics in original.
33　Peter Dickens, *Society and Nature: Towards a Green Social Theory* (Philadelphia, 1992); István Mészáros, *Marx's Theory of Alienation* (London, 1970); Bertell Ollman, *Alienation: Marx's Conception of Man in Capitalist Society* (London, 1976); Sean Sayers, *Marx and Alienation: Essays on Hegelian Themes* (New York, 2011); Dan Swain, *Alienation: An Introduction to Marx's Theory* (London, 2012).
34　Al Gini, *My Job, My Self: Work and the Creation of the Modern Individual* (New York, 2000), p. 55.
35　Marx, 'Economic and Philosophic Manuscripts of 1844', p. 278, italics in original.
36　Ibid., p. 273, italics in original.
37　Vasilyeva, 'Preface', pp. xii, xiv.
38　Marx, 'Afterword to the Second German Edition', pp. 22–3.
39　Engels, 'Preface to the Third German Edition', in *Capital: A Critique of Political Economy, volume I* [1887] (Moscow, 1977), p. 32.
40　Marx, *Capital: A Critique of Political Economy, volume I*, p. 44.
41　Ibid., p. 46; ibid., p. 48.
42　Ibid., pp. 44–6.
43　Ibid., p. 46.
44　Ibid., p. 66.
45　Ibid.
46　Ibid., pp. 66–7.
47　David Ricardo, 'On the Principles of Political Economy and Taxation' [1821], in *The Works and Correspondence of David Ricardo*, ed. Piero Sraffa and M. H. Dobb (London, 1962), p. 275.
48　Marx, *Capital: A Critique of Political Economy, volume I*, pp. 106–8.
49　Ibid., p. 146.
50　Ibid., p. 149.

51 Ibid., p. 558.

52 Ibid., p. 151.

53 Ibid., pp. 85f.

54 Engels, 'Preface', in *Karl Marx Frederick Engels Collected Works, Karl Marx: Capital: A Critique of Political Economy, volume III* [1894] (New York, 1998), vol. XXXVII, pp. 12 – 13; Karl Marx, *Capital: A Critique of Political Economy, volume I*, pp. 156, 159.

55 Adam Smith, *An Inquiry into the Nature and Causes of the Wealth of Nations*, ed. William B. Todd (Oxford, 1975), p. 83.

56 Marx, *Capital: A Critique of Political Economy, volume I*, pp. 164 – 6.

57 Ibid., pp. 167 – 8.

58 Ibid., p. 208.

59 Ibid., p. 209.

60 Ibid.

61 Ibid., p. 222.

62 Marx, *Capital: A Critique of Political Economy, volume III*, p. 230.

63 Marx, *Capital: A Critique of Political Economy, volume I*, pp. 225, 232 – 3.

64 Ibid., pp. 252 – 3.

65 Ibid., pp. 256 – 7.

66 Jill Andresky Fraser, *White-Collar Sweatshop: The Deterioration of Work and Its Rewards in Corporate America* (New York, 2001), p. 20.

67 Ibid., p. 24.

68 Ibid., p. 42.

69 Ibid., pp. 18 – 19.

70 Marx, 'Theses on Feuerbach' [1844], in *Karl Marx Frederick Engels Collected Works*, vol. v: *Marx and Engels: 1845 – 1847* (New York, 1976), p. 5, italics in original.

71 McLellan, *Karl Marx: His Life and Thought*, pp. 154, 172.

72 Ibid., p. 177.

73 Marx and Engels, 'Manifesto of the Communist Party', p. 487.
74 Marx, *Capital: A Critique of Political Economy, volume I*, p. 585; Marx and Engels, 'Manifesto of the Communist Party', p. 488.
75 Ibid., pp. 516, 714.
76 Marx and Engels, 'Manifesto of the Communist Party', p. 519.
77 Marx, *Capital: A Critique of Political Economy, volume I*, p. 715.
78 Marx and Engels, 'Preface to the 1872 German Edition of the Manifesto of the Communist Party' [1872], in *Karl Marx Frederick Engels Collected Works, vol. XXIII: Marx and Engels: 1871 – 1874* (Moscow, 1988), pp. 174 – 5.
79 McLellan, *Karl Marx: His Life and Thought*, p. 188.
80 Ibid., pp. 190, 194.
81 Ibid., p. 198.
82 Ibid., p. 221.
83 Ibid., p. 225.
84 Marx, 'The Eighteenth Brumaire of Louis Bonaparte' [1852], in *Karl Marx Frederick Engels Collected Works*, vol. XI: *Marx and Engels: 1851 – 1853* (Moscow, 1979), p. 103.
85 Ibid., p. 128.
86 Marx, 'Inaugural Address of the Working Men's International Association' [1864], in *Karl Marx Frederick Engels Collected Works*, vol. XX: *Marx and Engels: 1864 – 1868* (Moscow, 1985), p. 12.
87 Marx and Engels, 'Manifesto of the Communist Party', p. 505.
88 Marx, 'Economic and Philosophic Manuscripts of 1844', p. 295.
89 Marx, 'Critique of the Gotha Program' [1875], in *Karl Marx Frederick Engels Collected Works*, vol. XXIV: *Marx and Engels: 1874 – 1883* (Moscow, 1989), p. 87.
90 Marx, 'Economic and Philosophic Manuscripts of 1844', p. 313.
91 McLellan, *Karl Marx: His Life and Thought*, pp. 264 – 5.
92 Ibid., pp. 330 – 31.

93 Ibid., pp. 284–5.
94 Ibid., pp. 242, 280, 282.
95 Ibid., p. 360.
96 Paul Thomas, *Karl Marx and the Anarchists* (Boston, ma, 1980), pp. 256, 260–61.
97 McLellan, *Karl Marx: His Life and Thought*, p. 341.
98 Paul Baran and Paul Sweezy, *Monopoly Capital: An Essay on the American Economic and Social Order* (New York, 1966); Immanuel Wallerstein, *The Modern World-System I: Capitalist Agriculture and the Origins of the European World-Economy in the Sixteenth Century* (New York, 1974).
99 Samir Amin, *Capitalism in the Age of Globalization* (London, 1997), pp. 95–7.
100 Joseph Stiglitz, *Globalization and Its Discontents* (New York, 2002), p. 217.
101 Ibid.
102 Marx, *Capital: A Critique of Political Economy, volume I*, p. 50.
103 Ibid., p. 173.
104 Ibid., pp. 474–5.
105 Marx, *Capital: A Critique of Political Economy, volume III*, p. 103.
106 Ibid., p. 799.
107 John Bellamy Foster, Brett Clark and Richard York, *The Ecological Rift: Capitalism's War on the Earth* (New York, 2010).
108 Nicholas Georgescu-Roegen, *The Entropy Law and the Economic Process* (Cambridge, MA, 1971), p. 283.
109 Ibid., p. 304.
110 Paul Prew, 'The 21st Century World-Ecosystem: Dissipation, Chaos, or Transition?', in *Emerging Issues in the 21st Century World-System: New Theoretical Directions for the 21st Century World-System*, ed. Wilma A. Dunaway (Westport, CT, 2003), vol. II, pp. 203–19; Robert Biel, *The Entropy of Capitalism* (Boston, MA, 2012).
111 Marx, *Capital: A Critique of Political Economy, volume III*, p. 871.

第五章　阿尔弗雷德·马歇尔

1　Beatrice Webb, *My Apprenticeship*, p. 415. Alfred never gained great popularity in his college and at the university because of 'his authoritarian streak in dealing with colleagues particularly when he himself was in a position of authority; his vanity; his false modesty and egoistical self-centredness'. Peter Groenewegen, *A Soaring Eagle: Alfred Marshall, 1842 – 1924* (Aldershot, 1995), p. 766. He was substantially misogynistic and particularly ruthless with some of them (as Harriet Martineau, Beatrice Potter and Helen Bosanquet) but a careful, effective and stimulating teacher with his students, especially those who, for him, were one step ahead.

2　Alfred Marshall to J. N. Keynes, 4 August 1892, quoted in Groenewegen, *Soaring Eagle*, p. 23.

3　Nineteenth-century British philosophy, following the Scottish tradition, was largely focused on mental philosophy (or psychology), considered 'the queen of sciences'. W. Hamilton, *Lectures on Metaphysics and Logic 1870 – 4*, ed. H. L. Mansel and J. Veitch (Edinburgh, 1877), vol. I, p. 19. The Grote Club was a Cambridge philosophy discussion group, founded by John Grote, Professor of Moral Philosophy at Cambridge University and Fellow of Trinity College.

4　These annotations are still preserved in the archive of the Marshall Library of Economics in Cambridge; on these subjects Marshall published some early writings on economics: 'Review of Jevons' *Theory of Political Economy*', *Academy*, April 1872; 'Mr Mill's Theory of Value', *Fortnightly Review* (1876); *The Pure Theory of Foreign Trade and Domestic Value* (for private circulation, 1879). J. Whitaker, *The Early Economic Writings of Alfred Marshall*, 2 vols (London, 1975).

5　John K. Whitaker, *The Correspondence of Alfred Marshall, Economist* (Cambridge, 1996), vol. II, p. 285.

6　For instance, Charles Booth, Thomas Brassey, Edwin Chadwick, Henry Fawcett,

Beatrice Potter, George Bernard Shaw, Sydney Webb and others.

7. John M. Keynes, *Official Papers by Alfred Marshall* (London, 1926), p. 205. Marshall was deeply involved with the Poor Law reform participating in the Royal Commission on the aged poor and several interventions on issues of poverty.
8. Alfred Marshall, ' Where to House the London Poor' [1884], in Arthur Pigou, ed., *Memorials of Alfred Marshall* (London, 1925), pp. 144 – 5.
9. Whitaker, *Correspondence*, p. 399.
10. Marshall ' Lectures to Women' [1873], in *Lectures to Women*, ed. Raffaelli Tiziano, Rita MacWilliams Tullberg and Eugenio Biagini (Aldershot, 1995), p. 106; Alfred Marshall, ' Social Possibilities of Economic Chivalry' [1907], in Pigou, *Memorials of Alfred Marshall*, pp. 323 – 46.
11. Alfred Marshall, ' Lectures to Women' , p. 106.
12. Ibid., p. 119.
13. Alfred Marshall, ' The Future of the Working Classes' [1873], in Pigou, *Memorials of Alfred Marshall*, pp. 103 and 107.
14. Alfred Marshall, ' fragment' [1922], in Pigou, *Memorials of Alfred Marshall*, p. 367.
15. Rita McWilliams Tullberg, ' Marshall's "tendency to socialism"' , *History of Political Economy*, VII/17 (1975), pp. 75 – 111.
16. Marshall, ' Social Possibilities of Economic Chivalry' , p. 334.
17. Alfred Marshall, *Industry and Trade* (London, 1919), p. vii.
18. Notes of these lectures taken by Mary Paley and revised by Marshall are included in *Lectures to Women*.
19. Alfred Marshall, *Principles of Economics* [1890], 8th edn (London, 1920), p. 1.
20. Ibid., pp. 26 – 7.
21. Ibid., p. 14.
22. Ibid.
23. Thorstein B. Veblen, ' The Preconceptions of Economic Science III' , *Quarterly Journal of Economics*, XIV (1900), pp. 240 – 69.

24 Marshall, *Principles of Economics* (London, 1920), p. v.
25 Alfred Marshall, 'The Present Position of Economics' [1885], in Pigou, *Memorials of Alfred Marshall*, p. 153.
26 Moreover, 'they did not see that the poverty of the poor is the chief cause of the weakness and inefficiency which are the causes of their poverty.' Marshall, *Principles of Economics*, pp. 762−3.
27 Marshall to Ludwig Darmstädter, 27 October 1910, in Whitaker, *Correspondence*, vol. III, p. 269.
28 Marshall to William A. S. Hewins, 29 May 1900, in Whitaker, *Correspondence*, vol. II, p. 280.
29 Claude Guillebaud, *Alfred Marshall Principles of Economics, Ninth (Variorum) Edition*, (London, 1961), vol. II, p. 768; Marshall, 'The Present Position of Economics', p. 166.
30 Marshall, *Principles of Economics*, p. 781.
31 Ibid., p. 850.
32 Ibid., p. 366.
33 Ibid.
34 Ibid.
35 Whitaker, *Early Economic Writings of Alfred Marshall*, vol. II.
36 Ibid., p. vii.
37 Ibid., p. vi.
38 Ibid.
39 In the preface, Marshall writes: '[This book] is an attempt to construct on the lines laid down in Mill's *Political Economy* a theory of Value, Wages and Profits.'
40 John Maynard Keynes, 'Alfred Marshall', in *Essays in Biography* (London, 1924), p. 201.
41 Neil Hart, *Equilibrium and Evolution: Alfred Marshall and the Marshallians* (London, 2012), p. 86.

42 Marshall, *Principles of Economics*, pp. 315 – 16, 367.

43 Neil Hart, *Equilibrium*, p. 90.

44 Marshall, *Principles of Economics*, p. 807.

45 Marshall to Charles W. Eliot, 3 September 1895, in Whitaker, *Correspondence*, vol. II, p. 129.

46 Marshall, *Principles*, p. xii.

47 Schumpeter, 'Alfred Marshall's *Principles*: A Semi-centennial Appraisal', *American Economic Review*, XXXI/2 (1941), pp. 237 – 8.

48 Joan V. Robinson notes: 'When I came up to Cambridge, in 1922, and started reading economics, Marshall's *Principles* was the Bible, and we knew little beyond it. Jevons, Cournot, even Ricardo, were figures in the footnotes.' Robinson, *Collected Economic Papers* (Oxford, 1951), vol. I, p. vii.

49 Paul Samuelson, 'Monopolistic Competition Revolution', in *Monopolistic Competition Theory: Studies in Impact. Essays in Honor of Edward H. Chamberlin*, ed. R. E. Kuenne (New York, 1967), p. 112.

50 Alfred Marshall, 'Distribution and Exchange', *Economic Journal*, VIII [1898], p. 52.

51 Marshall, *Industry and Trade*, p. 6.

52 Groenewegen, *Soaring Eagle*, p. 715; Keynes, *Essays in Biography*, p. 230.

53 Alfred Marshall, *Money, Credit and Commerce* (London, 1923), p. vi.

54 Groenewegen, *Soaring Eagle*, pp. 193 – 203; Whitaker, *Early Economic Writings of Alfred Marshall*, sec. 3.4 and vol. III; also Whitaker, *Correspondence*, vol. II, pp. 36 – 84.

55 Marshall to Alfred W. Flux, 8 March 1898, in Whitaker, *Correspondence*, vol. II, pp. 227 – 8.

56 Tiziano Raffaelli, *Marshall's Evolutionary Economics* (London, 2003), p. 49.

57 Marshall, *Principles of Economics*, p. 43.

58 Brian Loasby, *Knowledge, Institutions and Evolution in Economics* (London, 1999).

59 Katia Caldari, 'Alfred Marshall's Critical Analysis of Scientific Management', *European Journal of the History of Economic Thought*, XIV/1 (2007), pp. 55 – 78.
60 Marco Dardi, 'Alfred Marshall's Partial Equilibrium: Dynamics in Disguise', in *The Economics of Alfred Marshall. Revisiting Marshall's Legacy*, ed. Richard Arena and Michel Quéré (London, 2003), pp. 84 – 112; Katia Caldari, 'Marshall and Complexity: A Necessary Balance between Process and Order', *Cambridge Journal of Economics*, XXXIX/4 (2015), pp. 1071 – 85.
61 Marshall, *Principles of Economics*, p. 139.
62 Ibid., p. 461.
63 Marshall, 'The Present Position of Economics', p. 154; Marshall, 'Distribution and Exchange', p. 42.
64 Marshall, *Principles of Economics*, pp. xiv and 772.
65 Marshall, 'Distribution and Exchange', p. 43.
66 Marshall refers to the important contributions given to biological perspective by Auguste Comte, Charles Darwin and particularly Herbert Spencer: Marshall, *Principles of Economics*, p. ix and app. C, and Whitaker, *Early Economic Writings*, vol. II, p. 385; Marshall, 'Distribution and Exchange', p. 42.
67 Marshall, *Principles of Economics*, p. 249.
68 Ibid.
69 Ibid., p. 173.
70 Katia Caldari, 'Alfred Marshall's Idea of Progress and Sustainable Development', *Journal of the History of Economic Thought*, XXVI/4 (2004), pp. 519 – 36.
71 J. M. Keynes, *Official Papers of Alfred Marshall* (London, 1926), p. 358.
72 Marshall, 'Social Possibilities of Economic Chivalry', p. 333.
73 Ibid., p. 336.
74 Ibid., p. 338.
75 Alfred Marshall's archive, Folder 5.26.
76 Ibid., Folder 5.37.
77 Ibid.

78 Ibid., Folder 5.36.

79 Groenewegen, 'Marshall on Taxation', in *Alfred Marshall in Retrospect*, ed. R. McWilliams Tullberg (Aldershot, 1990), p. 91.

80 Ibid.

81 Keynes, *Official Papers*, p. 338.

82 Alfred Marshall, 'National Taxation after the War', in *After-War Problems*, ed. W. H. Dawson (New York, 1917), p. 319.

83 Ibid., p. 322.

84 Ibid., p. 326.

85 Marshall to Eli Filip Heckscher, 28 January 1916, in Whitaker, *Correspondence*, vol. III, p. 328.

86 Keynes, *Official Papers*, p. 361; Marshall to the editor of *The Times*, 13 November 1909, in Whitaker, *Correspondence*, vol. III, pp. 235–6.

87 Groenewegen, *Soaring Eagle*, pp. 557–8.

第六章　约瑟夫·熊彼特

1 Joseph A. Schumpeter, 'Theoretical Problems of Economic Growth' [1947], in *Essays on Entrepreneurs, Innovations, Business Cycles, and the Evolution of Capitalism*, ed. Richard V. Clemence (New Brunswick, NJ, 1989), pp. 238–9.

2 Joseph A. Schumpeter, Preface to the Japanese edition of *Theorie der wirtschaftlichen Entwicklung* [1937], in *Essays*, p. 166.

3 Joseph A. Schumpeter, 'The Creative Response in Economic History' [1947], in *Essays*, p. 222.

4 Joseph A. Schumpeter, 'The Instability of Capitalism' [1928], in *Essays*, p. 72.

5 For Schumpeter's biography see Esben Sloth Andersen, *Joseph A. Schumpeter: A Theory of Social and Economic Evolution* (Basingstoke, 2011) and Richard Swedberg, *Joseph A. Schumpeter: His Life and Work* (Cambridge, 1991), on which I draw.

6   Joseph A. Schumpeter, *Das Wesen und der Hauptinhalt der theoretischen Nationalökonomie* (Leipzig, 1908).
7   Joseph A. Schumpeter, *Theorie der wirtschaftlichen Entwicklung* (Leipzig, 1912).
8   Joseph A. Schumpeter, 'Epochen der Dogmen- und Methodengeschichte' [1914], trans. by R. Aris as *Economic Doctrine and Method: An Historical Sketch* (London, 1954).
9   Joseph A. Schumpeter, 'Das Sozialprodukt und die Rechenpfennige: Glossen und Beiträge zur Geldtheorie von heute' [1917], trans. as 'Money and the Social Product', *International Economic Papers*, VI (1956), pp. 148 – 211; Schumpeter, *Die Krise des Steuerstaates* [1918], trans. as 'The Crisis of the Tax State', reprinted in *The Economics and Sociology of Capitalism*, ed. Richard Swedberg (Princeton, NJ, 1991), pp. 99 – 140; Schumpeter, 'Zur Soziologie der Imperialismen' [1919], trans. as 'The Sociology of Imperialisms', reprinted in *Economics and Sociology*, pp. 141 – 219; Schumpeter, 'Sozialistische Möglichkeiten von heute', *Archiv für Sozialwissenschaft und Sozialpolitik*, XLVIII (1920), pp. 305 – 60; Schumpeter, 'Die sozialen Klassen im ethnisch homogenen Milieu' [1927], trans. as 'Social Classes in an Ethnically Homogeneous Environment', reprinted in *Economics and Sociology*, pp. 230 – 83; Schumpeter, 'Gustav v. Schmoller und die Probleme von heute', *Schmollers Jahrbuch für Gesetzgebung, Verwaltung und Volkswirtschaft*, L (1926), pp. 337 – 88; Schumpeter, *The Theory of Economic Development: An Inquiry into Profits, Capital, Credit, Interest, and the Business Cycle* (Cambridge, MA, 1934).
10 Joseph A. Schumpeter, *Business Cycles: A Theoretical, Historical, and Statistical Analysis of the Capitalist Process* (New York, 1939); Schumpeter, *Capitalism, Socialism and Democracy* (New York, 1942); Schumpeter, *History of Economic Analysis* (London, 1954).
11 See especially Richard R. Nelson and Sidney G. Winter, *An Evolutionary Theory of Economic Change* (Cambridge, MA, 1982).

12 Schumpeter, *Wesen und Hauptinhalt*, p. 7.

13 See Yuichi Shionoya, *Schumpeter and the Idea of Social Science: A Metatheoretical Study* (Cambridge, 1997), pp. 91 – 123.

14 Schumpeter, *Wesen und Hauptinhalt*, p. 86.

15 See Esben Sloth Andersen, *Schumpeter's Evolutionary Economics: A Theoretical, Historical and Statistical Analysis of the Engine of Capitalism* (London, 2009), pp. 3 – 4.

16 See Mário Graça Moura, ' Schumpeter's Conceptions of Process and Order,' *Cambridge Journal of Economics*, XXXIX (2015), pp. 1137 – 8.

17 Schumpeter, *The Theory*, pp. 80, 33.

18 Ibid., p. 76.

19 Joseph A. Schumpeter, ' Economic Theory and Entrepreneurial History ' [1949], in *Essays*, p. 258; Schumpeter, ' The Creative Response', p. 223.

20 Schumpeter, *The Theory*, p. 64, n. 1, emphasis removed.

21 Schumpeter, *Cycles*, p. 103.

22 Schumpeter, ' The Creative Response', p. 224.

23 Schumpeter, *The Theory*, pp. 85, 84 – 5, 80.

24 Ibid., pp. 69 – 73, 116.

25 Schumpeter, *Cycles*, p. 117.

26 Ibid., p. 129.

27 Ibid., p. 125.

28 Ibid., p. 98.

29 Joseph A. Schumpeter, ' The Analysis of Economic Change' [1935], in *Essays*, p. 139.

30 Schumpeter, *The Theory*, p. 66.

31 Schumpeter, *Cycles*, pp. 131, 135.

32 Ibid., p. 137.

33 Schumpeter, *The Theory*, p. 245.

34 Schumpeter, *Cycles*, p. 146.

35　Ibid., p. 145.
36　Ibid., p. 147 n. 1.
37　Ibid., p. 149.
38　Ibid., p. 155.
39　Ibid., p. 173.
40　Joseph A. Schumpeter, 'The Explanation of the Business Cycle' [1927], in *Essays*, p. 41.
41　See Alan W. Dyer, 'Schumpeter as an Economic Radical: An Economic Sociology Assessed', *History of Political Economy*, XX (1988), pp. 27–41. See also Graça Moura, 'Schumpeter's Conceptions', pp. 1133–6, on which I draw extensively.
42　Schumpeter, 'Classes', pp. 273, 274.
43　Ibid., p. 273.
44　Ibid., pp. 277–8.
45　Ibid., p. 274.
46　Ibid., p. 242.
47　Ibid., p. 253.
48　Schumpeter, *Cycles*, p. 103.
49　Schumpeter, *The Theory*, p. 86.
50　Schumpeter, 'The Instability', p. 70.
51　Schumpeter, 'Entrepreneurial History', p. 261.
52　Schumpeter, 'The Instability', p. 71.
53　Schumpeter, *Capitalism*, pp. 82–3.
54　Ibid., p. 86.
55　Ibid., pp. 84–5.
56　Ibid., p. 87.
57　Ibid., pp. 91, 102.
58　Ibid., p. 101.
59　Ibid., p. 134.

60 See Mário Graça Moura, 'Schumpeter and the Meanings of Rationality', *Journal of Evolutionary Economics*, XXVII (2017), pp. 129 – 31.

61 Schumpeter, *Capitalism*, pp. 123, 124.

62 Ibid., p. 127.

63 Ibid., pp. 124, 127.

64 Ibid., pp. 142, 157.

65 Ibid., p. 143.

66 Ibid., p. 167.

67 Ibid., p. 172.

68 Schumpeter, *History*, pp. 886 – 7.

69 Ibid., p. 12.

70 Ibid., p. 15.

71 Joseph A. Schumpeter, 'Science and Ideology' [1949], in Essays, pp. 272 – 86.

72 Schumpeter, *History*, p. 34.

73 Ibid., p. 38.

74 Ibid., pp. 42 – 3.

75 Ibid., p. 827.

76 Schumpeter, *Wesen und Hauptinhalt*, pp. 33 – 4.

77 Schumpeter, *History*, p. 242.

78 Ibid., p. 969.

79 Ibid., p. 242.

80 Ibid., pp. 472 – 3, 668.

81 Ibid., p. 754.

第七章 约翰·梅纳德·凯恩斯

1 Quoted in Robert Skidelsky, *Keynes: A Very Short Introduction* (Oxford, 2010), p. 2.

2 Quoted in Angus Burgin, *The Great Persuasion* (Cambridge, MA, 2015), p. 62

3 Quoted in Skidelsky, *Keynes*, p. 2.

4   Quoted in Burgin, *The Great Persuasion*, p. 28.
5   Ibid.
6   Paul A. Samuelson, 'Lord Keynes and the General Theory', *Econometrica*, XIV/3 (1946), p. 187.
7   Lorie Tarshis, student in Cambridge in the 1930s. Quoted in Skidelsky, *Keynes*, p.2
8   David Bensusan-Butt, economics student in Cambridge in the 1930s. Quoted ibid.
9   A summary of what was happening in global markets during the lifetime of Keynes (as well as before and after) can be found in Victoria N. Bateman, *Markets and Growth in Early Modern Europe* (London, 2011), Chapter One.
10 Timothy J. Hatton and Jeffrey G. Williamson, *Migration and the International Labour Market* (London, 1994), p. 4.
11 Michael Edelstein, *Overseas Investment in the Age of High Imperialism: The United Kingdom, 1850 – 1914* (New York, 1982), p. 3.
12 John Maynard Keynes, 'Proposals for the Reconstruction of Europe' [1919], reprinted in *Collected Writings*, 30 vols (London, 1971 – 89), vol. ix, p. 20.
13 On Keynes and the British economy between the wars, see Nicholas H. Dimsdale, 'Keynes on Interwar Economic Policy', in *Keynes and Economic Policy*, ed. Walter A. Eltis and Peter J. N. Sinclair (London, 1988). Also Michael Stewart, *Keynes and After* (Bungay, 1986), Chapters Three to Six.
14 Keynes, *Collected Writings*, vol. xvii, pp. 372 – 3.
15 Excerpt from Victoria N. Bateman, *Markets and Growth in Early Modern Europe* (London, 2011), Chapter One.
16 Barry Eichengreen, *Golden Fetters: The Gold Standard and the Great Depression, 1919 – 1939* (Oxford, 1992).
17 A readable and more extensive account of Keynes's theory than can be provided in this chapter, including Keynes's concepts of effective demand and the multiplier, can be found in Stewart, *Keynes and After*, Chapter Four. For a

more technical guide to Keynes's economics, see Roger E. Backhouse and Bradley W. Bateman, *The Cambridge Companion to Keynes* (Cambridge, 2006). Recent scholarly discussion of Keynes can be found in Philip Arestis, Meghnad Desai and Sheila Dow, *Money, Macroeconomics and Keynes: Essays in honour of Victoria Chick* (Oxford, 2002), and Steven Kates, ed., *What's Wrong With Keynesian Economic Theory?* (Cheltenham, 2016). On Keynes's work in the context of the Global Financial Crisis, see Robert Skidelsky, *Keynes: The Return of the Master* (London, 2009).

18 John Maynard Keynes, *General Theory of Employment, Interest and Money* (London, 1936), Chapter One, reprinted in *Collected Writings*, vol. vii.

19 John Maynard Keynes, *General Theory of Employment, Interest and Money* (London, 1936), Chapter Twelve, reprinted in *Collected Writings*, vol. vii.

20 Irving Fisher, 'The Debt-deflation Theory of Great Depressions', *Econometrica*, I/4 (1933), pp. 337 – 57.

21 Hyman P. Minsky, *Stabilizing an Unstable Economy* (Yale, 1986). For a recent readable account of the work of Minsky, see L. Randall-Wray, *Why Minsky Matters: An Introduction to the Work of a Maverick Economist* (Princeton, NJ, 2015).

22 The reasons are briefly discussed in Burgin, *The Great Persuasion*, p. 29.

23 Quoted ibid.

第八章　弗里德里希·哈耶克

1 'The [Austrian] cost-of-living index, which had risen [from a base of 100 in 1914] to 1,640 by November 1918, and had gone up to 4,922 by January 1920; by January 1921 it had increased to 9,956; in January 1922 it stood at 83,000; and by January 1923 it had shot up to 1,183,600.' Richard Ebeling, 'The Great Austrian Inflation', www.fee.org, 1 April 2006.

2 Erwin Dekker, *The Viennese Students of Civilization: The Meaning and Context of Austrian Economics Reconsidered* (Cambridge, 2016).

3   Bruce Caldwell, *Hayek's Challenge* (Chicago, IL, 2004), pp. 135 – 7.
4   Friedrich Hayek, *Hayek on Hayek* (Chicago, IL, 1994), p. 48.
5   Carl Menger, *Grundsätze der Volkswirtschaftslehre* (Vienna, 1871).
6   Caldwell, *Hayek's Challenge*, pp. 136 – 40.
7   In his work on cognitive psychology, Hayek argued that the capacity to form such theories, which need not be explicitly stated or written down, was selected through evolution. Species without this trait are unable to learn from experience and, naturally, do not survive long. Hayek, *The Sensory Order: An Inquiry into the Foundations of Theoretical Psychology* [1952](Chicago, IL, 1999).
8   Friedrich Hayek, *The Counter-revolution of Science: Studies on the Abuse of Reason* [1952](Indianapolis, in, 1979).
9   Though Carl Menger was the unquestioned father of the Austrian School, Wieser and his brother-in-law, Böhm-Bawerk, did more than even Menger to promote the ideas of the Austrian School to the wider world.
10 Caldwell, *Hayek's Challenge*, pp. 143 – 4.
11 Ludwig von Mises, ' Economic Calculation in the Socialist Commonwealth' [1920], in *Collectivist Economic Planning*, ed. F. A. Hayek (London, 1935), p. 92.
12 Ibid., pp. 97 – 8, 107 – 9.
13 Friedrich Hayek, ' Ludwig von Mises' [1981], ed. Peter G. Klein, in *The Collected Works of F. A. Hayek, vol. IV: The Fortunes of Liberalism*, ed. Stephen Kresge (Chicago, IL, 1992), p. 136.
14 Ibid., p. 151.
15 Friedrich Hayek, *Monetary Theory and the Trade Cycle* [1929], ed. Hansjörg Klausinger, in *The Collected Works of F. A. Hayek*, vol. VII: *Business Cycles, Part I*, ed. Bruce Caldwell (Chicago, IL, 2012), pp. 49 – 165.
16 Bruce Caldwell, ' Introduction' , in *The Collected Works of F. A. Hayek*, vol. IX: *Contra Keynes and Cambridge*, ed. Bruce Caldwell (Chicago, IL, 1995), pp. 19 – 21.

17　Hayek, *Monetary Theory and the Trade Cycle*, pp. 137 – 40.

18　Ibid., p. 131.

19　Ibid., p. 143.

20　Caldwell, 'Introduction', p. 21.

21　The debate has re-entered the public consciousness in the last decade thanks to the so-called 'Great Recession' and a pair of highly entertaining YouTube videos pairing (actors portraying) Hayek against Keynes in a rap battle. See 'Fear the Boom and the Bust' and 'Fight of the Century', www.econstories.tv

22　Caldwell, 'Introduction', pp. 2 – 3.

23　John Maynard Keynes, *A Treatise on Money* (London, 1930).

24　Friedrich Hayek, 'The Economics of the 1930s as Seen from London', in *The Collected Works of F. A. Hayek*, vol. IX (Chicago, IL, 1995), p. 60.

25　Friedrich Hayek et al., *Collectivist Economic Planning*, ed. F. A. Hayek (London, 1935).

26　Ibid., p. 233.

27　Ibid., p. 238.

28　Friedrich Hayek, *The Road to Serfdom: Text and Documents – The Definitive Edition*, in *The Collected Works of F. A. Hayek*, vol. II, ed. Bruce Caldwell (Chicago, IL, 2007).

29　Ibid., pp. 59 – 60.

30　Ibid., pp. 134 – 70.

31　On the circumstances of the composition of *The Road to Serfdom* and its reception, see Bruce Caldwell, 'Editor's Introduction', pp. 1 – 33.

32　Friedrich Hayek, 'Economics and Knowledge' [1936], in *The Collected Works of F. A. Hayek*, vol. XV, *The Market and Other Orders*, ed. Bruce Caldwell (Chicago, IL, 2014), pp. 57 – 77.

33　Hayek, 'Economics and Knowledge', p. 73.

34　Friedrich Hayek, 'The Use of Knowledge in Society' [1945], in *The Collected Works of F. A. Hayek*, vol. IV, pp. 93 – 104. In 2011 'The Use of Knowledge in

Society' was named among the top 20 articles published in the first 100 years of the *American Economic Review*. ' 100 Years of the American Economic Review: The Top 20 Articles', pubs.aeaweb.org, February 2011.

35 Hayek also considered (and rejected) the possible superiority of planning by monopolized industries. Hayek, ' The Use of Knowledge in Society', p. 94.
36 Hayek, ' The Use of Knowledge in Society', pp. 95 – 6.
37 Ibid., pp. 99 – 100.
38 Friedrich Hayek, ' The Meaning of Competition' [1948], in *The Collected Works of F. A. Hayek*, vol. XV, pp. 105 – 16.
39 Friedrich Hayek, ' Competition as a Discovery Procedure' [1968], in ibid., pp. 304 – 13.
40 Friedrich Hayek, *The Sensory Order: An Inquiry into the Foundations of Theoretical Psychology* (Chicago, IL, 1999 [1952]).
41 Examples of natural spontaneous orders can be found in the structural features of crystals, biological evolution, ecosystems, the formation of stars, galaxies and perhaps even the universe itself, that is, wherever an *undesigned* pattern is discovered in nature.
42 Hayek left Chicago for the University of Freiburg in 1962, then left Freiburg for Salzburg in 1968, only to return to Freiburg for good in 1977.
43 Friedrich Hayek, ' Degrees of Explanation' [1955], in *The Collected Works of F. A. Hayek*, vol. XV, pp. 195 – 212.
44 Friedrich Hayek, ' The Theory of Complex Phenomena' [1964], in *The Collected Works of F. A. Hayek*, vol. XV, pp. 257 – 77. Other sciences of complex phenomena include cognitive psychology (Hayek, *The Sensory Order*), ' cybernetics, the theory of automata or machines, general systems theory, and perhaps also communications theory' (Hayek, ' Degrees of Explanation', p. 211), as well as linguistics (Hayek, ' The Theory of Complex Phenomena', p. 270), geology, evolutionary biology and the branches of astrophysics that investigate the formation of stars and galaxies (Friedrich Hayek, ' Notes on the Evolution

of Systems of Rules of Conduct' [1967], in *The Collected Works of F. A. Hayek*, vol. XV, p. 287).

45 Friedrich Hayek, 'Kinds of Rationalism' [1965], in *The Collected Works of F. A. Hayek*, vol. XV, pp. 39–53.

46 Vernon Smith, *Rationality in Economics: Constructivist and Ecological Forms* (New York, 2008).

47 Friedrich Hayek, 'The Pretence of Knowledge' [1975], in *The Collected Works of F. A. Hayek*, vol. XV, pp. 371–2.

48 In a *New Yorker* article titled 'After Communism', published in 1990, the socialist economist Robert Heilbronner famously admitted that 'Mises was right' all along about the problems of economic calculation in a planned socialist economy. David Boaz, 'The Man Who Told the Truth', reason.com, 21 January 2005.

49 Hayek, 'Kinds of Rationalism', p. 49.

50 For example, T. W. Hutchison, *The Politics and Philosophy of Economics: Marxians, Keynesians, and Austrians* (Oxford, 1981), Chapter Seven; B. Caldwell, 'Hayek's Transformation', *History of Political Economy*, XX/4 (1988), pp. 513–41; S. Fleetwood, *Hayek's Political Economy: The Socio-economics of Order* (London, 2013); N. J. Foss, 'More on "Hayek's Transformation"', *History of Political Economy*, XXVII/2 (1995), pp. 345–64; J. Friedman, 'Hayek's Two Epistemologies and the Paradoxes of His Thought', *Critical Review*, XXV/3–4 (2013), pp. 277–304.

51 Friedrich Hayek, 'The Dilemma of Specialization' [1955], in *Studies in Philosophy, Politics, and Economics* (Chicago, IL, 1967), p. 123.

第九章　米尔顿·弗里德曼

1 Quoted in *The Encyclopedia of Libertarianism*, ed. Ronald Hamowy (London, 2008), p. 197.

2 Beatrice Cherrier, 'The Lucky Consistency of Milton Friedman's Science and

Politics, 1933 – 1963', in *Building Chicago Economics*, ed. Robert Van Horn, Philip Mirowski and Thomas A. Stapleford (Cambridge, 2011), p. 341.

3   Lenny Ebenstein, *Milton Friedman: A Biography* (New York, 2007), pp. 6 – 7.
4   Cherrier, 'The Lucky Consistency', p. 341.
5   Milton Friedman, 'Preface, 1982', in *Capitalism and Freedom* (Chicago, 1982), p. ix.
6   Joel Mokyr, *A Culture of Growth* (Princeton, nj, 2016).
7   Deirdre McCloskey, *The Rhetoric of Economics* (Madison, WI, 1985).
8   An alternative hypothesis suggests that Friedman was an 'intellectual for hire', becoming increasingly laissez-faire in response to monetary incentives. See Rob Van Horn and Philip Mirowski, 'The Rise of the Chicago School of Economics and the Birth of Neoliberalism', in *The Road from Mont Pelerin: The Making of the Neoliberal Thought Collective*, ed. Philip Mirowski and Dieter Plehwe (Cambridge, MA, 2009), pp. 139 – 78. However, Bruce Caldwell disagrees. See Bruce Caldwell, 'The Chicago School, Hayek, and Neoliberalism', in *Building Chicago Economics*, pp. 301 – 34.
9   In Milton Friedman, *Essays in Positive Economics* (Chicago, 1953), pp. 3 – 43; this was a method in which one would not have to concern oneself with the realism of assumptions: all that mattered was the accuracy of the predictions of a model, something that could be validated with data.
10 For a recent discussion, see Uskali Maki, *The Methodology of Positive Economics* (Cambridge, 2009). Also Victoria Bateman, 'Classical Liberalism: The Foundation for a New Economics', *Critical Review*, XXVIII (2016), pp. 450 – 54.
11 Friedman did, however, acknowledge that there was always going to be a fly in the ointment. Statistically, one can never 'prove' a hypothesis, only 'reject' it, whilst economic evidence can often be ambiguous or somewhat difficult to interpret. This means that the choice between rival theories will inevitably require something other than evidence, which, as Valeria Mosini discusses, marks 'a dis-analogy with the natural sciences'. Valeria Mosini, *Reassessing the Para-*

digm in Economics (Oxford, 2012), p. 22.

12 Quoted from Maki, *The Methodology of Positive Economics* (back cover). For a discussion of the associated controversy, see Mosini, *Reassessing the Paradigm in Economics*, pp. 19, 37. Also, J. Cunningham Wood and R. N. Wood, eds, *Milton Friedman: Critical Assessments* (London, 1990).

13 John Stuart Mill, ' On the Definition of Political Economy; and on the Method of Investigation Proper to it' , in J. S. Mill, *Essays on Some Unsettled Questions of Political Economy* (London, 1844); Gunnar Myrdal, *Value in Social Theory: A Selection of Essays on Methodology* (New York, 1958); Max Weber, ' The Meaning of ' ethical neutrality' in Sociology and Economics' [1949], in *Methodology of Social Sciences*, ed. and trans. Edward A. Shils and Henry A. Finch (New Brunswick, NJ, 2011), pp. 1 – 47; Joseph A. Schumpeter, *History of Economic Analysis* (Oxford, 1954); John Neville Keynes, *The Scope and Method of Political Economy* (London, 1891). The fact that Friedman did not seem to acknowledge or engage with this long and established literature did not work in his favour. Also see the more recent work of the Critical Realism School.

14 Gunnar Myrdal, *Objectivity in Social Research* (New York, 1969), p. 51.

15 Cherrier, ' The Lucky Consistency' , pp. 343 – 5, 354, 362. Cherrier also notes that Friedman ascribed ' the survival of his parents, poor Jewish emigrants... to the American free enterprise system' , p. 341. In *Reassessing the Paradigm in Economics*, Mosini considers both the internal and external validity of Friedman's ' positive economics' claim. Internally, she notes a lack of logical consistency – that Friedman's conclusions often were not arrived at in the rigorous manner that he suggested and were not always amenable to testing. As we will see in regard to his monetary economics, Friedman faced numerous empirical criticisms.

16 John R. Commons, ' Institutional Economics' , in *American Economic Review*, XXI (1931), p. 648. Quoted and further discussed in Bo Sandelin, Hans-

Michael Trautwein and Richard Wundrak, *A Short History of Economic Thought* (Oxford, 2014), pp. 73 – 6.

17　Victoria Bateman, *The Sex Factor* (Cambridge, 2019).

18　Avner Offer, 'Self-interest, Sympathy and the Invisible Hand: From Adam Smith to Market Liberalism', *Economic Thought*, I/2 (2012), pp. 1 – 14.

19　Victoria Mosini, *Reassessing the Paradigm in Economics*, p. 74.

20　On the question of where Hayek positioned himself relative to other liberals, see Caldwell, 'The Chicago School, Hayek, and Neoliberalism', in *Building Chicago Economics*, p. 316.

21　Ibid., p. 315.

22　Friedman, 'Preface, 1982', *Capitalism and Freedom*.

23　John Maynard Keynes, *The General Theory of Employment, Interest and Money* (London, 1936), Chapter 24.

24　Victoria Bateman, 'Economists get too much Credit – and Blame', *Bloomberg View*, 23 February 2017; Victoria Bateman, 'Free Trade's Critics were once its Champions', *Bloomberg View*, 6 October 2016, www.bloomberg.com/view/articles.

25　Milton Friedman, 'Lange on Price Flexibility and Employment: A Methodological Criticism', *American Economic Review*, XXXVI/4 (1946), p. 618.

26　Milton Friedman, 'Have Monetary Policies Failed?', *American Economic Review*, LXII/2, (1972), pp. 11 – 18. On the two very different economic responses to the notion that the economy is very complicated (the 'cloud-makers' versus the 'over-simplifiers') see Thomas Mayer, 'The Structure of Monetarism', in *A Macroeconomic Reader*, ed. Brian Snowdon and Howard Vane (London, 1997), p. 204.

27　For other predecessors to Friedman's monetarism, see Sandelin et al., *A Short History of Economic Thought*, pp. 86 – 7. By the time he set to work on monetary matters in the middle of the twentieth century, Friedman was also joined by leading monetary theorists Karl Brunner (who himself coined the term 'monetarism') and Allan Melzer and, later, by Harry Johnson and David Laidler.

28 In the textbook IS-LM Model, Keynesians can be thought of as emphasizing the instability of the IS curve whilst monetarists emphasized the instability of the LM curve.

29 Milton Friedman, 'The Quantity Theory: A Restatement', in *Studies in the Quantity Theory of Money*, ed. Milton Friedman (Chicago, IL, 1956).

30 Milton Friedman and Anna Schwartz, *A Monetary History of the United States* (Princeton, NJ, 1963). Economic historian Nuno Palma analyses the effect of money on the economy for a longer time span than did Friedman, and finds significant effects: Nuno Palma, 'Money and Modernization: Liquidity, Specialization, and Structural Change in Early Modern England', *European University Institute Working Paper*, XI (2016); Nuno Palma, 'The Existence and Persistence of Liquidity Effects: Evidence from a Large-scale Historical Natural Experiment', GGDC *Research Memorandum*, CLVIII (2016).

31 Barry Eichengreen, *Golden Fetters* (Oxford, 1995), also provides an explanation of the Great Depression based on monetary tightness, but within a much more global context and conditioned by the fixed exchange regime of the time, the Gold Standard. Numerous competing explanations of boom and bust abounded during Friedman's lifetime. In response to the Great Depression, the League of Nations had initiated a project that tasked researchers with investigating all possible causes of the business cycle, leading to the publication of Gottfried Haberler, *Prosperity and Depression* (Geneva, 1937). Theories considered included monetary causes, over-investment, psychology, the harvest, maladjustment and under-consumption. Friedman's 'Permanent Income Hypothesis', which provides an alternative to Keynes's Consumption Function and distinguished between permanent and transitory income, was used by Friedman to help 'defeat' both the notion that the economy could settle into an under-consumption equilibrium and that fiscal expansion would have a sig-

nificant multiplier effect, Cherrier, 'The Lucky Consistency', p. 347. According to Friedman, this was his 'best purely scientific contribution'. However, recent evidence has turned against the Permanent Income Hypothesis, providing greater room for Keynes. See Noah Smith, 'Economists Give Up on Milton Friedman's Biggest Idea', *Bloomberg View*, www.bloomberg.com, 26 July 2016.

32 Milton Friedman, 'Statement on Monetary Theory and Policy', in *Employment, Growth and Price Levels, Hearings Before the Joint Economic Committee, 1st session, 25 – 28 May 1959* (Washington, DC, 1959), pp. 144 – 5. Quoted in Brian Hillier, *The Macroeconomic Debate* (Oxford, 1991), p. 59.

33 According to Friedman, an expansion of the money supply could boost the economy in the short run, but only as a result of workers overestimating the 'real' value of their wages as prices and wages start to increase in the economy in response to the increasing money supply: workers observe that their money wages have increased, but have not yet factored in that the prices of the good they purchase have also increased, meaning that they are incentivized to work longer and harder, generating the extra output that creates boom time conditions. Hence the notion that workers are 'fooled' by monetary stimulus, but that this cannot last indefinitely, meaning that in the longer run, monetary stimulus cannot result in higher levels of output and lower levels of unemployment. The Phillips Curve trade-off is only a short-run phenomenon.

34 This vein of thinking later developed into a debate on 'rules versus discretion', albeit with roots that go back to James Angell many years earlier. By having their hands tied, economists came to believe that policymakers would be able to achieve a more favourable result. This was one case in which less choice was better than more.

35 Friedman also questioned the power of fiscal policy by employing his Permanent Income Hypothesis. See Noah Smith, 'Milton Friedman's Cherished Theory is Laid to Rest', *Bloomberg View*, bloomberg.com, 12 January 2017. The

theory of Ricardian Equivalence has also been employed to reject the effectiveness of fiscal policy.

36 Robert Lucas and Thomas Sargent, 'After Keynesian Macroeconomics', in *After the Phillips Curve: Persistence of High Inflation and High Unemployment* (Boston, ma, 1978), p. 49.

37 See Mosini, *Reassessing the Paradigm of Economics*, who suggests that the problems of the 1970s can be seen not as a failure of Keynesian economics but of departure from Keynes's ideas; Yanis Varoufakis notes that the Bretton Woods system was a compromise which, as a result, lacked Keynes's automatic recycling of surpluses, leading to its ultimate undoing. Yanis Varoufakis, *And The Weak Suffer What They Must* (London, 2016).

38 Named after the then Chairman of the Federal Reserve, Paul Volcker, who raised interest rates to around 20 per cent in an effort to tackle inflation.

39 See Daniel J. Hammond, *Theory and Measurement* (Cambridge, 1996), p. 211: 'Even though they were widely credited with revitalising monetary economics... Friedman and Schwartz laboured from the beginning to the end of their collaboration under a cloud of professional doubt. The doubt was concerning the scientific credibility of their techniques, and thus of their results... They were charged with treating money as the cause when it was in fact the effect and of treating it as the sole cause when it was at most one of many causes.' Peter Temin also questions whether Friedman was free from initial bias, noting in regard to his monetary view of the Great Depression that Friedman and Schwartz's *A Monetary History* 'assumes the conclusion and describes the Depression in terms of it; it does not test it or prove it at all'. Peter Temin, *Did Monetary Forces Cause the Great Depression?* (New York, 1976), pp. 15–16. Given Friedman's emphasis on method (see Section I), this is particularly unsatisfying.

40 Hyman Minsky, 'A Theory of Systematic Fragility', in *Financial Crises: Institutions and Markets in a Fragile Environment*, ed. E. I. Altman and A. W.

Sametz (New York, 1977), p. 152. Minsky was particularly concerned with the way in which a shift towards a Friedman-style monetary policy based on controlling money by controlling reserves, acting through open market operations, reduced the Central Bank's traditional ability to examine and supervise the loan books of commercial banks-loan books that they were previously forced to 'open up' if they wanted to borrow reserves at the discount window. In the words of L. Randall Wray, 'if the Fed had been watching bank balance sheets closely in the early to mid-2000s, it would have seen all the trashy assets they were accumulating.' Randall L. Wray, *Why Minsky Matters: An Introduction to the Work of a Maverick Economist* (Princeton, NJ, 2016).

41 This eradicated the systematic error that plagued Friedman's adaptive expectation formation process.

42 Robert Leeson and Warren Young, 'Mythical Expectations', in *The Anti-Keynesian Tradition*, ed. R. Leeson (New York, 2008), pp. 101, 106.

43 Keynes, *A Treatise on Money* (New York, 1930). Though by contrast with Friedman, Keynes adopted a Wicksellian (not Fisherite) approach.

44 Keynes, *General Theory*, Chapter Twelve.

45 Gianni Vaggi and Peter Groenewegen, *A Concise History of Economic Thought* (New York, 2003). On the technical difference between Friedman and Keynes in regard to liquidity preference see D. E. Laidler, 'Monetarism: An Interpretation and Assessment', *Economic Journal*, XCI/361 (1981), pp. 1–28.

46 Whilst Classical economists supposed that the interest rate adjusted to equilibrate saving and investment, hermetically sealing the economy at the natural rate, Keynes argued that the interest rate was instead equilibrating money supply and money demand, where the latter involves a demand for liquidity ('liquidity preference'). See Sandelin et al., *A Short History of Economic Thought*, pp. 88–9, for more detail.

47 In regard to Knight's distinction between measured risk and uncertainty, Friedman was certainly clear: 'I do not believe it is valid,' quoted in Mosini, *Reas-*

sessing the Paradigm of Economics, p. 129; Friedman's conception of the Quantity Theory of Money with a stable money demand function implies a stable demand side for the economy. See Thomas Mayer, 'The Structure of Monetarism' [1975], reprinted in *A Macroeconomic Reader*, ed. Snowdon and Vane, pp. 180 – 216 (at p. 187), who also notes that 'one can be a Keynesian in one's basic theory, and, at the same time, accept the monetarist position that the private sector is... stabler than the private and government sectors combined [that is, that government intervention can increase rather than decrease instability]. Admittedly, it is much harder to see how a quantity theorist could believe in the instability of the private sector.'

48 Friedman, *Capitalism and Freedom*, p. 131.

49 Also see Morris M. Kleiner and Alan B. Krueger, 'Analyzing the Extent and Influence of Occupational Licensing on the Labor Market', *Journal of Labor Economics*, XXXI/2 (2013), pp. s173 – s202.

50 Mark Pennington, *Robust Political Economy* (Cheltenham, 2011); Mark Steckbeck and Peter J. Boetke, 'Turning Lemons into Lemonade: Entrepreneurial Solutions to Adverse Selection Problems in E-Commerce', in *Markets, Information and Communication: Austrian Perspectives on the Internet Economy*, ed. Jack Birner and Pierre Garrouste (New York, 2004).

51 More recently, tax credits and a 'basic income guarantee' have come to the fore in policy circles and can be seen to follow in the tradition of Friedman.

52 Friedman, *Capitalism and Freedom*, Chapter One.

53 Friedman and Rose Friedman, *Free to Choose* (New York, 1980).

54 For a critique of Friedman's work from a left-of-centre perspective, including for its neglect of power relations, see E. K. Hunt and Mark Lautzenheiser, *History of Economic Thought: A Critical Perspective* [1949](London, 2011).

55 On the former, see Victoria Bateman, *Markets and Growth in Early Modern Europe* (London, 2011). On the latter, see Darren Acemoglu, Jacob Moscona and James Robinson, 'State Capacity and American Technology: Evidence

from the 19th Century', *American Economic Review*, CVI/5 (2016), pp. 61 – 7; Alex Marshall, *The Surprising Design of Market Economies* (Austin, TX, 2012); Mariana Mazzucato, *The Entrepreneurial State* (London, 2011).

56 Acemoglu et al., 'State Capacity and American Technology'; Matthew Andrews, Lant Pritchett and Michael Woolcock, *Building State Capability: Evidence, Analysis and Action* (Oxford, 2017); Timothy Besley and Torsten Persson, 'The Origins of State Capacity: Property Rights, Taxation and Politics', *American Economic Review*, XCIX/4 (2009), pp. 1218 – 44; Mark Koyama and Noel Johnson, 'States and Economic Growth: Capacity and Constraints', *Explorations in Economic History*, LXIV/2 (2017), pp. 1 – 20.

57 Robert H. Frank, *The Darwin Economy: Liberty, Competition, and the Common Good* (Princeton, NJ, 2012); W. Brian Arthur, *Increasing Returns and Path Dependence in the Economy* (Ann Arbor, MI, 1994); Paul David, 'Clio and the Economics of QWERTY', *American Economic Review*, LXXII/2 (1985), pp. 332 – 7.

58 George A. Akerlof and Robert J. Shiller, *Phishing for Phools: The Economics of Manipulation and Deception* (Princeton, NJ, 2015).

59 Avner Offer, 'Why has the Public Sector Grown so Large in Market Societies?', *University of Oxford Discussion Papers in Economic and Social History*, XLIV (2002), p. 2.

60 Bradford J. Delong, 'A Brief History of Inequality', www.weforum.org, 28 July 2016.

61 Avner Offer, 'A Warrant for Pain: Caveat Emptor vs. the Duty of Care in American Medicine', *University of Oxford Discussion Papers in Economic and Social History*, CII (2012), p. 15.

62 Victoria Bateman, 'Classical Liberalism: The Foundation for a New Economics', *Critical Review*, XXVIII (2016), pp. 440 – 60; Victoria Bateman, 'We need a Sexual Revolution in Economics', *The Guardian*, 2 June 2015.

63 This section largely draws on Bateman, 'Classical Liberalism: The Foundation

for a New Economics', pp. 454 – 6, and Bateman, *Economics Has a Sex Problem* (2019); Avner Offer, 'Between the Gift and the Market: The Economy of Regard', *Economic History Review*, L/3 (1997), pp. 450 – 76; Marilyn Waring, *If Women Counted: A New Feminist Economics* (New York, 1988).

64 Avner Offer, 'The Economy of Obligation', *University of Oxford Discussion Papers in Economic and Social History*, CIII (2012), pp. 4 – 5.

65 Tine De Moorvand and Jan Luiten Van Zanden, 'Girl Power: The European Marriage Pattern and Labour Markets in the North Sea region in the Late Medieval and Early Modern Period', *Economic History Review*, LXIII/1, (2010), pp. 1 – 33; Bateman, *Economics Has a Sex Problem* (2019).

66 It should, however, be noted that twentieth-century welfare states have not always supported women's participation in paid work. See Lynn P. Cooke, *Gender-Class Equality in Political Economies* (Oxford, 2011); Gosta Esping-Anderson, *Incomplete Revolution: Adapting Welfare States to Women's New Roles* (Cambridge, 2009).

67 On the controversy surrounding Friedman, see Hammond, 'Markets, Politics, and Democracy at Chicago: Taking Economics Seriously', in *Building Chicago Economics*, ed. Van Horn, Mirowski and Stapleford.

68 Paul Romer, 'Mathiness in the Theory of Economic Growth', *American Economic Review*, CV/5 (2015), pp. 89 – 93.

69 Friedman's emphasis on learning lessons from economic history and using empirical evidence was prescient. Even if the lessons he drew were not always the right ones, economics would benefit from a more fruitful interchange between theory and history-albeit one that goes in both directions, rather than running singly from theory to history. In Friedman's own words, economic history provides 'precisely the kind of evidence that we would like to get by "critical" experiments if we conduct them'. See Milton Friedman, 'Price, Income and Monetary Changes in Three Wartime Periods', *American Economic Review*, XLII/2 (1952), p. 612.

70　Jonathan D. Ostry, Prakash Loungani and Davide Furceri, 'Neoliberalism: Oversold', *Finance and Development*, LIII/2 (2016), pp. 38–41.

71　John A. Allison, *The Financial Crisis and the Free Market Cure* (New York, 2012).

72　The inadequacies of the post-Friedman monetary policymaking approach are becoming clear: the general neglect of the money supply in favour of using interest rates, when, behind the scenes, that money supply was ballooning; the way in which the most popular measure of inflation, the consumer price index, neglected the fact that property prices were racing ahead of other prices in the economy, meaning that inflation was not as 'low' as it seemed; the monetary ease that has followed 2008 and its potentially adverse longer-run consequences.

第十章　小约翰·福布斯·纳什

1　Sylvia Nasar, *A Beautiful Mind: The Life of Mathematical Genius and Nobel Laureate John Nash* (New York, 1998). This chapter draws much on Nasar's book.

2　See 'The Medal for the Sveriges Riksbank Prize in Economic Sciences in Memory of Alfred Nobel', www.nobelprize.org.

3　John Nash, 'Ideal Money', *Southern Economic Journal*, LXIX/1 (2002), pp. 4–11.

4　Gonçalo L. Fonseca, 'John F. Nash', *History of Economic Thought*, www.hetwebsite.net, accessed 19 February 2018.

5　Johann von Neumann, 'Zur Theorie der Gesellschaftsspiele', *Mathematische Annalen*, X (1928), pp. 295–320. Other precursors had been Antoine-Augustin Cournot and Ernest Zermelo.

6　Ibid., p. 295, trans. Karen Horn.

7　Johann von Neumann and Oskar Morgenstern, *Theory of Games and Economic Behavior* (Princeton, NJ, 1943).

8　Nash, 'Non-cooperative Games', dissertation, University of Princeton, NJ, 1950.

9   Roger Myerson, *Game Theory: Analysis of Conflict* (Cambridge, MA, 1991), p. 105; Roger Myerson, 'Nash Equilibrium and the History of Economic Method', *Journal of Economic Literature*, XXXVII (1999), p. 1067.

10 Nasar, *A Beautiful Mind*, p. 32.

11 Eric T. Bell, *Men of Mathematics* (New York, 1937).

12 Nasar, *Beautiful Mind*, pp. 61–3.

13 John Milnor, 'The Game of Hex', in *The Essential John Nash*, ed. Harold W. Kuhn and Sylvia Nasar (Princeton, NJ, 2002), pp. 31–3.

14 John Nash, 'The Bargaining Problem', *Econometrica*, XVIII/2 (1950), pp. 155–62.

15 John F. Nash Sr and John F. Nash Jr, 'Sag and Tension Calculations for Wire Spans Using Catenary Formulas', *Electrical Engineering*, LXIV/12 (1945), pp. 984–7.

16 Neumann and Morgenstern, *Theory of Games*.

17 Nash, 'Two-person Cooperative Games', *Econometrica*, XXI/1 (1953), pp. 128–40.

18 Luitzen Brouwer, 'Über Abbildungen von Mannigfaltigkeiten', *Mathematische Annalen*, LXXI (1911), pp. 97–115; Shizuo *Kakutani*, 'A Generalization of Brouwer's Fixed Point Theorem', *Duke Mathematical Journal*, VIII/3 (1941), pp. 457–9. We will spare the reader the intricacies of these mathematical tools.

19 A facsimile has been reproduced in *The Essential John Nash*, ed. Kuhn and Nasar, pp. 53–84.

20 Nash, 'Non-cooperative Games', *Annals of Mathematics*, LIV (1951), pp. 286–95.

21 Ibid., p. 286.

22 Myerson, 'Nash Equilibrium', pp. 1069–70.

23 Albert W. Tucker, 'A Two-person Dilemma-The Prisoner's Dilemma', *UMAP Journal* (1950), reprinted in Philipp D. Straffin, 'The Mathematics of Tucker – A Sampler', *Two-year College Mathematics Journal*, XIV/3 (1983), pp. 228–32.

24 See 'Game theory', www.hetwebsite.net, accessed 19 February 2018. See this

site also for an excellent brief summary of the developments and ramifications in game theory. For an easy-access didactic introduction with more detail, see Marilu Hurt McCarty, *The Nobel Laureates* (New York, 2001), pp. 311–48.

25 R. Duncan Luce and Howard Raiffa, *Games and Decisions* (New York, 1957).

26 Harold W. Kuhn, 'Extensive Games and the Problem of Information', in *Contributions to the Theory of Games,* ed. Harold W. Kuhn and Alfred W. Tucker (Princeton, NJ, 1953), pp. 193–216.

27 Reinhard Selten, 'Spieltheoretische Behandlung eines Oligopolmodells mit Nachfrageträgheit', *Zeitschrift für die gesamte Staatswissenschaft*, CXXI (1965), pp. 301–24, 667–89.

28 Reinhard Selten, 'Reexamination of the Perfectness Concept for Equilibrium Points in Extensive Games', *International Journal of Game Theory*, IV (1975), pp. 25–55.

29 John Harsanyi, 'Games with Incomplete Information Played by Bayesian Players', *Management Science*, XIV (1967/68), pp. 159–82, 320–34, 486–502.

30 Adam Smith, *An Inquiry into the Nature and Causes of the Wealth of Nations*, ed. R. H. Campbell and A. S. Skinner (Oxford, 1976).

31 Myerson, 'Nash Equilibrium', p. 1078.

32 Nash, 'Real Algebraic Manifolds', *Annals of Mathematics*, LVI (1952), pp. 405–21.

33 See 'A Brief History of RAND', www.rand.org, accessed 18 February 2018.

34 Nasar, *Beautiful Mind*, p. 105.

35 Interview with Kenneth J. Arrow in Karen Horn, Roads to Wisdom, *Conversations with Ten Nobel Laureates in Economics* (Cheltenham, 2009), p. 76.

36 Nash, 'C1-isometric Imbeddings', Annals of Mathematics, LX (1954), pp. 383–96; Nash, 'The Imbedding Problem for Riemannian Manifolds', *Annals of Mathematics*, LXIII (1956), pp. 20–63.

37 Nash, 'Autobiographical Essay', in *Les Prix Nobel*, ed. Nobel Foundation (Stockholm, 1994).

38   See Horn, *Roads to Wisdom*, pp. 19 – 25.

39   Neumann and Morgenstern, *Theory of Games*.

40   See Nasar, *Beautiful Mind*, pp. 356 – 73; Avner Offer and Gabriel Söderberg, *The Nobel Factor* (Princeton, NJ, 2016).

41   Personal communication, 20 August 2006.

42   See the website of the Abel Prize, www.abelprize.no.

第十一章　丹尼尔·卡尼曼

1   Tim Adams, 'This Much I Know: Daniel Kahneman', *The Guardian*, www.theguardian.com, 8 July 2012.

2   David Shariatmadari, 'Daniel Kahneman: "What would I eliminate if I had a magic wand? Overconfidence"', *The Guardian*, www.theguardian.com, 18 July 2015.

3   Adams, 'This Much I Know'.

4   Daniel Kahneman, 'Daniel Kahneman-Biographical', *The Sveriges Riksbanks Prize in Economic Sciences in Memory of Alfred Nobel* 2002, www.nobelprize.org.

5   Ibid.

6   Amos Tversky and Daniel Kahneman, 'Belief in the Law of Small Numbers', *Psychological Bulletin*, LXXVI/2 (1971), pp. 105 – 10.

7   Daniel Kahneman and Amos Tversky, 'On the Reality of Cognitive Illusions', *Psychological Review*, CIII (1996), pp. 582 – 91.

8   Kahneman, 'Biographical', www.nobelprize.org.

9   Ibid.

10 Ibid.

11 D. Kahneman and E. E. Ghiselli, 'Validity and Non-linear Heteroscadastic Models', *Personnel Psychology*, XV (1962), pp. 1 – 11.

12 D. Kahneman and J. Beatty, 'Pupil Diameter and Load on Memory', *Science*, CLIV/3756 (1966), pp. 1583 – 5.

13 Kahneman, 'Biographical', p. 8.

14 Ibid., pp. 9 – 10.

15 Amos Tversky and Daniel Kahneman, 'Belief in the Law of Small Numbers', *Psychological Bulletin*, LXXVI/2 (1971), pp. 105 – 10.

16 Amos Tversky and Daniel Kahneman, 'Judgement under Uncertainty: Heuristics and Biases', *Science*, CLXXXV/4157 (1974), pp. 1124 – 31.

17 D. Kahneman, P. Slovic and A. Tversky, *Judgement under Uncertainty: Heuristics and Biases* (Cambridge, 1982); Daniel Kahneman and Amos Tversky, *Choices, Values and Frames* (Cambridge, 2000).

18 Daniel Kahneman and Amos Tversky, 'Prospect Theory-An Analysis of Decision under Risk', *Econometrica*, XLVII/2 (1979), pp. 263 – 92.

19 Tversky and Kahneman, 'Belief in the Law of Small Numbers'.

20 See Amos Tversky and Daniel Kahneman, 'Loss Aversion in Riskless Choice: A Reference Dependent Model', *Quarterly Journal of Economics*, CVII/4 (1991), pp. 1039 – 61.

21 See R. H. Thaler, ed., *Quasi Rational Economics* (New York, 2000); R. H. Thaler, ed., *Advances in Behavioural Finance* (New York and Princeton, NJ, 2005), vol. ii.

22 R. H. Thaler, A. Tversky, D. Kahneman and A. Schwartz, 'The Effect of Myopia and Loss Aversion on Risk Taking: An Experimental Test', *Quarterly Journal of Economics*, CXII (1997), pp. 647 – 61.

23 See Amos Tversky and Daniel Kahneman, 'Advances in Prospect Theory: Cumulative Representation of Uncertainty', *Journal of Risk and Uncertainty*, V (1992), pp. 297 – 323.

24 G. Gigerenzer, Gut Feelings: *The Intelligence of the Unconscious* (London, 2007).

25 H. A. Simon, 'A Behavioural Model of Rational Choice', *Quarterly Journal of Economics*, LXIX (1955), pp. 99 – 118.

26 Adams, 'This Much I Know'.

27 J. Gots, 'Hire Thine Enemy: Daniel Kahneman on Adversarial Collaboration,

The Big Think', www.bigthink.com, accessed 19 February 2018.

28 See I. Bateman, D. Kahneman, A. Munro, C. Starmer and R. Sugden, 'Is There Loss Aversion in Buying? An Adversarial Collaboration,' *Working Paper-Centre for Social and Economic Research on the Global Environment* 1 (2003), pp. 1 – 39; D. Kahneman and G. Klein, 'Conditions for Intuitive Expertise: A Failure to Disagree', *American Psychologist*, LXIV/6 (2009), pp. 515 – 26; A. Mellers, R. Hertwig and D. Kahneman, 'Do Frequency Representations Eliminate Conjunction Effects? An Exercise in Adversarial Collaboration', *Psychological Science*, XII (2001), pp. 269 – 75; and T. Gilovich, V. H. Medvec and D. Kahneman (1998), 'Varieties of Regret: A Debate and Partial Resolution', *Psychological Review*, CV (1998), pp. 602 – 5.

29 'Daniel Kahneman Facts', www.nobelprize.org.

30 R. H. Thaler, 'Toward a Positive Theory of Consumer Choice, *Journal of Economic Behavior and Organisation*, XXXIX (1980), pp. 36 – 90.

31 Kahneman, (2002), 'Biographical', www.nobelprize.org.

32 Adams, 'This Much I Know'.

第十二章　阿马蒂亚·森

1 Amartya Sen, *Poverty and Famines* (Oxford, 1981), pp. 80 (quote), 58.

2 Ibid., p. 66.

3 Ibid., pp. 96, 105, 139.

4 Ibid., p. 152.

5 Ibid., p. 13.

6 Amartya Sen, 'Social Choice Theory: A Re-examination' [1975], in *Choice, Welfare and Measurement* (Cambridge, MA, 1997), pp. 158 – 200.

7 Amartya Sen, *Commodities and Capabilities* (Oxford, 1999), p. 2.

8 Lionel Robbins, 'Interpersonal Comparisons of Utility: A Comment,' *Economic Journal*, XLVIII (1938), p. 637.

9 Shatakshee Dhongde and Prasanta K. Pattanaik, 'Preference, Choice, and Ration-

ality: Amartya Sen's Critique of the Theory of Rational Choice in Economics,' in *Amartya Sen*, ed. Christopher W. Morris (Cambridge, 2009), p. 21.

10 Amartya Sen, 'Description as Choice' [1979], *in Choice, Welfare, and Measurement*, p. 442.

11 Robert Sugden, 'Welfare, Resources, and Capabilities: A Review of *Inequality Reexamined* by Amartya Sen,' *Journal of Economic Literature*, XXXI (1993), p. 1950.

12 Amartya Sen, 'The Impossibility of Being a Paretian Liberal' [1970], in *Choice, Welfare and Measurement*, pp. 285–90.

13 Amartya Sen, *On Economic Inequality*, enl. edn (Oxford, 1997), p. 75.

14 Ibid., p. 170.

15 Ibid., p. 76.

16 Amartya Sen, 'Equality of What?' [1980], in *Choice, Welfare and Measurement*, p. 366.

17 For Rawls's defence see his 'Social Unity and Primary Goods', in *Utilitarianism and Beyond*, ed. Amartya Sen and Bernard Williams (Cambridge, 1982), pp. 159–85.

18 Jean Drèze and Amartya Sen, *India: Economic Development and Social Opportunity* (Delhi, 1995), p. VII.

19 Ibid., pp. 64, 78.

20 Ibid., pp. 67, 8 (quote).

21 Amartya Sen, *Development as Freedom* (Oxford, 1999), p. 11.

22 Albert O. Hirschman, *The Passions and the Interests: Political Arguments for Capitalism before its Triumph* (Princeton, NJ, 1977).

23 Amartya Sen, 'Albert Hirschman', *Moneta e Credito*, LXVII (2014), p. 163.

24 Sen, *Development as Freedom*, p. 294.

25 Ibid., pp. 6–7.

26 Ibid., p. 151.

27 Drèze and Sen, *India*, p. 156.

28 Amartya Sen, 'Missing Women,' *British Medical Journal*, CCCIV (1992).
29 Sen, *Development as Freedom*, pp. 197–8.
30 Drèze and Sen, *India*, p. 127.
31 Adam Smith, *An Inquiry into the Nature and Causes of the Wealth of Nations* [1776], ed. William B. Todd, in *The Glasgow Edition of the Works of Adam Smith*, ed. R. H. Campbell and A. S. Skinner (Oxford, 1975–87), p. 456.
32 Drèze and Sen, *India*, p. 257.
33 Ibid., pp. 157, 159 (quote).
34 Amartya Sen, 'The Possibility of Social Choice', Nobel Lecture, www.nobelprize.org, 8 December 1998.
35 Sen, *Development as Freedom*, p. 203.
36 Amartya Sen, *The Idea of Justice* (London, 2009), p. XVI.
37 Ibid., pp. 16 (quote), 21.
38 Ibid., p. 105.
39 Ibid., pp. 70, 123, 140.
40 Ibid., p. 141.
41 Sen, *Development as Freedom*, pp. 96–7.
42 Sugden, 'Welfare, Resources, and Capabilities', p. 1951.
43 Amartya Sen, *Inequality Reexamined* (New York, 1992), p. 81.
44 Sugden, 'Welfare, Resources, and Capabilities', p. 1953.
45 Robert Sugden, 'Review of *Commodities and Capabilities*', *Economic Journal*, XCVI (1986), p. 821. For a similar critique, see Emmanuelle Bénicourt, 'Amartya Sen: un bilan critique,' *Cahiers d' économie politique*, I (2007), pp. 65–7.
46 Dan Usher, 'Review of *Commodities and Capabilities*,' *Canadian Journal of Economics*, XX (1987), p. 199.
47 Morris, 'Introduction', in *Amartya Sen*, p. 8.
48 Sen, *Development as Freedom*, p. 8.
49 Adam Smith, *The Theory of Moral Sentiments* [1759], ed. A. L. Macfie and D. D. Raphael, in *Glasgow Edition of the Works*, p. 82.

第十三章　约瑟夫·斯蒂格利茨

1. He had only worked for the public sector until then. On this matter, one can relate to Steve Sailer's amused commentary, '"Incentives Matter", Except to Economists', www.vdare.com, 14 January 2014.
2. Economic Sciences Prize Committee, 'Markets with Asymmetric Information' (Stockholm, 2001), p. 10.
3. Ibid., p. 9.
4. Joseph Stiglitz, 'Joseph E. Stiglitz-Biographical', *The Sveriges Riksbank Prize in Economic Sciences in Memory of Alfred Nobel* 2001, www.nobelprize.org, accessed 22 February 2018.
5. Ibid.
6. Ibid.
7. Ibid.
8. Ibid.
9. In advanced books, neoclassical theoreticians-including Stiglitz-do not hesitate to talk about centralization or even of 'planners' but that does not prevent them from nurturing the idea (especially in textbooks) that this model represents an ideal market economy.
10. According to the 'floor lamp principle', in darkness, one looks for a lost object where there is light, since it is vain to try to look for it elsewhere.
11. Economic Sciences Prize Committee, 'Markets with Asymmetric Information'.
12. Ibid.
13. Sometimes, when there are information asymmetries, there is no equilibrium (there are no exchanges). The aim of the modellist is then to propose measures that can enable the equilibrium to exist (guarantees and various forms of monitoring, for example).
14. Joseph Stiglitz, 'Information and the Change in the Paradigm in Economics', *Nobel Lecture* 2001, p. 10, my italics. www.nobelprize.org.

15 Ibid., p. 8, my italics.

16 Ibid., pp. 8 – 9, Stiglitz's italics.

17 Ibid., p. 10, my italics.

18 Stiglitz, 'Joseph E. Stiglitz-Biographical'.

19 Stiglitz, 'Information and the Change in the Paradigm in Economics', p. 10.

20 Joseph Stiglitz, 'Incentives and Risk Sharing in Sharecropping', *Review of Economic Studies*, XLI (April 1974), pp. 219 – 55.

21 Stiglitz, 'Information and the Change in the Paradigm in Economics', pp. 500 – 501, Stiglitz's italics.

22 C. Shapiro and J. Stiglitz, 'Equilibrium Unemployment as a Worker Discipline Device', *American Economic Review*, LXXIV/3 (1984), pp. 433 – 44.

23 Ibid., p. 433.

24 Ibid., p. 435.

25 Ibid., p. 433.

26 Ibid., p. 435.

27 Ibid., p. 437.

28 Ibid.

29 At equilibrium, unemployment is involuntary in the sense that the workers are disposed to work at the prevailing wage level, or even at the 'competition' wage level (inferior to the former), but cannot because a promise, even sincere, not to shirk would not be credible. They therefore have to wait until fate changes their situation (with the probability q).

30 Macroeconomics, whose starting point is empirical relationships rather than axioms, aims at being more directly operational-and less normative, even if one of its objectives is to guide collective decisions.

31 Shapiro and Stiglitz, 'Equilibrium Unemployment', p. 434.

32 Ibid., p. 441.

33 Ibid.

34 We are in the presence of what economists call 'negative externalities': when

employing workers, a firm affects the situation of other firms, who are constrained to increase their salary to compensate for the decrease of penalty associated with shirking, because of the diminution of unemployment.

35 Improvement that benefited some, if not of all, without penalizing anyone.

36 There is therefore a process of insider trading, which penalizes the person who, in the stock exchange, proceeds to operate on the basis of information that has not yet been made public.

37 Yet, because of its vagueness, the Nobel Prize Committee avoids talking about this. Cautiously, the Prize committee has also awarded the prize to Robert Shiller, who denies its validity. B. Guerrien and O. Gün, ' Efficient Market Hypothesis: What are We Talking About?' , *Real World Economic Review*, LVI (2011), paecon.net.

38 E. Fama, ' Efficient Capital Markets: A Review of Theory and Empirical Work' , *Journal of Finance*, XXV/2 (1970), p. 383.

39 S. Grossman and J. Stiglitz, ' On the Impossibility of Informationally Efficient Markets' , *American Economic Review*, LXVI/2 (1980), pp. 393 – 408 (at p. 393).

40 They call to mind an ' information market' that their ' pro-market' adversaries cannot contest.

41 The theorem is presented as follows: If $(\theta^*, \varepsilon^*, x^*)$ has a nondegen-erate joint normal distribution such that θ^*, ε^* and x^* are mutually independent, then there exists a solution to $\gamma X_I(P_\gamma(\theta, x), \theta) + (1-\gamma) X_U(P_\gamma(\theta, x); P_\gamma^*) = x$ which has the form $P_\gamma(\theta, x) = a_1 + a_2 w_\gamma(\theta, x)$, where a_1 and a_2 are real numbers which may depend on γ, such that $a_2 > 0$ (if $\gamma = 0$, the price contains no information about θ). Grossman and Stiglitz, ' On the Impossibility of Informationally Efficient Markets' , p. 397.

42 Fama has admitted that these tests are in fact on two joint hypotheses and that they therefore cannot enable someone to decide between either one.

43 Joseph Stiglitz, *Whither Socialism?* (Cambridge, MA, 1994), p. 16.

44 Arrow and Debreu suppose that there exist goods which are ' conditional' to the realization of an infinite number of ' states of nature' , themselves inde-

pendent of the actions of agents. This weighs heavily in the task of the auctioneer, who has to propose prices and elaborate conditional contracts with agents, without fundamentally modifying the model itself.

45　Stiglitz, *Whither Socialism?*, p. 60 (my italics).
46　Ibid., p. 27.
47　Stiglitz, 'When markets aren't perfect, governments can help', cbsnews.com, 3 May 2016.
48　Stiglitz, *The Great Divide* (New York, 2015), p. 125.
49　Ibid.

延伸阅读

引言

Backhouse, R. E., *Founder of Modern Economics: Paul A. Samuelson, vol. I: Becoming Samuelson,1915 – 1948* (Oxford, 2017)

Coffman, D., A. Leonard and L. Neal, *Questioning Credible Commitment* (Cambridge, 2013)

Janeway, W. H., *Doing Capitalism in the Innovation Economy: Markets, Speculation and the State* (Cambridge, 2012)

Jolink, A., and J. Van Daal, *The Equilibrium Economics of Léon Walras* (Routledge, 2002)

Jones, D. S., *Masters of the Universe: Hayek, Friedman, and the Birth of Neoliberal Politics* (Princeton, NJ, 2014)

McCormick, T., *William Petty and the Ambitions of Political Arithmetic* (Oxford, 2009)

Patalano, R., and S. A. Reinert, eds, *Antonio Serra and the Economics of Good Government* (London, 2016), pp. 112 – 42

Rothschild, E., *Economic Sentiments: Adam Smith, Condorcet and the Enlightenment* (Cambridge, MA, 2013)

Scazzieri, R., A. Sen and S. Zamagni, eds, *Markets, Money and Capital: Hicksian Economics for the Twenty First Century* (Cambridge, 2008)

Stern, P. J., and C. Wennerlind, eds., *Mercantilism Reimagined: Political Economy in Early Modern Britain and its Empire* (Oxford, 2013)

Wennerlind, C., *Casualties of Credit: The English Financial Revolution*, 1620 – 1720 (Cambridge, MA, 2001)

Yamamoto, K., *Taming Capitalism before its Triumph: Public Service, Distrust and 'Projecting' in Early Modern England* (Oxford, 2018)

第一章 亚当·斯密

Conlin, Jonathan, *Adam Smith* (London, 2016)

Evensky, Jerry, *Adam Smith's Moral Philosophy* (Cambridge, 2005)

Haakonssen, Knud, *The Science of a Legislator: The Natural Jurisprudence of David Hume and Adam Smith* (Cambridge, 1981)

——, ed., *The Cambridge Companion to Adam Smith* (Cambridge, 2006)

Hanley, Ryan Patrick, *Adam Smith and the Character of Virtue* (Cambridge, 2009)

Hirschman, Albert O., *The Passions and the Interests* (Princeton, nj, 1977)

Hont, Istvan, and Michael Ignatieff, eds, *Wealth and Virtue* (Cambridge, 1983)

Phillipson, Nicholas, *Adam Smith: An Enlightened Life* (London, 2010)

Rasmussen, Dennis C., *The Problems and Promise of Commercial Society: Adam Smith's Response to Rousseau* (Philadelphia, PA, 2008)

Schabas, Margaret, *The Natural Origins of Economics* (Chicago, IL, 2005)

Smith, Adam, *The Glasgow Edition of the Works and Correspondence of Adam Smith,* ed. R. H. Campbell and A. S. Skinner (Oxford, 1975–87)

Werhane, Patricia H., *Adam Smith and His Legacy for Modern Capitalism* (Oxford, 1991)

第二章 大卫·李嘉图

Hollander, Jacob H., *David Ricardo: A Centenary Estimate* (New York, 1968)

James, Patricia, *Population Malthus: His Life and Times* (Oxford, 2006)

Kurz, Heinz D., and Neri Salvadori, *The Elgar Companion to David Ricardo* (London, 2015)

Malthus, Thomas Robert, *An Essay on the Principle of Population* (London, 2001)

O'Brien, D. P., *The Classical Economists* (Oxford, 1978)

Peach, Terry, *Interpreting Ricardo* (Cambridge, 1993)

——, *David Ricardo: Critical Responses,* 4 vols (London, 2003)

Roll, Eric, *A History of Economic Thought,* 5th edn (London and Boston, MA, 1992)

Schumpeter, Joseph A., *History of Economic Analysis* (New York, 1954)

Sraffa, Piero, and Maurice Herbert Dobb, eds, *The Works and Correspondence of David Ricardo*, 11 vols (Cambridge, 1951 – 73)

第三章　约翰·斯图尔特·穆勒

Babbage, Charles, *On the Economy of Machinery and Manufacturing* [1835], 4th edn (New York, 1963)

Boss, Helen, *Theories of Surplus and Transfer* (Boston, MA, 1990)

Caldwell, Bruce, ' Hayek on Mill ' , *History of Political Economy*, XL/4 (2008), pp. 689 – 704

Chipman, John, ' A Survey of the Theory of International Trade: Part 1, The Classical Theory ' , *Econometrica*, XXXIII/3 (1965), pp. 477 – 519

DeLong, J. Bradford, ' This Time is Not Different: The Persistent Concerns of Financial Macroeconomics ' , www.equitablegrowth.org, 13 December 2016

Donner, Wendy, *The Liberal Self: John Stuart Mill's Moral and Political Philosophy* (Ithaca, NY, 1991)

Ekelund, Robert, Jr, and Douglas Walker, ' J. S. Mill on the Income Tax Exemption and Inheritance Taxes: The Evidence Reconsidered ' , *History of Political Economy*, XXVIII/4 (1996), pp. 559 – 81

Hayek, Friedrich, *John Stuart Mill and Harriet Taylor* (Chicago, IL, 1951)

Hollander, Samuel, *The Economics of John Stuart Mill* (Toronto, 1985)

——, *John Stuart Mill: Political Economist* (Singapore, 2015)

Keynes, John Maynard, *The General Theory of Employment, Interest, and Money* (New York, 1936)

Levy, David, *How the Dismal Science Got Its Name: Classical Economics and the Ur-Text of Racial Politics* (Ann Arbor, MI, 2001)

Maneschi, Andrea, ' John Stuart Mill's Equilibrium Terms of Trade: A Special Case of William Whewell' s 1850 Formula ' , *History of Political Economy*, XXXIII/3 (2001), pp. 609 – 25

Mazlish, Bruce, *James and John Stuart Mill: Father and Son in the Nineteenth Century* (New York, 1975)

Miles, Dudley, *Francis Place: The Life of a Remarkable Radical*, 1771 – 1854 (Brighton, 1988)

Mill, John Stuart, 'Debating Speeches, 1823 – 29', in *The Collected Works .tuart Mill*, vol. XXVI: *Journals and Debating Speeches*, ed. John Robson (Toronto, 1988)

——, *The Principles of Political Economy with Some of Their Applications to Social Philosophy* [1848], vols II-III of *The Collected Works of John Stuart Mill*, ed. John M. Robson (Toronto, 1965)

——, *On Liberty* [1859], in *The Collected Works of John Stuart Mill*, vol. XVIII: *Essays on Politics and Society Part I*, ed. John M. Robson (Toronto, 1977)

——, *Utilitarianism* [1861], 1871 edition in *Utilitarianism and other Essays*, ed. Alan Ryan (London, 1987)

——, *The Subjection of Women* [1869], in *The Collected Works of John Stuart Mill*, vol. XXI: *Essays on Economics and Society Part II*, ed. John M. Robson (Toronto, 1984)

——, *Land Tenure Reform* [1871], in *The Collected Works of John Stuart Mill*, ed. John Robson (Toronto, 1967), vol. V

——, *Autobiography* [1873], in *The Collected Works of John Stuart Mill, ed.* John Robson and Jack Stillinger (Toronto, 1981), vol. I

——, 'Chapters on Socialism' [1879], originally published in the *Fortnightly Review*, republished in *The Collected Works of John Stuart Mill*, vol. V: *Essays on Economics and Society,* ed. John Robson (Toronto, 1967)

Nicholson, Peter, 'The Reception and Early Reputation of Mill's Political Thought', in The *Cambridge Companion to Mill*, ed. John Skorupski (Cambridge, 1998)

Owen, Robert, *Manifesto of Robert Owen,* 6th edn (London, 1840)

Persky, Joseph, 'Utilitarianism and Luck', *History of Political Economy*, XLV/2 (2013), pp. 287 – 309

——, *The Political Economy of Progress: John Stuart Mill and Modern Radicalism* (New York, 2016)

——, 'Producer Co-operatives in Nineteenth-century British Economic Thought',

European Journal of the History of Economic Thought, XXIV/2 (2017), pp. 319–40

Reeves, Richard, *John Stuart Mill: Victorian Firebrand* (London, 2007)

Rose, Phyllis, *Parallel Lives: Five Victorian Marriages* (New York, 1983)

Shoul, Bernice, 'Similarities in the Work of John Stuart Mill and Karl Marx', *Science and Society*, XXIX (1965), pp. 270–95

Smith, Adam, *An Inquiry into the Nature and Causes of the Wealth of Nations* [1776] (New York, 1937)

Sowell, Thomas, *On Classical Economics* (New Haven, CT, 2006)

Tunick, Mark, 'Tolerant Imperialism: John Stuart Mill's Defense of British Rule in India', *Review of Politics*, LXVII (2006), pp. 586–611

第四章　卡尔·马克思

Braverman, Harry, *Labor and Monopoly Capital: The Degradation of Work in the Twentieth Century* (New York, 1974)

Cox, Oliver C., *Caste, Class, and Race: A Study in Social Dynamics* (New York, 1959)

Du Bois, W.E.B., *Writings* (New York, 1986)

Engels, Frederick, The *Condition of the Working Class in England* [1845] (Moscow, 1973)

Foster, John Bellamy, Brett Clark and Richard York, *The Ecological Rift: Capitalism's War on the Earth* (New York, 2010)

Galeano, Eduardo, *Open Veins of Latin America: Five Centuries of the Pillage of a Continent* (New York, 1973)

Georgescu-Roegen, Nicholas, *The Entropy Law and the Economic Process* (Cambridge, MA, 1971)

Marx, Karl, *The Economic and Philosophic Manuscripts of 1844* (New York, 1971)

——, *Grundrisse* [1857–8] (New York, 1973)

——, *Capital: A Critique of Political Economy*, vol. I [1867] (New York, 1977)

——, *Capital: A Critique of Political Economy*, vol. II [1885] (New York, 1981)

——, *Capital: A Critique of Political Economy*, vol. III [1894] (New York, 1981)

McLellan, David, *Karl Marx: His Life and Thought* (New York, 1973)

Mészáros, István, *Beyond Capital* (London, 1995)

Wallerstein, Immanuel, *World-Systems Analysis: An Introduction* (Durham, NC, 2004)

第五章 阿尔弗雷德·马歇尔

Arena, Richard, and Michel Quéré, *The Economics of Alfred Marshall: Revisiting Marshall's Legacy* (London, 2003)

Belussi, Fiorenza, and Katia Caldari, 'At the Origin of Industrial District: Alfred Marshall and the Cambridge School', *Cambridge Journal of Economics*, XXXIII/2 (2009), pp. 335–55

——, 'The Lancashire Industrial District: Its Rise, Prosperity and Decline in the Analysis of British Economists', in *Marshall, Marshallians and Industrial Economics*, ed. Tiziano Raffaelli, Tamotsu Nishizawa and Simon Cook (Abingdon, 2011), pp. 135–62

Caldari, Katia, and Fabio Masini, 'The Limits of Growth: Alfred Marshall and the British Economic Tradition', in *Marshall and Schumpeter on Evolution*, ed. T. Nishizawa and Y. Shionoya (Cheltenham, 2008), pp. 166–87

——, 'Pigouvian vs Marshallian Tax: Market Failure, Public Intervention and the Problem of Externalities', *European Journal of the History of Economic Thought*, XVIII/5 (2011), pp. 715–32

Caldari, Katia, and Tamotsu Nishizawa, 'Marshall's Ideas on Progress: Roots and Diffusion', in *The Dissemination of Economic Ideas*, ed. Heinz Kurz, Tamotsu Nishizawa and Keith Tribe (Aldershot, 2011), pp. 125–57

——, 'Marshall's "Welfare Economics" and "Welfare": A Reappraisal Based on his Unpublished Manuscript on Progress", *History of Economic Ideas*, XXII/1 (2014), pp. 51–67

Raffaelli, Tiziano, Giacomo Becattini and Marco Dardi, eds, The Elgar *Companion of Alfred Marshall* (Cheltenham, 2006)

Raffaelli, Tiziano, and Katia Caldari, eds, *The Impact of Alfred Marshall's Ideas:*

The Global Diffusion of his Work (Cheltenham, 2010)

Whitaker, John K., 'What Happened to the Second Volume of the *Principles*? The Thorny Path to Marshall's Last Books', in *Centenary Essays on Alfred Marshall*, ed. J. K. Whitaker (Cambridge, 1990)

第六章　约瑟夫·熊彼特

Andersen, Esben Sloth, *Joseph A. Schumpeter: A Theory of Social and Economic Evolution* (Basingstoke, 2011)

Schumpeter, Joseph A., *The Theory of Economic Development: An Inquiry into Profits, Capital, Credit, Interest, and the Business Cycle* (Cambridge, MA, 1934)

——, *Business Cycles: A Theoretical, Historical, and Statistical Analysis of the Capitalist Process* (New York, 1939)

——, *Capitalism, Socialism and Democracy* (New York, 1942)

——, *History of Economic Analysis* (London, 1954)

——, *Essays on Entrepreneurs, Innovations, Business Cycles, and the Evolution of Capitalism*, ed. Richard V. Clemence (New Brunswick, NJ, 1989)

——, *The Economics and Sociology of Capitalism*, ed. Richard Swedberg (Princeton, NJ, 1991)

Swedberg, Richard, *Joseph A. Schumpeter: His Life and Work* (Cambridge, 1991)

第七章　约翰·梅纳德·凯恩斯

Backhouse, Roger E., and Bradley W. Bateman, *The Cambridge Companion to Keynes* (Cambridge, 2006)

Eltis, Walter A., and Peter J. N. Sinclair, *Keynes and Economic Policy* (London, 1988)

Moggridge, D., *Maynard Keynes: An Economist's Biography* (London, 1995)

Peden, G. C., *Keynes, the Treasury and British Economic Policy* (Basingstoke, 1988)

Skidelsky, Robert, *Keynes: The Return of the Master* (London, 2009)

——, *Keynes: A Very Short Introduction* (Oxford, 2010)

——, ed., *The Essential Keynes* (London, 2015)

Stewart, Michael, *Keynes and After* (London, 1986)

第八章 弗里德里希·哈耶克

Burczak, Theodore, *Socialism after Hayek* (Ann Arbor, MI, 2006)

Caldwell, Bruce, *Hayek's Challenge* (Chicago, IL, 2004)

Dekker, Erwin, *The Viennese Students of Civilization: The Meaning and Context of Austrian Economics Reconsidered* (Cambridge, 2016)

Hayek, F. A., *The Collected Works of F. A. Hayek* (19 vols) ed. Bruce Caldwell

——, *Contra Keynes and Cambridge*, ed. Bruce Caldwell (Chicago, IL, 1995), vol. IX

——, *Socialism and War: Essays, Documents, Reviews*, ed. Bruce Caldwell (Chicago, IL, 1997), vol. X

——, *The Sensory Order: An Inquiry into the Foundations of Theoretical Psychology* [1952] (Chicago, IL, 1999), vol. XIV

——, *The Road to Serfdom: Text and Documents - The Definitive Edition* (Chicago, IL, 2007), vol. II

——, *Business Cycles*, ed. Hansjörg Klausinger (Chicago, IL, 2012), vols VII-VII

——, *The Market and Other Orders*, ed. Bruce Caldwell (Chicago, IL, 2014), vol. XV

Lavoie, Don, *Rivalry and Central Planning* (New York, 1985)

White, Lawrence H., *The Clash of Economic Ideas: The Great Policy Debates and Experiments of the Last Hundred Years* (New York, 2012)

第九章 米尔顿·弗里德曼

Allison, John A., *The Financial Crisis and the Free Market Cure* (New York, 2012)

Bateman, Victoria, 'Classical Liberalism: The Foundation for a New Economics', *Critical Review*, XXVIII/3 – 4 (2016), pp. 440 – 60

Burgin, Angus, *The Great Persuasion: Reinventing Free Markets since the Great Depression* (Cambridge, MA, 2015)

Caldwell, Bruce, 'The Chicago School, Hayek, and Neoliberalism', in *Building Chicago Economics*, ed. Van Horn, Robert, Philip Mirowski and Thomas A. Stapleford (Cambridge, 2011), pp. 301 – 34

Cherrier, Beatrice, 'The Lucky Consistency of Milton Friedman's Science and Politics, 1933 – 1963', in *Building Chicago Economics*, ed. Rob van Horn, Philip Mirowski and Thomas A. Stapleford (Cambridge, 2011), pp. 335 – 67

Ebenstein, Lenny, *Milton Friedman: A Biography* (New York, 2007)

Friedman, Milton, *Essays in Positive Economics* (Chicago, IL, 1953)

——, *Capitalism and Freedom* (Chicago, IL, 1962)

——, and Rose Friedman, *Free to Choose* (New York, 1980)

Hammond, Daniel J., 'Markets, Politics, and Democracy at Chicago: Taking Economics Seriously', in *Building Chicago Economics*, ed. Rob van Horn, Philip Mirowski and Thomas A. Stapleford (Cambridge, 2011), pp. 36 – 66

Horn, Rob Van, and Philip Mirowski, 'The Rise of the Chicago School of Economics and the Birth of Neoliberalism', in *The Road from Mont Pelerin: The Making of the Neoliberal Thought Collective*, ed. Philip Mirowski and Dieter Plehwe (Cambridge, MA, 2009), pp. 139 – 78

Laidler, D. E., 'Monetarism: An Interpretation and Assessment', *Economic Journal*, XCI/361 (1981), pp. 1 – 28

Ostry, Jonathan D., Prakash Loungani and Davide Furceri, 'Neoliberalism: Oversold', *Finance and Development*, LIII/2 (2016), pp. 38 – 41

Romer, Paul, 'Mathiness in the Theory of Economic Growth', *American Economic Review*, CV/5 (2015), pp. 89 – 93

Smith, Noah, 'Milton Friedman's Cherished Theory is Laid to Rest', *Bloomberg View*, 12 January 2017

Waring, Marilyn, *If Women Counted: A New Feminist Economics* (New York, 1988)

Wood, J. Cunningham, and R. N. Wood, eds, *Milton Friedman: Critical Assessments* (London, 1990)

Wray, L. Randall, *Why Minsky Matters: An Introduction to the Work of a Maverick Economist* (Princeton, NJ, 2016)

第十章　小约翰·福布斯·纳什

Binmore, Ken, *Playing for Real, Oxford* (2007)

Myerson, Roger, *Game Theory: Analysis of Conflict* (Cambridge, MA, 1991)

Nasar, Sylvia, *A Beautiful Mind: The Life of Mathematical Genius and Nobel Laureate John Nash* (New York, 1998)

Nash, John, 'Equilibrium Points in n-person Games', *Proceedings of the National Academy of Sciences*, XXXVI (1950), pp. 48 – 9

——, 'The Bargaining Problem', *Econometrica*, XVIII/2 (1950), pp. 155 – 62

——, 'Non-cooperative Games', *Annals of Mathematics*, LIV (1951), pp. 286 – 95

——, 'Two-person Cooperative Games', *Econometrica*, XXI/1 (1953), pp. 128 – 40

——, and Lloyd S. Shapley, 'A Simple Three-person Poker Game, Contributions to the Theory of Games', *Annals of Mathematic Studies*, XXIV (1950), pp. 105 – 16

Van Damme, Eric, and Jorgen W. Weibull, 'Equilibrium in Strategic Interaction: The Contributions of John C. Harsanyi, John F. Nash, and Reinhard Selten', *Scandinavian Journal of Economics*, XCIV/1 (1995), pp. 15 – 40

Weintraub, E. Roy, 'Toward a History of Game Theory', *History of Political Economy*, XXIV (1992), supplement

第十一章　丹尼尔·卡尼曼

Adams, Tim, 'This Much I Know: Daniel Kahneman', *The Guardian*, www.theguardian.com, 8 July 2012

Baddeley, Michelle, *Behavioural Economics: A Very Short Introduction* (2017)

Barberis, N. C., 'Thirty Years of Prospect Theory in Economics: A Review and Assessment', *Journal of Economic Perspectives*, XXVII/1 (2013), pp. 173 – 96

Kahneman, Daniel, *Attention and Effort* (Englewood Cliffs, NJ, 1973)

——, 'Daniel Kahneman - Biographical', *The Sveriges Riksbanks Prize in Economic Sciences in Memory of Alfred Nobel 2002*, www.nobelprize.org

——, *Thinking, Fast and Slow* (New York and London, 2011)

——, and Amos Tversky, 'Prospect Theory- An Analysis of Decision under Risk', *Econometrica*, XLVII/2 (1979), pp. 263 – 92

Lewis M., *The Undoing Project: A Friendship that Changed Our Minds* (New York, 2016)

Shariatmadari, D., 'Daniel Kahneman: "What would I eliminate if I had a magic wand? Overconfidence"', interview in *The Guardian*, www.theguardian.com, 18 July 2015

Thaler, R. H., A. Tversky, D. Kahneman and A. Schwartz, 'The Effect of Myopia and Loss Aversion on Risk Taking: An Experimental Test', *Quarterly Journal of Economics*, CXII (1997), pp. 647–61

Tversky, A., and D. Kahneman, 'Judgement under Uncertainty: Heuristics and Biases', *Science*, CLXXV (1974), pp. 1124–31

第十二章 阿马蒂亚·森

Morris, Christopher W., ed., *Amartya Sen* (Cambridge, 2009)

Nussbaum, Martha, and Jonathan Glover, eds, *Women, Culture and Development: A Study of Human Capabilities* (Oxford, 1995)

Sen, Amartya, *Poverty and Famines: An Essay on Entitlement and Deprivation* (Oxford, 1981)

——, *On Economic Inequality*, enl. edn (Oxford, 1997)

——, *Choice, Welfare and Measurement* (Cambridge, MA, 1997)

——, *Development as Freedom* (Oxford, 1999)

——, *Commodities and Capabilities* (Oxford, 1999)

——, *The Idea of Justice* (London, 2009)

——, and Jean Drèze, *India: Economic Development and Social Opportunity* (Delhi, 1995)

——, and Bernard Williams, eds, *Utilitarianism and Beyond* (Cambridge, 1982)

Sugden, Robert, 'Welfare, Resources, and Capabilities: A Review of *Inequality Reexamined* by Amartya Sen,' *Journal of Economic Literature*, XXXI (1993), pp. 1947–62

第十三章 约瑟夫·斯蒂格利茨

Economic Sciences Prize Committee, 'Markets with Asymmetric Information' (Stockholm, 2001)

Fama E., 'Efficient Capital Markets: A Review of Theory and Empirical Work', *Journal of Finance*, XXV/2 (1970), pp. 383–417

Grossman, S., and J. Stiglitz, 'On the Impossibility of Informationally Efficient Markets', *American Economic Review*, LXVI/2 (1976), pp. 246–53

Guerrien, B., and O. Gün, 'Efficient Market Hypothesis: What are We Talking About?', *Real World Economic Review*, LVI (2011), pp. 19–30

Sailer, S., '"Incentives Matter," Except to Economists', www.vdare.com, 14 January 2014

Shapiro, C., and J. Stiglitz, 'Equilibrium Unemployment as a Worker Discipline Device', *American Economic Review*, LXXIV/3 (1984), pp. 433–44

Stiglitz J., *Whither Socialism?* (Cambridge, MA, 1994)

——, 'Information and the Change in the Paradigm in Economics', *American Economic Review*, XCII/3 (June 2002), pp. 460–501

——, *The Great Divide* (New York, 2015)

——, 'Joseph E. Stiglitz - Biographical', *The Sveriges Riksbank Prize in Economic Sciences in Memory of Alfred Nobel* 2001, www.nobelprize.org, accessed 22 February 2018

编著者名录

乔纳森·康林，南安普顿大学现代历史高级讲师。他撰写出版了卡洛斯特·古本江（Calouste Gulbenkian）和亚当·斯密的生平传记，其中亚当·斯密的传记是为瑞克新图书出版社的《关键人物生平》系列编写的。其他著作包括 2014 年出版的《进化与维多利亚时代》（Evolution and the Victorians）以及 2013 年出版的关于巴黎与伦敦比较历史的《双城记》（Tales of Two Cities）。

米歇尔·巴德利，南澳大学选择行为研究机构（学术）主任和研究教授，英国伦敦大学学院全球繁荣研究所名誉教授。拥有昆士兰大学经济学学士学位（一等荣誉）和心理学文学学士学位，以及剑桥大学经济学硕士和博士学位。研究领域主要聚焦行为经济学、应用宏观经济学和发展经济学。撰写发表了很多学术论文，近期著作包括 2017 出版的《行为经济学：通识读本》（Behavioural Economics: A Very Short Introduction）、2023 年出版的《行为经济学与金融》（Behavioural Economics and Finance）以及 2018 出版的《盲从与叛逆：从众、反从众行为与决策的智慧》（Copycats and Contrarians: Why We Follow Others... and When We Don't）。

维多利亚·贝特曼，剑桥大学冈维尔与凯斯学院经济学研究员。2016 年出版著作《早期现代欧洲的市场与增长》（Markets and Growth in Early Modern Europe）；英国在线杂志 UnHerd、《彭博观点》（Bloomberg View）、英国在线新闻网站 CapX 的定期经济评论撰稿人；曾为《卫报》（The Guardian）、《泰晤士高教增刊》（Times Higher Education Supplement）、《对话》（The Conversation）和《每日电讯报》（The Telegraph）等报纸媒体撰写文章。曾接受 BBC（广播 4 台、国际广播频道和新闻之夜）访问实录，讨论英国脱欧、福利改革等不同议题，并公开呼吁经济学界进行性革命。2019 年出版新作《性别因素》(*The Sex Factor*)。

伊曼纽尔·贝尼古,皮卡第儒勒-凡尔纳大学(亚眠大学)经济学高级讲师,亚眠大学制度、工业和经济系统研究中心研究网络成员。博士论文(巴黎高等社会科学学院,2005 年)探讨了阿马蒂亚·森如何影响联合国开发计划署和世界银行对贫困和发展的分析。这项研究引导她探讨了阿马蒂亚对罗尔斯和功利主义及经济理论的社会政治角色的批判。她与贝尔纳·盖里安(Bernard Guerrien)合著的《新古典经济理论》(*La Théorie Économique Néoclassique*)于 2018 年出版;并定期为《思想生活》(*la Vie des Idées*)等杂志撰写在线评论。

卡蒂亚·卡尔达里,意大利帕多瓦大学"Marco Fanno"经济与管理学院经济学副教授。意大利佛罗伦萨大学经济思想史博士。曾担任剑桥大学访问学者,并与比萨大学、佛罗伦萨大学、罗马大学、尼斯-索菲亚·昂蒂波利斯大学以及日本一桥大学合作。主要研究兴趣包括部分经济理论主题(均衡、预期、分配和规划);经济思想史,尤其是阿尔弗雷德·马歇尔和弗朗索瓦·佩鲁克斯(François Perroux);经济方法论;国际经济学(金融危机、国际贸易、全球化、增长和发展);以及产业经济学(产业区)。

德马里斯·科夫曼,伦敦大学学院巴特莱特建筑学院建筑环境经济与金融学教授,巴特莱特建筑与项目管理学院院长。曾担任剑桥大学历史系利弗休姆/牛顿信托基金会早期职业研究员,纽纳姆学院金融史中心研究员和主任。其历史研究主要聚焦 18 世纪和 19 世纪欧洲公共财政与私人资本市场之间的关系,以及早期现代经济政策制定的相关历史。曾于 2012—2018 年期间担任经济史学会理事会成员。

马里奥·格拉萨·莫拉,波尔图大学经济学院经济学副教授,波尔图大学经济与金融中心研究员。毕业于波尔图大学和剑桥大学。研究兴趣主要集中在经济学的历史和方法论领域。曾在《剑桥经济学杂志》(*Cambridge Journal of Economics*)、《欧洲经济思想史杂志》(*The European Journal of the History of Eco-*

nomic Thought》和《演化经济学杂志》(Journal of Evolutionary Economics)发表有关熊彼特的文章。

卡伦·霍恩,在柏林洪堡大学、爱尔福特大学和锡根大学教授经济思想史。德国经济学协会出版的学术期刊《经济政策观点》(Perspektiven der Wirtschaftspolitik)的主编。研究领域聚焦于亚当·斯密、弗里德里希·哈耶克、詹姆斯·布坎南以及德国"秩序自由主义者"。曾于职业生涯早期担任《法兰克福汇报》(Frankfurter Allgemeine Zeitung)的经济政策编辑,科隆德国经济研究所柏林办事处主任。著述包括2009年出版的《通往智慧之路:对话10位诺贝尔经济学奖得主》(Roads to Wisdom: Conversations with Ten Nobel Laureates)和2013年出版的《普及哈耶克思想》(Hayek für jedermann)。

海伦·保罗,南安普敦大学经济系经济史学家。著作《南海泡沫》(The South Sea Bubble)主要研究著名的1720年金融崩盘的经济史。主要撰写有关当代读者如何描绘和理解金融危机的文章,并研究早期现代时期的女性创业。拥有牛津大学和圣安德鲁斯大学学位,目前担任经济史学会名誉秘书。

约瑟夫·珀斯基,美国伊利诺伊大学芝加哥分校文理学院经济学教授。最新著述包括《进步的政治经济学:约翰·斯图尔特·穆勒与现代激进主义》(The Political Economy of Progress: John Stuart Mill and Modern Radicalism)。长期关注美国南部,著有《依赖的负担:南方经济思想中的殖民主题》(The Burden of Dependency: Colonial Themes in Southern Economic Thought)一书。担任美国经济学会的《经济视角杂志》(Journal of Economic Perspectives)回顾专栏的非正式编辑。撰写大量关于城市和区域经济增长的分布影响的文章,任经济政策研究所研究助理。

保罗·普鲁,明尼苏达州立大学曼卡托分校副教授,主要教授有关理论、环境和全球化的课程。专业领域是环境政治经济学,与他人合作研究的领域包括慈善、种族、警察机构的看法、种族灭绝和教育学等领域。因积极参与当地非营利组织的志愿工作以及校园社会正义活动而获得多个奖项,包括多元化冠军、社区和平使者以及全球公民奖。目前担任美国社会学协会马克思主义部门财务主管。

斯科特·谢尔,亚利桑那州立大学综合科学与艺术学院讲师。2012 年获亚利桑那州立大学哲学博士学位。曾担任杜克大学政治经济学史中心研究员;曾是乔治梅森大学哲学、政治与经济学高级研究哈耶克项目的博士后研究员。《经济思想史与方法论研究》(Research in the History of Economic Thought and Methodology)一书的联合编辑。已大量发表关于奥地利学派经济学的历史和方法论的文章。

致　谢

伊曼纽尔·贝尼古

感谢贝尔纳·盖里安,他不仅是我的灵感来源,还赋予我深刻的见解和持续的批评意见。毫无疑问,他让我对经济理论有了更深的理解。我也要感谢乔纳森·康林对本书第十三章的评语和建议。

德马里斯·科夫曼

感谢乔纳森·斯坦伯格(Jonathan Steinberg)教授、罗伯托·斯卡齐耶里(Roberto Scazzieri)教授和阿尔贝托·夸德里奥·库尔齐奥(Alberto Quadrio Curzio)教授,他们激发了我对经济思想史和经济分析的兴趣。

乔纳森·康林

我要感谢以下人士给予的建设性意见和建议。没有他们的支持,本书(尤其是我负责的第一章和第十二章)将会大打折扣:罗杰·巴克豪斯(Roger Backhouse)、尼古拉斯·克伦(Nicholas Cron)、马丁·道顿(Martin Daunton)、杰里·埃文斯基(Jerry Evensky)、本·海耶斯(Ben Hayes)、亚当·奥斯塔泽夫斯基(Adam Ostaszewski)、玛格丽特·沙巴斯(Margaret Schabas)和理查德·托伊(Richard Toye)。另外,向辛苦准备提交手稿的阿拉斯泰尔·佩恩特(Alastair Paynter)致敬。

马里奥·格拉萨·莫拉

我要感谢乔纳森·康林、迪奥戈·洛伦索(Diogo Lourenço)和弗朗西斯科·努涅斯·佩雷拉（Francisco Nunes Pereira）提供的意见和建议。Cef. up 是 POCI－01－0145－FEDER－006890 项目框架的一部分，得到了欧洲区域发展基金通过竞争力与国际化行动计划（2020 竞争项目）和葡萄牙科学与技术基金会的公共资金支持。

海伦·保罗

感谢约翰·奥尔德里奇（John Aldrich）和艾玛·克莱里（Emma Clery）提供的宝贵帮助。

保罗·普鲁

我要感谢约翰·贝拉米·福斯特（John Bellamy Foster）、布雷特·克拉克（Brett Clark）、马特·维达尔（Matt Vidal）、乔纳森·康林和托马斯·赫尔博（Thomas Hoerber）针对本书第四章提出的有益意见。我永远感激威尔玛·杜纳韦（Wilma Dunaway）和唐纳德·克莱兰（Donald Clelland）点燃了我对马克思的兴趣。他们慷慨地向我敞开家门和书房，让我尽情沉浸在学习中。我们畅所欲言，广泛探讨马克思的著作和马克思主义学术，直到夜深人静。

斯科特·谢尔

衷心感谢本书的编辑乔纳森·康林为我提供了本次创作的机会，也感谢布鲁斯·考德威尔（Bruce Caldwel）向乔纳森提议由我执笔描摹哈耶克的生平与理论。